软文营销实战秘籍

所志国　编著

電子工業出版社
Publishing House of Electronics Industry
北京・BEIJING

内 容 简 介

本书将作者16年来的软文营销实战技巧进行了梳理，从实战角度解释了什么是软文营销、软文营销的种类、软文营销的写作角度、软文的写作步骤。另外，本书还展示了作者为数十个知名品牌和企业撰写的上千篇软文中的经典作品，让读者切身感受软文的具体写作效果，快速掌握软文写作的技巧，成为软文营销高手。

本书适合想要学习软文写作方法、技巧，以及对软文营销感兴趣的读者学习使用。

图书在版编目（CIP）数据

软文营销实战秘籍 / 所志国编著. —北京：电子工业出版社，2018.5

ISBN 978-7-121-33945-5

Ⅰ. ①软… Ⅱ. ①所… Ⅲ. ①市场营销学－文书－写作 Ⅳ. ①F713.50

中国版本图书馆CIP数据核字（2018）第061836号

策划编辑：李　冰
责任编辑：朱雨萌
印　　刷：三河市鑫金马印装有限公司
装　　订：三河市鑫金马印装有限公司
出版发行：电子工业出版社
北京市海淀区万寿路173信箱　　邮编：100036
开　　本：787×980　1/16　印张：24　　字数：499千字
版　　次：2018年5月第1版
印　　次：2018年5月第1次印刷
定　　价：59.00元

凡所购买电子工业出版社图书有缺损问题，请向购买书店调换。若书店售缺，请与本社发行部联系，联系及邮购电话：（010）88254888，88258888。

质量投诉请发邮件至zlts@phei.com.cn，盗版侵权举报请发邮件到dbqq@phei.com.cn。

本书咨询联系方式：（010）88254750。

序

软文营销可以说是很流行、很古老，也是各行业非常通用的营销手段。在传统领域，软文营销造就了一个又一个神奇品牌。曾经风靡全国的“×株口服液”，最初就是凭借几篇软文开拓市场，攻城略地的。后来再度火爆的“××金”也不例外，初期也是靠着软文营销获得了巨大成功，后来才有了电视上的疯狂广告。当年王老吉一篇文章让其产品风靡大江南北，不仅产品大卖，对其品牌知名度、企业形象的提升都具有里程碑式的意义。同时，加多宝公司也用软文营销争夺着市场。

在互联网领域，软文营销打造了一个又一个电商大鳄。在百度新闻搜索“京东”，有相关文章 69 800 余篇，聚美优品相关文章 58 300 余篇，一号店相关文章 337 000 余篇。

不论是传统行业还是互联网行业，这些知名企业的软文宣传费用，想必都是一个庞大的数字，但为什么他们都从未停止运用“软文营销”？

因为与其获得的收益相比，支出的软文宣传费用恐怕只是九牛一毛。软文营销是帮助企业扩大品牌影响力、吸引力和信任度的必备营销手段，更是实现产品销售、提升行业地位、扩张市场份额、应对公关危机、保持市场活力的必要营销武器。

我从事营销策划 16 年，也写了整整 16 年的软文，为互联网知名企业京东、拉手网、中粮我买网、腾讯，以及传统民族品牌海尔、健力宝等几十家知名企业撰写过数百篇软文，有幸被圈里的朋友和媒体称为“互联网软文圣手”。

软文营销贯穿了我的职业历程，成就了我职业生涯的巅峰，我也深知这个行业的艰辛和不易。我经常在清华和北大的课堂上对企业家学员们说："在中国能写好书法的人，恐怕都比能写好软文的人多得多。"软文营销确实是一个门槛极低的行业，但它也恰恰是要求极严格的行业。因为检验软文营销效果和从业者职业技能的不是老板和领导，而是市场和消费者，甚至是企业的竞争对手。

编撰本书的目的是，帮助策划人员、营销从业者、软文爱好者更系统、更全面地掌握软文营销知识，更好地运用软文营销手段，实现企业营销目标，走向个人职业巅峰。另外，很多学员和培训机构，总希望我直接讲软文写作步骤，这种希望不浪费时间、学到干货的心情可以理解，但是，正如我国的老话所说的"没学会走，就别想去学跑"。软文营销是市场营销的一个环节，同样需要消费心理学作为依据和指导。知其然才能知其所以然，掌握综合知识，才有可能真正灵活应用软文武器。否则，仅靠死记硬背十大软文写作步骤，即使文章写作水平有所提升，也永远无法知其精髓。要系统学习、勤加训练，方可获得大成。

书中的案例大部分是我亲自撰写的，或由我的弟子"软文三剑客"——蒋燕玲、颜勇、耿彪撰写的，少部分引自互联网。为了尊重企业的隐私，大部分文章都隐去了品牌和企业的名称，内容上也经过部分加工处理，大家参考文章写作技巧和形式即可，请勿直接抄袭。

盲目抄袭，一方面不利于个人的学习进步，违反职业操守；另一方面抄袭他人文章是严重的侵权行为，有可能面临诉讼。早在2010年，我就录制了软文营销视频课程，几年来也一直有编辑邀请我写关于软文营销的书籍，但是一直忙于讲课、咨询、写文章，将出书一事置之脑后。近年来，一直有人抄袭我的文章和课程，甚至小标题都一模一样，在此也郑重申明，我将利用法律武器进行维权。

为了拨乱反正，同时应学员和企业家的要求，我将16年的经验和部分案例整理成书稿和系统课程，希望能为更多的营销从业者和软文爱好者提供学习的参考资料，为大家答疑解惑。

在此也感谢我的3位弟子蒋燕玲、颜勇、耿彪，还有于丽、刘薇、黄一士、李阳、田云龙、王丽、杨福财、曾愿晓、诸葛谨诚这9位营销策划高手和资深软文爱好者。

如今，不仅有很多企业慕名前来邀请我撰写软文，而且最开心的是，很多高校也纷纷邀请我到学校讲解软文营销。我与学校共同创立"软文营销就业项目"，并将在全国建立软文营销培训基地。在此，我也希望与广大读者合作，为我国培养更多的软文营销高手，共同推动软文营销行业的发展。

读者说明

（一）软文营销的作用

（1）让不好卖的商品变得好卖，增加市场竞争力；
（2）让平淡的产品变得有特点，增加市场吸引力；
（3）让消费者形成主动购买的习惯，增加市场转化力；
（4）让商品信息在无形中渗透给消费者，增加市场曝光率；
（5）让商品利润提升十几倍，增加市场说服力。

（二）学员对象

（1）企业高管；
（2）营销从业者；
（3）创业者；
（4）应届毕业生；
（5）淘宝店主；
（6）专业文案；
（7）网站编辑；
（8）自媒体人；
（9）新媒体运营人员；
（10）写作爱好者。

（三）学习回报

（1）熟悉软文的应用范围、种类、写作角度，掌握软文的专业写作流程；
（2）具备品牌策划的基本能力，策划文章写作方向；
（3）准确找到宣传“痛点”，提升文字整体“杀伤力”；
（4）能独立撰写系列软文、微博、微信等原创文章；
（5）提升个人综合能力。

（四）未来就业机会

（1）成为企业的全职文案策划；
（2）作为自由撰稿人，为企业服务；
（3）为企业提供微信微博代运营服务；
（4）加入所志国营销策划团队。

目录

第1章

软文营销对企业和个人的“神助攻”

“软文营销”对许多读者来讲既熟悉又陌生。熟悉是因为在工作和学习中，经常听到和接触到；陌生是因为根本说不清楚软文营销到底是什么样的营销手段或者营销工具，自然也无法熟练应用。特别是近年来新媒体的盛行，企业大多追求“短平快”的短期效益，急功近利心态严重，对软文营销有很多误解，甚至有人错误地认为，软文营销就是段子；软文营销的从业者，就是水军；这个行业门槛非常低，会写中国字的人都能干。

软文营销，是应用于市场所有的运营环节的营销武器。运用得当可以帮助企业起死回生，运用不当也会影响企业的市场生命。特别是新媒体时代，微信、微博等平台的兴起，对它们的维护、推广、运营显得尤为重要，企业的原创能力意味着市场的拓展速度和吸引粉丝的力度。所以，企业要考虑的根本不是做不做软文营销，而是如何培养员工的软文技能，如何制订软文营销战略。

软文营销，是一个从业门槛低，但是想要做好却极艰难的行业，也是营销从业者必须掌握的职业技能。从企业高管、营销从业者、创业者、应届毕业生、淘宝店主、专业文案、网站编辑、自媒体人到新媒体运营等人群，都需要学习和掌握专业的软文营销技能。一方面为公司增加核心竞争力，另一方面也将大大增加从业者的薪资。在北京、上海、广州等城市，专业的软文营销从业者——文案策划，月薪已经达到5万元以上，而且是有市无价。这样的人才，都是众多公司积极争取的对象。

互联网让企业参与软文营销的机会大大增加，软文营销市场的竞争程度也日趋激烈。

软文营销要让消费者眼软、脑软、嘴软、耳软、心软，先实现手软，在不知不觉中心甘情愿地为产品买单，通过自我催眠式的购物体验，形成对企业、产品的品牌信任。而非专业的软文从业者，写出的文章粗糙、混乱、模糊，不能精准地表达出产品信息，自然无法让消费者实现“六软”。

想在互联网时代实现企业转型的企业和创业者，必须善用软文营销来包装企业、宣传品牌，从而提升市场竞争力。营销从业者、写作爱好者、应届大学生等，也应该学习软文营销，提升自己的职业技能，成为企业营销链条中举足轻重的人物。

1.1 软文营销能帮个人一飞冲天

1.1.1 营销刚需

有些企业管理者错误地认为，文章能把事情说明白，让读者关注微信账号即可，或者软文只不过是 SEO 的一种辅助手段而已，自然而然地忽视了软文营销的战略意义，过于急功近利地要求即时订单的回报，只关注短期销售。

“短平快”的打法，自然不愿高薪聘请专业软文人才、持续开展软文营销，直接放弃了产品包装等需要“练内功”的营销环节。结果就是，软文质量不高、品牌包装“疲软”，从而导致产品的外在竞争力严重不足，市场销售困难。

如今，从公司的企业简介、宣传画册、官方网站、产品细节、客服话术、市场动态、事件营销、微博博客、微信账号，到策划方案、营销方案、商业计划书，都考验着营销人员的软文写作功底。伴随数据化时代的不断成熟，自媒体的便捷性大大降低了软文发布的门槛，灵活运用软文营销提升原创能力，成为吸引“粉丝”的主要筹码，也成为所有企业的营销刚需。软文写作功底好的营销人员自然不愁找工作，甚至会被很多公司疯抢。

1.1.2　工资飞涨

要发挥软文的最大效应，就要达到软文的最高境界——消费者第一眼很难确定它是不是软文。从某种意义上讲，写出来的已经不是普通意义上的“软文”，是作者从内心深处要表达出的代表“公正性”的文字。一篇好的软文影响着一个品牌或企业的定位、推广、销售、公关等环节，也决定着品牌或企业的公信力、影响力等诸多要素。

关键是，软文营销绝不只是写好一篇文章这么简单，必须将所有营销环节贯穿在一起，撰写者必须站在制高点分析企业的战略目标和营销策略，才能更清楚、有序地写出适合企业长期规划的系列软文，而能达到这种程度的软文高手亦是凤毛麟角。

相比美编、技术开发这些高等院校、职业院校、专业技校长年开设的专业，软文营销始终没有专业设置和长期的培训体系，基本上都靠从业者自悟，只能在实战中成长。面对巨大的市场缺口，笔杆子硬又懂营销策划的专业人才奇缺无比，企业从来都是高薪难求。

近年来，企业学员也几乎个个向我预订学生，甚至承诺只要水平够，工资他自己定。

• 软文营销高级人才：文案策划，具备品牌策划能力、产品包装能力、软文指导能力。月薪 20 000～50 000 元或以上。

• 软文营销普通从业者：软文写手，需要领导提供写作思路，具备软文写作能力。月薪 6 000～10 000 元。

• 软文营销入门从业者：“水军”或“段子手”。只能简单和碎片化地堆砌词句，文章缺乏逻辑性。月薪 3 000～5 000 元。

即使在北京、上海、广州这类一线城市，月薪 50 000 元也是很多资深营销人士不可企及甚至有的大公司的副总裁也达不到这个标准。作为基层岗位的文案策划职位，有很多公司开出高价，却根本招不到人。符合这个标准的软文人才，当真可遇不可求。反之，真的文笔好、懂策划、思路清、反应快的文案策划人员，其升职之路也许并不平坦，但是薪酬收入却是相当乐观的。初期不明显，但是几年之后，绝对比其他行业的营销从业者，收入高得多。

1.2　软文营销能使企业一炮而红

为什么企业的产品总是销售困难？

为什么企业的信息总是无人问津？

为什么企业的微信总是缺乏关注？

为什么企业的文章总是毫无效果？

不是因为营销渠道错误，不是产品质量不佳，不是服务能力太弱，是营销人员未能掌握软文营销技巧，未能击中目标客户的“痛点”，不能吸引客户关注成交。软文营销可以在根本上帮助企业找到市场切入点，突破消费者心理防线中最薄弱的环节，解决最实际的营销问题。

1.2.1 软文营销可以让不好卖的商品变得好卖，增加市场竞争力

这是一个酒香也怕巷子深和信息高度爆炸的时代。有时卖得最好的产品，质量反而可能最差，但它的包装策划做得好，宣传到位，能让消费者觉得超值。反之，很多高品质的产品，由于在研发和生产中，投入了大量的资金，或者因为拥有全国乃至全世界的先进技术和专利而沾沾自喜，从而放弃了市场营销和宣传推广的想法，坐等商机出现、“金主”敲门，其结果也是显而易见的，企业永远是在烧开的油锅中煎熬。

例如，一位企业家，他的目标是让大家都吃上放心的鸡肉，虽然山上散养的土鸡肉质好，但是规模有限、成本偏高、管理困难。于是，他就从肉鸡的饲料着手，斥资百万元委托一个权威的研究机构，研究肉鸡的有机饲料。

费时两年多，不含激素、瘦肉精等成分的有机饲料终于研制成功，而且经过几个月的饲养证明，肉鸡食用这种饲料后，肉质几乎达到了有机肉的标准，并且煮熟后肉质紧致、口感极好、香气扑鼻。受到结果鼓舞后，整个公司上下奔走相告。

于是，这名企业家也大刀阔斧地开始了下一步。

从营销人士的角度，这个时候重点应该在于做包装宣传、市场分销或者招收代理，在打开渠道的同时及时观测市场的反馈。而传统的企业老板，大多都和这位企业家一样，既然自己的产品品质已经绝对有保障，二话不说就又投入数百万元开始扩大生产，准备坐等钞票上门。

可惜当上万斤鸡肉准备大量进入市场时，现实无情地给了他当头一棒。由于饲料成本过高，每斤鸡肉价格比市场上的普通鸡肉价格都要高 2～3 倍，传统的市场根本销不动，也没有肉贩子愿意进他的货，都怕砸在手里。而大型超市、连锁超市、高端社区这些中、高端销售渠道，由于没有多余的资金支付入驻费，更无法接受两三个月才结款的账期模式。

虽然之后他也试图采用试吃、微信分销的方法打开销售通路，但是由于没有任何品

牌效果、宣传积累，再加上冷鲜产品运输成本较高，无法承受大量赠送。最终导致产品都积压在冷库中。肉质的新鲜程度在不断降低，还要每天支付高额的冷库费用，项目以失败告终。

几年后，通过我的一位学员介绍，这位企业家向我咨询如何解决当时尴尬的市场现状。最痛苦的是，他仍然不知道自己的问题到底出在哪里。

虽然谈什么都于事无补，但是为了他今后的项目不要再犯重复的错误，我给了他 3 点建议：

第一，要找到精准的市场定位和人群细分定位。产品是好产品，但是并不是家家都舍得吃二三十元一斤的鸡肉。应聚焦在家庭中最敏感的人群，把产品定位到“孕妇和儿童”的专食鸡肉。

第二，要根据这一定位，将产品的研发背景、研发过程、社会责任、饲养环节、产品检测报告、消费者食用反馈等一系列的内容，都通过软文借助媒体进行传播。否则，你说饲料是有机的，肉是有机的，谁信呢？哪个老百姓会为买块鸡肉，还特意查查你的报告是不是真的？哪个渠道商会没事把肉的检测报告摆柜台上？即使摆上了，有几个人真能看得懂它的真假？现在，一些虚假大师，甚至能上比较权威的电视栏目去吹嘘，还很久才被发现。老百姓怎么可能有专业知识分辨证书和报告的真假？

第三，在没有确定市场份额和接受程度之前，不要贸然开展“大跃进”，能根据确定的市场需求开发产品，把生产风险都转接给买方市场，方为上上之策。

产品再好，消费者不知道，不会购买。

知道了，不相信产品好，仍然不会购买。

相信了产品好，嫌价格高，还是不会购买。

只有让消费者在搜索结果、口碑传播、文章宣传，都看到了产品虽然贵，但是绝对超值，避免了健康隐患。那么再贵的鸡肉也不愁卖。毕竟没有任何人愿意为了省几十元钱，去冒让家人生病的风险去吃明知道是激素喂养的鸡。别说二三十元一斤，就是二三百元一斤、二三千元一斤，在中国吃得起的也大有人在。前提是能否说服他们，相信这肉物有所值。

做好软文营销的前提是必须对产品进行全方位的品牌包装构想。从市场竞争环境出发，分析潜在消费人群的综合需求，发掘更深层次的竞争优势。针对消费者“痛点”，写出的系列软文具备最强的“杀伤力”，让消费者的潜在消费需求升级为直接消费需求，实现消费者对产品的购买。

1.2.2 软文营销让平淡的产品变得有特点，增加市场吸引力

互联网的出现让信息传播更加快速、便捷，也让产品同质化更加严重。不夸张地说，假如今天美国推出了一件新潮的爆款女衬衫，顶多两周之后，中国的市场上就有卖和它99%相似的产品。当然，肯定会有少个纽扣、多个假领或者袖口短一寸等绝对版式上的区别。这里要讨论的并不是我们对国外服装的仿造能力有多强，而是几乎所有行业都严重存在着互相抄袭的现象，导致很多企业的产品从问市那天起，就没有自己的绝对优势或者行业特点。

特别是一些服务型企业和加工生产型企业，他们只是靠最基础的生产或服务获得市场利润。这样的行业，互相之间根本不需要去抄袭，就已经99.99%同质化了。从设备到技术再到生产流程，唯一不同的可能就是工人了。当然，也不排除工人明天就跳槽到竞争对手那里的可能。

所以，很多企业渴望通过互联网推广自己的产品，却苦于根本没有市场吸引力。说穿了，就是根本不知道应该再宣传点什么，不敢夸也不会夸。

例如，南方一家塑料玩具加工企业，工厂面积数千平方米、工人 100 多人、德国设备 5 台、经营时间 7 年、每年销售额在三四千万元左右，这就是企业的现实经营情况。而且近年来，订单量在下降，有同行甚至以不赚钱为前提抢夺客户资源，以获得现金流。面对这样的竞争环境，该企业的老板经常愁眉不展。

其间，他也曾经找过广告公司，帮他进行市场宣传和品牌打造。但是动辄四五百万元的营销费用，吓得他望而却步。用他的话说，如果真把这几百万元都用在宣传上，订单能不能接的更多不知道，但是过两个月没钱给工人发工资、没钱买原材料是肯定的了。

他偶然听到了我网上的课程——“打造品牌的低成本网络营销技巧”其中的一小段。凑巧的是，那一小段讲的也是软文营销。于是他找到了我的电话，和我长谈了四十多分钟。通过沟通，我了解了他的经营环境、经营种类、服务客户和生产能力。

我也向他担白，这样的生产型企业，想找出绝对的竞争优势，几乎是不可能的。除非有超强的生产规模、超级的生产设备、超大的服务能力、超牛的专业团队。如果一个企业真的具备这些要素，恐怕早就上市了，也根本不会过得如此水深火热。

但是，这并不意味着生产加工型企业就没有卖点。我告诉他：

第一，你的企业 7 年没有倒闭，这就是优势。因为，中国的传统中小型企业平均寿命是 1 年半左右。你的企业能经营 7 年，证明你有好口碑，品质有保障，绝对不会出现大量破损或低质产品的现象。

第二，你给这么多知名企业和品牌做过代工，这就是优势。为什么这些大企业不选择其他工厂，单单选择了你呢？这就证明你的服务能力有保障，绝对不会出现产品无法按期交货的现象。

第三，你的工厂面积和设备虽然不是最大的，但都是自己的，不是租来的。证明你的经济实力有保障，绝对不会出现赖着原材料商的钱不还的现象。

鉴于以上三点，我为他制订了一周二篇、一个月八篇的软文计划。文章撰写完后，他愣了半天，说真没想到，自己的企业有这么多可以说的事。两个月之后，他和我说，一些在犹豫是否续约的老客户在网上看到了相关的文章宣传，继续和他续约了。而且，谈新客户的时候，再也不需要解释半天，只要发个文章链接过去，客户就一目了然，成单率大大增加。还有一些客户，也是看到网上的信息，慕名前来咨询业务。

其实，每个企业都有自己的竞争优势，也就是所谓的吸引力，只不过这些竞争优势很难形成独家。在这个年代，也没有必要去盲目追求所谓的独家优势。在我看来，除了人是不能复制的，所有技术、产品和服务，都是完全可以复制的。

所以，我帮企业做软文营销，从不去纠结它的产品优势或者技术优势是不是全世界独一份。重点是，要在别人还没发现某一点可以作为行业竞争优势的时候，我不仅发现了，还帮企业全力宣传和推广，让市场最快和最大化地接受它，这就是成功。

用句通俗的话说，先把这个“好坑”给占上。

1.2.3　软文营销让消费者形成主动购买的习惯，增加市场转化率

主动成交，是指消费者没有任何咨询、犹豫，甚至没有问客服价格，就直接购买。这种情况在线上的知名平台或者大品牌的店铺中较为普遍。由于品质有保障、品牌有影响、服务有信誉，能认可这个品牌的消费者，也自然能接受它的价格。买与不买之间的唯一障碍就是今天到底钱够不够，或者今天是不是急着买。

这种现象，自然也是所有中小型企业为之羡慕和佩服的。众所周知，能够形成主动购买的消费者，大多数都是老客户或者已经具备品牌忠诚度的客户。开发一个新客户的成本，要比维护一

个老客户的成本高10倍。

所以，如果40%以上的消费者，不论是在线上或者线下都能主动购买。那么不论是品牌还是企业，都将活得相当滋润。起码短期之内，绝对不会担心产品没销量、过度积压库存。

但是，真能让客户实现主动购买的企业，不是拥有较强的知名度和影响力，就是在网上有着极强的引流宣传能力。传统的中小型企业，不管产品品质如何、服务能力好坏，在新品推出时，想让消费者实现主动购买，通常只能是美好的幻想。

例如，一家从事建材行业的公司，自行研发了混凝土修补系列产品，并且创造了混凝土表面工程系列解决方案。为很多标志性建筑、知名企业和外资企业都提供过混凝土修复服务，连一些知名的建材企业，都购买他们的产品，然后再销售给一些房地产开发商。

但是，作为小型创业企业的通病，这家公司也从来没有考虑做宣传推广。因此，尽管产品有着极强的差异化优势，也服务了众多有代表性的客户，却在整个行业内默默无闻。几乎都是靠老客户推荐新客户或者圈里的人脉介绍业务。日子过得虽然不苦，但也是不咸不淡。这样的企业，其实也是最尴尬和最紧张的，虽说没有亏损，但是一直也未处于极强的盈利状态。多招几名员工，都可能因为工资压力，把企业瞬间拖垮。

经朋友推荐，他找到了我来做软文营销。来之前，他已经做好了准备功课，当时整个建材行业也处于淡季，他也做好了“死马当活马医”的心理准备。和其他企业相比，他并不犹豫是否要做软文营销，而是更多和我商讨，该由哪个点来切入。我自然对这样的企业特别欢迎。否则，连自己要不要吃饭都不知道的人，你怎么能问他想吃什么呢？

我听完他分析市场环境和企业情况后，觉得情况相对简单。就直接从产品功能和服务客户入手，与上一家塑料玩具工厂企业不同的是，更多地宣传了这家建材企业的企业文化。因为建材企业面对的大客户通常都是大型批发商甚至地产商，这些目标客户，认的不仅是产品，更认文化和口碑。作为一家有实力、有口碑，却没有影响力的企业，应该让整个行业乃至全社会都知道它的发展愿景和社会责任，这样才能感受到它的权威性和发展性，从而加强合作信任度。

两个月后，该企业的老板给我打电话，兴奋地说：“所老师，这个月的销售额比去年同期增长了整整两倍，淡季卖出了旺季的数量。”

能在销售淡季吸引更多的潜在客户购买产品，说穿了也很简单。因为在行业公认的淡季中，大量企业都没有愿望去宣传自己或者由于行业的局限，认为没有必要进行宣传。此时，这家企业的系列软文，就显得极为醒目。即使在淡季，中国数千万中小型企业，总归会有一些是有建材购买需求的，而其中一小部分想购买产品的客户，也就自然而然地跟着软文找到了这家建材企业。

1.2.4　软文营销让商品信息无形中渗透给消费者，增加市场曝光率

对于企业来讲，除了可喜的销售利润和快速的市场回报之外，成功的软文营销在品牌传播、消费者信任建立、客户关系维护、激活老客户活跃等战略层面的价值同样巨大。有时很难看出一些真正具有水平的软文其创意何在、创新如何？但寥寥几笔，却总能直接了当地戳在消费者的“痛处”，让消费者直观地认知或者购买产品，这就是软文营销的魅力所在。

例如，减肥是很多女性一生的主题和追求的目标。很少有女性会嫌自己瘦，即使身高 173 厘米、体重 88 斤的模特，也仍然觉得自己身体的某个部分不够苗条。再加上各种潮流服装越来越注意形体和线条的配合。可以说，同一件衣服，穿在不同身材的女性身上，可能就瞬间体现出“丑小鸭”和“白天鹅”的区别。

都是普通人，有谁会甘心做丑小鸭呢？于是，“减肥”不论是内因还是外因的影响，永远是各个年龄段女性的理想。由于工作需要、生活环境等诸多因素的影响，专门抽时间心无旁骛地减肥，对很多女性都是想都不敢想的事情。于是，轻松和高效的减肥产品，就成为很多女性最大的消费支出。

几乎每个减肥的女性都有减肥失败的经历，每失败一次，都会增加对减肥产品的不信任感，甚至产生悲观和敌视心态。当然，这些绝不会浇灭减肥女性心中那团要减肥的火焰。

这时，硬性的减肥广告不管把产品效果宣传得如何天花乱坠，都很难让消费者立刻接受。除非像当年某个大型综艺节目那样，利用无数美女宣传某款“减肥产品”，超级的明星效应和崇拜心理，会让目标客户完全忽略广告成分。能做到这一点的产品，其前期支出的巨额广告费用和赞助费用，也足以让同类产品 “只能悄悄佩服一下而已”。

而软文营销则可以通过低成本的渠道推广。以故事的形式，将身边一个个减肥成功的案例、趣事传递给消费者，加上专业化的文字包装、极度生活化的语言方式、紧凑而真实的减肥经历，让女性在羡慕张姐、王姨、李大妈等人都减肥成功的同时，再次使自己那颗减肥的心“蠢蠢欲动”起来，从而愿意再尝试一下这款产品，是不是真的效果这么好。

软文营销和硬性广告相比，既能直截了当地宣传硬性功能，也能绕开常规的硬性广告宣传，温柔地说它是多么适合消费者。针对消费者不同时期的心理变化，采用不同的文章和角度，用温柔和悄无声息的方式，让消费者接触到产品信息。反复几次之后，就水到渠成地发酵消费者的购买欲望，使消费者自愿去了解和接受产品。

互联网营销本身就具有相对“软性”和“软文”的特质，每个网民每天伴随着大量互

联网新闻、日志、评论、故事去工作和生活。不像硬广告，消费者往往很难辨别软文中的商业信息，这时，软文营销亦将发挥它最大的作用，在无声无息中将商品信息传递给消费者，让消费者在不排斥的前提下，逐渐对品牌产生认知和记忆，从而实现消费。

1.2.5 软文营销让商品利润能提升几倍，增加市场说服力

当消费者过度在意产品的物理功能、外观设计、实用效果的时候，也就是开始比价的时候。这是所有企业最不愿意面对，但偏偏是大部分消费者最愿意做的事情。道理很简单，同样是苹果，同样的产地，同样的大小，同样的分量，别人卖五元钱一斤，凭什么你家就贵一元钱？当然，你卖得贵可以，我也可以不买。

这样的消费者，通常被企业认为是非优质客户。但是，一个没有大量忠诚客户的企业，又怎么可能获得完全不比价的众多优质客户呢？其实想要消费者不去比价的理由也很简单，那就是企业的品牌附加值完胜同类或者同行业其他产品。

例如，奢侈品 GUCCI 的包，动辄几万元甚至几十万元，而且常常越贵的包，卖得越快越抢手。因为是全球限量版，女性都知道买到它就是身份和地位的象征，是时尚和新潮的代表。

实事求是地讲，并不是所有国产非名品的包外观和品质都不如 GUCCI 的包，甚至有的设计得更潮、更酷、更具时代感。但是为什么这些国产包，能卖到几百元都已经是天价了，过千元就是奇迹，而且消费者绝对不会有疯抢的现象，总得想方设法打个折才肯罢休呢？为什么买 GUCCI 的人群没有在商场逼着销售人员必须打个八折，要不然就不买了呢？

道理很简单，因为当追求品牌附加值和品牌文化的时候，消费者已经不介意包本身的品质或者外观了。要的是这个“范儿”，要是的这个身份，要的是这个标志。得让身边的人包括路边的人都知道我背的是世界上限量的奢侈品，别把我当个普通人。况且，卖奢侈品的销售人员的状态也很明确，你不买有的是人买，想打折除非商场或者品牌搞活动，否则不可能。

而买国产包的人群的心态则简单了很多，要不然就经济实用，装的够多；要不然就外观够好能背得出去；要不然就是纯皮或者至少是合成皮，别让人摸出来是革的就行。

能让消费者不注意物理功效，更关注品牌文化，是提升利润的最佳法宝。不是想当然的定价或者放弃品质，本着能蒙一个是一个的心态。营销允许适当包装，但是绝对不能过分夸张，靠欺负和忽悠，企业是注定走不远的。特别是互联网时代，消费者的曝光和投诉

渠道十分便捷，投机取巧只会让企业陷入危机。

要想提升国产品牌的品牌附加值，让消费者接受自身企业的产品比同类产品贵，甚至贵几倍，就要在根本上通过软文营销教育并说服消费者，我的产品虽然贵，但是品质绝对有保障。虽然其他企业的产品看起来和我的几乎一模一样，但是是否有保障，作为消费者，你要自己去体验。如果你愿意冒着风险去买便宜货，那我不拦着你，反正买我公司产品的客户，都是“高端大气上档次、低调奢华有内涵”的成功人士。

这里采用的就是心理暗示的营销手段。在绝对不恶意攻击任何竞争对手的情况下，也客观地陈述了事实，市场上确实有假货，这是不争的事实。告诉消费者我的企业可以完全保证品质，贵是因为我的产品成本确实高，而且我并不是整个行业最贵的。

前几段已经说明了软文营销不仅可以包装出产品的综合竞争优势，更关键的是可以快同类企业一步进行宣传推广，让消费者更多更快地接触到产品，并且产生信任感和忠诚度。这一段则是告诉读者，如何利用软文营销的心理暗示手法，以递进的方式增加市场说服力，从而增加产品利润。

1.3　忽视软文营销的恐怖后果

随着竞争的加剧，初创企业和发展中企业大多忽视营销推广这一环节，一切以“短平快”的销售为目标。如果说是由于一些老板的思维守旧而导致营销推广的决心不够，似乎又有点过于偏激。因为我亲眼看到很多企业家宁愿花几十万元甚至几百万元，去学习各种课程。希望能不断充实自己，让企业获得新的突破和发展。特别是在 2011—2014 年，电子商务、移动互联网、O2O、微博和微信营销的兴起，让很多企业老板听课成瘾，生怕少听一节课，就令自己的企业失去发展的契机。

企业家们花钱听课非常积极，但我个人却对他们学习后的状态不敢盲目乐观。即使在清华和北大的课堂上，我也会对学员们经常说一句话：“各位虽然有极强的学习热情，但是大家也有极明显的问题，那就是宁愿花 500 万元听课，却不愿意花 50 万元真正去做营销。”

其实原因也很简单，中小企业的创始人或者管理者，大多是 20 世纪六七十年代出生的人，他们非常尊重知识，也尊重有知识的专业人士。可是，真的需要将知识付诸行动的时候，传统的思维方式永远会第一时间出来作祟。

以前从来没花钱做过软文，不也一样活得好好的？

以前从来没花钱包装品牌，不也有订单过来吗？

以前从来没花钱推广产品，不也照样不少卖吗？

所以，我点评过一句话："由于对营销一知半解，导致一些管理者，宁愿花500万元请老师或者专家吃喝玩乐，也不愿意花50万元去包装品牌，对产品进行营销策划。请老师吃喝了，起码也是消费和享受了，交了这个朋友，可是花钱做营销，一旦没效果，连个水花都看不见，钱就没了。"

也正是这种普遍性的错误观念，导致相当一部分企业家，虽然认识到营销和推广的重要性，却不愿意付诸行动，更不要说高薪聘请专业文案，帮企业撰写系列宣传软文。久而久之，忽略软文营销就直接给企业造成了经营隐患。

1.3.1 伤害品牌信任度

60%以上的网民在购买陌生的产品、到陌生的店铺购物时，都会习惯性地先百度一下产品或者企业的名称。由于企业从来没有做过软文营销，百度的直接结果就是大量的招聘信息、阿里巴巴等电商平台的免费商家信息、58和赶集网上的业务信息等。稍好一点的，才会有企业官网或者百度百科，由于没有做过营销包装和优势分析，所以官网和百科上面的内容也极为简单。

做营销讲究的是将心比心，只有这样才能写出令消费者"心软"的"软文"，所以一定要习惯换位思考。如果一名消费者想为家里买一件日常用品，即使不是直接食用的，但是摆放在家中，必定也会接触空气，形成"空气传播"。如果这个品牌消费者从未听说过，销售产品的企业也并非耳熟能详，产品的价格又不低，消费者第一时间考虑的一定是产品质量是否有保障？市场上的其他同类产品是否会比这家更便宜。如果消费者百度搜索品牌名称，而搜索的结果则是大量的招聘信息或者B2B平台的商铺信息，没有任何一篇权威媒体的正面报道，会直接伤害消费者对品牌可能产生的信任，也会留下这家企业的规模不太大的直接印象。

此时此刻，消费者会毫不犹豫地购买产品吗？答案也是显而易见的，大多数消费者会继续查找同类别企业或者同类产品的店铺，而离开的消费者能回头消费的可能性是低于20%的，因为总有比你的企业产品价格更低的商家。至于对方的产品质量是不是很差，这已经不是你该操心的问题了。这也是很多电子商务店铺流量高、成交量低的原因之一。

1.3.2　伤害品牌忠诚度

在营销成本增加、人员成本增加、产品成本增加的年代，消费者的忠诚度却在不断降低。这一现象让知名企业既无奈又紧张。其原因就是互联网时代，消费者可选择的余地实在是太广了。换而言之，让消费者留下的原因也许只有一个，但是让消费者离开的原因却是数不胜数的。

企业一旦发现，新客户在减少，且老客户的活跃度也呈几何形递减时，通常都是二话不说，立刻要起威震江湖的“七伤拳”——把精力都集中在促销、降价、打折、赠送等手段上。宁可自己少赚钱、不赚钱甚至赔钱，也得把丢了的市场抢回来。当然前提是少赚钱可以，但绝对不会再想着花钱去做软文营销。业绩已经严重下滑，不想办法去赚钱，还想着花钱，居心何在？此时的营销团队，也失去了冷静分析市场的机会。此时，他们的工作任务已经非常明确，就是要让便宜加上更便宜的价格刺激把消费者刺激回来。

而管理者却从未想过，大量老客户丢失的真正原因是什么？能让老客户突然投入竞品的怀抱，价格固然是一方面，但是更多的一定是在口碑、权威性、信任度、服务品质等品牌附加值方面出现了问题。而企业平时又不注意软文营销的传播，从来不利用正面积极的文章，通过权威媒体去传播品牌信息，将品牌附加值渲染给老客户。而竞品公司，则一直不余遗力地做着各种营销推广和市场宣传。市场需求是很公平的，当消费者产生消费需求时，通过某篇文章的吸引，稍一犹豫就从以往购买你家的产品，转向购买其他企业的产品。他的这次消费机会和费用，留给了其他企业，你的企业自然就少了一次赚钱的机会。更可怕的是，这次的离开可能意味着他再也不回来消费了。因为以前，消费者成为你的忠诚用户，也许仅仅是因为消费惰性——懒得换个店铺而已，而你的企业却从来没有给消费者一直留下来消费的理由。

还有这种“七伤拳”之所以对忠诚的老客户无效，是因为单纯追逐价格的消费者，也绝对不可能成为某家企业的忠诚客户。这拨人群就从来不存在品牌忠诚度一说，又怎么可能因为一次的打折或赠送对某家企业产生所谓的品牌忠诚度呢？只有真正关注品牌附加值，在意服务、文化、品质和口碑的消费者，才真正具备成为忠诚用户的潜力。

在这里要提示大家的是，其实这种“七伤拳”，并不是完全无效，关键在于不能单独用它，而是要用“组合拳”，就是配合高利润的产品或者服务，哪怕是在一段时间“锁死”消费者的预售服务，才能让因为物质刺激的消费者重新对企业产生忠诚度。

1.3.3 被动陷入价格战

有时候“价格战”是由于企业想挽回客户或者推广新品，主动降价的营销策略。这时的企业至少还有系统的营销方案和体系来支撑，做好了让利和损耗评估。但是，一旦竞品企业或者一些不讲商业道德的企业推出了低品质、低价格的同类甚至是同款产品，企业就会立刻被动陷入价格战，而且从战斗打响的那一秒起，就注定了必输无疑。

例如，2012 年万团大战兴起的时候，我曾经帮几家做鞋和服装的工厂做过战略指导和企业内训。当谈到品牌策划和软文营销的时候，他们同样是兴奋有余而又犹豫不决。

一些企业坚持认为，品牌策划有必要，但是重点还是包装设计、款式新颖等外在因素，所谓的品牌文化、附加值、美誉度这些看不见也摸不着的东西对自己这样的中小企业并不适用。虽然老师说得很有道理，但是现阶段的任务还是要以销售为主，所以，花钱做软文营销的事情，还是等年底产品都卖出去了再说。结果呢？

当时几个大型团购平台上，冬天几乎都推出了一双爆款鞋——49 元包邮的纯皮翻毛雪地长筒靴。这个价格不要说普通工薪阶层，就是白领阶层都会怦然心动，所以一个团购平台当时月销量都突破 5 万双大关。

而作为生产同类产品的企业学员，看到这个价格都瞬间崩溃。不要说纯皮，就是用革的材质再配合真正的兔毛，不包邮，48 块钱都不够成本，再加上这上面还有团购网站的利润和厂家的利润，更是让这些企业佩服得五体投地。其中一个老板哭笑不得地说：“我的企业几乎都是半手工生产的中高档鞋，如果让我来做这个款式和这个价位的鞋，我恐怕只能用纸壳子糊一个出来了。”

当时在各大团购网站上，销售这类超低价产品的企业相当多，姑且不管它的质量到底如何，不争的事实是，这类产品几乎成了爆款。一双鞋哪怕只赚 2 元钱，5 万双鞋也是轻松地将 10 万元入袋。

而那些真正关注品质的传统企业，虽然抓生产、抓经营、抓流程，却偏偏不抓营销，更不会关注软文营销。当我替他们向团购网站推广产品时，网站的回答非常明确，要不然有足够的利润，要不然企业有足够的品牌，要不然企业有足够的宣传力度和粉丝人群。什么都没有，为什么我们要合作呢？

其实商场如战场，亦是同样的道理。不是你的企业想不想打价格战，而是从你准备在互联网上销售产品的那一刻开始，你已经在面对全国所有的竞争对手，包括假货生产者。消费者在互联网上可以找到你，也意味着有同样的机会找到其他企业。而对那些完全没有接触过企业或者如上文所说根本没有品牌忠诚度的消费者来讲，什么是低质量的？什么是高质量的？每个商家都是在自说自话、自吹自擂，与其这样不如先买个价格便宜一点的，反正就是亏也亏得少一些。

因此，爆款永远是爆款，而不想打价格战的企业，由于从来不做软文营销、不做品牌策划、不做市场宣传，却稀里糊涂地被打了价格战。而且各大电商销售平台，都会认为这种款式的鞋它就是值这个价格。你卖得价格高，并不代表你的品质好，也有可能是你的心太黑。因为你不具备品牌美誉度和品牌影响力，更缺乏固定的消费者人群，这时候又能作何解释呢？怎么会有市场合作者或者渠道分销商相信呢？

1.3.4　增加假货销售概率

我在课上还经常说一句话：“不管你的产品科技含量有多高，专利有多牛。你能卖多少亿元我不敢保证，但是我敢保证只要你的产品卖得好，不出三个月，假货就会铺天盖地。”这么说也许有人觉得太过夸张，但是经历过的企业或者从业者都知道这句话有多么正确，市场现实有多么残酷。

如果仅仅是假的同行业的低质产品，企业会被动打价格战。但对于那些有高品质销售渠道或者大量忠诚消费者的企业，还不至于伤筋动骨。毕竟品牌不同、销售渠道不同。但如果是同品牌、同外观、同功能的“纯假货”呢？

2013 年，一家做家用医疗器械的企业找到了我，邀请我做企业的电商顾问。这家企业以往在电视购物上销售，线下也有 100 多家专营店和代理商，每年几千万元的销售额，销量相对稳定。可以说，日子过得还是挺滋润的。

公司的女老板也是励精图治、干劲十足，想要通过电子商务让公司更上一层楼，实现快速上市的目标。在确定了电子商务的战略、团队规划、销售目标等内容后，我谈到了电子商务的潜在风险和假货的必然性，重点提出了营销的力度和软文营销的密度。而原本滔滔不绝的女老板，则突然沉默了一会，然后微笑着说要考虑一下，然后就没了消息。

两个月之后，当我已经完全淡忘了这家企业之后，该公司的副总给我打电话，大意就是：“快些救命，互联网的假货太可怕了。”

原来，当企业的天猫店刚刚开始营业时，业绩就相当不错。很多电视购物错过的客户，也都转到网上购买。可是，不到一个月，网上就出现了假货。而两个月之后，假货如电脑病毒般爆发。

在淘宝网首页搜索该品牌的名称，这家企业真正的店铺在首页几乎找不到，而大量假货的店铺，几乎个个标着“官方旗舰店”“假一赔十，厂家直营”等字号。更可悲的是，在百度首页，搜索品牌名称，前三条链接都是假货的商铺。而且，该企业不管花多少钱，位置也抢不回来。企业出1元一个点击，对方就自动增加到1.1元一个点击。

而且在所有现象之外，还有一个残酷的事实。所有假货店铺的产品价格，都只有正品的5折。这不仅吸引了大量消费者，就连一些代理商也开始质疑“你为什么在网上5折销售，却给我5.5折供货？”当然，毕竟是长期合作的伙伴，稍加解释还不会引起更多的误会。

可惜大量网民被密集的假货店铺骗走，不仅企业损失了巨额的市场收入，低质和劣质的假货，也让购买过的消费者，对这个品牌充满了不屑和愤怒。于是，企业一边要应对市场的冲击，另一方面还要委屈地对消费者的投诉以及相关部门的问责进行解释。

如果两个月之前，按照我的建议，企业进行了软文营销。两个月之后，搜索“品牌名称”不说铺天盖地，但在首页绝对会出现多篇媒体报道。届时，消费者只要点开媒体链接，就会找到真正的店铺地址。虽然无法打假，却能够在一定程度上防假。起码在面对客户投诉和相关部门查问的时候，可以通过媒体曾经报道过的官方店铺地址进行取证和解释。而如今，一切都为时已晚了。就这样，原本准备在电子商务上大干一场的产品，反而影响了它在传统市场上的销售，只因为企业的老板轻视了她自认为非常熟悉并且已经不屑于使用的软文营销。

1.4 不同风格的区别学习目标

我从2010年讲授“软文营销”课程开始，至今已经有8年时间，明显感觉到了社会各界对软文营销的不理解，相比“微营销”“O2O”“移动互联网”这类被媒体猛炒却又昙花一现的热词或者是热门课程，软文营销课程的学习者可以说严重地两极分化。

一部分学员听完之后热情洋溢地要拜我为师，希望让我天天指导他们写软文，或者让我帮助完善他们写过的软文。而另一部分学员则对这门课程充满困惑。企业的管理层和从未写过文章的营销从业者，他们的问题几乎都是一样的：“所老师，我从来没写过软文，没有任何软文基础，还能学好写软文吗？”

在此也要声明，软文营销的课程包括本书的内容，从来都不是要把每个软文营销学习者都变成软文营销从业者，这种舆论导向也是完全错误的。这就是为什么我在清华、北大开设的课程，包括本书的名字都是以“软文营销”为主，而非“软文写作”。

这种营销形式和学科，包括了“软文”和“营销”两部分内容。学习软文营销的目标，绝不是让每个人都必须变成下笔如有神的盖世软文高手，而是要让不同的人群，在不同的工作岗位和工作职能上，掌握到不同的营销技巧。这才是软文营销真正的精髓。如果认为学习软文营销就是单纯地为了写作，那就过于片面和狭隘了。不同人群学习软文营销，也有着的不同的目标和效果。

1.4.1　企业创始人

1. 打通营销环节，统一市场脉络

通过软文营销，梳理打通所有营销环节，让企业机能迅速健康运转。在企业的报告、日志、方案、点评、计划、培训课程等内部材料中，统一思路、思想和思维，让全体员工，既能清晰明确地掌握公司的战略目标、战略体系和战略方向，又能准确掌握产品的市场综合竞争优势、对外的统一宣传手段和现阶段的营销重点。

看似理所应当的工作内容，实事求是地说，真能实现这一点的企业，实在是少之又少。通常是产品部不知道市场部的推广重点是什么，技术部不明白销售部门现在到底在怎么卖产品，销售部也不明白市场部现在到底主要宣传什么卖点。所以，有很多公司尽管下大力度和重金聘请管理人才或者管理专家，来制订各种管理制度，可是市场销售就是混乱不堪。根本原因不在制度，也不在人，而在于营销思路没有统一。

2. 培养软文人才，加速市场进程

信息时代的商战，就是内容和流量的战斗。能说清楚产品优势的销售固然可贵，但是一次只能面对一个客户进行产品销售。而能写清楚产品优势的“文案策划”人员（泛指软

文营销从业者的专业职位），则可以同时将产品信息传递给几万、几十万、几百万甚至几亿潜在消费群体。其作用和效果，是绝对不可同日而语的。而高薪聘请或者通过猎头去挖其他公司的专业文案策划人员，不仅成本过高，而且对于一些刚刚创业的企业，也根本做不到。此时，通过学习，将其他岗位中有写作基础、头脑灵活、喜欢学习，最关键是对写作有兴趣的员工进行重点培养，就可以在一段时间内，为企业培养出专业的软文营销人才，从而在企业的经营发展过程中，带来意外的惊喜，加速产品占领市场的速度。

1.4.2 应届毕业生增加个人写作能力，提升就业机会

市场的繁荣，造就了无数就业机会。大学生找一份工作并不是问题，但真正的难点在于如何找到适合自己的职位，如何获得更好的职业规划，在青春尚未耗尽之时，获得最大的辉煌与成就。特别是一些毕业生专业无法对口、职位和工资高不成低不就、不想从事低端职业，也成为一种普遍现象。这时，软文营销就是最佳的突破口，入门工资不低、白领职位、发展空间广阔、市场缺口巨大。只要是文笔好的人，如果不是对工作环境和薪酬收入要求过度苛刻，可以说走到哪个城市都很“抢手”。

软文营销从业者的特性就是，入门门槛极低。换句话讲，只要小学毕业，能写中国字的人，就具备干这行的基础。当然，这只是句玩笑话，真正要入门成为高手中的高手，还是需要艰难甚至是痛苦的磨炼。不过，对于刚刚毕业，对一些硬性技能都不掌握，也没有社会经验的应届大学生来讲，担任企业的文案策划职位或者新媒体运营职位，从事软文营销的写作工作，确确实实有着先天的优势条件。一方面，大学生有大量的时间阅读各种新闻、了解各种流行词语。这反而比每天忙碌不停的白领们能更快地掌握社会风潮。写出来的文章，会有时尚的语气、新颖的观点和潮流的用词，更能引起90后网友的共鸣，吸引更多粉丝关注。另一方面，大学生正处于人生的转型期，刚入校门头脑还是一片空白。更容易学习新知识，只要肯下功夫，提升写作技巧的速度也更快。可以说，只要大学生能下决心学习软文营销，在未正式进入社会之前或者实习期间，可以专门针对一些社会热点或者行业现象，撰写一些文章，发布在自媒体平台上。用这些文章去求职，绝对会比简历上一大堆的在校职务更能实实在在地吸引招聘企业，也绝对会提升被聘用的机会。

在这里，也想说几句题外话。这个行业入门容易，可出师极难，特别是在没有真正的软文高手，手把手指导的前提下，完全靠自己领悟，通常都会走弯路甚至是错路，更加忌讳的就是过度沾沾自喜、自娱自乐。

近年来软文营销确实异常火爆，因此也出现了一些浮躁的现象。有的学生在校学习的

是营销专业、新闻专业或者中文专业，认为自己已经具备了相当素质的软文写作能力，甚至坚信，写软文小菜一碟。当然，对这样积极的态度首先要表示鼓励和认可。可是，在这种盲目的状态下，写出的软文真的会如想象般吸引人吗？结果也是显而易见的。尚未学习就认为自己已经是高手了，在这种状态下，很难真正听进去别人建议的。特别是那些虽然写了几年文章，但文章的好与坏，完全是由老板或者学校老师决定的初级写作爱好者，更难有真正的进步。写过的文章从未经历过市场的验证，仅凭领导和自己的好恶决定的文章，只能称得上是“自娱自乐”。

1.4.3　营销从业者增加策划能力，提升职业技能

真正的软文和策划是从来不分家的，写好软文就必须懂得策划。很多从事市场、渠道、编辑、产品、活动等职位的营销从业者，都希望能提升自己的系统策划能力。但是策划不仅讲究创新和创意，更关键的是逻辑思维方式，由此才能策划出真正精准可行的方案。

不要看都在同一家公司工作，围绕的也许都是同一款或者几款产品。产品说明书和宣传资料都在官网和陈列室公开展示。但是，真要想具备专业策划能力，从而提升职业技能，绝对不是多看几本书、多听几次课就能实现的。一个错误的策划方案，可能会让整个企业陷入尴尬的境地，甚至是万劫不复。

失败案例 1：

2012 年美国一家移动公司为了扩大市场，加大了市场宣传力度。斥巨资请广告公司策划并投放了一个网络广告。原本以为如此专业的策划公司提供的广告创意肯定会很吸引观众眼球，其结果是不仅吸引了观众的眼球，而且让观众也非常迷惑。

广告中，中年男子用手蒙住了女子的眼睛，另一只手拿着一个包好的礼物，看起来很欢乐和谐。虽然没有什么创意，但至少也算是顺理成章，大家都认为这时候出现的应该是这家移动公司的产品广告语了，结果，这时出现的广告词是：“充满惊喜的圣诞礼物，是项链还是迷药？”

也许这种美国式的幽默我们中国人确实看不太懂，但是我坚信，这种广告任何人看完之后，都会不由得想问：“这广告到底想要干什么？是在宣传圣诞礼物应该送迷药吗？”

这样的策划，就是典型的“屁股决定脑袋”。策划人员只觉得这样会好玩、搞笑，会吸引消费者眼球，给观众留下深刻印象，却完全没有考虑到给这个移动公司将带来什么样的负面影响。

失败案例 2：

2004 年年初，某品牌打出“1∶1∶1”的健康油概念，并引述中国粮油学会副会长的发言，称“单品类油脂对健康有不良影响”，此举被认为是直接针对以“花生油压榨专家”自居的另一粮油品牌。但是令该品牌万万没有想到的是，另一粮油品牌竟然在最短的时间内以迅雷不及掩耳之势予以反击，首先以粮油学会的名义发文称：副会长的发言被别有用心的厂商所利用，并且到目前为止市场上还没有任何食用油的成分能达到 1∶1∶1 的均衡营养比例。该文一出，立刻在媒体上引起了轩然大波，最终，该品牌只好将广告词改为“0.27∶1∶1”。该品牌在营销中，由于缺乏战略上的规划和战术组合，谋求通过一句口号站稳市场的简单做法注定了其失败的必然性，成为当年最失败的营销案例之一。

失败案例 3：

2003 年年底，北京某家居建材城开业。因其宣传的“一元钱买家具”的广告没有兑现，激怒了冒着严寒守候一夜的 3 000 多名顾客。

市民张大爷气愤地告诉记者，他在一周前看到“1 元钱买家具”的广告后，为排在前面，昨天凌晨 3 点就赶到现场，但他只排到了 78 号。张大爷介绍，到早上 7 点人就很多了，当时人们都自发地排队。8 点过后，该建材城的保安要求重新排队，秩序一下子就乱了，连续折腾 3 次，许多人都忍受不了，当时现场至少有 3 000 人。

刘女士告诉记者，她 5 点就来了，本来是 9 点钟就开始的活动，主持人说推迟到 10 点钟。大家不满地围住了抽奖台，当主持人宣布活动无效的话一出，整个场面立刻失去了控制。大家都跑到前面，推倒广告牌，跑进大厅，往外搬家具，有的人当场就砸。该家居店的总经理助理告诉记者，他不知道保安让排好队的市民重新排队的事情。

而二楼近百名顾客和二楼保安、工作人员也在相互撕扯，现场混乱不堪。原来，为了让新开店聚起更多人气，该家居品牌的其他分店对购买家具的顾客赠送奖券并称可在该新开业的店等值使用。而当顾客来新开业的店购物时发现，手中成百上千元的奖券严重缩水。

陆女士告诉记者，11 月 27 日，她在该家居所属的另一分店购买了 7 300 元的家具，当时服务人员返给她 500 元奖券，并告诉她旁边的新店开业时，可以把这些奖券当等值现金使用。但是，昨天新开业的店却说这种券只值面值的 5%，并要买家具才能使用。

罗先生拿着 1 000 元等值现金券气愤地说：“现在我必须再买 2 万元的家具，才能把这 1 000 元用出去，我要得了那么多家具吗？”对此，该家居店的总经理助理告诉记者：“这是不可能的，服务人员不可能这样说。”

点评：

不管事情的真实起因，是否因为现场工作人员的不细心和不负责所致，但是整场活动的策划，明显有严重的漏洞。“一元钱买名家具”活动能吸引近 3 000 名顾客现场参与，策划本身是绝对成功的。包括现金券的大量发放，也对刺激其他分店的会员来此消费起到了重要作用。但是就策划方案本身明显缺少了重要的环节——“执行方案”。

这个词也许会令很多读者感到陌生，简单说来，就是一个多么有创意和新颖的方案，总得知道如何实施，用多少人、什么时间点做什么、应该如何解答问题。看起来无关紧要，但缺少了它，只要是线下活动几乎没有不混乱的。因为，没有人真的知道下一分钟自己到底该干什么、做什么、说什么。

策划绝对不是拍拍脑袋，不负责任憋出来的创意。策划不仅要懂产品、懂市场、懂消费者，还得懂得如何引导消费者。这也成为营销从业者很难跨越的障碍。可以说，从事某个职业超过三年，一旦思维模式定格，再想转型到其他职业，难度相当大，这也是“隔行如隔山”的由来。

但以个人成长经验为例，有一定的软文写作基础和经历，再去学习策划思路、逻辑思维方式。或者以某个产品为具体案例，边学习策划、边写作企业软文，先策划出企业的品牌优势，再根据市场环境，写作企业软文，总体效果一定是事半功倍。

严格来讲，提升软文营销写作能力的标准步骤是：

第一步，先去看别人如何写，然后自己动手多写，具备一定写作基础。

第二步，学习基础策划知识，简单策划产品优势和分析市场格局。

第三步，针对虚拟或者实际的产品优势，提升写作要求，反复撰写不同角度的软文。

可以看出，策划是最核心，也是最承上启下的一环。而很多营销从业者希望走捷径，这时也可以把第一步省略一半。就是不去写太多文章，但是一定要多读多看多想，别人的文章为什么这么写，有什么好处，是不是能看懂。当然，若想策划功底扎实，并不建议省略写作这一步骤。

当分析每篇软文，都能准确掌握作者的思路和目的时，再针对产品以倒推的方式，去策划一些简单的品牌优势。虽不能一步到位，速成策划高手，但起码可以让逻辑思维变得清晰，战略目光更加长远，以实现提升自己综合职业技能的目的。

1.4.4 企业高管

1. 具备营销全局观和细节感

作为企业的骨干力量，高管既要参与制订整体营销战略，又要带领员工亲自前往一线战场；既要监督实施具体营销手段，又要指导各个部门员工及时调整营销方向。可以说，公司的能效性都是由各个部门的负责人，也就是企业的高管的综合能力来决定的。这也就要求，企业高管必须具备市场全局观和经营细节感。

所谓全局观，除了要明确整体战略部署外，较难的就是要知道企业或品牌处于哪种营销阶段。由于在企业工作时间太长，或者归属感太强，反而使高管很难看清企业的处境，容易下达错误的工作指令。

企业处于什么样的营销阶段，不是由企业自己决定的，而是由市场销售状态、综合竞争环境、消费者增加速度、老客户活跃程度等综合因素决定。只有明确了全局观，才能知道各部门下一步该如何紧密配合，才不会浪费人力物力去做无用功，避免配合失误。

学习了软文营销，即使不亲自撰写，但是明白了软文营销的应用范围、市场优势、目标人群、写作角度，就能知道好的软文应如何撰写，从而跳出企业管理者的身份，重新审视企业当下的经营情况和宣传情况，更加冷静地分析下一步的工作方向是否正确，营销步骤是否合理，营销手段是否必要。

所谓细节感，不仅包括了活动的执行、产品的描述、工作执行的时间点的明确、数据的清晰，甚至要精细到每篇文章标点符号的准确度。它不仅反映出管理者的责任感，也从另一个角度反映出员工的工作积极性和工作态度。如果公司从上开始严格抓细节管理，基层的员工就自然不敢马虎，反之都不拘小节，必定漏洞百出。

乍一看，似乎表达的有点玄乎其玄、过分夸张，但“细节是魔鬼”这句话，之所以能流传如此之久，“千里之堤，溃于蚁穴”，也有它必然的道理。

案例 1：

中国很多大型电商平台，曾经都出现过乌龙现象。其中一次是一家网站将定价的 5.9 折，写成了 5.9 元。当网站无奈将几千个订单都取消并通知顾客活动取消后，订单大都变成了“3 · 15”的投诉电话，几千个老客户也由此对网站失去了信任，彻底消失。

姑且不提这几千个老客户的开发成本、维护成本和未来产生的收益。就后来出现的一系列负面报道，就已经让这个平台疲惫不堪。对于平台来讲，那次的公关危机，简直就是天降横祸，出现的确有些冤枉。面对这种情况，想必没有任何人敢说严抓企业的细节是小题大做。

案例 2：

2002 年 3 月 20 日，中国香港食物环境卫生署查获了 9 种含有法规条例禁止的甜菊糖的食物，一家公司卖到香港的香瓜子也遭到了查禁。由于这系列产品在香港拥有广大消费者，因此，香港媒体对此事件高度关注。

事件发生后，该公司高层立即启动了紧急危机预警体系，召开会议对问题进行了分析。经查是公司发往香港产品的包装误用早期版本，其食品标签成分中印有甜菊糖，导致香港有关部门据此将公司的产品列在查禁之列。

在调查清楚事件的实际情况之后，公司一方面立即邀请权威人士出面干预，召开新闻发布会，说明了具体情况，澄清了误会；另一方面在香港主要报纸上面都刊登声明，此款香瓜子不含有甜菊糖，是属于包装误用，请求消费者给予谅解，播放广告，重点展示各项质量合格认证，才算消除了这场“无妄之灾”。至于其中损失了多少客户和销售额，也只有公司自己清楚了。

写好一篇软文的前提，就是在写完之后，从头到尾看三遍以上，而且必须一字一句，每个标点符号也不能略过地阅读。所以学习软文营销，进行软文写作，不仅会提升营销技能，更会养成抓细节、抠细节的工作习惯，从领导的讲话稿、员工的营销话述、促销活动的宣传口号、产品宣传功效、赠品发送的数量等工作内容上，自然而然地以软文营销的细节程度去严格要求，从而有效地避免公司各类公关危机的出现。

2.　有效控制各个营销环节

作为老板最头疼的是各个部门之间的配合，在会议桌上也永远是公说公有理、婆说婆有理，老板很难偏袒其中一方，怕打击另外一方的积极性。从产品开发、品牌包装、品牌推广到危机公关、事件营销、销售渠道、客户服务等，任何一个环节的信息不对称，都将导致工作的扯皮、推诿，直至彻底停顿。

出现这样的情况，通常是因为根本不知道其他部门在做什么，也很难知道该如何配合。即使知道如何配合，也不愿意调配人手，以减慢自己部门工作进度为前提，去帮其他部门做业绩。从人性角度来看，这也是人之常情。但从公司角度来看，营销环节不能打通，将产生市场风险。

软文营销是贯穿所有营销环节的宣传手段，学习的过程，就相当于重新将整个企业的经营流程进行了梳理。高管学习软文营销，了解并熟悉软文营销的应用范围后，就会以宣传方向为核心，以市场的角度去了解其他部门的工作内容，由此才能真正掌握每个营销环节的要点。并通过不断调整写作内容，被动和其他部门进行及时交流。从这一点来讲，软文营销也是通过市场效果，鼓励高管积极掌握各个营销环节的动力。

练习环节

- 软文营销对企业和个人的作用

第 2 章

软文营销的身世之谜

讲讲软文前世今生

2.1 软文营销的前世

软文营销是中国最古老的营销手段，在古代可以说从有文字开始，就有了软文营销。虽然形式不尽相同，但究其根本，都是以具备“杀伤力”或者“诱惑力”的语言，阐述己方优势、陈述利害关系，从而达到让对方相信自己的目的。

在近代，软文营销，是最低成本的营销手段，也是线上和线下应用最广泛的营销手段之一。之所以始终未被历史淘汰能应用至今，就是因为软文营销是以影响目标受众心理防线为主要效果的营销手段，没有过时之说。另外，软文营销的作用绝不是仅仅停留在文章本身的宣传力度，影响力也不是单纯停留在发布的当天，而是作为品牌推广和战略布局的核心环节，处于承上启下的地位，有着更深层的意义。

随着时代的不同需求，软文营销在不同的历史阶段，也有着不同的表现形式。

2.1.1 古代劝降书

纵观中国的古代史，就是一部战争史。也许是见多了刀光剑影、金戈铁马，所以古人更明白不战而屈人之兵的道理，“攻心之战”方为上上之策，于是软文营销最早的表现形式——劝降书，在各类大大小小的战争中都表现出极好的效果。只不过古代的软文营销不是应用于销售，而是以政治或者军事为目的，但其作用都是一样，让对方先“心软”，最终实现“手软”。

案例 1：

南朝时，陈伯之是南齐的将军，他在南齐灭亡后归顺萧梁，被封为丰城公。但他听信部下邓缮的教唆，起兵反梁，吃了败仗后投奔北魏，继续和萧梁对抗。

公元 505 年，梁武帝命弟弟萧宏率军北征，陈伯之领兵与其在寿阳对抗。当时，萧宏命自己的秘书丘池写信给陈伯之，劝他只要趁早回头，就可以既往不咎。这封信写得入情入理，婉转含蓄，其中有名句“迷途知返，往哲是与，不远而复，先典攸高”，意思是走错了路知道回头是古人赞许的，错路走得不远就能改归正道，是历来经典中所推崇的。

陈伯之读了这封信大受感动，于是率领自己的八千兵马重新归顺萧梁。这封劝降信也被传诵一时，并由昭明太子萧统收录在自己的《文选》中。“悬崖勒马”是它的近义词，但“迷途知返”往往用来比喻犯了错误能改正，而悬崖勒马形容到了危险的边缘及时清醒回头。

常言道，杀敌三千自损八百。如果不是萧宏自己的秘书丘池写信给陈伯之劝降，而是直接在战场上刀兵相见，即使消灭了陈伯之的八千兵马，萧宏的部队也要损失数千人。如果陈伯之的八千兵马是精锐之师、虎狼骑兵，以拼死之心对敌，恐怕萧宏部队的损失会过万，到时，即使全部歼灭敌军，他的部队也会大伤元气，不会是一件值得庆祝的事情。正是由于萧宏，懂得“营销”之道，善用“攻心”之策，一篇文章就兵不血刃地收买了八千兵马，不仅充实了己方的实力，也保存了数万条性命，这也正是当时的“软文”对“目标群体”的心理影响，丘池绝对是当时文案策划中的高手，月薪绝对能达到 50 000 元。

案例 2：

在《水浒传》的故事中，梁山好汉攻城略地的过程亦不是一帆风顺，他们经常碰到探子被陷城中，或者战将错手被俘的情况。通常在久攻不得夺城或者想避免过分杀戮的时候，梁山好汉都会向城中射入大量劝降书，也经常会让城中的百姓或者好汉，为避免破城后家人被屠而自发打开城门，甚至救出狱中的梁山好汉。

在这些历史或者小说中，“劝降书”起到的作用都是一样的，就是引导或恐吓，动摇对方的信心，从而让对方接受己方的想法，轻松实现最终目标。这和现代的软文营销效果是完全一样的，让潜在消费者接受产品的营销优势，快速地实现从陌生到了解、从了解到信任、从信任到购买、从购买到忠诚的心理过程。

2.1.2　早期小广告

在 20 世纪七八十年代，软文营销已经初具商业雏形，只不过形式相对简单，推广形式也较为直接，就是组织人员在马路上散发印刷着产品效果和优势的“小广告”。这些之所以叫“小广告”而不是“宣传页”或者“三折页”，是因为在那个时代，消费者的消费警觉意识并不强烈，可以说处于极度“好忽悠”的状态，商家完全没有必要花钱印刷高质量的“彩页”，更不需要什么专业美工费力设计，只需要在 A4 或者 B5 纸上打印出来，把宣传效果或者价格的字样，加粗加黑就可以了。

相信 20 世纪 80 年代前出生的读者都会记得，经常有人在街边神神秘秘地塞过来一张纸，上面通常都是“某产品买一送三”“某产品免费赠送”“某产品限时 1 折”等。同时，说明白了产品有强大的研发背景、神奇功效、明星代言，特别是再有所谓国外知名专家的介入，那就更是牛气极了。在那个时期，老百姓买东西通常都是去日杂小卖店、国营商场或者菜市场，很少会见到产品有如此高的折扣，至于免费赠送更是白日做梦，而现在突然天下掉下如此巨大的“馅饼”，纯朴的老百姓无不欢欣鼓舞，奔走相告。

至于那些产品的效果如何，在这里我们不加讨论，但从当时这种宣传形式的市场效果来看，绝对是空前巨大的。在那个月薪三四百元的时代，经常有大爷大妈、叔叔阿姨为了领一份所谓价值“688 元”的高级营养品凌晨四点就去排队，甚至为了多拿一份，费尽心思再去排一次队的也大有人在。

除了免费拿到的赠品之外，商家是不会让你白白离开的。这时，软文营销的效果就出现了。现场买一送三，甚至买一送五的促销政策，足以让人们头脑发热，因为“买得多就是赚得多，这便宜可是赚大了”。

现在这种小广告的形式，一方面由于相关部门的严格管控，基本销声匿迹了；另一方面老百姓的消费理念也越来越成熟，防范意识更强。在这里，我们不对这种发布的形式和渠道进行探讨，但就当时的文章内容来讲，仍然有很多值得现代企业学习的地方。

（1）文章字数不多，几百字到上千字而已，却能直接打到消费者的“最痛点”——减肥、补肾、丰胸、健脑、补肝、防癌等。

（2）这种广告形式，受时机和渠道的限制，只有一次机会打动消费者，不可能像现在的软文一样，有机会反复出现在同一媒体上，反复以不同文章去吸引消费者。却在当时由于内容的精练、准确，快速诱导消费者放下所有心理防范。

（3）直接面对消费者的反馈。会有很多人接到小广告不屑一顾，甚至随手扔掉，但是发广告的人员却有机会更多地接触潜在消费人群，倾听他们对文字内容、产品宣传的反馈。

史玉柱曾说过："要做好一个产品，在前期论证阶段必须要有大量的时间泡在消费者当中去。"他培养了一支队伍，必须要下市场，要求他们每个月必须至少跟 100 个消费者进行深度交谈，必须本人拿着产品上街推销，推销不出去就罚款，卖掉了就作为奖金。这就逼着员工在推销的过程中完善他的说法，一旦他的说法见一个消费者就成功一个，就把他的话作为素材，所以史玉柱的策划从来都是到市场里面去，从消费者那里学来的。

这也是在 20 世纪七八十年代，虽然广告环境不成熟，但却造就了一个又一个知名品牌的原因。不管这些品牌是否昙花一现，还是早已经淡出消费者的视线，早期近代的软文营销形式，以接地气、贴近消费者生活、质朴感人的内容，实现了小成本大产出的市场效果，确确实实地征服了一代人。

2.1.3 近期宣传稿

近期的软文营销，以出现在主流媒体上为主，不再以夸张宣传为目标，而是有规则、有结构、有层次、有侧重地配合读者人群，开展精准式宣传推广。

1. 传统媒体时代

传统媒体时代，软文营销开始步入正轨，发布渠道也聚焦在报纸、杂志、DM 直投等平面媒体上，特别是各大城市的主流平面媒体，都有着绝对固定的订阅和购买人群，如北京的"京城四少"——北京晚报、北京晨报、京华时报、北京青年报。那个时期，没有智能手机的出现，互联网的应用也未完全普及，人们在上下班的路上、打发休闲时光时，生活中想了解社会信息和时事动态主要靠的还是报纸。

在地铁和公交车上的乘客，不管有没有座位，标配都是一手早餐、一手报纸。由于拥挤，曾经引发过不少纠纷，甚至成为当时一种不文明的社会现象被抨击。就整体市场环境来讲，那个时候，媒体极度聚焦、读者绝对忠诚，使得软文的字数大多在 2 000 字以上，措词也比较"凶狠"，善打"擦边球"，进行"品牌借势"，从而造就了软文营销的巅峰时期。同时，也造就了我，刚刚出道半年就创造了 30 分钟撰写一篇软文，当天为企业创造 80 万元销售额的营销奇迹。那个年代的 80 万元人民币，甚至可以在北京的东六环购买 10 套小两居。更别说，婷美、背背佳、脑白金等一大批知名品牌的软文，在那个时期真是疯狂“吸金”，有着惊人的市场收益。

2. 网络媒体时代

20 世纪 90 年代曾有专家在电视上预言，20 年之后，中国不存在电视、广播、报纸这些传统媒体，只剩下一个信息平台那就是“互联网”。严格来讲，网络媒体应该是从 2004 年左右兴起，网络广告达到了峰值，互联网的网民也以亿计。软文营销亦步入了全新的网络媒体时代，也可以说是当年的新媒体时代。因为对传统媒体来讲，网络媒体才是真正的新媒体的统称。

而现在“微博”“微信”“视频”等所谓的新媒体，其实都是在互联网或者移动互联网衍生出来的不同终端而已，实质却是“旧瓶换新酒，换汤不换药”。

网络媒体时代的软文，读者以 80 后和 90 后为主，所以在写作风格上也进行了调整，字数在 1 000～1 500 字，风格时尚新颖、热情奔放。可以说将平面媒体时代和网络媒体时代，两个时期的软文放在一起，没有经过任何营销培训的读者，也可以轻易看出它们的不同风格。因为虽然只隔了十几年，却已经完全迈入了一个新的信息领域。当然，没有任何规定说互联网时代的软文就必须在 1 000～1 500 字，超出了就是不专业，只不过依据个人经验，与传统媒体时代相比，网络软文的文字过多，读者根本不会看完而已。

作为有轻微强迫症的营销人，我亦是一如既往地要求自己和所有学生，尽量把握字数。当企业有明确要求，认为哪怕撰稿费多加，字数也要再多点，要把事说得详细而清楚，我们也只好客随主便。所以，本书中很多案例，其实都超出了这一字数，敬请大家谅解，并不是自相矛盾，而是要尊重企业意愿。

网络媒体时代的软文虽然看似容易写，却更容易让撰写者抓狂。因为在 20 世纪 90 年代，可以说能用的写作角度、写作方式、写作技巧，早被当时的营销高手们挖掘一空。如今，面对新时期的读者需求，加上消费者已经超级敏感的商业防范意识和每天信息流的巨大冲击，使得如今的软文营销，开展起来反而倍加艰难。

网络媒体一直以数万家的速度增长，几乎每个媒体都在争夺网民的流量和眼球。这就严重导致了媒体的分流，读者绝对聚焦某个媒体的时代可以说一去不复返了。而这也直接导致了想通过一两个媒体，发布一两篇文章，就打动消费者创造品牌忠诚度成为了新的天方夜谭。

这也是为什么，虽然都讲软文营销可以在一天实现 80 万元销售，但是如今却难以实现的原因——时间变了、人群变了、内容变了、环境变了、规则也变了。在传统媒体时代的软文营销，可以让消费者拿着报纸、杂志，到终端销售渠道与销售人员直接沟通，面对面的沟通，自然可以最大化地刺激消费者的购买欲。而互联网时代，只能通过图文展示，顶多靠电话沟通，很多产品在当地根本就没有实体展示。互联网时代的软文营销，注重的就是系列、专业、时尚、反复、细致等特点。

下面向大家展示，我在 2011 年为中国第一家 C2B 平台——招招看网站，撰写的几篇文章。严格来讲，这三篇软文都算不上精彩，更不是我的得意之作，但是，它们都是典型的互联网软文风格，也是任何一家新企业、新平台、新品牌，必须撰写的软文类型。

这种文章的作用是在需要网民搜索平台名称后，能立刻知道这个平台究竟提供什么服务、有什么特点、如何服务等内容。相对来讲，这几篇软文不仅是为销售服务，更多的是代替了宣传资料和客服，也只有在互联网这种低成本软文时代，才有可能出现这种“奢侈”的写作和推广方式。

案例 1：

中国 C2B 招标网 “招招看”重装上阵

随着互联网时代的到来，网络应用越来越普及化和专业化。网络不再仅仅是用于购物和消遣的平台，也成为人们解决各类生活难题的窗口，通过生活服务交易平台满足生活需求也成为一种时尚。

记者了解到“招招看”既是生活服务交易平台，同时也是国内第一个 C2B 服务网站。能够让网民一“招”解决生活服务难题，让消费者可以选择商家，实现“自主式消费”，真正享受到“上帝”般的待遇，同时还为服务企业提供了的商机。

记者采访了一些网民，了解到了“招招看”改版后的变化和优点。

一、网站操作更加便捷化

（1）上海一家广告公司的人事经理张浩先生说：“以前由于互联网的信息量过大，在一些网站很难找到需要的功能、服务，有时甚至联系不到网站的客服人员。而改版后的‘招招看’真的实现了个性化服务。可以轻松、便捷地使用网站主要功能，在 3 秒钟之内找到自己需要的服务。可以及时为会员解答疑问，让会员可以轻松明确地完成招竞标过程。”

（2）网站的“生活服务”和“交友约会”两大服务内容，出现在了网站的左上角，使会员可以轻松找到自己感兴趣的服务招标窗口，节约了选择、对比的时间。浮动的“网站导航”是新版上线的一大亮点，将招招看团购、手机版、视频、招友圈这四大核心功能集结在一起。让网民可以快速体验和使用招招看的各种核心功能。也使得整个招竞标过程，显得轻松自如、更具应用性。

（3）用户最新发布的招标信息和商家的中标信息，也出现在了网站首页角，使招竞标信息更加突出醒目。不仅便于网民的管理，也便于服务商家在第一时间提供针对性服务，大幅度地提高了时效性。同时首页加入了地图搜索功能，不仅便于会员选择近距离的服务商家，也便于服务商家精准地为附近的会员提供服务。大大缩短了路途成本，提高了工作效率。

二、网站功能更加专业化

记者发现，招招看为网民提供了家政服务、婚庆服务、装修装饰服务、设计创意服务、教育培训服务等多种服务，真正实现了以“服务”为原则，以“优质、高效”为目标，建立了个性化、科学化的页面和功能。

虽然中国互联网上的服务平台数量众多、内容五花八门，无论是网上订花，还是订餐、订票、订酒店，甚至是家政、娱乐、教育培训、维修服务等应有尽有。但是传统的 B2C 服务网站只能是单一性的服务，收费较高、服务无保障。花钱购买服务的个体消费者一直处于劣势和弱势，很难享受到真正贴心、优惠、优质的服务。

而网民之所以热衷于招招看的 C2B 服务模式，就是因为网民在整个交易过程中占据了主导地位，充分掌握了主动权，可以根据自己的要求和条件来选择竞标的服务企业。

三、网站服务更具个性化

如今招招看已为几十万用户解决了服务需求，为十几万企业提供了商机。此次改版后，招招看的个性化服务，使网站优势更加明显。

（1）更加精准的服务：一次招标发布，可以招到更多方案和商家，便于筛选更适合为自己服务的商家，还可作为备选方案留存。

（2）更加便捷省钱：通常只需要比市场低很多的价格，就可获得自己满意的服务，而且交易安全，无须费力讨价还价。

（3）更加精准的定位：去除无用信息，精确锁定您的需求所在，轻松解决生活服务难题。

（4）更有趣味的互动：招友圈志同道合，经验分享、招招通、秒杀团购、跳蚤市场，将您每分钟的快乐分享给您的好友。

相信改版后的招招看，会给中国网民提供更专业精准的生活服务，帮助更多的网民解决生活工作的各种需求，从而推动中国经济建设的稳定发展。

案例2：

中国C2B招标网　“招招看”引领中国网络服务新变革

为了在高速的社会节奏下，解决白领们无法顾及家庭、提高生活质量，学子们无法深入接触社会等问题，“招招看”服务招标网诞生了。“招招看”不仅是国内第一家服务类招标网站，同时也是国内第一个C2B服务网站。全新的模式、清晰的定位、优质的服务、便捷的流程，使国内众多互联网专家坦言，C2B的成功模式，标志着中国互联网全新的时代，招招看将成为标志性的网站，推动着新时代的进步。

一、C2B服务模式提高消费者主动权

虽然中国互联网上的服务平台数量众多、内容五花八门，无论是网上订花，还是订餐、订票、订酒店，甚至是家政、娱乐、教育培训、维修服务等应有尽有。但是传统的B2C服务网站只能是单一性的服务，收费较高、服务无保障。花钱购买服务的个体消费者一直处于劣势和弱势，很难享受到真正贴心、优惠、优质的服务。

招招看是C2B服务模式，所谓C2B，即消费者对企业（Customer to Business），通俗一点讲就是由客户选择自己要些什么东西，要求的价格是什么，然后由商家来决定是否接受客户的要求。如果商家接受客户的要求，就可以交易成功；如果商家不接受客户的要求，客户可以选择不交易。个体消费者在整个交易过程中占据了主导地位，充分让个体用户占据了主动权，由个体用户发布招标信息，充分选择竞标的服务企业。招招看完全颠覆了传统的消费模式，顺应了现代都市人的新消费理念，成为一种时尚的消费模式。提供全面、实用的服务招标平台，既能让会员体验家政服务，又能轻松解决装修、交友、休闲的问题，甚至可以为企业解决招聘、为网民提供团购等优惠服务。

二、全新服务内容解决工作生活需求

作为国内首家服务招标网站，招招看致力于为会员提供日常生活服务、工作服务、家庭服务。并采用正规的“招竞标”模式，通过互联网平台，采取线上招标与逆向竞拍的形式展开。

（1）约会聚会：一起同城相约，或寻找爱人伴侣、或约上三五知己小聚放松，可以最轻松、最容易地实现会员的愿望。

（2）装饰装修：无暇顾及家居环境或只想小规模动工之时，可以帮助网民少花钱办漂亮事。

（3）劳务保洁：完全以“上帝”的眼光去选择服务公司，不必再费神询价，只要开出一个认为满意的价格标准，自然有服务公司“毛遂自荐”。

（4）设计编程：为自己设计个性的网站、为公司建设一个企业论坛、为产品包装一个全新形象等需求，都可以在这里第一时间找到最佳“竞标对象”。

（5）维护维修：不论数码相机的维修、电脑网络的维护，还是家具卫浴的更新，都能帮会员找到最质优价廉的服务企业。

（6）婚礼婚庆：让会员自主选择，最浪漫、最温馨、最具创意的婚礼策划，最幽默、最机智、最体贴的婚礼主持，留下人生最美好的回忆。

（7）办公设备：购买低价格、质量好、样式新的办公设备、用品，永远是企业的难题。现在，会员可以轻松地购买心中理想价格的产品。

（8）物流搬家：物流的速度、质量、价格参差不齐，招招看能让会员随时找到一个称心如意的物流或搬家公司。

（9）教育培训：各种教育和培训是充实企业员工、自身和孩子的必要手段，但相差甚远的价格，让人们无所适从。而招招看可以快速解决会员的个性化需求，轻松找到满意的培训机构。

（10）专家服务：律师、医生、翻译、顾问等行业专家，解决会员身边的任何困难与疑问。

（11）演出庆典：为会员提供生日和各类演出活动的策划、设备、演员和主持，解决会员的最内在需要。

三、精准服务平台提供巨大市场商机

在这个竞争的时代，各个行业、领域都充斥着众多的企业，市场空间虽然广阔但竞争同样激烈和残酷。各类企业都在寻找着新渠道、新领域、新业务，高精准和高回报的业务渠道是所有企业梦寐以求的。招招看提供全面、全新、全程的服务类别、服务项目，不仅满足了会员的各方面需求，同时为众多的企业提供了快速、准确、有效的服务通道。并针对品牌好、口碑好、服务好的企业开通了绿色推荐窗口，针对性地提供宣传服务。

招招看提供的服务覆盖人们生活、工作的各个领域，通过“招竞标”过程轻松完成服务需求的信息沟通，为消费者提供全新的消费理念，为商家提供海量、及时的信息、建立新颖的商业平台、多元化的经营渠道。

案例3：

中国C2B招标网　招招看实现全新服务升级

“招招看”的招标和竞标流程简单便捷、安全轻松。只要注册成为会员，就可以免费享受网站的所有服务，使招标个人和竞标企业在第一时间找到对方。为了更好地为招、竞标双方服务，“招招看”耗费数月时间，实现了服务的全新升级。

一、为企业带来的四大升级服务

（1）为企业建立全新的营销平台，开辟多元化营销渠道。

（2）信息分类详细、清晰，带给企业第一手精准商机。

（3）透明企业采购流程，规范交易环节，节约企业管理成本，提高工作效率。

（4）“团购”服务为企业提供快速销售产品和服务的捷径，迅速为企业创造利润。

二、为“星级商家”提供星级服务

（1）针对网站会员提供重点推荐，扩大品牌曝光度。

（2）提供单独的商家星级展厅，扩大品牌影响力。

（3）让会员快速查看企业联系信息，扩大成交概率。

（4）商机直达企业进行通知，扩大企业市场先机。

（5）将企业的良好信誉度告知会员，扩大会员的品牌忠诚度。

（6）将企业作为某行业的专家重点推荐，扩大企业的品牌权威性。

（7）企业竞标成功后，可以获得双倍积分，双倍奖励，扩大企业的收益。

（8）企业可以免费享用网站秘书功能，提高工作效率。

三、四大服务优势

招招看上线短短一年时间，就为上百万会员解决了服务需求，为数十万企业提供了商机。能有如此巨大的效果，关键就在于招招看的四大服务优势。

（1）精准服务：一次招标发布，可以招到更多方案和商家，便于筛选更适合为自己服务的商家，还可作为备选方案留存。

（2）便捷省钱：通常只需要比市场低很多的价格，就可获得自己满意的服务，而且交易安全，无须费力讨价还价。

（3）定位精准：去除无用信息，精确锁定您的需求所在，轻松解决生活服务难题。

（4）趣味互动：招友圈志同道合，经验分享、招招通、秒杀团购、跳蚤市场，将您每分钟的快乐分享给您的好友。

上百万会员都热衷于招招看这种 C2B 的服务形式，因为招招看这个省钱快捷、内容丰富、趣味互动的服务平台能解决实质性问题。除了上述的四大优势，许多网民在使用招招看的过程中，都会有惊喜和意外的收获。

四、三大服务特色

1. 生活的“直通车”

一寸光阴一寸金，现如今快节奏的生活让人们疲惫不堪。招招看这种既省钱又省事的服务模式，对于所有网民都有着巨大的吸引力。招招看上个人可以免费发布招标信息，商家也可以免费竞标，只需要轻松点击鼠标就可以解决所有问题。

2. 生活的“万事通”

招招看不仅能提供简单快捷的服务方式，还是一个内容丰富的多种网站结合体，把分类信息网站、招投标网站、交友网站、SNS 网站等的优势融为一体，让网民充分体验“一站式”服务。

3. 生活的“开心果”

不仅便捷省钱地解决需求，还提供了趣味互动功能。例如团购频道有巨大惊喜折扣；招友圈拉近朋友的距离，连接情侣之间的情感；跳蚤市场，低碳环保，为网民提供绿色环保的生活物品，满足人们生活需求。

上百万会员都热衷于招招看这种 C2B 的服务形式，因为招招看这个省钱快捷、内容丰富、趣味互动的服务平台能解决实质性问题。招招看上的招标信息层出不穷，越来越多的会员离不开这种服务模式。相信招招看将推动中国互联网的快速发展，终将成为人们生活中不可缺少的环节。

每篇文章的标题中，我都刻意加入了“中国 C2B 招标网”，这并不是无话可说，而是在反复强调它的市场定位。

搜索这个词的时候，我写的这几篇文章的发布日期，已经明明白白地告诉所有网民，谁才是中国第一家 C2B 招标网。这也是互联网时代软文营销的特性。如何配合搜索，在本书的其他章节将详细说明。

互联网时代软文的特点之一，就是宣传成本低，可以一次多议，反复宣传。如果文章撰写数量过少，很快就会被同类别产品或者同行业企业的文章冲掉。无法像平面媒体那样，只要出版了，就永远固定在某天的某个版面，绝对不存在在阅读过程中被替换的可能。

2.2 软文营销的今生

软文营销，多年来一直处于既火爆又尴尬的市场状态。火爆是因为其应用广泛、历史久远，中国靠软文营销成功的品牌数不胜数，优秀的软文作品也都成为被膜拜的经典。在企业品牌的导入期、发展期、成熟期和运营期都需要应用软文营销，在企业事件营销、品牌营销和公关营销等环节，也需要软文营销的大力配合。

尴尬的是，软文营销这个词，通常只火在营销圈内，而真正需要使用它的企业，反而知之甚少。与这些仅兴起几年的微博、微信等所谓的“零成本”微营销手段相比，软文营销简直就是“过气明星”。但实际上，微博和微信诞生之初仅仅是作为沟通和展示工具，只是因为互联网时代的信息交互便捷、现代人的展示欲望强烈等特性，使它们能够快速聚集人气，反而从沟通工具变成了营销工具。软文营销则从始至终都是专业性超强的营销手段，都是由专业人员执行，导致传统企业的老板，大多数只是听说过，却根本不知道软文营销的实质是什么，再加上太多企业只单纯追求短期销售利益，而放弃了对品牌的长远规划，而互联网时代的软文，又很难实现“快打快收”的效果，以至于成为了“鸡肋”营销手段。

2.2.1 忽略文章质量

第一种情况是，有企业认为软文是无足轻重的内容，写点东西，让消费者知道企业是做什么的就可以了。于是，找个公司职务高、资历老、脑子灵活的员工，写两篇文章发到企业官网或者官微平台上，就算软文营销了。只要写的内容是对的，这篇文章就可以通过。而事实上，这样的文章大都截取自公司的简介或者领导的口述，是不可能出错的。重点在于，这种不咸不淡的文章，写不写、发不发，并没有任何意义，网民既不会有阅读的兴趣，又根本找不到文章在哪。

第二种情况是，有的企业老板会稍好一些，知道扩大宣传的重要性。网上应该不断有新的内容更新出现，但前提是绝对不能花太多的钱，为了发篇文章花这么多钱，实在是太浪费。于是，就会到一些平台上，找写作价格不高的写手，为企业撰写文章。考核标准就是，字数要多、价格要低。反正参考的内容仍然也是企业简介、企业官网或者以前记者采访老板的新闻，绝不可能出现重大失误。同样，这样的文章起到的作用就是告诉全社会或者企业员工，本公司一直在宣传，从未停止，但效果也就是仅此而已了。

第三种情况是，软文完全变成了附属品。单纯地为“SEO”服务，相信这种免费的优化手段，很多企业会比软文营销熟悉的多，听到的次数也更多。这种营销手段的好处是，不仅“免费”还能直接带来销售业绩。于是企业就会安排员工或者 SEO 服务公司，确定要优化的关键词。然后，就大量地撰写所谓的“原创”文章，在文章中加入大量要优化的目标关键词和企业官网的超链接。以实现网民只要一搜索这个词，企业的网站就会出现在百度前几页的情况。而这里所谓的“原创”文章，要求更简单，把其他几篇文章摘过来，各取其中一段，拼在一起就可以了。

当然，这种营销手段，现在已经在百度的新规则不断出台后，效果越来越差。不过，几元钱撰写一篇软文，一个月要为企业写几百篇软文的市场需求，却一直存在。

2.2.2　费用比例微弱

与办公费用、人员工资、企业福利、房租成本等企业固定支出相比，推广费用是传统企业老板最不愿意支出，甚至根本就想不到的额外支出。因为传统市场大多是靠渠道、店铺终端或者销售人员销售，根本不需要所谓的推广。而互联网时代，优点和缺点都是信息量过大，不推广，潜在目标群体根本不知道企业的存在，所以大多企业都是被逼无奈才开始进行市场推广。

即使有企业尝到了推广的甜头，也大多集中在淘宝直通车、百度竞价、网络广告、视频拍摄等硬广告形式上，因为这些宣传形式可以直接产生销售。而软文营销在互联网时代的特点之一就是具备新闻性而弱化了商业性，企业很难意识到它的重要性。所以，与其他推广手段相比，软文所占据的市场推广费用总是微乎其微，甚至有企业认为可有可无。

2.2.3　市场地位低下

由于撰写的专业性要求较高、即时销售效果不明显、表现形式不突出、推广周期较长等综合原因，软文营销在市场营销手段中，一直不受企业重视。当企业急于在短期扩大流水、提升会员注册量、增加市场渠道等情况下，推广费用更是“黄袍加身”应用于搜索、硬广、视频等领域。而软文营销则是被“打入冷宫”的摆设，从此无人问津。

究其原因，是因为中国的消费者频率、消费额度、市场空间和推广费用，都呈现了几十倍的增长。在这种情况下，企业不可避免地出现急功近利的情况，通常都以获得流水和会员为第一要素，当然这是无可厚非的。但必须申明的是，互联网时代，产品的快速销售，完全取决于消费者对品牌的记忆和信任程度，快速扩张品牌影响力必须建立在网民接受了品牌形象并对品牌产生了信任度的基础之上。

2.2.4 企业急功近利

很多企业仅发布了一两轮软文后，没有出现品牌预想的影响力猛长、产品销量猛增的效果时，都会将软文营销在市场预算中放弃或分配微不足道的费用，由此形成恶性循环。所以初期和中期的市场推广中，品牌成熟度还不够，就过度追求流水和会员数量，而忽略了品牌本身的价值提升和品牌印象传播，结果就是“揠苗助长”。

即使在品牌成熟期，一旦过度注重硬性宣传和促销宣传，而忽略了品牌的软性包装和各大媒体的公关炒作，也极易使品牌价值湮灭于信息轰炸中。特别是“公关危机”往往出现在这个时期，这种案例在互联网已经不胜枚举，届时搜索引擎中出现的不是品牌的促销信息就是负面新闻，二者同时出现之时，品牌的市场发展“路在何方”呢？

过度急功近利，通常都以获得销售和会员为第一目标，忽略了品牌能快速扩张的前提，是消费者接受了品牌形象并产生信任度的原因。软文营销是提升品牌影响力、吸引力和信任度的必要手段，更是实现产品销售、提升行业地位、应对公关危机、保持市场活力的营销法宝。忽视软文营销追求短期利益就像杀鸡取卵。

如今的市场环境、购买环境和竞争环境都过分激烈，品牌的传播力度直接决定着整个企业的盈利速度和生存空间，可以说直接决定着企业的生死存亡。放弃软文营销，不梳理营销卖点和市场反馈，单纯地将压力转移给销售或者市场渠道，不仅不负责，也是相当危险的行为。

2.3 软文营销的轰炸半径

对于企业来讲，最头疼的是永远不知道哪个营销环节容易出问题、会出问题或者已经出了问题。所以，当面对市场增长缓慢、客户活跃度差、渠道拓展不顺、公关危机出现等现象时，只能手忙脚乱地应对。企业通常会在管理机制上下功夫，但是在营销上出现的问题通常都不是靠管理或者奖惩某几个人能解决的。

一方面，应用软文营销，是企业自身的主动经营需求，它能在根本上帮助企业建立系统化的经营体系和营销思路，让公司上下都能准确了解核心优势、运营方向、发展目标，从而在理顺工作流程的同时，及时查出薄弱的营销环节。

另一方面，应用软文营销，是市场竞争产生的被动经营需求。互联网时代的软文营销沉淀周期长，辐射范围广，传播通路多，展示数量多。都将帮助企业提高商战的获胜概率，避免营销漏洞出现。

下面将列举软文营销，在几个常见营销环节中的实际作用。

2.3.1　市场定位

市场定位是企业将产品或者服务推向市场的第一步，也是最容易出现问题甚至是忽略的一步。正是因为企业的创始人和管理团队都认为太懂自己的产品，所以总是想当然地认为产品就应该卖给哪些消费者，消费者也一定会因为某种要素来开心地埋单。

曾经有一家健康科技公司，经营了一个健康电子商务平台。老板坚持认为，凡是买健康产品的人，都会有父母和家庭，肯定不是孙悟空从石头里蹦出来的。那么他的家人也肯定得吃饭，没有能靠喝风过日子的。虽然俗话说“没本事你就喝西北风去”，实际上，谁见过哪个人真靠喝西北风活下来？再说了，他的家人也得买生活用品，因为不能都住天桥底下，盖着旧报纸睡觉，总得吃饭睡觉穿衣服吧？

上述这些“无懈可击”的“认证”，让各部门主管都“默默接受”。于是，电子商务平台虽然定位是健康平台，但却仍然销售电饭锅、皮带、皮鞋甚至是红酒，其市场结果不必细说，相信广大读者也已经猜到了。

如果当时企业按照正常的市场顺序，对平台进行软文营销宣传。就必然会分析目标人群和竞争优势，再纵向分析自身平台的亮点，横向比对同行业电商平台的宣传要点，结合网民、员工亲友的反馈。在交流群、经营会议上，对市场定位的合理性和优势，进行逐条分析甚至 PK，然后才能确定网站的市场定位——向什么人提供什么样的产品和服务，从而再确定产品经营品类。

在这一步上，其实并不是要求企业立刻开始软文营销，而是用软文营销必须经历的定位策划，来同步公司的市场定位。其实这两者根本就是一回事，只不过由于一些企业经营者“走捷径”，只好用倒逼的方法来实现这一过程。

如果这家健康平台，一开始就重视软文营销，经历了市场定位分析这一步，步子也就不会迈的这么大，离正确的方向也不会这么远，更不会靠自己拍拍脑袋就决定一个企业的生死。当企业定位很难确定的时候，尽量用“软文营销”代替“脑袋决定屁股”的策略，可以降低企业从根本上犯错的可能性。

2.3.2 品牌形象

确定了市场定位，就要通过多个案例和渠道，详细告之消费者品牌的综合优势。这一步骤也就是让消费者开始了解品牌，并有机会信任并购买产品的开始。策划品牌优势，诠释品牌内涵，是企业必练的内功。试问，在高手林立的商场上，不练就一身好武功，怎么可能抢得到地盘、受到别人的尊重、在业内享有地位呢？

要将品牌内涵具化成品牌形象，从而提升传播力度、转化消费者购买率，直至形成品牌忠诚度，就要靠软文营销这样的营销外功来实现。通过软文营销撰写品牌故事、媒体评论、消费者感怀等系列软文，提升品牌的“权威性”和“美誉度”，让消费者在心理上接受品牌的文化意识，初步建立品牌形象，推动产品的市场销售机会。

2.3.3 市场推广

这一环节的软文营销应用，要从两个角度进行阐述。

其一，尽管如今的市场推广形式五花八门，但究其根本仍然是以文字为主，图片、语音、视频、动漫只是辅助使用。只有具备软文营销写作经验和功底，真正掌握产品宣传核心要点，将撰写出来的文字内容应用于其他宣传领域，才能事半功倍，起到宣传效果。

案例：

有一则电视广告，一位美女在山野上狂奔，一只凶狠的花豹在身后狂追。然后美女回头问道：“为什么追我。”花豹一本正经地回答：“我要××糖浆。”

这则电视广告想必很多人都有印象，因为它不仅当时出现在多个有影响力的电视台上，还都是很好的黄金时间段，这一点绝对体现了企业的财大气粗，但是关键点在于，它实在是“莫名其妙”。不是推广不能创新，但是要看是什么样的产品，什么样的人群，以及什么样的风格。这样的创新，除了让消费者一头雾水之外，真不知道还有什么宣传作用。

如果当时广告策划人员真的具备软文营销的功底或者逻辑性，认真分析了产品的优势和目标人群的需求，策划出来的广告想必不会如此令人惊讶。

其二，软文营销本身就是所有市场推广中最重要也是绝对不可省略的推广形式。它可以通过多个人物和角度，宣传同一个产品的好处，不仅不会让消费者感到厌烦，而且可以因其新闻性和可读性，作为闲暇读物帮助网民打发时间（当然这极其考验撰稿人员的功底和营销阶段的要求），从而增加潜在消费者接受商业要素的机会。

另外，软文营销覆盖范围广，如果媒体选择得当，一篇文章在一个媒体上就可以让十几万网民阅读，增加曝光度。最重要，也是企业最关心的是，软文营销的推广成本极低，一个卫视电视台半个月的 5 秒钟广告费用，够半年的基础软文营销推广费用了。

2.3.4　渠道招商

产品在招商环节，要想充分吸引潜在合作伙伴，刺激意向合作伙伴成为企业的代理商或者渠道商，最关键的就是品牌影响力和市场竞争力。此时仅靠招商手机和招商人员的口才，已然无法再打动这些有充分项目选择的意向商家，因为互联网时代最不缺的就是项目和所谓的科技创新产品。

要打动他们，除了靠招商软文起到的关键作用，还有以前企业发布的每一篇软文，特别是越早期的文章，就越能体现企业的综合实力和品牌的年代。按照中国人的消费理念，当然是年代越久远的品牌，越值钱也越具备代理价值，从而越能吸引这些潜在合作商家。所以，软文营销也是直接决定着潜在合作伙伴是否对品牌产生信任度和忠诚度的有力武器。

2.3.5　促销活动

促销已经是企业的常态销售手段，通过软文通稿的形式传播促销内容、政策、细节和注意事项，以激活沉默用户、吸引新用户、巩固老用户，提升品牌认知度，既节约了客服人员回答消费者相同问题的时间，也让消费者第一时间了解促销细节。

软文营销通常在活动的前两周开始宣传，以最大范围地为活动期间聚集人气。在活动结束后的一至两周，则可以针对活动的销售状态，再度通过软文营销宣布促销活动的延续。可以说，软文营销是保证促销活动能否达到预期效果，并且扩大销售效果的主要宣传手段。

2.3.6　融资上市

获得大额投资，为企业注入全新的活力，以扩大经营规模，是上市的必经环节。要获得投资的关键就是一个成熟的商业计划书和有针对性的系列软文，甚至软文有时帮助品牌在互联网形成的影响力，决定着谈判的筹码。

首先，商业计划书中关键的部分，同样是产品优势、市场目标和市场分析。同样是具备软文撰写功底，并且为企业撰写了多篇软文，真正了解企业实际情况后，才能撰写得更加完美。

其次，很多投资人都习惯阅读相关媒体或者相关行业新闻，来了解市场状态和企业动态，以往沉淀的软文和针对融资撰写的软文，将极大地提升意向投资机构的印象分。

最后，不论融资数额有多大，只要融资成功，即可作为软文宣传的重点内容，顺势扩大获得投资的社会影响力，同时增强品牌知名度，为下一轮投资或上市做好铺垫。

2.3.7 危机公关

随着互动网络平台的出现，网民的话语自主权增加，网媒的宣传导向也更加倾向大众。在这种开放的信息环境中，论坛、SNS、博客、微博和自媒体平台的快速传播，都将直接造成公关危机的严重和负面信息的大量扩散。

权威媒体以第三方立场出现，更多的还是即时传递社会上的各声声音。在各大媒体上发布的网络软文通稿、网络媒体评论、权威人士意见，都决定着舆论导向的天平向哪一方倾斜。大量的正面、积极的公关软文，则是覆盖负面信息、引导媒体方向、转移大众眼球的最佳手段。

2.4 软文营销的五大致命误区

相比出现不久却异常火爆的微信营销、微博营销、新媒体营销，真正熟悉软文营销的人很少，能熟练应用的人更是凤毛麟角。真正的资深从业者，可以通过经验和功力，快速帮助企业实现市场目标。非专业的从业者或入门者，只能简单地堆砌文字。最令人啼笑皆非的是，社会各界对软文营销的认识都比较极端和模糊，认为软文营销过于简单，简直就是“小儿科”。

软文营销有严格的应用体系和使用技巧，是始终保持统一形象，突出品牌核心竞争力，代表企业形象或者市场声音的传播手段。同时，软文营销能引起消费者关注和信任，并且是产生购买冲动的营销武器。和广播、电视、户外等传播形式一样，软文营销有着自己的体系、作用和能量，只有应用正确，才能充分发挥软文营销的优势，将帮助企业创造非凡的业绩。

下面是软文营销常见的五大误区，供大家参考。

2.4.1　软文营销形式误区

软文营销绝不是商品信息的简单展示

撰写文章完全按照个人的好恶，甚至是心情的好坏，内容也是天马行空，想什么说什么。只要是描写产品的文章或者带出了产品名称的文章，即使前后都不搭界，中间也表达得极为个性，但它也是软文。

说明：

这种误区的体现是，作者完全不按照商业规则撰写，而是掺入了个人的心情、感悟、人生观等因素。很多学生把以前的文章给我看，我的点评大多都是：很像散文，绝对不是软文。因为根本没有商业价值存在，也没有能影响目标消费者的核心，这样的文章就是未烧开的水，根本不能喝。

在企业经营管理过程中，时时刻刻都会受到软文营销的影响。必须按照公司整体战略规划、市场近况、经营环境等各种因素来严格撰写。

点评：

软文不是信手拈来的文字和词语堆砌。

软文不是随性发挥的情感和创意体现。

软文不是想起什么写什么的想当然。

软文不是情感小故事和心情的抒发。

2.4.2　软文营销从业者误区

专业软文从业者绝不是会写故事就行

软文谁都能写，只要有文字功底，平时有写点东西的人，写软文应该不会很难。特别是公司的市场策划人员，由他们写软文简直就是大材小用，连策划都能做好，写几篇文章不更是小菜一碟吗？如果没写好，只能说明没有用心。

说明：

提及软文营销，就必须要谈一下“文案”或“文案策划”这个职业。很多人喜欢把写文章，称为写“文案”，其实这是不严谨的。商业化的文章是指“软文”，写文章的专业人士才是“文案”。文案一词在业内的解释是“伏案而疾笔奋书者”，也就是为了写文章而忙碌的人。

而文案策划其实也是对文案职业的另一种称呼，这是因为很多企业要求文案从业者也必须具备策划能力。事实证明，这一点也是完全正确的，不具备策划能力也是永远不可能真正成为顶尖的软文营销高手的。

根据我多年的经验和观察，中小型企业或者创业型企业，会配备策划、市场、BD这些职位，但通常都不会设置“文案”或者“文案策划”这一职位，认为策划人员就完全可以兼职完成软文撰写工作，没有必要再花钱专养一个人。所以，这些公司的软文也都由网站内容策划、市场活动策划、品牌推广策划的相关工作人员来撰写，而结果通常都会令管理层非常失望，甚至异常愤怒，认为员工是在应付，否则怎么可能连策划都做得好，却连区区上千字的文章都写不明白。

其实不然，“市场策划”或者“品牌策划”注重的是逻辑思路、系统体系、创意创新、核心提炼。“文案策划”或者“文案”，必须既具备策划能力，又能独立分析挖掘品牌的市场优势，还可以根据品牌的推广要求，分阶段、切入点来撰写不同时期的软文，另外，还要注重语言应用、文字技巧、细节表达。

实事求是地讲，如果以软文的高标准进行评判，普通的市场策划人员、写手或者水军的撰写能力根本不及格。表现结果就是文章内容全面，但布局凌乱，毫无吸引力。

记者文风犀利，双目如炬，经常有企业愿意邀请记者撰写文章。从画龙点睛的作用来讲，邀请记者代笔是完全正确的。记者善于从社会角度剖析产品，从而对企业的使命感和社会责任感进行升华。美中不足的是，无法为企业持续地撰写系列表彰软文，说的直白一点，就是无法过分、使劲、用心地夸一个企业，因为记者更多地是从公立的角度去写作，同时文章必须具备新闻点。

真正的文案高手就是要“描神像神，写鬼像鬼”，针对消费者的痛点，准确发掘品牌优势，击溃消费者的心理防线，几十分钟就能完成一篇高质量软文。在同一个品牌要点上，能从不同角度写出连续多篇软文，所以专业的策划能力是充分发挥软文营销效果的前提。

建议企业尽量坚持“术业有专攻”的思路，千万不要形式主义，能人尽其用方为上策。如若草草应付，只会事倍功半。

点评：

策划不等于文案；

写手不等于文案；

记者不等于文案。

2.4.3　软文营销发布媒体误区

软文营销绝不是自媒体

每当我在课堂上问企业家学员们，是否已经做过软文营销时，经常会有人举手回答："做过，而且经常做。"他们大都是写完文章后，通过公司微博、微信公共账号、论坛、企业官网、博客、QQ 空间等自媒体发布，虽然节约了费用，但是效果确实不好。

说明：

软文营销，顾问思义包括"软文写作"和"营销推广"两部分。只重写作，不重推广，就是这种误区的主要表现，而且这种现象也非常普遍。很多企业家都慕名而来，花上万元请我写一篇文章，却不愿意再多花一分钱进行推广，用他们的话说就是能省则省。从企业成本控制角度来讲无可厚非，但是从营销角度来讲却是得不偿失。

点评：

企业的自媒体不具备权威性，软文发布在上面只能起到公示作用，而完全失去了增加品牌影响力的效果。

企业自媒体覆盖人群有限，从而不能形成系列有效的文章轰炸效果，且针对的都是老客户，文章完全起不到宣传推广、发展新客户的作用。

文章是否能引起众多的网媒转载，不仅看稿件自身是否具备新闻性和传播性，而且要看初始发稿网站的行业地位。更关键的是，只有新闻类网站才具备新闻始发权，也是很多网媒自动抓取新闻稿的首选，和网站或平台流量完全无关。

软文营销要全面覆盖宣传，才能产生持续的口碑。要保持连续性发稿，不要形成宣传断档。网站数量要符合市场要求，形成科学覆盖，才会具备应有的轰炸效果。一旦宣传媒体过少，搜索引擎对标题的抓取结果一定会令人大失所望。

要在门户、新闻、行业、经济类网站都有所覆盖，同时形成持续性。否则，软文营销就等于只完成了一半，另一半被企业自己省略掉了。

2.4.4　软文营销和标题党的误区

软文营销绝不是故弄玄虚

标题党也是互联网时代的特殊产物，指用一个包含着极具诱惑力或令人引发联想，甚至带有暧昧或暴力的词句来吸引读者，但点开之后发现，正文和内容根本没有任何关联。

由于受到了标题故弄玄虚的欺骗，而文章形式和发布渠道又与软文极为相似，所以认为标题党就是软文营销的读者，亦是大有人在。

软文的标题有时也会极度夸大和过分夸张，甚至有诱导阅读之嫌，但和以欺骗眼球为目标的“标题党”相比，二者还是有本质的区别，更何况，二者的表现形式也是极容易分辨的。

案例：

标题：一只“鸡”被扒光后的悲惨遭遇

这样的标题，再配上一张似露非露的美女图片，在移动互联网上是极为常见的，其点击率也是很高的。因为这种略带色情又令人无限遐想的标题，极容易吸引人们的兴趣。第一想看看“鸡”被扒光到底是什么样，第二想看看到底是什么样的内容。而点开标题之后，却发现……

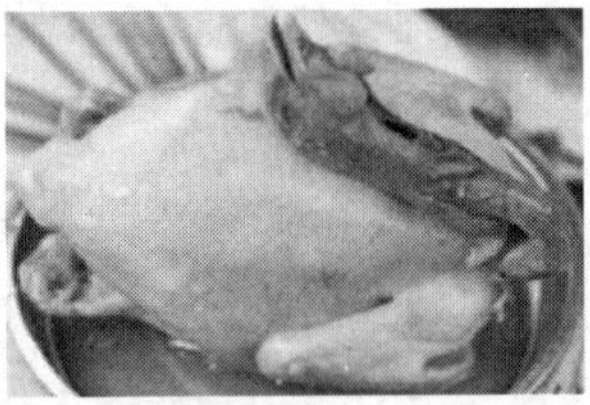

真的是一只鸡被拔光了毛，做熟了。要说惨，确实也够悲惨了吧，人家都已经熟了。再或者就是，美女图片配上极具诱惑的标题：让老公不再出轨的秘密，结果点开之后是卖水果的。水果和老公出不出轨有关系吗？答案也是非常明显的。这种令人哭笑不得、驴唇不对马嘴的标题和正文，就是标题党的一贯表现形式。

而软文营销的标题，虽然也会夸张，但是仍然紧紧针对目标人群的消费需求，产品的竞争优势和社会的实事动态来撰写。这里我们仍然以“三黄鸡”的宣传为例。

软文营销的标题：“曝光三黄鸡的绝密烹饪工艺。”

这里其实也有夸张之词，“曝光”和“绝密”，但这两个词的使用并不牵强和生硬，一切都是按照消费群体的阅读习惯和消费习惯来策划。在推广产品的时候，不能只想着单纯引来多少流量或者曝光度，必须考虑到读者有多少可能是潜在消费者，能促成多少销售，这样的宣传才有意义。

在生活中，谁会购买三黄鸡呢？可能是全职太太、父母、老人。这类人群会特别喜欢看“一只‘鸡’被扒光后的悲惨遭遇”这类的标题吗？这样的标题，吸引的明显是男同胞，而他们又不是主要购买力量，所以不管忽悠来多少流量，只能博读者一笑甚至是一骂，又有何意义呢？

点评：

软文营销的标题要与正文对应，可以稍有夸张，发布渠道是门户网站等权威媒体。

标题党：正文不对标题，标题极度夸张，发布渠道是微信等社会化媒体。

2.4.5　软文营销和段子的误区

软文营销绝不是搔首弄姿

段子最早出现在相声这门艺术中，相声作品通称为相声段子，针对十几分钟的相声作品来讲，段子的字数也要数千字。而如今的段子，是由于人们生活的节奏感强、时间碎片化，没有时间长篇累牍地阅读文章，所以就编出一些幽默搞笑甚至恐怖惊悚的小段文字，最少几十字，最多也不过三五百字，在供大家打发时间的同时进行产品宣传。

对于读者来讲，软文和段子都是文字组合而成，特别是在微信等渠道中发布，又都配上了精美的图片，更是看不出任何区别。所以，也有读者认为，软文营销就是段子，写软文的人就是段子手。对此，我不仅是遗憾，更是深表痛心，因为这两者根本没有任何可比性。

说明：

软文写作有着标准的格式，和几乎无头无尾的段子相比，有非常明显的区别。软文营销的另一个特性就是系统化地撰写。段子是无头无尾的文字组合，根本无法系统化地针对某个产品进行推广，只能是想到哪是哪儿。

案例 1：段子

以某品牌的“貂皮”大衣为例，分别撰写段子和软文，二者的区别就显而易见了。

女：“好冷。”

男：“活该，咋不冻死你呢。”

这是外面有人了！

女：“好冷。”

男：“瞅你穿那点破玩意儿。”

这是结婚超过七年了！

女："好冷。"

男："谁让你穿那么少……"

这是已婚！

女："好冷。"

男："那抱抱吧。"

这是早恋！

女："好冷。"

男："亲爱的，给你这件'××貂皮'大衣。"

给你买××品牌貂皮大衣的男人，才是真爱你的男人！

这是明显的段子，突如其来的小故事，配上干脆直接的结尾，生硬地带出品牌名称。没有时间和空间来展示品牌的其他内容，完全通过故事情节和俏皮的语言，在吸引读者的同时，将品牌名称灌进读者的脑中。

针对这个品牌的貂皮大衣，软文的写作顺序则是：策划体现市场竞争优势，又能带出品牌名称的标题。找到引发读者关注的切入点，然后策划小标题来完整地解释，标题要注重精准性与合理性。

案例2：软文

今年冬季"××貂皮"大衣　突受热恋人士追捧

玫瑰花一直是爱情和浪漫的代表，但是今年的冬季，全国热恋中的情侣们，都以"××貂皮"大衣作为浪漫的见证，女孩子更是以此作为考验男朋友对自己感情忠诚度的标准。一时间，"××貂皮"大衣的热潮甚至超越了苹果手机。

究竟"××貂皮"大衣有何魔力，其风头甚至超越苹果手机的时尚和玫瑰花的甜蜜呢？

一、"××貂皮"大衣创始人经受了20载的爱情考验

二、"××貂皮"大衣品质远超同行业质量标准

三、"××貂皮"大衣款式引领欧美时尚风格

由于只是与段子做简单对比，所以这篇软文并没有真正写完，但是仍然可以看出标题、正文引题、三个小标题这种完整的软文结构。标题则精准地体现出了该品牌的貂皮大衣火了，火的原因是它受到热恋人士的追捧。不仅突出了品牌名称，同时展示了它的目标人群。

在第一段文字，也就是引题中，同样以时尚的苹果手机和代表爱情的玫瑰花，这两个女孩们心仪的物品，与大衣进行类比。这就是通过这两大已经非常知名的产品进行品牌借势。让热恋中的女孩，一想起这两样就立刻也想起这个品牌的貂皮大衣。使用强烈的心理暗示，告诉女孩们，必须让男朋友给你们买这个品牌的貂皮大衣，否则他就是不爱你。

而这 3 个小标题，则分层次告之消费者，为什么这个品牌的貂皮大衣能够成为爱情的标配？是因为它的创始人爱情经历完美，品质有保障，款式时尚，是所有热恋中女孩必须要拥有的信物和时尚的象征。再加上略有煽情的案例和加重语气的结尾，这才构成了一篇真正完整的软文。

和段子相比，软文营销的优势和难度是显而易见的。所以，就像大学的高等数学和小学生的算数，二者是完全没有可比之处的。

点评：

软文营销：有精准并体现品牌优势的标题，铺垫品牌的引题和小标题，文字内容在 800 字以上，文章内容直接表述品牌优势。

段子：标题过分夸张或无标题，无引题和小标题，文字内容在 300 字以内，利用笑话或诡异的故事突然带出品牌名称。

2.5　火眼金睛看软文营销

2.5.1　专业术语

（1）软文：具有品牌策划能力和文字写作功底，撰写具有杀伤力的商业文章。

（2）营销：通过众多权威媒体发布，覆盖潜在消费人群，形成精准传播效果。

（3）文案：从事软文营销，进行专业软文写作的从业者或者企业职位。

（4）轰炸：平均每周撰写 3 篇以上软文，发布在众多主流媒体或权威媒体上，进行密集的软文宣传。

2.5.2 软文营销专业定义

软文营销是以扩大品牌影响力、实现销售、打击竞争对手等的市场效果为目标，针对品牌或企业商业特点、竞争优势、市场动态等内容。撰写成系列具备杀伤力的文章，发布在多个权威媒体上，覆盖大量人群，扩大品牌影响力的营销手段。

2.6 妙笔生花的五种写作手法

2.6.1 善于移花接木、似是而非

坚定自身竞争优势的同时，避开产品的劣势或者竞品的优势，以己之长攻彼之短。在不违反商业道德和法律法规的前提下，可以适当采取文字游戏，对一些内容的表达进行策划包装。通过丰富、积极、褒奖的词语，树立“高大上”的品牌形象，给消费者留下深刻印象。

案例：

原文：张总从小在村里就非常调皮，带着小朋友经常闹得邻居鸡飞狗跳，有一次还把老师给气哭了，父母看见他就头疼。

包装后的文字：张总从小就与众不同，拥有卓而不群的英雄气质和领导能力。思维活跃、勇于实践，不畏权贵、敢于挑战权威，有极好的沟通协调能力、情商极高。有一次和老师谈话，甚至让老师黯然泪下，让父母为之惭愧。

点评：

单从文字来看，说的根本不是同一个人，但说的却又是同一件事，这就是“移花接木”的效果。这个案例是告诉读者，如何尽可能地在符合事实的前提下，对产品进行优势提炼。

要注意的是，营销虽然允许适度包装，但是绝对不能胡说八道，更不能触碰道德和法律的底线。

2.6.2　善于一波三折、制造悬疑

软文最忌讳写成日记或者随笔，看起来波澜不惊、乏味之极。再好的媒体平台发布的软文，如果写的过于平淡，读者没有看完的欲望，再多的人点击也没有任何意义。要把每篇软文，都写得有层次、有起伏，一环套一环，让看了引题的读者都欲罢不能地看完结尾。

看起来似乎说的有点过于神奇，简单来说就是，毕竟软文是商业文章，大量都是商业因素，写得太像广告，读者是不可能有欲望看完的。要让每篇文章，都有一个引人入胜的小故事。哪怕只有几十字，但是能让人看着舒服。故事的发展要有一点点的出人意料，不能像老套的电视剧一样，看见开头就想到了结尾。

案例：

考试前，小红对小明说，如果你这次能考全班第一，我就做你女朋友。全班同学都听到了，试卷发下来后，大家都默默地把笔放下了，准备好了交白卷。

小明眼泛泪花！

他看了一眼虎背熊腰的小红，默默地把试卷撕下来吃了……

小红嫣然一笑，在自己试卷上写下小明的名字……

点评：

在短短几十个字的小故事中，却存在着 3 次大的转折。第一次是，小明眼泛泪花，读者都认为他是被同学的友情感动的，为后来的戏剧冲突埋下了伏笔。第二次是，描写出了小红的身材，理解了他为什么会眼泛泪花，紧接着他把试卷吃了，读者都认为已经结束了。第三次是，小红竟然能在她的试卷上，写上小明的名字。

在软文写作中，当然不会有这样的小笑话出现。但是，在产品的优势、服务、活动、销售过程中，发生的一个个小故事，都可以借鉴一波三折的方式，令文章的可读性大大增强。软文虽然是商业文章，但是它的本质是要让潜在消费者，通过阅读对品牌产生信任从而购买，绝不是要把它写成商业硬广告，那样反而得不偿失。

2.6.3　善于设定故事情节，具备逻辑性

逻辑能力是策划人员的基本职业能力，也是必备的从业技能。其实，就是要求在软文

撰写过程中，每句话、每个段落，都能相互呼应。经常有软文标题很精彩、引题很巧妙，但是到了正文就开始严重脱节。前两段说的和后几段似乎根本不是一回事。破坏了文章的整体性和结构感，读者永远看不出来，这篇文章到底要表达什么意思。

其实会有这样的现象，就是因为撰写者自己思路混乱，逻辑不够严密。写着写着，思路跟不上，自然也就胡乱写了。而这种逻辑性，是可以通过专业练习不断提升的，也有小技巧可以避免逻辑混乱的现象出现。

案例：

媳妇："老公，我把人家车剐了！"

老公："一天尽给我找些鬼事，啥车啊？"

媳妇："不认识，就带个'B'字。"

老公："比亚迪啊，等着我一会就到。"

媳妇："老公不是比亚迪！"

老公："宝马啊，那你等着，老子去银行取点钱！"

媳妇："也不是。"

老公："不会是宾利吧，你这个败家的娘们！"

这时一个带有磁性的声音接过电话说："兄弟，我这是布加迪威龙。"

老公："去你大爷的，媳妇我不要了，你看着办吧！"

老婆："是他刮倒我的自行车，我躺地上了，动不了，车主说只能赔我500万元，想找你商量来着……"

老公："媳妇，在哪里呀，别怕有老公在，我现在马上过来！"

点评：

这个小故事似乎和软文营销的逻辑性不沾边，但其实仔细阅读就可以分析出，每次二人的对话，都折射出这位"老公"的心理变化。从关心到放弃，再到极度热情。虽然只是一个善意的小笑话，却通过层层递进的表达和人性化的逻辑思维方式，展示了人性真实的一面。

提升软文撰写逻辑能力的技巧，一方面可以提前写好3个以上的小标题，同时每个小标题拟好20个以上的文字，让自己能清楚地想起来，最初是如何设计这一段落文字和标题进行呼应的；另一方面死记硬背产品的营销优势，针对每条优势写一个段落的文字，即使各段落不能完全紧密连接，但起码文章整体不会出现严重的问题。

2.6.4　及时捕捉市场变化，有敏锐的反应能力

软文要吸引读者眼球，留住读者的时间，就要让文章能紧贴时尚、抓住社会热点。哪怕成语用得再多、辞藻再华丽，也没有任何人愿意看一个充满广告色彩的文章。只有及时捕捉最新的社会动态，借势最火爆的话题事件，内容才能永不落伍，一直受到读者的关注。

案例：

××化妆品品牌为地铁“被划脸”女孩恢复青春容颜

相信网友们对北京地铁“被划脸”女孩事件印象深刻，想必很想知道女孩被划伤的脸能否恢复。今天，××化妆品品牌首席护肤专家郭女士，将从专业角度来为我们分析“被划脸”女孩有没有可能重塑青春容颜。

××化妆品品牌首席护肤专家郭女士表示：“正常皮肤表层纤维状态与受伤皮肤表层纤维状态是不同的。对于受伤皮肤，××化妆品品牌可以让皮肤表面产生微剥脱，帮助打破疤痕处混乱的胶原排列，改善表层纤维状态，让疤痕从外在形态及内在结构上发生变化，达到治疗后皮肤均匀平整无色差的效果。因此，对于被划脸的女孩，是可以通过使用××化妆品品牌，恢复皮肤状态，重获青春容颜的。”

一、有效狙击疤痕　完美肌肤不留痕

××化妆品品牌到底是一款什么样的产品呢？原来，该产品是由西班牙著名的Provital实验室经过数以万次的实验研发而成的，通过提取银杏树的“干细胞”能量，即银杏干细胞分子，有效促进细胞间质生成，激发细胞活性，并为处于肌肤最深处的真皮层干细胞供给营养，干瘪松弛的肌肤部位就会明显紧致，从而重现肌肤巅峰状态，令肌肤充满活力。

因此，对于皮肤疤痕，××化妆品品牌可以使皮肤层胶原蛋白增生，让疤痕处的混乱的胶原排列变得有序，从而由内及外，改变皮肤形态，消除疤痕，令肌肤重生。

二、除皱、淡斑、祛痘效果更好　受万千时尚女性追捧

女性朋友想要一直与时尚为伍，不老的容颜是一大法宝。然而，环境污染的日益严重、年龄的不断增长、工作生活压力的不断攀升，都会加速女性变老的进程。皱纹、色斑等一直是威胁女性青春容颜的皮肤问题。

而除了有效去除疤痕，××化妆品品牌还有极好的除皱、淡斑、祛痘的功效，效果高于其他同功效的护肤品。也正是如此，它受到万千时尚女性的信赖和追捧。

今年32岁的李女士最近工作生活两得意，她告诉记者："自从迈入30岁大关，优秀的事业让我能够在人前自豪，越来越糟糕的面容让我无法在人前拥有自信心。对于护肤，我还是非常看重的，每日早晚的护肤工作从不落下，但也抵挡不过岁月。每天照着镜子，我都多么希望回到自己20岁的时候。我很幸运，在这个时候朋友推荐我使用××化妆品品牌，抱着试试看的心态，我到产品的网上专卖店购买了一套，结果用了不到30天，眼角的鱼尾纹减少了，脸上的色斑也淡得快没影了，我甭提有多高兴了！"

三、独特萃取工艺 保障效果和安全

作为一款护肤效果极佳的产品，××化妆品品牌独特的萃取工艺让其在护肤效果和使用安全上得到充分保障，让使用者们能够安心使用，收获更美肌肤。

××化妆品品牌生产厂家采取尖端萃取技术，萃取源自银杏培养细胞萃取物第98段的活性蛋白，而银杏树被称为植物活化石。1991年美国哈佛大学克里博士通过先进的植物萃取技术，终于发现了银杏的"长寿之谜"。原来，银杏叶中含有两种特殊物质——银杏黄酮和银杏苦内酯B，具有极强的抗衰功能，并能有效提高心脑供血量，促进血液循环，预防心脑血管疾病，这一发现震惊了整个医学界、生物界和药学界，银杏叶提取物被国际药学界公认为用于治疗心脑血管疾病的首选植物提取物，克里博士因此获得了当年的"诺贝尔化学奖"。从银杏树中获取的干细胞作用，具有改变细胞生长的能量。活性蛋白进入肌肤能为衰老细胞提供能量，延缓细胞老化，增强细胞寿命，且易于皮肤吸收，高活性，见效快，具有更高的安全性。

作为××化妆品品牌的受益者，李女士也表示："这款护肤品与普通的护肤品真的很不一样，我希望有更多有需求的人能享受到它的惠顾，特别是那些脸部意外划伤的女孩子们。"

点评：

2012年，有女孩在地铁遭陌生男子划伤脸部，这名男子是由于被女朋友甩了，由此产生了报复社会的极端心态。当时，我正为一家高端化妆品公司进行市场优势分析，策划软文营销方案。

于是，我向这家公司建议，为这名被划伤脸的女孩免费提供产品，帮助她减轻身心的创伤，同时也可以借助这一公益事件，快速打造公司品牌。在征得公司同意后，立刻撰写了这篇文章。一方面希望能通过媒体的宣传，让女孩得知这一消息，与产品公司取得联系；另一方面结合社会热点，也向社会大众传递产品功效，让在工作和生活中，脸部受到意外伤害的女孩，都可以找到机会恢复创伤，可谓一举两得。

文章宣传的商业要素较多，其实也并非我的本意，但这一点也确实很难改变。毕竟，企业的宗旨还是销售产品。值得注意的是，在围绕相关社会热点事件时，一定不要触及社会的舆论和道德底线。

2.6.5　善于表达含蓄，语言犀利而又内敛

企业永远不可避免地碰到恶意攻击的竞争对手，或是遭遇一些行业不良现象。这时的软文起到的就不仅是宣传作用，而是借助媒体力量，传递企业坚决和不良商业现象做斗争的信心与决心。这时的软文必须措词犀利，却又不能如泼妇骂街般没有涵养，否则极易被竞争对手歪曲诱导读者，使企业从被关怀一方，变成被指责一方。

案例：

电子商务平台应该严把引进食品的质量关

食品安全问题不断突破公众的想象。肯德基苏丹红门、三鹿奶粉事件、染色过期馒头等，无一不让公众对食品安全问题忧心忡忡。一直以来，食品安全问题就是公众和媒体关注的焦点，舆论以浩大的声势对其进行猛烈抨击，以期还给公众一个安全的食品环境。

随着我国地方特色食品市场需求量的持续扩大，我国食品行业的市场竞争愈加激烈，而高速发展的电子商务平台缓解了食品市场的竞争压力。在新的市场环境下，各种食品类电子商务平台不断涌现，推动了我国食品行业的发展。因此，笔者以为，想要拥有一个安全的食品环境，食品电商平台作为未来我国食品行业的重要环节，应该做到严把健康食品的第一关——质量。

一、品质不过关的食品对身体有危害

目前，食品市场上有很多食品的品质有问题，但是由于种种原因，这些问题无法得到彻底解决。然而，品质不过关的食品极易对消费者的身体产生危害。以中药材为例，市场上诸如红糖蒸制的人参、含有重金属的人参等，虽然价格相对于合格的人参产品便宜不少，但是不但不能给消费者的身体带来健康，还会造成伤害。中药重金属超标问题一直以来是中医药走出国门的阻碍。

人参作为中药材中的瑰宝，其重金属超标问题，更是受到重视。众所周知，汞入中药材并非罕见事，很多中药材都含有重金属，而汞本身也属于一味配方。然而，如果人参

中的汞含量超标，消费者服用后会引发口腔炎症，长期摄入汞则会引发神经系统和肾脏受损等。

针对食品质量不过关的问题，一般建议消费者选择品牌食品，因为大品牌有着良好的社会责任心和名誉度，公信度也极高，其旗下的食品质量更有保障。然而，食品市场依然不乏新兴的食品品牌，还并未得到消费者的认同。

在笔者看来，对于新兴的食品品牌而言，在与消费者进行交互的认知过渡期中，如何获得消费者的信赖，其中一个关键环节应该在于所销售食品的平台。因为同样的一种食品，如果在“京东”上销售被大众接受的认可度就要比小超市高很多。也正是因为如此，电商平台更应该对自己所运营的食品制订严格的检测食品质量的流程，确定食品质量过关，让消费者能够享受到安全无忧的食品。

二、电子商务平台带来食品行业的新发展

对于我国高速发展的食品行业而言，传统的线下市场似乎已经很难容下不断增多的食品生产加工企业，因此，电子商务平台成为众多企业的选择。而随着食品电商平台不断涌现，食品市场迎来全新的发展。

在笔者看来，食品行业上线电商平台，意味着食品行业进入了一片全新的天地。食品电商平台更是推动了食品行业改革的发展，而这种线上线下市场同步发展的趋势，成功缓解了传统线下市场激烈的竞争压力，并成为食品行业不可逆转的发展趋势。在这种大的时代背景之下，电子商务平台在食品行业的发展中扮演着至关重要的角色。

三、电子商务平台应该严把健康食品的第一关

目前，国内的很多综合性食品电商购物平台，上面的食品有的无从溯源，和市场上销售的一些食品无并无区别。笔者认为，对于食品电商平台而言，入驻食品的企业应该经过严格筛选。

2013 年，爆出大牌巧克力频频出现质量问题的新闻。以人参产品而言，低农残人参的批发价就超过 0.7 元/克，而市场上销售的那些低于 1.5 元/克的人参产品，不可能是好的人参，因为包括材料费、加工费等计算下来，1.5 元就是成本价了。

人参电商平台针对这种 1.5 元/克以下的人参产品，就不应该对其开放，否则会让消费者受伤。从消费者角度出发，更应该引进诸如老字号和专注于有机人参的“××”等品牌。

不健康的食品会一天天蚕食身体的健康，从消费者的利益出发，有社会责任心、具有公信力的电子商务平台在引进食品品牌的时候，首先应该对其质量安全严格把关。为了保

证食品的质量安全，那些具备条件的食品企业才能被允许进入，从而极大地改善我国的食品安全环境。

点评：

这是我为一家有机人参企业撰写的行业评论类型软文，也是俗称的公关软文。对当时一些不良的人参商家为了增加利润、降低成本，不惜在人参中注射红糖和汞等重金属成分的丑恶现象进行抨击。同时引用了当时出现严重卫生问题的巧克力大品牌食品安全事件，以吸引读者关注。

在吸引社会各界对食品卫生关注的同时，将文章的高度提升到整个电子商务渠道的食品销售安全上。让读者想在电子商务平台购买人参食品的时候，第一时间就能想起这个很靠谱的有机人参品牌。

在这篇文章中，几乎没有商业信息要素，甚至品牌名称只提及一次。很多企业不愿意接受这样的软文，认为钱白花了，不愿意只宣传公益。其实恰恰相反，这样的评论文章，才更容易引起读者的阅读兴趣，也更容易让读者牢牢记住品牌的名称。

在整个撰写过程中，一直在抨击社会不良现象，但绝对不用任何过激的语言。一方面要保持自己的职业素养，同时也要保证品牌的社会道德形象，避免潜在的公关危机发生。所以，文章撰写的用词可以犀利，但是要保证引用事件的真实性，绝不能胡编乱造，还要尽可能婉转。这可能与现在一些自媒体写作的风格不同，文章下手越狠，点击率越高，收入就越可观，但是，这样出现问题的可能性也确实就越高。作为一个专业的营销从业者，必须为服务的企业负责，这也是策划人的基本素养。

2.7　主流媒体种类

软文营销需要媒体的承载和传播，才能让更多的读者看到，也只有依靠媒体的权威性，才能让读者对产品信息产生信任，从而产生购买可能。而媒体的种类，近年来似乎不断涌现出新的，至于“新媒体”的出现，更是让很多人感到迷惑，中国到底有多少种媒体？

其实，对于软文营销来讲，不用过于纠结到底有多少媒体，只要知道有多少主流媒体或者权威媒体即可。因为任何一家企业，都不可能有实力在世界上所有的媒体都宣传一遍产品。有多少亿的身家，这个成本也承担不起，更何况也完全没有这个必要。

下面将主流媒体，进行简单介绍。

2.7.1 互联网媒体

“互联网媒体”就是借助互联网这个信息传播平台，以电脑、电视机等为终端，以文字、声音、图像等形式来传播新闻信息的一种数字化、多媒体的传播媒介。互联网媒体相对于早已诞生的报纸、广播、电视等媒体而言，又是“第四媒体”。包括新闻网站、行业网站、论坛、博客、搜索引擎、社交网站、视频网站等形式。

2.7.2 杂志

杂志有固定刊名，以期、卷、号或年、月为序，是定期或不定期连续出版的印刷读物。它根据一定的编辑方针，将众多作者的作品汇集成册出版，定期出版的又称期刊。这种类似于注重报纸的时效的手册，兼顾了更加详尽的评论，一种新的媒体也就因这样特殊的原因而产生了。

2.7.3 报纸

报纸是以刊载新闻和时事评论为主的定期向公众发行的印刷出版物。是大众传播的重要载体，具有反映和引导社会舆论的功能。

2.7.4 广播

广播是指通过无线电波或导线传送声音的新闻传播工具。通过无线电波传送节目的称为无线广播，通过导线传送节目的称为有线广播。广播诞生于 20 世纪 20 年代，优势是对象广泛，传播迅速，功能多样，感染力强。

2.7.5 电视媒体

电视媒体是指以电视为宣传载体，进行信息的传播的媒介或平台。

2.7.6 DM 直投

全称为印刷品直递广告，它有 3 种主要发布渠道，即直递投入居民信箱、商务楼派发、车站地铁等地定点派发，它是通过邮件递送服务，将特定的信息直接给目标对象的各种形式的广告。

2.7.7　户外媒体

户外媒体是指主要建筑物的楼顶和商业区的门前、路边等户外场地设置的发布广告的信息的媒介，主要形式包括气球、飞艇、车厢、大型充气模型、高校内、高档小区走廊楼道等。

2.7.8　移动互联网

移动互联网，就是将移动通信和互联网二者结合起来成为一体，是指互联网的技术、平台、商业模式和应用与移动通信技术结合并实践的活动的总称。

这里并未将“新媒体”的定义进行阐述，是因为新媒体只是衍生于上述媒体的一种媒体形式的通称。同样是以图片、文字、视频、声音为主体，而载体也仍然是以上述 8 种主流媒体为主。所以并没有必要把它单独列为一种媒体形式，只能说是一种社会新生事物。

练习环节

■ 随意找出两种产品，针对 5 种写作技巧，每种练习写一段文字。

第3章

软文营销的惊天秘密

3.1 软文营销的独孤九剑

3.1.1 总诀式——树立品牌形象

品牌形象是留在消费者头脑中根深蒂固的消费信号，等消费者想起某方面的消费需求时，这一消费信号就会具化为某种符号、广告语或者形象代言人等信息，呈现在消费者的脑海中，从而诱导消费者直接针对这一品牌实现购买，也就是客户忠诚度。只有在众多消费者心中树立了品牌形象，销售收入才会形成自然稳定的增长。

品牌形象包括内涵和外延两部分，内涵包括产品的特点、优势、功用、定位、目标、服务对象等内在因素；外延包括产品的服务、活动、公关、促销、事件等外在因素。建立品牌形象的关键，不仅要有丰富的内在品牌文化，还要具备持续的正面外界形象。要让消费者和潜在消费者，经常接触到产品信息或者消费信号。

而硬广的宣传成本和宣传效果，越来越不被企业所接受。软文营销则能持续传播正面信息，使目标消费人群能经常在无意中耳濡目染相关信息。通过软文传递的产品信息，不断感受企业的内在文化，在其反复出现并综合了潜在消费需求时，即可形成品牌形象。

品牌形象的建立速度，取决于品牌的传播力度是否持续和正面。只有通过反复传播建立了正面的形象，才会让品牌有旺盛的生命力以及可持续发展的市场前景；只有品牌能够由内而外地吸引客户，销售收入才会形成自然稳定增长。

网络软文的展现形式多样，不受版面和格式的限制。可以多次反复地宣传品牌内涵的包装，是企业文化的体现。当然，这是需要过程和时间累积的，当累积到了一定程度，品牌的消费人群将呈几何型快速增长。

3.1.2　破剑式——实现直接销售

网络媒体时代虽然导致了流量的极度分割，很难实现人群聚焦。但同样，也创造了成本低、形式灵活的软文特点。只要能实现品牌优势策划专业、软文效果撰写到位、投放媒体精准有效、目标人群高度聚焦这四个前提，软文营销仍然可以在互联网时代直接实现销售。

北京一家高档健康会所在年底开业，想宣传其专业服务和医疗设备，让潜在消费者知道会所的专业，产生消费忠诚度，并在春节期间推出礼品卡。因初期装修、设备、团队等硬件投入过大，导致企业流动资金紧张，已经无法按照预期在电视上或广播上投放广告。

杂志广告？周期太长，效果不明显。

微信营销？微信上的信息真假难辨，完全不具备权威性，不符合高端会所定位。

EDM？如果在写字楼或高档社区直接发 EDM 或宣传单页，将直接将高档会所的档次变成了街边的 SPA 店。

眼看开业在即，如果不宣传，当天肯定门可罗雀，对整个团队的士气将是致命打击。这时，健康会所的高管找到我，希望我能帮他们做一个详细的推广方案。

等我到了会所，与全体董事会成员和营销团队进行了沟通后才发现，问题根本不是找不到推广渠道这么简单，而是有严重的营销断链情况存在。公司从上到下，没有一个人能说清楚，这个健康高端会所有什么服务优势。

尽管专业的医疗团队、顶尖的进口医疗设备、奢华的装修环境、高端的服务条件这些优势非常明显，但是却没有系统化地形成文字，连客服都不知道应该如何向咨询者介绍，更不要谈销售礼品卡了。

- **第一步，策划会所服务优势**

将企业的产品和服务优势进行综合策划包装，形成明确的宣传文字，作为所有宣传的核心内容。

● **第二步，确定软文营销形式**

针对企业的预算和市场目标，建议通过软文营销树立品牌形象，让消费者对会所的开业信息和服务内容一目了然。

● **第三步，分析市场销售障碍**

社会上各类医疗类企业服务质量参差不齐，消费者不仅担心医疗水平，更担心被“宰”。特别是这样非国营的健康机构，装修又奢华，反而让普通消费者不敢进入，要取得大众的信任是当务之急。

● **第四步，细化服务优势打动消费者**

1．突出理念的领先化

不仅只为客户一人服务，还会为客户家庭的所有成员建立终身健康档案。利用内、外、妇、儿等各种医疗知识，在家庭成员有健康问题时，给予治疗并提供咨询建议。详细记录分析客户每个阶段的健康状态，以便针对性地提供下一步的治疗方案，保证家人都能得到及时、精准、有效的健康护理。

2．突出机构的正规化

该会所是由某机构斥资 3 000 万元创建的国际化医学服务机构，下设内、外、妇、儿、中医、眼科、口腔、医学检验和检测科室，为客户提供从健康检查、常规门诊、专业转诊、住院、手术等一站式医疗服务。同时，还提供 VIP 病房、专家会诊、上门接诊等高端服务。服务内容涉及日常医疗、紧急救援、医生上门服务、重大疾病绿色通道服务，为客户提供全方位的医疗咨询和照顾。

3．突出团队的专业化

会所组织了顶尖的高素质、高水平、可信赖的专业医疗技术团队。医疗管理人员、护理人员、医疗技术人员、医师等全部聘请医院的优秀医师。他们在医学领域经验丰富、技术高超，是受到全科、专业医疗服务训练和培训的顶尖医疗精英。

不断引进世界先进的医疗技术和设备，与多家知名医院建立合作关系，开设科室，旨在为客户提供高质量、高标准的健康服务，以满足不同人群的健康需求。

4．突出价格的标准化

只销售明码标价的会员医疗服务卡，没有其他附加收费。为会员进行医疗诊断时，以心理治疗或日常预防为主，从不主动建议会员吃药。如果病情必须配合药理治疗，也重点推荐效果好、价格较低的药，让会员去正规药店购买。

5. 突出环境的高档化

秉承国外先进的家庭医学理念，随处可见的贵宾区、儿童区、配餐区、家属等候区等，伴随简约雅致的装潢，舒缓曼妙的音乐，充分彰显医疗人性化，保证病患在诊所接受医疗服务的愉悦与尊贵。客户可携带家庭成员就诊，也可在诊疗期间处理公务，以此满足高端人士和中产阶层家庭成员的个性化医疗服务需要。

- **第五步，确定软文宣传策略**

为配合开业宣传和年底的送礼高峰，加强软文宣传密度，计划每个月 8 篇软文进行“集中轰炸”，快速提高品牌信任度，并在每篇文章中加入客服电话，实现会员预约销售。

第一篇软文目标：让消费者一目了然地知道医疗会所的综合优势和正规运营。

第二篇软文目标：告之社会目标人群为中产阶层，精准聚焦消费者。

第三篇软文目标：暗示营销，通过春节送礼高峰，销售家庭医生礼品卡。

第四篇软文目标：在销售礼品卡的同时，坚定消费者购买的决心，宣传会所高质量的服务。

第五篇软文目标：强调家庭医生时尚和对家人的重要性，让已购买服务的消费者欣喜，刺激潜在消费者购买。

第六篇软文目标：针对社会事件，借势传播会所服务对白领和中产阶级健康的意义，引起潜在消费者关注。

第七篇软文目标：春节过后，通过“恐吓”营销，紧急唤醒人们的健康意识。

第八篇软文目标：营销说明企业为员工聘请家庭医生成为趋势，呼吁企业集体采购会员服务卡，促成大单销售。

- **第六步，围绕核心优势持续软文撰写**

在高管的强烈要求下，我亲自为健康会所撰写了前 8 篇宣传软文。

案例 1：

中国××诊所引发一片惊叫

“看病难，看病贵”已经成为我国一个不容忽视的社会问题。不论经济实力大小、社会背景厚薄、男女老少，是否有医保，在疾病面前都一样。“过度医疗”和“以药养医”让大多数人担心得不到全面、深入、及时和透彻的医疗救治的同时，还担心整体医疗费用虚高。

在国外，几乎每个人都有自己的全科医生。任何有关健康的问题，打个电话给自己的全科医生，80%的问题都可以解决；如果需要看诊就预约去全科医生的诊所；如果全科医生处理不了（例如做非常专业的检查或病情严重时）会转诊到相关的专科医院或大型综合性医院。全科医生以家庭医疗保健服务为主要任务，提供个性化的预防、保健、治疗、康复、健康教育服务和指导。所以全科医生就是健康的一线守护者。

有过国外生活经历的人，都了解全科医生是怎么回事。也正因为此，他们不满足国内现有医疗体制下的医疗服务。虽然国家一直号召“大力发展全科医生服务”，《北京市2010—2011 年深化医药卫生体制改革实施方案》也强调了其价值，但是，市场仍难觅其踪影。

近日，我国第一家全科医生诊所——××医疗中心于近期开始运营。消息一经传出，受到热烈追捧，试运营阶段就宾客盈门，咨询电话蜂拥而至。记者了解到，××医疗中心是××医疗斥资 3 000 万元创建的国际化家庭医学服务机构，未来五年内，××医疗还将在国内开设数十家××医疗中心，以满足高端人群和中产阶层家庭成员对于高端医疗服务的需求。

据业内专家介绍，××医疗中心有四大优势，堪称中国家庭医学领域的龙头和民营医疗机构的标杆企业：

一、中国第一家全科医生诊所

某某是受过严格全科训练的专科医生，××医疗中心的全科医生全部来自中国台湾地区。一个合格的全科医生可以直接满足 95%～97%病患的医疗需求，他们首先会为所有客人建立病案，并在此基础上进行长期的跟踪式健康维护。他们了解客人的个人既往病史、家族病史、过敏史，用药史，甚至家庭环境和生活方式，因而得以以整体性的处理服务病患并预防疾病的复发。当客人需要转诊时，由于历来数据都终身保管在××医疗中心，因此基于病案选择最佳的医疗救治手段及医院甚至医生，能最大程度避免盲目就医带来的误诊、漏诊和延误病情的风险。

二、一站式就医服务模式

××医疗中心，下设内、外、妇、儿、中医、眼科、口腔、医学检验和检测科室，并与多家知名医院建立合作关系，充分利用北京丰富的优质医疗资源，为客人提供从健康检查、常规门诊，专业转诊、住院、手术等一站式医疗服务，同时还提供 VIP 病房，专家会诊、上门接诊等服务。

三、优质的服务团队

××医疗中心，聘请原××总医院管理人员管理，从医疗管理、行政管理到医师、护理人员，均聘请三甲医院优秀的医师。借由这个平台，××医疗中心还与更多港台地区优秀的医师建立联系，带来先进的医疗技术。因文化交融而形成的服务，更以其鲜明的亲和、谦恭、周全、深入等特点，在国内医疗服务领域独树一帜。

四、医疗会所式诊所文化

每个人成长的社会背景差异悬殊，其对疾病的了解或对医生的要求及期望亦有很大差别。××医疗中心的 3C 文化不同于传统的医疗服务只注重“疾病”的治疗，而不能够全面关怀“人”，并对“健康的人”进行照顾和保护。将病患像客户一样对待，从而确保建立良好的医患关系，以获得最佳治疗效果。

××医疗中心地理位置优越。秉承国外先进的家庭医学理念，随处可见的贵宾区、儿童区、配餐区、家属等候区等，伴随简约雅致的装潢，舒缓曼妙的音乐，充分彰显医疗人性化，保证病患在诊所接受医疗服务的愉悦。客人可携带家庭成员就诊，也可在诊疗期间处理公务，以此满足高端人士和中产阶层家庭成员的个性化医疗服务需要。

点评：

标题，以夸张的语言直接导入，让读者好奇这个健康会所到底是什么样的，引发大家的惊声尖叫。

引题，通过“看病难，看病贵”引起广大读者的共鸣，再引用国家的相关医疗管理方案，让社会对全科医生的存在给予认知。通过社会稀缺性，说出即将开业的这家健康会所简直就是为全国人民的健康“雪中送炭”。

正文，4 个小标题和段落，阐述 4 个优势。没有添加花哨的修饰，直截了当地对健康会所的综合环境和服务进行阐述，让潜在消费者一目了然，为何这家健康会所能引发惊声尖叫，就是因为它的权威、专业、高端和人性化服务。

文章写得偏硬，但这也是我反复强调的。任何新品牌、新平台、新企业的前几篇文章，一定要写出这类展示型软文，要让潜在用户和读者，了解他们想知道的任何细节。以此节约客服的解答成本，增加企业的宣传透明度。

案例 2：

××中心成为中产阶级最爱

2011 年最让人遗憾的事之一可能就是苹果公司的乔布斯离世。在他的传记里有这样一段点评：“他发现，他正面临着一个不允许在苹果发生的问题——他的治疗是零零散散的，而不是综合全面的。他有多种多样的疾病，每1种都是由不同的专家治疗的，但是他们并没有以一种有序的方式被协调起来。”乔布斯尚且如此，那些私营企业主、企业高管、时尚女性、国企或大专院校的高级知识分子、知名自由职业者等社会中产阶级人士，更是如此。

全科医生也叫私人医生，是受过全科专业训练的专科医生，是对服务对象实行全面、连续、有效、及时和个性化医疗保健服务和照护的医生。由于“全科医生”服务模式能全方位、全程指导人们改善生活方式，预防疾病，正确就医，辅导病患家庭成员及时照护，因此在全球盛行。我国多年来一直实行着以“治”为主的医疗策略，公立医院、私立医院、私人诊所众多，却没有以健康预防和健康管理为主的健康会所。

近期，记者了解到我国已出现了一家全科医生诊所——××医疗中心。为了一探××医疗中心的服务模式和服务品质，记者对一些前来咨询和就诊的人们进行了系列采访。

一、解除企业高管健康隐患

从美国归来的法学博士陈女士说，全科医生在国外十分普遍。自己在国外的一家汽车公司做法律顾问的时候，几乎身边所有的同事都有全科医生。他们从来不需要自己去医院排长队挂号，更不用担心医生会故意夸大病情，以便多开药赚提成。全科医生会非常尽职地根据身体状况，以管理和指导为主减少病痛。不到万不得已，从来不给病人开药，而且会反复叮嘱病人及家属，一定要注意药量。

受一家大企业的邀请回国后，陈女士一直因为找不到合适的全科医生而苦恼，去大医院不习惯排长队，去私立医院又怕被“黑”，身体不舒服，也不知道该去问谁。无意间在网上看到了对“××”全科医生的报道后非常激动，立刻过来咨询。这里的医师非常热情，也很专业，在充分了解了她的问题后，并不急于提供处置建议，而是详细分析了她的健康隐患和成因，同时给了她很多关于日常生活、工作的健康指导和建议，让她重新找到了国外全科医生的感觉。

所以，她已经聘请了一位大夫作为她的全科医生，而这名医生已经给她建立了健康档案，并且给她的父母，也根据年龄、性别、工作职能、以往病历分别建立了健康管理档案。大夫还留下了她父母的联系电话，以便能经常对她及家人给予全家健康方面的咨询、指导、照顾和管理。陈女士高兴地对记者说：“有了全科医生彻底放心了，从今往后再也不担心自己出现亚健康状态了，即使父母有点头疼脑热，也可以直接委托给他们的全科医生管理。”

二、解除职业白领亚健康状态

在北京一家广告公司担任客户总监的徐先生显得很高兴。徐先生和记者说：“平时由于工作忙必须经常应酬、还要加班加点给客户写计划、报告，所以有脂肪肝、高血压等症状，家人也一直非常担心病情加重。自己也知道长期下去，一定会出现严重的问题，但又不懂如何去改善，去体检后只是拿报告，再去医院也只是开回一大堆药，久而久之也就忘了吃。”

这次是爱人看到新闻后，和他一起来到了××医疗中心，只是抱着试试的态度来看一下全科医生的服务。没想到这里不仅环境高雅，大夫也非常负责。在做完全体检后，工作人员立即给他做了营养餐补充能量。随后，大夫为他建立了健康档案，留下了手机号，以随时保持沟通。给他提供了非常详细的健康指导，还教了他一些简单的动作，用来防止长期坐着不动出现颈椎病和腰椎间盘突出等问题。同时还叮嘱他的妻子在生活和饮食中的注意事项，要对他进行监督。真是非常人性化，也感觉非常温暖。

徐先生的妻子也表示，××医疗中心真的很注意患者及家属的感受。这里的装修就像一个高档会所，在等待区休息还有电视和养生茶。没有了那种在白色走廊里和很多病患一起等待被“点名叫号”的莫名紧张和压力，更像是去亲友家串门顺便看病。下次准备带孩子一起来，给全家人都做个健康档案。

三、解除时尚女性爱美误区

张小姐本来是陪父母来××医疗中心体检的，但她也被××的环境、服务和大夫的专业所打动。在等待的过程中，她向大夫咨询了自己的皮肤问题。由于爱美，她经常使用各种高档化妆品和护肤产品，同时又经常熬夜玩电脑、去KTV，生物钟完全混乱，所以她年纪轻轻却满脸小疙瘩，皮肤非常粗糙。以前都是用厚厚的粉底遮住，再涂抹大量的化妆品，但久而久之感觉皮肤越来越差。

医师为她检查后，先对她的生活规律和休息时间给出了明确指导，然后建议她转诊到来自中国台湾地区的谢中医那里。谢医师告诉他，必须少用化妆品，寝食规律，还要在冬季调理五脏，以确保来年“春发”全面的机体恢复，这更有助于她的美。谢医师给她开的都是喝的、吃的，和敷面的小偏方，原以为至少要花上千元买药的她一下子眉开眼笑，这让张小姐的父母非常感动。他们说以前怎么劝张小姐都没用，现在她这么主动听从谢医师的建议，真是意外的惊喜，他们一家立即购买了全科医生年度服务。

张小姐说：“爱美之心人皆有之，我们女孩子当然想要趁年轻好好美一下，展示自己的青春和美丽。但是确实受到广告的误导，盲目追崇品牌和时尚，反而伤害了自己的美丽，得不偿失。全科医生真的非常好，不像大夫只知道开药，也不像美容师只知道推荐化妆品，而是真的从自身健康需要出发，给了我全面的指导，我信赖他们。”

记者通过采访还了解到，××医疗中心，下设内、外、妇、儿、中医、眼科、口腔、医学检验和检测科室。并与多家知名医院建立合作关系，为客户提供从健康检查、常规门诊，专业转诊等一站式医疗服务，同时还提供 VIP 病房、专家会诊、上门接诊等服务。××医疗中心吹响了中国全科医生行业的号角，象征着我国正式步入了全科医生时代！

点评：

标题，直接说明健康会所的目标人群是哪些人，同时暗示这里的消费水平，不会太高但也绝对不是平民化消费，要有消费心理准备。让认为自己是中产阶级以上的读者，找到归属感；号召中产及以上消费人群都来这里进行健康咨询和诊断。

引题，通过乔布斯离世，说明零散治疗让中、高端人群的健康很难有持续的保障和指导。全科医生才是适合成功人士、白领和时尚人群的最佳解决方案。

正文，3 个小标题和段落，说明这家健康会所是如何为 3 类中、高端人群提供个性化定制健康服务的，坚定人们的消费信心，树立人性化的健康中心形象。

案例 3：

新春将至 人们疯抢“××”全科医生礼品卡

世界卫生组织全球调查显示，75%的人群处于亚健康状态，我国众多权威专家忧心忡忡地表示，2012 年我国亚健康人群将增加 15%。2012 年虽然不能带来全世界的毁灭，人们的健康问题愈加严重，却成为了不可改变的事实。

2012 年春节将至，京城突然出现了疯狂抢购“××”全科医生礼品卡的现象，甚至有些企业单位进行了集体采购，作为公司福利和客户礼品。由于购买人数太多，××医疗中心为了保证服务质量，已经开始限制礼品卡的销售。一时间，在网站、微博、论坛、博客、SNS、QQ 心情上，随处可见人们对“××”的评论。

一、送长辈 送健康才是真正的孝心

网名叫“新年新愿”的卢小姐，在一家服装类电子商务公司担任 HR。她代表公司购买了 51 张“××”全科医生礼品卡作为员工的福利，同时自己又买了 4 张。她说：“以前由于总坐在电脑前，经常觉得颈椎不舒服，到了医院也检查不出什么大问题。后来听朋友介绍××中心的大夫非常负责任，去了之后发现，大夫不仅帮你诊断病情，还会针对你的生活习惯、工作内容提出一些健康指导意见，真的让我感到关心和温暖。所以，这次建议老板多买一些卡，给中高层作为福利。反正明年也是需要安排体检的，健康卡作为礼品发给高管及其家人，不仅让管理层享受了医疗福利，还免去了公司统一安排的麻烦，一举两得。

我自己买这 4 张，是要送给我爸妈还有公公婆婆的。他们岁数都大了，去医院不方便，我们俩工作又忙不能天天陪着他们。××的全科医生可以随时提供电话咨询，还能上门服务。而且××和多家知名医院有合作关系，如果老人出现重大病情，能安排到大医院转诊。我觉得关心老人，孝敬老人，就应该真正的关注他们的健康。有了××的帮助，我对老人们的身体也不用太担心了，能够安心工作了。”

二、送女友 送健康才是真正的爱心

网名叫“命运有情”的欧阳先生，是北京一家理财公司的分析师，他给女友买了一张价值 3 万元的××全科医生礼品卡。欧阳先生说，他的女朋友是一名小学老师，二人经人介绍后刚认识不久。平时工作都很忙，难得见面，关系并不算十分亲密。原本想买个金项链给女友当新年礼物，但女友说在学校不能佩戴首饰，而且家人给买过一条，不用再买了。

正在犹豫要不要买化妆品或者香水之类的礼物时，碰巧听到同事给父母买了××全科医生礼品卡，说××聘请某总医院管理人员进行管理，还有很多港台优秀的医师，医疗技术非常高超，特别是台式服务非常亲和、谦恭、周全、深入。

于是他就上网查了一些关于××的新闻和介绍，发现设内、外、妇、儿、中医、眼科、口腔、医学检验和检测科室，特别适合为女友和家人请个全科医生。于是，他就买了一张礼品卡，并告之女友。送这张卡是希望能由全科医生替自己照顾她的身体健康，并希望通过××的服务，让她永远保持年轻态。女朋友收到礼品卡之后非常兴奋，并且暗示他，可以去她家见父母了，这令欧阳先生在新年之时，又有了意外惊喜。

过年送礼是中华民族的传统，但送礼确实也是所有人为之头痛的问题。虽然人们的喜好不同，但健康是每个人必须维护好的最宝贵的财富。所以，京城人士都抢购××全科医生礼品卡看来也是情理之中了，毕竟健康是人人都需要的！

点评：

标题，春节永远是送礼高峰，今年的主要礼品就是这家健康会所的礼卡品，标题直接配合年底的销售。

引题，说明为什么健康礼品卡会火爆，是因为中国亚健康人群太多，送礼不如送健康。当然，这个观点比较老套。同时，配合饥饿营销，就是由于服务能力有限，所以礼品卡也是限量销售，真的能买到健康礼品卡的人很幸福也很幸运。

正文，2 个小标题和段落，说明适合收礼品卡的 2 种目标人群。其实，也是过年人们都必须送礼的 2 种人群，只不过在此又加以强调，今年应该送健康中心的健康礼品卡了。

案例 4：

暗访中国××医疗中心

2012 年的元旦佳节刚过，记者就接到了几十个京城读者的电话，纷纷夸奖“××医疗中心”全科医生诊所。对“全科医生”这个词，记者并不陌生，全科医生也叫私人医生，是受过全科专业训练的专科医生，是对服务对象实行全面、连续、有效、及时和个性化医疗保健服务和照护的医生。

在国外，全科医生非常普遍，几乎每个人都有自己的全科医生。打个电话给自己的全科医生，80%的问题都可以解决；如果需要看诊就预约去全科医生的诊所；如果全科医生处理不了（例如做非常专业的检查或病情严重时）会转诊到相关的专科医院或大型综合性医院。

但在中国，全科医生完全属于新兴行业，由于传统以药养医的医疗体制，全科医生在我国一直未能得到推广普及。如今，众多读者都纷纷推荐“××医疗中心”全科医生诊所。令记者十分好奇，近期又经常感觉颈椎酸麻、浑身无力。记者决定去××医疗中心，在检查身体的过程中，同时进行暗访。

于是，记者提前拨打了××医疗中心的热线电话，进行了预约。

一、温馨服务令人倍感享受

到达后，记者就觉得眼前一亮。大厅布置得豪华不失格调，高雅不失奢华。前台服务人员微笑自然亲切，问记者是否有预约并进行了姓名核对。随后，服务人员将记者带到了等候区，坐在松软的沙发上，喝着适合当天气候状况的养生茶，令记者突然有了一种轻松惬意的感觉。仿佛觉得不是来看病，而是来这里看老朋友的。

3 分钟后，一位洪医生来到记者面前。与普通医院里大夫一脸严肃的样子相比，这名来自中国台湾地区的医生始终保持笑容。谈话的语气也轻松诙谐，使人完全没有看病的紧张感。当记者说到自己的颈椎等问题时，洪医生为记者查看并把脉后，没有开任何药物。而是告诫记者健康身体机能已经紊乱，是要保持正常生活规律。

原以为要买一大堆药的记者在感到惊奇之余又有了些许的感动。同时，也想进行更深入的暗访，于是主动要求做一个详细的全身体检。因为体检一定要空腹，所以洪大夫建议记者明天再来，以便检查结果更准确。

记者当天晚上就收到了短信温馨提示，被告知了一些体检的注意事项。第二天一早又收到停车指示短信。八点半准时来到了××医疗中心，前台服务人员已经安排了所有程序，记者顺利开始体检。与以往的体检不同的是，这里除了常规的一般检查、内科、外科、牙科、眼科、耳鼻喉科以外，还有专门的中医检测、脊柱检测、衰老检测和生命健康管控系统检测，非常有特色，是四十几年来自己都没有查过的。记者开始暗暗庆幸，这次暗访看来是来对了。

以前记者去体检机构或者医院体检，总是一个科室一个科室地找，体检医生也匆匆忙忙，只管在体检表上写结果，几十分钟就结束了。而××的每个科室大夫，都会像临床医生那样，详细询问记者过去的健康相关问题，最近的不适，简单描述检查结果，以及可能存在的问题及成因。体检用了近 3 小时，所有的体检者加起来不到 20 个人，真是非常宽松舒适。中间记者还被带到 Mini 餐吧，享受了一顿色香味俱全的中西结合营养早餐，一点没有在其他体检中心被应付的感觉。

二、专家围诊使人倍感尊重

在整个检查过程中，都伴随着舒缓曼妙的音乐，充分彰显医疗人性化。还有贵宾区、儿童区、配餐区、家属等候区等，配备了玩具、电视、躺椅、饮品、食品，保证人们在接受医疗服务时，能享受到愉悦与尊贵。与在普通医院和体检中心相比，病患在××所受到的服务和待遇真可谓是“贵族享受”了。

体检结束后，记者正准备离开。验血的工作人员，急匆匆地跑过来将记者又请到了会诊室。一名大夫已经等在了那里，对记者说：您的血液黏稠度非常高，是不是经常熬夜、应酬、休息和饮食都没规律。由于经常熬夜赶稿、出差采访，记者确实是长期休息不足、烟酒不离。这时，中医、内科、营养师、运动师等好几个大夫都来到了会诊室。

记者这次彻底对××的医疗服务信服了，血液稠粘的问题在日本就查出来，国内的体检也查过此项，但仅仅是检查。而××医疗中心，却在检后短短的几十分钟内，就安排了会诊，真的是服务到家了。

针对记者的血液粘稠、颈椎增生、脾胃虚弱等问题，几位专家进行综合讨论后，给出了由内而外的健康管理方案。不仅指导了记者的日常饮食，同时列出了详细的日常注意事项。只开了一两种非常普通的药，让记者配合着管理方案吃。没有像记者想象的那样，每个科室都给开出一大堆药，甚至不同的科室开出的药还会有所重复。

洪大夫仿佛看出了记者的疑惑，他说：“我们是全科医生，全科医生的职责就是为客人建立病案，并在此基础上进行长期的跟踪式健康维护。提供整体性的处理方案，服务于病患并预防疾病的复发。在××没有病人只有客人，这样，才能使所有来做健康检查的人，保持轻松的心态，防止由于恐怖导致疾病加重。不建议吃药，更不会多开药，而是提倡以有效的健康管理手段，提高人们的身体机能，保持健康状态。”

三、健康跟踪使人倍感放心

记者通过与服务人员闲谈了解到，××医疗中心从医疗管理、行政管理到医师、护理人员，均聘请中国台湾地区的员工和本地三甲医院优秀的医师，并与多家知名医院建立合作关系，可以为一些重大病患及时进行转诊。

一星期后，记者再次接到了××医疗中心洪大夫的电话。洪大夫不仅询问了记者的身体状态，还详细问了用药期间的饮食、休息，特别是吃药后有无不良反应。还特别叮嘱，一定要养成良好的生活习惯，有不适的感觉及时和大夫联系。这时，记者真的被洪大夫的“感动式”服务所感动，也为中国出现全科医生服务而激动。

以往，病人开完药回到家中就真的是“听天由命”了。而××的大夫却真的实现了全程跟踪、全程维护、全程管理，真正将客户的健康放在了心上，帮助人们赶走疾病，克服病痛。不仅避免了误诊带来的风险，也减轻了人们无大病也得花大钱的经济负担，更减少了身体由于长期吃药而产生的伤害。

记者也终于明白了人们为什么要如此推崇××医疗中心了。和那些注重强调“疾病”，而不去真心照顾“人”的普通体检机构和医院相比，全科医生确实更显人性化、生活化和社会化，能帮助人们真正拥有健康的身体和幸福的家庭！

点评：

标题，通过暗访往往可以揭露一家企业的内幕，而广大消费者，也最愿意查看暗访后的真相。标题直接以媒体暗访的角度，带出健康会所的名字和市场定位，在奠定行业地位的同时，提升品牌曝光度，吸引广大网民的阅读兴趣。要说明的是，写作这篇文章的前提是，确实邀请了几十位记者来体验这里的健康服务流程和体检流程，所以记者的角度也是真实的。

引题，解释什么是全科医生，其专业定义和服务范围是什么，对人们的健康起着什么重要作用。记者会暗访这家健康会所，是因为有很多消费者打电话表扬这里，记者为了探查真实性，所以才来这里进行暗访，为正文进行了合理的铺垫。

正文，3 个小标题和段落，分别说明记者就诊的轻松过程，就诊结束后的医护人员的专业负责，以及就诊一周后的积极追踪指导。诊疗全程，既温馨又充满人性化关怀。

值得一提的是，我文中的这位记者当天确实在这家机构做了全身体检。他的血液稠黏也切切实实在日本就查出来了严重问题，在国内一些体检机构和医院，虽然也查过此项，但没能查出任何问题，更未引起过任何关注和医护人员的提醒。而在这家机构不仅查出问题，还获得了几位专家的现场围诊，更为这篇文章增加了吸引力和人性化关怀的色彩。同时也证明，软文并不是完全胡编乱造，它可以高于事实，但绝不能脱离事实。

案例 5：

2012 还没有自己的全科医生 你 OUT 了

2012 年什么最新潮时尚？

2012 年什么最体现身份？

2012 年什么最彰显幸福？

一定会有人说跑车、名表、品牌皮包、别墅等这些奢侈品，但这些商品却只是物质的表现，不能代表真正的潮流，也不能给自己和家庭带来真正的幸福。如今，最能彰显地位的是“全科医生”。

人们在网络上看新闻、在 QQ 上聊天、在办公室里闲谈、在聚会时调侃，谈论最多的话题也是“全科医生”。在国内全科医生并不普遍，但在国外，几乎每个人都有自己的全科医生。任何有关健康的问题，打个电话给自己的全科医生，80%都可以解决；如果需要看诊就预约去全科医生的诊所；如果全科医生处理不了（例如做非常专业的检查或病情严重时）会转诊到相关的专科医院或大型综合性医院。

近日，我国第一家全科医生诊所——××医疗中心正式开始运营。京城的数十万企业高管、成功人士、时尚女性、自由职业者等社会中产阶级人士，都争先恐后进行电话预约，想拥有自己的全科医生。以便为自己和家人的健康、美丽、幸福提供全程服务和有效保障。

由于业务量太大，××医疗中心的电话经常占线，而且预约也都排到了春节后。××医疗中心异常火爆，究竟有什么奥秘呢？

一、全科医生彻底解决人们的健康问题

我国传统的医疗体制是以“治”为主，病患得病后通常都是“吃药”和“手术”。即使是一些中产阶级，一旦家中有人患上重病、大病、疑难病，其经济负担仍然较大。××的全科医生全部来自中国台湾地区，是××的员工，只领取工资，所以不会出现夸大病情多开药，靠卖药赚取提成的情况。相反，为客户治疗的过程都以预防和维护为主，不提倡吃药。而是以全程的健康引导、健康管理、健康维护为手段，消除客户的病痛，提高身体机能。

北京一家保健品的策划经理陈先生说：“我是做保健品的，久而久之对医院、大夫、药

店都不信任了。原本只是听朋友推荐，才到××医疗中心进行咨询体验，没想到，大夫非常的认真负责，不仅解答了我的所有问题，还为我建立了健康档案，记录了我以往的病史、家族病史、过敏史，用药史，甚至家庭环境、生活方式、工作时间。然后5名专家对我进行了围诊，根据我结石、颈椎病、脂肪肝等情况，给我做了一个全面的健康管理计划，这么全面和详细的治疗，我真的服了。以后我的身体健康，就交给全科医生了！”

二、全科医生全程指导家人健康管理

全科医生最关键的不仅是对个人进行健康管理，而且能对全体家庭成员的健康进行维护。职业人士、领导高管、自由职业者等中产阶层，通常都生活节奏快、工作强度大，连吃饭都无法准时，更不要谈到照顾家人的健康。

很多成功人士，在工作之余都极为担心父母的健康状态，一到季节变化、流行病高发期，非常紧张妻子、子女有无健康问题。北京一家咨询公司的总经理徐先生说：“父母年龄都大了，心脏、视力也都不好，老人为了不给我们添麻烦，还坚持不和我们住在一起。平时太忙，没办法经常回家看看，所以，每次接到家里的电话都心惊肉跳的，生怕老人出什么事。”

“最近发现很多高尔夫俱乐部的朋友，都有了自己的全科医生，而且还经常接到全科医生的电话，叮嘱他们注意一些生活细节。我就也给××医疗中心打了电话，给我父母都办了健康档案，让他们拥有了自己的全科医生。现在，全科医生经常给我父母打电话，每个月还上门进行一次诊断，并且教了保姆很多健康常识以及对一些紧急情况的应对措施。这回我心里的大石头真是落地了，不管多忙，我都不用太担心父母的身体了。忙完这个月，我正准备带着老婆儿子，再去一次××医疗中心，给我们一家三口也找个全科医生，都建立个健康档案。”

三、全科医生贴心改善亲友健康状态

全科医生不仅能为自己的家庭服务，也是送给亲戚朋友最好的礼物之一。在北京一家化妆品公司担任设计总监的梅女士对此有极深的感触。她在北京只有一个亲人，就是她的姑姑。现在姑姑的儿子远在国外，只剩下老人一个人生活。

近年来，由于工作忙、经常加班、身体又不好，所以难得有休息的时间，很少去姑姑家。虽然也送了很多保健品、衣服和鞋，但是老人并不领情，说不需要这些东西。虽然老人表面上没说什么，但她感觉到老人的不满。

对此梅女士说自己很理解老人的心理，因为老人需要的是关心和爱护，并不是这些物质上的东西。但是，工作实在是太忙，由于压力大自己身体也有好多小毛病。所以，难得休息的时候总想自己好好休息一下。离姑姑家又非常远，开车来回也要三四个小时，虽然很担心她的身体，但现实却不允许她经常去。碰巧公司的 HR 为公司高管都办了××的高端健康卡，她在做全面检查的时候体验了内、外、妇、中医、眼科、口腔、医学检验和检测科室的专家服务，特别是知道××医疗中心与多家知名医院建立合作关系，可以为客户提供从健康检查、常规门诊，专业转诊、住院、手术等一站式医疗服务，同时还提供专家会诊、上门接诊等服务后，她立刻为姑姑聘请了一位全科医生。

如今，由于全科医生经常打电话进行指导，并且每月进行一次上门诊治，姑姑的糖尿病已经有了明显好转。老人了解她孝心的同时，也自然谅解了她平时的繁忙。梅女士说聘请全科医生既保护了老人的健康，又恢复了亲情，真是一举两得！

看来××医疗中心，在保证客户接受医疗服务之余，还能获得愉悦。满足了高端人士和中产阶层家庭成员的个性化医疗服务的需要，这就是它如此火爆的原因。抓紧时间聘请一位全科医生吧，为自己和家人的健康提供保障的同时，也避免被人再说一次“你 OUT”了。

点评：

标题，将拥有健康中心的会员资格，享受全科医生的服务，升级为一种社会时尚现象和地位的象征，也暗示还没有购买会员和没有咨询的人，难道你没有这个消费能力，不是中产阶级或者高端消费人士吗?

引题，再次强调什么是潮流，不是以往的暴发户概念，今年的潮流是健康。如何健康，就是要像企业高管、成功人士、时尚女性、自由职业者等社会中产阶级人士一样，享受健康中心的会员针对化健康服务。

正文，3 个小标题和段落，解释会为会员、会员家人和会员亲友提供什么样的针对性和人性化健康指导服务。这篇文章也告之消费者，不仅要为自己办理会员卡，如果你关爱自己的亲朋好友，也应该为自己的家人、亲友、密友都办会员卡。事实证明，这篇文章的伏笔，为今后的销售也确实起到了巨大作用。

案例 6：

××全科医生诊所为全家缔造健康盾牌

前段时间，新浪微博上一条关于健康的消息引发了网友广泛关注和议论：北京一位年轻漂亮的女孩——方言，在 12 月 16 日因急性胃溃疡导致失血性休克而去世，年仅 23 岁。

大家在对这个年轻女孩的英年早逝扼腕痛惜的同时，也表现出强烈的恐慌和不安。普通的胃病，这个有广泛“群众基础”的病竟然成为美女的夺命杀手，让许多时尚女性、年轻白领都紧张和震惊。

难道是因为胃病变得无药可治?

我国第一家全科医生诊所——××家庭医疗中心的权威专家表示，并不是因为胃病难以治疗，而是因为人们养成了一种看病难、看病麻烦，去医院只是吃药的负面心理。由于我国的医疗体制以“治”为主，所以病患在症状不严重的时候，去医院也只能拿回一堆药，所以久而久之，人们都养成了不到难以忍受，就不去医院的不良习惯。

一、轻松便利的就医环境

近期被京城知名人士、时尚女性、明星大腕们不断光顾的××医疗中心，是斥资3 000万元创建的现代化、国际化家庭医疗服务机构，专为中高端人士提供医疗健康保健服务。交通便利、环境优越，以便于时尚女性等各类人群前往咨询、检查和就诊。

与普通医院不同的是，去××进行健康咨询或就诊，不需要复杂的网络挂号，更不用排队等候或者受票贩子的气，只需要拨打热线电话进行预约即可。时尚杂志的模特管小姐说:“××的医生非常幽默风趣，使人没有半点看病的压力，倒像在聊天，但是他却很详细地指出了我很多生活中的不良习惯和必须注意的环节。以前去医院，大夫是检查一下就开一大堆的药，弄得我有病也不想去医院，只想着买点药对付。这次在××检查完之后，对全科医生这个职业有了深刻的认识，真的和普通医院的大夫不一样。××的大夫没有给我开任何药，而是给了我一个详细的健康管理方案，让我坚持执行，并且还会经常和我电话沟通，进行健康指导，真的是很贴心也很细心，以后我父母也不用再担心我由于工作忙而忽略健康问题了。”

二、资深专业的全科医生

记者了解到，××医疗中心为了加强技术水平，组织了顶尖的高素质、高水平、可信赖的专业医疗技术团队。医疗管理人员、护理人员、医疗技术人员、医师等全部聘请某总医院及中国台湾地区的员工和本地三甲医院的优秀医师。他们在医学领域经验丰富、技术高超，是受到全科、专业医疗服务训练和培训的顶尖医疗精英。

××医疗中心还不断引进世界先进的医疗技术和设备，与多家知名医院建立合作关系，在××医疗中心开设科室。旨在为客户提供高质量、高标准、高难度的健康服务，以满足不同人群的健康需求。

三、全家人的健康管家

××的全科医生不仅只为客户服务，还会为整个家庭的所有成员建立终身健康档案。利用内、外、妇、儿等各种医疗知识，在家庭成员有健康问题时，给予治疗并提供咨询建议。详细记录分析顾客每个阶段的健康状态，以便针对性地提供下一步的治疗方案，保证家人都能得到及时、精准、有效的健康护理。

××医疗全科医生除了照顾身体疾病，还特别强调心理照护。针对不同客户的生活习惯、工作节奏、家庭环境、社会地位，提供不同的心理健康辅导，以帮助客户不断养成健康科学的生活方式，使家人拥有良好体魄的同时，预防各类疾病，及时发现慢性病，把各种亚健康疾病扼杀在摇篮里。全科医生还将进行医疗把关，以避免重复就医，做维护客人身体健康的一线守护者。

四、国际品质的高端医疗服务

为及时解决客户的健康问题，××医疗中心提供 24 小时中英文呼叫服务，全年 365 天不间断，即时受理即时反馈。服务内容涉及日常医疗、紧急救援、医生上门服务、重大疾病绿色通道服务，为客户提供全方位的医疗咨询和照顾。

家住朝阳区的李峰老人，就因受到了××医疗中心的及时治疗，才挽救了自己的生命。一天晚上 9 点多，老人突然感到心脏不舒服，儿子和儿媳又外出未归，老伴惊慌失措不知如何是好，幸亏他想起手机上存了××全科医生的电话，医生不仅立刻叫来了救护车，经过现场救护之后，还将他直接送到了附近的大医院，帮他办好了挂号、住院等相关手续。经过抢救，老人很快渡过了危险期。医院大夫表示，如果不是××的全科医生进行了提前救护，老人是无法坚持到医院的。李峰老人的老伴也说："如果不是××的大夫来得快，还帮助挂了号，等儿子回来再把他送到医院，再去挂号，老头子肯定已经离开人世了，真是不知道怎么感谢××的大夫和医护人员。"

健康是身体的本钱，是幸福的源泉。希望人们都能够关注自己和家人的健康，在全科医生的帮助下改变不良习惯，拥有健康的身体，开心工作，幸福生活！

点评：

标题，直接将服务对象升级为会员的全家，亦是刺激会员为家人购买会员卡。毕竟每个人更关心的都是自己的父母、爱人，特别是宝宝的健康。

引题，北京一位 23 岁的女孩，在因急性胃溃疡导致失血性休克而去世，这么年轻因为这么普通的病，竟然突然离开人间，是令很多人都措手不及也不敢相信的。通过这一令人心痛的案例，引发大家对自己家人或亲友健康的重视，健康必须预防大于治疗。

正文，4 个小标题和段落，分别讲述会所环境、医生专业、健康诊疗过程、人性化服务内容，中心是如何为会员提供健康指导服务的，坚定消费者的购买决心。

案例 7：

××全科医生提示　职业人士要警惕节后“三高”

春节是中国的传统节日，在职场摸爬滚打的成功人士、企业高管、白领们都借着节日的喜庆与家人团圆、与亲朋好友聚会，自然免不了开怀畅饮，大鱼大肉、大吃大喝、暴饮暴食。××医疗中心专家认为，平时白领人群的健康一直处于危险的边缘，春节期间无节制饮食加重了身体的负担。节后上班立刻投入到新一年的工作中，生理和心理都没有调整好，没有精力进行运动和健康保养。此时身体处于严重的亚健康状态，高血脂、高血压、高糖症状极易突然暴发，导致身体健康防线被彻底摧毁。要警惕，节后易出现“三高”症状！

一、节日期间营养过剩

27 岁的张先生在东直门一家公关公司上班，每天都有做不完的案子，陪不完的客户，加夜班熬通宵已经成了家常便饭。由于过度疲惫，春节休息期间，每天他除了蒙头大睡，就是应亲朋好友的轮番邀请，在酒桌上推杯换盏。没过几天，他就明显地感到食欲不振，经常恶心呕吐、厌油腻。

××医疗中心的洪大夫说：“这是典型的脂肪肝征兆。张先生平时压力大、运动不足，已经处于‘三高’的边缘。在节日期间过量摄入高蛋白、高脂肪，没有进行任何消耗，身体健康平衡就被打破了。”

幸运的是，张先生节后立刻来到了××中心，经检查他的脂肪肝症状还较轻，但血脂过高，需要加倍注意。××全科医生根据张先生的生活规律，为其制订了个性化健康档案，提供了科学的健康生活指导。每周都会打电话进行指导，仅两周时间，张先生就恢复了食欲。经过检查发现，血脂、血压都降低了，脂肪肝症状也明显减轻。张先生表示，每个月都会到××进行一次健康检查，以保证身体不会出现其他健康隐患。

二、节后工作运动不足

××医疗中心专家介绍，节后企业高管、白领容易“三高”有一个重要原因，就是春节过后，从放松的环境中立刻转换到繁忙的工作中，中间毫无缓冲，无论从生理到心理都不能适应这种快速的变化。情绪会有些许低落、精神不集中，甚至有不明原因的恶心、眩晕、厌食、焦虑、神经衰弱等，这是普遍的“节后综合征”。这时，白领们更没有心情运动、健身。无疑加重了身体的负担，从而导致三高症状的加重。

34 岁的许小姐在北京朝阳区一家互联网公司负责网络编辑工作。平均每天要对着电脑 10 小时以上，再加上家离公司路程较远，除了上下班挤地铁就没有其他的运动。所以她的血压一直偏高，经常头晕、迷糊。春节期间，她回到父母家里过节。父母早早就给她准备好了牛、羊、猪、鸡、鱼、兔等食品，要给她好好补一补。

年后，她坐了 6 个小时火车回到北京，和往常一样挤地铁上班，结果第一天，她就差点晕倒在办公室。同事扶她到××全科医疗中心检查后发现，她的血压已经高得惊人，如果再任其发展下去，将出现极危险的后果。父母节日期间给她准备的美味大餐，差点变成了催命“毒药”。

××的全科医生给她开了简单的降压药后，为她制订了详细的健康指导报告，并且叮嘱公司的同事，在工作期间也要监督她或和她一起做简单的运动，以保证身体机能逐渐恢复到健康状态。在全科医生的指导下，仅 3 周时间，许小姐的血压就完全恢复了正常。

三、全科医生保护健康

××医疗中心的市场负责人介绍，“全科医生”在国外是极为普遍的职业，在国外，几乎每个人都有自己的全科医生。任何有关健康的问题，打个电话给自己的全科医生，90%都可以解决；如果需要看诊就预约去全科医生的诊所；如果全科医生处理不了，会转诊到相关的专科医院或大型综合性医院。“全科医生”是以家庭医疗保健服务为主要任务，提供个性化的预防、保健、治疗、康复、健康教育服务和指导。

××医疗中心把国外的优秀健康管理模式引入国内，开创了中国全科医生行业的先河。××的全科医生部分来自中国台湾地区，都是受过严格全科训练的全科医生，能满足客人对内、外、妇、儿、中医、眼科、口腔等的需求，还与多家知名医院建立合作关系，与世界 4 000 多家知名企业也实现了战略合作。

在××只有客户，没有患者。××全科医生与客户是朋友关系，不是传统的“医患关系”。只有沟通交流，没有命令指责；只有微笑关怀，没有冷言嘲讽，旨在帮助所有客户在轻松愉悦的过程中完成诊疗。

在这里，××全科医生再次提醒成功人士、企业高管、职场白领、时尚女性、国企领导，节后一定要适时运动、避免过度疲惫，尽量按照医生指导进行一次全身深入检查，将所有健康隐患消灭于无形，快乐幸福地迎接全新生活！

点评：

标题，春节假期刚过，白领、职场人士要注意健康，是完全公立和公益的标题。以此吸引读者阅读兴趣，学习究竟如何预防。

引题，春节后“三高”将爆发，号召人们不要轻视节后健康的预防，这时更要通过健康中心的 24 小时健康服务，来保护自己和家人的健康。

正文，3 个小标题和段落，说明“三高”爆发的原因，以及健康中心节后如何帮助人们预防“三高”症状。

案例 8：

京城企业为员工聘请全科医生蔚然成风

2011 年 4 月 16 日，上海 27 岁房地产中介公司员工猝死家中。

2011 年 4 月 19 日，复旦大学 32 岁的海归女博士于娟因乳腺癌辞世。

2011 年 5 月 14 日，福州 22 岁女模特艾薇微因长期熬通宵，积劳成疾，患上急性混合细胞白血病病逝。

2011 年 6 月 25 日，23 岁的富士康深圳观澜厂区工人陈龙在宿舍洗澡时猝死，死前的 25 天共加班 66 个小时。

……

一串串触目惊心的数字，让人们在心痛之余开始感到恐怖。这些猝死的人群，越来越年轻化，越来越普遍化。世界健康组织针对中国进行健康分析后表明，随着社会压力、市场竞争的愈加残酷，成功人士、企业高管、白领等中产阶层，由于长时间使用电脑、坐姿不正、缺乏运动、熬夜加班、休息不足而频繁出现颈椎病、电脑症、鼠标手、结膜炎、腰椎间盘突出、三高症状。工作在两年以上的职场人士，不分年龄、性别、职务几乎都患有不同程度的职业病，有严重的亚健康状况。

特别是近年来，越来越多的职场人士因工作过劳猝死，更是引发了国家健康部门和社会各界的强烈关注和重视。为避免悲剧的再次发生，北京已有 200 多家企业率先为员工聘用“××全科医生”，帮助员工解决职业病和亚健康问题，恢复健康的体魄和积极的心态。

一、消除员工健康隐患

于强是北京一家设计公司的老板，为公司的 68 名员工聘请了“××全科医生”。谈到他为员工聘请全科医生的原因，于强感慨地说：“公司成立 3 年来，共有 15 人因身体状态不佳或疾病离职。2011 年，公司 83%员工请病假超过 10 天以上。”对于一家小型设计公司来讲，时间就是最宝贵的财富，疾病已经在不知不觉中成为阻碍企业发展的最大敌人。员工的健康成为企业不得不重视的问题，相比员工的积极性、工作能力、团队协作、凝聚力等问题，健康是最影响企业战斗力的因素。

在全科医生的帮助下，2011 年年底公司组织全体员工到“××全科医生中心”进行了全面体检。通过××医疗中心的先进设备、资深专家的深度检查，查出了 4 名员工患有胆结石、3 名员工患有结膜炎、2 名员工有轻微肝炎征兆。这一结果不仅令员工感到担心，就连于强也冒出了冷汗。如果不是发现及时，这些员工不仅会发展成重病号，甚至有可能将大部分员工都传染上肝炎。那时候，后果不堪设想，公司能否经营下去都是未知数。

面对这种情况，××全科医生给所有员工都出具了详细的健康指导报告。并且每月上门一次，帮助员工进行日常健康培训、健康指导和基础检查。指导员工每天上午、中午、下午各做一次保健操。

如今有明显病症的员工病情大大缓解，逐渐恢复了健康状态。几个月来，公司没有员工出现紧急健康问题。全科医生在彻底消除了企业的健康隐患的同时，也为企业解除了巨大医疗费用的隐患。

二、增加企业福利项目

北京一家电子商务公司的行政副总裁苏女士在谈到为员工聘用全科医生的问题上，显得非常高兴。她说：“行政和人力工作，最大的难题就是既要保持员工的积极性，又要时刻降低企业的支出成本。特别是年、节、假日期间，福利要发什么、花多少钱，是老板和员工都关注的问题。要协调企业和员工之间的平衡关系，是一件不容易的事情。”

看到新闻介绍，××医疗中心的全科医生部分来自中国台湾地区，专业水平极高，可以直接满足 95%~97%的医疗需求。所以她向公司申请把为员工聘请全科医生作为一项重要福利。自从为员工集体聘用了××全科医生后，不仅提高了员工的整体健康状态，避免了职业病复发，还增加了一项企业福利，受到员工的热烈欢迎。与其他福利相比，聘请全科医生为公司节约了近 40 万元的费用，老板也倍加称赞，可谓是一举三得。

现在，××全科医生为所有员工建立了健康档案，每月进行跟踪式健康维护。还将员工的既往病史、家族病史、过敏史，用药史，甚至家庭环境和生活方式进行梳理，能够及时提供整体性的健康维护方案。通过全科医生的指导，公司请病假的员工越来越少了。

三、扩大市场品牌价值

作为北京一家生物科技公司的总经理，姚女士在为企业员工聘请全科医生时，还获得了巨大的额外收获。作为生物科技公司，最重要的就是人才的吸引和维护。她开始选择××全科医生中心为员工提供健康管理服务，是因为××不仅装修奢华高档，有着强大的世界医学专家团队。还有着内、外、妇、儿、中医、眼科、口腔、医学检验和检测科室，并与多家知名医院建立合作关系，可以提供从健康检查、常规门诊、专业转诊、住院、手术等一站式医疗服务，同时还提供 VIP 病房，专家会诊、上门接诊等服务。

姚女士开始认为，终究是要为员工提供体检，而××除了提供深入检查还能提供一站式的健康医疗服务。显然可以令公司更省心、员工更放心，还可以让员工感觉到公司的人性化管理，增加企业核心凝聚力。

当聘请全科医生成为员工的正常福利后，几名原本因工资、待遇、职务等问题，一直没能达成一致的高级人才，听说了这公司这一举措，立刻降低了要求，同意加入公司。他们之所以会放弃更高的要求，是因为他们觉得这是一家真正人性化的企业，姚女士是真正关心员工的老板。在这样的企业工作，一定会有展示自身价值、实现理想的一天，未来必然有更大的收益。

一些潜在市场合作伙伴，在听说了姚女士为员工集体聘用全科医生后。在称赞之余，也开始了主动合作。这些企业也同样认为，这是一家有责任心、有使命感的公司，和这样的公司合作一定会有更长远的收益。

看来为员工聘请××全科医生，解决的不仅是员工的健康问题，更增加了员工的信任、节约了企业成本、提升了企业实力、扩大了市场影响力。在这里，记者由衷希望京城所有的实力企业和知名企业，都能为员工聘请全科医生，真正实现“以人为本”的企业文化。

点评：

标题，很多企业都为员工聘请了健康中心的全科医生，这是对员工的负责，只有这种公司才是有良心的企业。通过心理暗示，让企业员工要求公司为自己聘请全科医生，指导健康。

引题，再次用几个积劳成疾的真实案例，进行“恐吓”营销。也以现实为依据，说明白领们现实的职业病普及现状，如果仍然得不到及时的健康指导和诊疗，很可能出现极度危险的健康隐患。很多人性化管理的公司，已经为员工聘请了这家健康中心的全科医生。

正文，3 个小标题，说明公司如果为员工购买健康指导服务，看起来是增加了支出，其实是获得了更多。因为可以避免员工因病误工、减少福利成本，更能增加企业美誉度，吸引并留住更多人才。

- **市场效果**

（1）从第二篇软文发布开始平均每天 70 个咨询电话。

（2）每天到会所参观体验人数 50 人以上，最高销售单价 14 万元，购买者就是由于看了第五篇软文，加上现场销售人员的讲解，为陪同的朋友全家也购买了会员卡。再次证明，文章的伏笔起到了巨大作用。

（3）4 个月后软文宣传停止，后续 2 个月平均每天仍然接到 20 个以上咨询电话。

软文营销再一次创造了营销奇迹！

3.1.3　破刀式——吸引力大

消费者对企业的广告总有一种自然的排斥心理，认为这是商家赚钱的手段，各类硬广告的效果也越来越差。要吸引消费者主动接受，并且阅读完信息，才有可能产生购买欲望。

软文营销则可以把枯燥、硬性的商业信息，通过夸张的表达、趣味的事件、感人的故事、借势热点动态，融和到生动的内容中，成为打发时间或获得知识的文章，从而吸引消费者的眼球。

案例 1：

报告，××客服收礼了，但是××廉政却没管！

了解××的人都知道，××体系内有一个神秘的部门叫廉政部，专查客服小二贪污腐败、玩忽职守，甚至设立公开的举报系统，接受大众举报和全社会监督。

然而，今天有几个小二收礼了，但是××体系的廉政部却没管！

一、神秘快递

西西是一名来访接待小二，这天，西西在旺旺上收到了客户发来的几张快递单，心里一惊，不好，是不是又有客户给自己寄礼物了。细细一看，快递单上的寄件人不是别人，是西西自己，而收件人是云南省大理的一所偏远小学，当时西西就懵了。

原来，这个客户是西西曾经接待过的一个来访客户，客户同另外一位朋友一起开店。然而，有天店铺被系统命中售假受到处罚。这个店是两个妈妈的全部，她们全职经营这家店多年，店铺被关闭两个妈妈心急如焚。用她们的话说，她们把店铺看成自己孩子一样，绝不可能售假。由于在线申诉没通过，两位妈妈索性直接来找小二处理。

听了两位妈妈的表述，西西细细地把每项申诉要求对客户说明，最终帮客户成功申诉通过。客户说，知道××小二不能收礼，但实在难以抑制对西西的感谢，所以想以××的名义做一点公益。由此，便有了这个神秘快递单的故事。

二、一封来自美国的信

客户说，能不能帮他一个忙，自己把 20 多万元人民币的货款打错了收款账户，本来已经放弃了追款，但又觉得或许××能够帮助到他，就问邑辰能否帮他要回来。

详细了解客户问题后，邑辰让客户将事情的原委通过邮件详细说明并且附上了银行的打款账单。通过收款人的公司名称，邑辰查到该收款人正是国际站上的一家供应商，但此事并不是该供应商的过错，打错的钱款如果商家不肯归还，平台也没办法强制，但本着“相信平台上的商家都是诚信的”这一想法，邑辰还是抱着希望电话联系了该公司的负责人，在后期的跟进过程中，负责人表示会自己联系客户解决此事。

7 月初的一个晚上，邑辰再次拨打了美国客户的电话希望确认是否收到货款，客户告诉邑辰一直没有人联系他。

先安抚了客户，第二天早上，邑辰再次拨打了供应商的电话，手机和座机均无人接听，连续两天打了 20 多个电话却一直杳无音信。

情急之下，邑辰想到了传说中的中供铁军，在铁军的帮助下得到了公司老总的电话。给公司老总打第一个电话时他说在高速上正在出差途中，约了下次电话的时间。在后几次的电话中，正好有一次公司老总说高铁正好到月台，有信号可以接电话；有几次还能听到他在商务会谈，吃饭应酬中。整个 7 月，一边邮件电话安抚美国客户，另一边联系供应商，终于在 8 月的时候，看到公司老总回复美国客户的邮件，告知款项已经退回。

2016 年七夕节，邑辰收到的一封来自美国客户的感谢信。当收到这封感谢信时，过去漫漫 3 个月的追款历程又历历在目。在感谢信中，客户表示当初他联系了银行，联系了当地警方，联系了 FBI，他们都拒绝了他，表示无法为这笔款项帮助到他。虽然只是一笔货款，但对于刚起步的小企业而言，这笔货款至关重要，能把误打错的货款追回来，客户觉得这简直是一个奇迹。

三、十年姻缘终了结

思思是一个 85 后女生，跟很多人一样，她也很喜欢在××上面买东西，是个“三黄钻”用户。

2016 年的初秋，上海依然炎热，但是思思的心却凉透了，因为她用了多年的账户，居然显示冻结，再也登录不上了。这个账户是十年前他跟初恋男友一起注册的，对她有特殊的纪念意义。

虽然现在两人已经分手很多年了，但是念旧的思思一直在使用这个账户。思思试图找回，可是由于账户的实名认证用的是初恋男友的信息，思思根本没办法通过自己找回。

于是思思给 ×× 客服打了电话，开始的好几次，小二都告诉思思必须本人找回，不然账户肯定不能继续使用了。几近绝望的她还是不甘心，最终，她的账户问题反馈到了小二松辰面前。

作为一个女生，松辰很能体谅她的心情，所以特别想帮助她找回这个账户。但是不通过思思的初恋男友是不可能找回这个账户的。经过跟思思商量，松辰拨通了思思初恋男友的电话。

电话打通的那一刻，松辰报出了思思的名字，说清了原委。初恋男友顿了顿，“原来是她……我一直以为我账户被盗了，所以申请了冻结，不知道原来是她一直在用……”

初恋男友也很诧异，因为他没有想到，十年了，思思还没有放弃这个账户。最终男友很配合，虽然在出差中，但仍第一时间提供了证件并配合完成一系列申诉操作，最终账户申诉通过，并且将账户实名认证主体转成了思思。

看起来，一段感情最后的一丝牵绊也断了，但是新的生活又开始了。

四、与生命赛跑的包裹

客户宋小姐上午 10 点左右慌忙来电求助，请客服小二帮她联系一个卖家，十万火急：“我父亲在上海着急手术，需要一个医疗器具‘三叉气管套管’，我找了好多地方都没找到，终于看到 ×× 上一个卖家在卖，但是一直联系不上他，麻烦你们帮我问问。”

听到这里，客户经理筱莲很震惊，原来，宋小姐的父亲在上海第一人民医院，之前已经做过一次手术，当天下午 4 点左右要二次手术，需要替换之前的三叉气管套管，医院也在调设备，担心会调不到，所以通知家属一起去找，如果这个套管没到位的话，下午就无法进行手术，那第一次手术就白做了。

“我父亲年纪大了，不想让他再受罪，只要能找到上海的卖家，我们可以自己去取货的。”宋小姐无力地说道，听得出来她实在不知道怎么办了，找到 ×× 上这个卖家，好像抓住最后一根救命稻草一般。

挂断电话，筱莲立刻联系上了卖家，但遗憾的是卖家在扬州，而且没有客户要的三叉气管类型。难道就这么回复吗，那客户本来燃起的一丝希望又要破灭了。

不甘心的筱莲开始在××继续搜索别的卖家，发现卖家大都是在扬州和河南新乡，有热心的卖家告知筱莲大部分同行都是在这两个地方，但其生产厂家就在杭州萧山，而且这个厂家的货质量最好！

于是筱莲要了个电话直接联系厂家，万幸真的可以买到。可是，紧接着一个新的问题来了，要在下午4点前送到上海，然而一些闪送App只愿意接同城的单。突然，筱莲想到了滴滴打车，终于在11:10分成功约到了快车，更令人激动的是司机师傅听闻这个情况后，推掉了一个去上海机场送机的单子，接单后直接去工厂拿了货，马不停蹄地赶去上海，终于在下午3点左右顺利送达医院。

傍晚回访宋小姐的时候，宋小姐告诉筱莲说："因为工作的缘故，没能陪着父亲，家里人打电话来说手术器材的事情，真给我急的不知道怎么办了，幸好联系上了你们才会那么顺利地送到，父亲也顺利进行了手术，我这颗悬着的心总算可以先放下了，没有你们真的不知道怎么办，太谢谢了。"

点评：

从内容来看，文章从标题到内容，都很有吸引力。先以类似举报的方式，说明这家公司的员工违反了公司纪律，但是公司廉政部门却不管不问。充分引起网民的好奇，是因为这些员工有很强大的后台，廉政部门不敢管吗？

然后直奔主题，一个又一个的感人小故事。看起来，文章更像是由一个个浪漫感人的小故事组成，用人文关怀将企业的文化升华，提升品牌的美誉度。让消费者深深地感受到，连普通客服都这么敬业、关爱顾客，这个网站肯定是具有极强的社会责任感和高尚的企业文化。

没有任何商业色彩，其实这也是篇标准的商业软文。我把网站名称具体用"××"代替了，聪明的读者一眼便猜得出来指的是哪家网站。而在网上看见这篇文章的读者，会对这个熟悉的网站印象更加深刻。

从网络软文的标准格式来讲，这篇文章的字数过多，而且各段落衔接并不连贯，最关键的是没有一个结尾段落进行升华，结束的太过突兀。但是，这并不影响文章的可读性和感人性，也毫不怀疑，只要看见这个标题的大部分读者都会点击文章，并且把它一口气看完。从这一点看来，文章已经非常成功。

案例 2：

年收 27.58 亿元，要开比肯德基多一家店，人人都爱的小火锅，竟是一个珠宝商人开的

晚上六点半，刚下班的小琪和朋友离开朝外 SOHO 写字楼，来到 ×× 店等位。和她们一样等位的，还有约 20 人。小琪告诉记者："它家食材比较新鲜，调料的味道很不错。在这里和朋友吃火锅，聊聊天，一人一锅干净点，人均四五十元，比较划算。"

小琪说："前年有央视记者调查说'北京鸭血 9 成是假的'，当时 ×× 店立刻下架所有产品，并把产品送去检测。最后发现产品没问题，×× 店还在门店免费赠送鸭血，让我觉得这家店的食物比较安全。"

×× 店面对危机处变不惊的背后，是其创始人兼董事会主席某某对品质的严格要求。

一、将珠宝行业经验移植

某某是中国台湾桃园人，早年在中国台湾地区从事珠宝生意。1993 年，他与妻子搭飞机来到北京，成为"北漂"一族。当时国内外信息不对称，某某在北京和东莞两地开设"金鹅珠宝"工厂，生产的珠宝在几百家国营商场专柜销售。当时首饰在内地非常畅销，对外出口也是供不应求，金鹅珠宝每天应收账款超过 800 万元，年销售额达到数亿元。

1996 年，北京珠宝市场逐步萧条，大量首饰堆在仓库里卖不出去。某某无比头疼，不知道下一步应该做什么。有一次，某某和朋友一起吃火锅，发现北京的火锅都是以木炭作燃料的铜火锅或者煤气火锅，几个人围坐一起吃，而当时台湾已经流行电磁炉加热的吧台式分餐火锅。某某认为，出于环保和安全的考虑，政府未来一定会鼓励使用清洁燃料，如果能开吧台式火锅店，应该受欢迎。

随后，某某在北京丰台区租了几百平方米的地盘，一边成立总公司，一边办中央工厂。然后从中国台湾地区购进几十台电磁炉，在北京西单开起第一家 ×× 火锅店。

"你知道吗，那时候盐巴也有假的。万一进货渠道没有区分开，立马就有问题。打仗就是要粮草先行，开饭馆就是要把中央厨房先设好。"当时，采购成为某某的重中之重，早年从事珠宝业养成的一丝不苟，瞬间转化为对餐饮的严苛要求。他认为，只有把进出货、菜品、运输渠道、安全库存等要求全部制度化，才能真正建成环环相扣的标准化工厂。某某说："一斤鸡蛋有大有小，可能是九颗或八颗，如果现在不分清楚，未来顾客就会嫌弃隔壁桌的鸡蛋比较大。"

二、分餐制火锅怪模怪样

开业伊始，某某信心满满，自己的妙点子加上先进设备，还怕消费者不抢着来尝鲜吗？不料某某失算了，业绩最惨淡的时候，××店一天连三锅都没卖出去。当时，某某直接将中国台湾地区的调料运到北京，可到了北京之后才发现，“吃货”们并不买账。于是，某某请厨师针对北方人的口味制作多种调料，然后请消费者免费试吃，再认真听取食客意见，用了半年时间才最终定下调料的口味。

很长一段时间里，××店没有火起来。在大陆，大家习惯围在一起吃，感觉欢乐热闹。对于新兴的速食分餐制火锅，很多人都觉得怪模怪样，难以接受。某某试图改变人们的认识，他从原来的珠宝工厂以成本价买来珠宝产品的库存，吃火锅送戒指、项链，“吃 30 块钱我就送他 30 块的东西，相当于是吃白食。谁都不会主动认为火锅是快餐，但如果快餐物美价廉又干净，肯定有人喜欢”。

直到 2003 年“非典”爆发前，××店每年只开一两家店。“赔了多少？详细数字不方便透露，我也不郁闷，已经做好要赔的准备。开到五六家店的时候已经达到盈亏平衡点。”某某说。

××店的转机就出现在 2003 年。之前北京人难以接受的一人一锅的吃法意外爆红，××店逐渐获得消费者认同。随后，××店驶入发展的“快车道”，2008 年获得私募基金英联投资的 5 000 万美元（约合人民币 3.45 亿元）投资，2010 年后进驻上海、辽宁、江苏、山东、山西等地，2014 年 12 月在港交所主板上市。

某某觉得：“‘非典’算是一个契机，但即使没有‘非典’，我们也会火。开店嘛，没有什么戏剧性的阶段，一直比较平淡，就像小树长大，积累到成熟期。”××店 CFO 表示：“初入××时，我协助公司做 IT 升级，做的过程需要了解内部大量流程。我着实惊讶，公司有 400 多个节点，细化管理程度不亚于麦当劳、肯德基内部系统。当时我就觉得这是一个被中国市场低估的宝地。因为餐饮不仅取决于生意模型，其中系统及流程、细节管理对于发展也至关重要。”

目前，××店在全国有 639 家门店，是海底捞门店数量的 3.6 倍。去年，××店销售额为 27.58 亿元，按年增长 13.8%，净利润为 3.72 亿元，同比增长 38%，翻台率为 3.4 倍，与 2015 年持平。

三、某某：我要比肯德基多一家店

对于××店的火爆，某某说：“你必须要把自己规划、培养好之后，才可能攻城略地。做好准备了，你就可以大步往前迈进，但如果没有做好准备，迈进一定要摔跤。我觉得企业起码得有 10 年的时间，才能理顺内部的所有东西，我这还算快的。”

去年，××店新推出中高档休闲餐饮品牌“凑凑”，主打火锅和茶饮。与××店的高性价比“快火锅”不同，凑凑面向 25～35 岁的都市白领，人均消费约 150 元，客单价明显提高，产品颜值也较高。赵怡表示：“吃火锅的消费者中，女性占 55%，餐厅的选择权也大部分在女性手里，凑凑的产品设计运用了大量消费者心理学，例如海鲜马卡龙、海鲜棒棒糖等都是针对女性设计的，女士喜欢可爱浪漫的东西，她看到以后自然就会拍照传播。”

今年，某某准备与××合资开设××店（中国）食品控股有限公司，用来研制、开发、生产和销售火锅汤底、蘸料和调味酱。该公司注册资本为 100 万美元，某某将出资 40 万美元，预计合资架构将于第二季度完成。

多年专注连锁消费行业的某总表示，很多投资人都会看净利润、净收入的增长状况，其实企业增长主要靠两方面，现有店面增长叫内生式增长，推出高价菜，比如做火锅的可以新推“鲍鱼锅底”“骨汤锅底”，同样会有人买；外延式增长就是扩张新店面。从这两方面看，××店在中国的增长潜力都非常巨大。

在接下来的一年，××店仍将保持高速的发展势头，计划开设 100 家新店，将现有的××店面升级至“××店 2.0”，并加快开发“××小鲜”外卖业务。中企哥认为，口味和卫生是所有“吃货”的共同追求，××行驶在发展的快车道时，也需时刻留意以上两点。

面对未来，某某充满了雄心壮志：“我要成为中国最大的速食品牌，所有规划都围绕着超越肯德基，反正只要××在的地方，我就要比他多一家店。”

点评：

标题过度冗长并不符合专业软文要求，但引用了一个巨大的数额和一个巨大的品牌作为背书，瞬间吸引网民眼球。正文其实商业色彩非常浓，但由于是创业故事所以也非常吸引读者。一方面，会有人想学习他的成功创业经历；另一方面，有人也确实想知道这么成功的连锁品牌，当年到底经历过什么，是用了什么样的营销策略还是有良好的机遇，才有了今天的巨大成就。整体内容连贯性较好，几个小故事都很真实自然。引题、小标题和段落、结尾都很完整，结尾也对整个品牌和创始人进行了升华，展示了未来的战略目标。

文章字数过多，按照现在人们碎片化时间和快速阅读的习惯来讲，虽然可能会看完，但很难看得仔细，不如把字数减少一半来得干脆。

3.1.4 破枪式——权威性高

在各类信息混杂、网络信息爆炸的时代，消费者习惯利用互联网查找信息，为是否决定购买某件产品、是否到某公司面试、是否与某公司合作提供佐证。软文营销的执行过程中，企业最大的收益不只是推广产品，还能借助媒体权威性，提升自己的权威性，不断为企业和品牌“镀金”。

从这一点来讲，从事互联网软文营销是利大于弊的。一家企业可以说自己不急于打造品牌，但绝不会不想提升影响力和权威性，因为这些都是保证市场销售、扩大市场份额最关键的因素。

案例 1：

一家企业想为员工采购几百件工服，经过接触，有甲、乙两家服装企业都较为满意，价格也相差无几。在搜索了甲、乙两家服装企业的相关名称后，甲服装企业都是招聘信息、企业官网信息、阿里巴巴等 B2B 平台的免费店铺信息、58 同城等网站的产品销售信息；乙服装企业的搜索结果是，百度百科、企业官网、各大媒体网站对企业老板的连续采访、对企业公益活动的系统报道。

如果作为工服的采购负责人，会毫不犹豫地选择乙服装企业合作。乙企业比甲企业的美誉度、曝光度、影响力明显强，这么多媒体愿意采访并刊登企业信息，说明企业有诚信、有品质。至于甲企业，也许综合实力都和乙企业不相上下，但是既然都在同一水平线上，企业有很大可能会选择口碑更好的企业。起码可以证明一件事，甲企业不是不重视品牌发展，就是没有经济实力去做品牌发展，和这样连长远规划都没有的企业合作，产品和服务能有保障吗?

这时候，如果还坚持选择甲企业，公司就一定会有人怀疑采购负责人在中间有什么“猫腻”了。

点评：

谈到媒体的权威性，是一种潜在的意识形态。2003 年 4 月 1 日，知名的香港影星张国荣跳楼自杀。那时，我也在一家互联网媒体工作，由于是愚人节，身边的同事都不由大笑，肯定是编辑部的同事在和网民开玩笑，不过这玩笑开得有点太大了。

结果，当大家打开了搜狐、新浪、网易等大型网络媒体页面发现，在首页都是张国荣去世的黑色背景专题。于是，所有人才知道，这是真实的。为什么？自己公司的网站发布同样的消息，会被同事认为是玩笑呢？为什么搜狐、新浪这些大型网媒发布的信息，都坚信一定是真实的呢？

这就是因为大型和权威媒体的背景、地位和传播速度，不允许信息的不严谨，更不允许随便开这样的过分玩笑。这也是为什么在微信上经常狂发乱转的各种不真实的“小道消息”“养生知识”“食品危机”在大型媒体上都难觅其踪影的原因。

4 月 1 日，同样在今时今日的微信朋友圈上，发布某明星自杀的消息，大家在第一时间会相信是真实的吗？大部分人仍然认为这是个玩笑，因为微信虽然是知名的社交软件，但它绝对不是专业的媒体，它传播的信息只具备扩散性，却不具备丝毫的权威性。

我的大多数学员、企业客户，都来源于互联网。我并没有做任何的市场宣传，只是习惯性地写一些互联网评论，而有一些评论由于观点独特就被媒体转载。这也为我个人的权威性带来了一定的保障。很多企业找我合作，都是未签合同就直接打款，前提是知道搜索我的相关信息，有众多的报道。

由于我是某城市的电子商务顾问，相关文章和资料登记在了城市的电子商务协会官网上。在相当长的一段时间里，搜索某城市电子商务一词，我的照片个人资料，竟然出现在百度首页首条。我个人也有幸借助了整个城市电子商务的权威性，提升了个人品牌价值。

互联网整体市场的商业诚信度偏低，人与人之间的信任很难达成，而软文营销的权威性则恰恰解决了这一问题。当然，基本原则是必须实事求是，绝不允许胡编乱造、无中生有。

案例 2：

两华人将共享单车引入硅谷：获得风投千万美元投资

在国内共享单车大战正在如火如荼地进行之际，两位华人将共享单车模式带到了美国科技创新中心——硅谷，他们创办的××品牌 15 日宣布，获得 1 200 万美元 A 轮融资，领投方为硅谷知名风投 Andreeseen Horowitz，其他知名投资机构还包括 IDG、DCM 等。

在融资消息发布后的第一时间，腾讯科技采访了××品牌的两位联合创始人，初步了解了××品牌的情况。

××品牌联合创始人兼首席执行官对腾讯科技表示，计划于 4 月正式上线运营，车辆将配备 GPS 定位、3G 网络连接等设备，能够满足可随时搜索周围空余车辆、即取即走、随处停放、即时结算等智能功能。此外，车身上还附带太阳能板、车筐和智能锁。

介绍说，在正式上线后，用户通过在××品牌的移动客户端应用上进行简单注册并绑定个人信用卡后，便可开始使用，不需要支付押金，用户通过搜索附近的车辆，并扫描QR码对车辆进行解锁使用。

××品牌目前的定价是每30分钟收取1美元，在智能锁打开时开始计费，智能锁关闭时结算。

他表示，××品牌由公司自主设计研发，零件和组装则外包给第三方制造商。他透露，主要制造方是天津富士达公司，这家公司也是国内共享单车ofo的主要代工方之一。

上线初期，××品牌将主要定位于美国人口超过30万人以上的城市地区、大学校园以及大型公司园区等，获得此轮融资将主要用于扩充团队、市场营销、产品研发等方面。

××品牌联合创始人对腾讯科技表示，在进行××品牌产品研发时，团队充分吸收了国内共享单车初创公司的经验，并且结合了美国市场和用户的特点。

"真正开始做是从去年年底、今年年初，但前期经过了大量的调研论证，"他说，"我们看到了尽管美国市场与中国市场有着显著的不同，但同样有着很大的增长机会。"

他表示，与中国市场先粗放式投放，再政府介入管理不同，在美国市场，涉及共享单车项目，需要首先从政府方面入手，因而他们采取了一条积极主动与政府沟通合作的策略。在项目启动前期，团队的大部分精力除了放在产品研发设计上，更多地用于和目标城市政府之间的沟通，争取获得对方的认可和支持，再推进下一步的落地计划。

他所接触的城市政府对于项目大多表达了欢迎的姿态。目前，包括纽约、旧金山等美国大型城市都有共享自行车项目，虽然大多数是固定停车桩的智能化程度较低的共享单车，但依然颇受欢迎。

根据美国国家城市交通协会近期公布的一份报告显示，自2010年以来，全美共享单车的骑行总次数超过8 800万次，仅2016年全年，骑行次数便超过2 800万次，已经几乎与美国铁路系统的年搭乘次数相当。

对于上线后可能碰到的用户随意停放车辆对城市交通带来影响的问题，他们将通过智能应用的建议停放地点等功能，引导用户将车辆停到合适的地方，此外，还将通过线下运营团队以及与政府相关部门的合作，管理好城市中的车辆停放。

领投此轮融资的风投Andressen Horowitz合伙人Jeff Jordan表示，尽管担心有车辆在上线后会遭到人为的恶意损坏，但过去也曾经做过考验人性相关的投资，例如，当时会想让陌生人住在自己家里这样的模式真的行得通吗？但这就是投资所要跨越的心理障碍。

他表示，最终目标一定是朝着实现盈利而努力，但初期主要是对产品的优化和对品牌的树立。他特别提到了××品牌公司的logo设计，既像切开的青柠的横切面，又像从侧面看的单车车轮。他说："青柠在美国是一种给人亲近友好感的水果，我们希望品牌也能带给人们一种健康、环保、亲切的感觉。"

点评：

这篇软文，写的中规中矩，甚至没有小标题和段落让读者进行视觉停顿。从专业角度来讲，文章拿不到高分。但这次要点评的其实不是写作风格和技术指数，而是撰写这篇文章，对提升企业权威性有多少意义。

在许多传统企业老板看来，赚钱绝不是一件值得到处显示摆的事情，一旦宣传企业赚了钱，会有借钱、劝储、劝投资等各种小麻烦和骚扰，都是悄悄赚钱，悄悄花。而在互联网行业、高科技行业，企业拿到投资从来都是一项值得摇旗呐喊、大肆宣扬的事情。明明是一回事，由于观点的不同，就变成了截然不同的两种态度。而是不是宣传，其实也给企业带来两种天壤之别的市场效果，最明显的就是权威性。

任何一家企业拿到风投，之所以通过软文营销进行大肆宣传，并且能增加权威性，是因为在宣传过程中实现了多种市场效果：

（1）通过媒体确认获得投资的真实性，让社会知道该企业的发展前景广大、现在经济实力雄厚。

（2）让潜在代理商、分销商，知道和这个企业合作不会有账期风险，因为企业拿到了风投，有经济实力，不差钱。

（3）让消费人群知道购买这个品牌的产品没错，产品风投都认可了，质量肯定过关，服务也更有保障。

（4）让其他风投更加关注这个企业的走向，为 B 轮、C 轮融资和上市做好宣传准备。

（5）让公司员工和行业人才知道这个公司已经一飞冲天，一定要珍惜来这里工作的机会，未来有可能拿到上市原始股，起码现在这里待遇差不了。

看起来很简单，也很普通的一篇文章，其实算下来带来的回报真心不少。这也是为什么只要做了软文营销，其实就已经赚到的原因。不论是权威性，还是影响力、美誉度，都不是靠几天、几个月就能建立起来的。正是靠这一篇篇文章，一点点积累，才能筑成未来的摩天大厦。

3.1.5　破鞭式——一分钟免费占领搜索引擎

互联网最大的流量入口，当属百度、搜狗等搜索引擎。网络软文也是搜索引擎抓取原创内容的主要渠道，二者相辅相成，缺一不可。近年来，众多自媒体平台，斥资数十亿元支持原创。一方面是为平台扩大流量和影响力，另一方面也是吸引搜索引擎对平台的抓取力度。

2013 年我在广州为一家企业进行内训，讲解的仍然是软文营销，而另一位 SEO 实战派黄老师，讲解 SEO 技巧。相比来讲，企业其实更喜欢 SEO 立竿见影的效果。把词优化完，就能上首页，上了首页，企业就哗哗地卖货赚钱。

所以当课程结束后，企业老总充满期望地问黄老师，能否把一个行业热词进行优化，让自己公司的官网能自然排到百度首页。黄老师也确实是少见的非常严谨的讲师。他的回答是，只能努力但是绝对不敢保证。这一点，绝对值得那些随便就敢漫天许诺、遍夸海口的人学习。

而我当时就笑谈，可以在一分钟之内，搜索这个词时让你的企业信息出现在百度首页。企业老板也满脸微笑着说：所老师真会开玩笑。也许他心中的真实想法是，这个笑话实在是太冷了。其实，我说的没有半点玩笑的成分，是真正用营销经验和效果说话。

搜索引擎，会根据网站的权重性，对原创文章进行自然抓取。而当搜索某些词语时，如果你的文章中含有这些词语，文章就会出现在百度页面。当然，是否能出现在首页，还是要靠网站自身的行业内称为 PR 值。

从 2010 年开始，我在艾瑞、易观、企博网等当年极具声望的行业平台，开设了专家专栏。网站的权重性都极高，撰写的文章亦都是从行业前瞻角度进行论述和评论，所以几乎每篇文章都会被大型媒体网站或者新闻网站转载。

通过文章的沉淀，搜索“电子商务营销大师”“电子商务实战”等行业热词时，搜索引擎首页仍然会出现我的大量文章和信息，甚至在页面右侧的“相关人物”栏目中，赫然有我的名字，还能和电商大牛——刘强东刘总出现在一起，亦是莫大的荣幸。而这些，就是软文营销和搜索引擎相结合产生的效果。

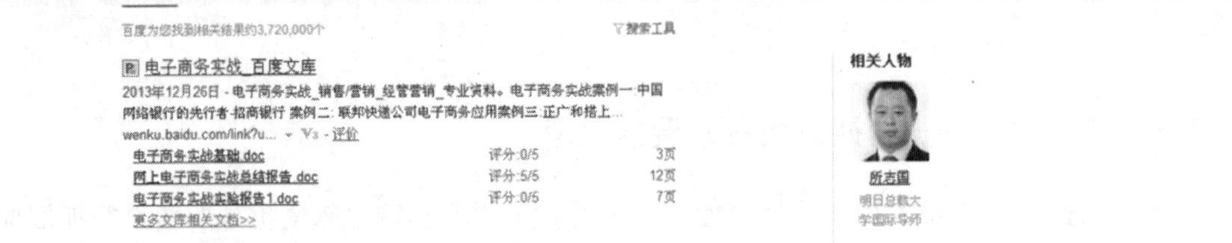

案例：

电商营销大师所志国首推电子商务培训实战课程

企业想做电子商务，缺乏精准策略！

企业进驻淘宝天猫，销量遭遇瓶颈！

企业欲建知名品牌，不知从何入手！

企业出现竞品危机，没有应对手段！

企业大量库存积压，无法清仓销售！

企业切实的电子商务难题，仅凭洗脑课程和激励课程，永远无法解决切实问题。电子商务市场的蛋糕虽然巨大，但竞争远比传统领域更激烈残酷，没有实战就没有发言权。一篇软文创造当天为企业创造 80 万元销售奇迹；十分钟救活一家淘宝双钻店，每月稳定收入十万元以上；半个月解除深陷网络假货危机的医疗器械企业……

中国十大电子商务营销大师、中国十大网络营销大师、2011 全球十佳网商评选网商大会特邀观察员所志国，一切从实战出发，首次将十年互联网实战经验和营销技巧整理成“中国电商第一课程”，从渠道、品牌、天猫、模式等各方面对电子商务进行完整剖析。帮助企业避免风险，解决市场常见问题，顺利切走电子商务市场蛋糕！

一、清晰易懂，环环相扣的实战课程内容

（1）企业开展电子商务的 12 种死亡原因和解决措施。

（2）如何打造电商品牌实现暴利。

（3）天猫店要盈利必须解决的障碍和必胜技巧。

二、参考教材《网络营销一本通》

三、课程三大目标 解决企业实际营销需求

（1）冲破传统市场的渠道和销售等营销瓶颈，使企业快速创造现金流。

（2）改变企业面临的发展缓慢、市场萎缩等尴尬局面，扩建全新营销渠道。

（3）解决在传统环境中打造品牌需要多年时间的问题，快速建立企业自有品牌。

四、五大全国第一优势颠覆传统电商培训风格

（1）中国第一个由“十佳中国电子商务营销大师”联合锻造的电商实战课程！

（2）中国第一个结合 10 年网络营销实战经验，为企业精心打造的电商实战课程！

（3）中国第一个完全揭秘电子商务企业倒闭原因，避免企业经营危机的电商实战课程！

（4）中国第一个能在现场精准制订电子商务战略，选择电子商务模式的电商实战课程！

（5）中国第一个彻底剖析不同企业如何创造电商品牌，并详细讲解品牌营销真实案例的电商实战课程。

五、与传统电子商务培训的五大区别

第一大区别：所有培训内容均从实战出发，杜绝纸上谈兵。

第二大区别：课程结束经考核合格者，可获得《中国电子商务职业经理人》证书，由中国电子商务协会颁发，杜绝学无所用。

第三大区别：分析企业在营销过程中的常见问题并提供解决方式，杜绝空洞无物。

第四大区别：不再单纯剖析成功电商网站的经验，任何网站的模式都不能完全复制，杜绝一味模仿、无法执行。

第五大区别：开设互动交流环节，企业现场提出实际营销困难，现场组织头脑风暴，专家剖析解答，共同剖析并提供解决方案。

六、所志国老师简介

所志国老师是帮助电商公司策划品牌、推广品牌的电子商务营销专家；提供电子商务营销实战培训的培训专家；以行业视角撰写品牌专题和人物专访的电商专栏专家；还是资深的职业策划人，为数百个传统企业和品牌提供了营销策划和战略咨询。

从事营销策划和互联网运营推广已有10年时间，不仅有着丰富的运营管理经验和市场营销经验，更对电子商务的实务营销有着独特的认识和见解。被邀请为艾瑞、企博网、TechWeb、一大把、易观国际、阿里巴巴学院等十几个行业网站的专栏专家。

（1）营销奖项

（2）实战营销

（3）品牌活动

点评：

由于是宣传自己的文章案例，所以我删掉了大部分内容，仅供大家参考。这篇软文从宣传角度来讲并不合理。因为我从撰写到发布在自媒体的过程中，从来没有想让它自然吸引多少网民，只是把它作为展示类的说明文章，希望培训机构、学员知道我的课程到底是什么、有什么优势。更关键的，则是标题中“电商营销大师”“电子商务培训实战”这两个热词。

从占领搜索引擎的角度来讲，这篇文章也很成功。当然，并不是说所有文章只要某个词能被百度搜索出来，就是合格的表现，而是要根据写作目的和市场要求决定。这篇文章的写作前提是众多培训机构一直催促我策划一个电子商务实战课程，并且经常有公司向我要课程大纲、课程优势和个人简介，作为招生宣传之用，于是才有了这篇类似于硬广样式的软文。

技巧：

（1）可在后台查看本行业、同类产品的相关词的搜索热度，在文章标题中要带有行业最热的词，热词要和标题完全匹配，不能过度生硬，强拉硬套。

（2）热词要尽量的简短精练，4 个字以内最好，标题中可出现两个以上关键词，增加曝光度。

（3）少用成语，越生活化、符合消费者搜索习惯的词越好。

（4）可在 4 篇以上的软文中，都出现同一关键词。使得搜索这一词的网民，在连续一周以上都能看见不同的品牌软文。

3.1.6　破索式——五招应对危机公关

危机公关似乎是离企业很遥远的事情，如果在传统媒体时代，企业出现危机公关的概率比中彩票头奖还难，毕竟那个时代的信息传播只能靠主流媒体。而互联网时代的到来，负面信息的传播极为简单，微博、微信、论坛、问答，再加上一些网站或者自媒体，更会别有用心地“推波助澜”，使得负面信息发酵。

我经常说，即使企业从来不碰网络营销，但只要有人接触互联网，企业就永远有爆发危机公关的可能性。话过于直白，亦是事实。造成企业公关危机的因素非常多，客户对产品的不满、对物流的不满意、对服务的不满意、对价格的不满意、员工对公司管理的不满意、同行之间的竞争……每个偶然事件，可能只通过一条微博转发百八十个字，都有可能为企业带来巨大的麻烦和损失。

一旦危机公关爆发，如果只采用不闻不问的方式，等它自动平息，那么它的爆发周期反而会延长，并且造成的损失会更大。要去应对，就需要系统的策划、冷静的分析、正确的态度和灵活的技巧。

软文营销是应对危机公关，缓解并解决公关危机的有效手段。网络公关的要点并不在于危机后的治理，关键在于“防患于未然”。如果平时有着强大的品牌累积，即使出现了一些负面信息，企业应对起来也不会过于吃力。

- **敲山震虎：借用法律武器证明自己的清白来威慑对手**

当受到恶意攻击、诬蔑诽谤时，仅靠愤怒是解决不了任何问题的。这时，不仅要通过相关执法部门来维护自己的权益，还要通过软文，揭示事件的始末，证实自己的清白。否则，即使企业已经受到了法律的保护，诬蔑者也受到了应有的惩罚，但是广大消费者却并不知情，对企业的损失也就无法挽回，甚至愈演愈烈。

1．事件回放

2013 年 1 月初，网上突然大肆疯传

“某某乐公司承认旗下的××橙使用致癌农药！××橙使用致癌农药，多少人曾经或者现在正在饮用××橙啊，许多网友感叹这让人情何以堪！据悉，之前爆出××橙使用致癌农药就让人心惊，这次某某乐承认××橙使用致癌农药了，很多网友表示以后都不敢喝了。

“某某乐公司承认旗下××橙，含有美国禁用农药‘多菌灵’，浓度虽未超标，但专家指多菌灵可致脑麻痹、肝脏肿瘤。某某乐中国公司公关部高级经理王雷称，旗下的橙汁产品，原料来自中国和巴西，但产品肯定是安全的。FDA 明确指出，含有极其微量该种杀真菌剂的橙汁不会导致健康安全问题。在中国，相关规定柑橘全果的多菌灵限量是 5mg/kg。

“某某乐公司近日宣布，旗下橙汁饮料含有给果树喷洒的一种杀真菌剂，在美国并未经过注册。此条消息引起强烈反响。昨日，记者对沈阳市场的销售情况进行了调查。某某乐公司日前经过自我检测，发现有巴西种植户在橙子树上喷洒了美国禁止使用的杀菌剂‘多菌灵’，并将检测结果通报给了美国食品与药物管理局。不过，公司发言人称，含有极其微量的‘多菌灵’的橙汁不会导致健康安全问题，请广大中国消费者放心。

“据了解，美国食品和药物管理局对美国这一批次的橙汁饮料进行检测发现，‘多菌灵’的含量是 0.01mg/kg。在中国，《GB 26130—2010 食品中百草枯等 54 种农药最大残留限量》规定，柑橘全果的‘多菌灵’限量是 5mg/kg，标准规定低于美国相关规定。沈阳农大专家表示，‘多菌灵’跟其他农药一样，对脑部影响最大，可导致脑麻痹。”

2．影响

这则内容有多家网站给予转发，引起了大量网民的关注，也有部分消费者不敢再喝。众多网友表示难以接受，不少网友表示自己经常喝，今天就知道出问题了，不禁很担心自己的健康情况。网友“爱宝宝微博”转发称，“火速转给所有的家长朋友，不要给孩子喝这种饮料！”还有的网友表示，“××含农药，额滴神呀！黑心商家。”而网友“Xw 小哇”则感慨，“喝啥啥有毒，还是喝白开水比较安全。”甚至还有网友表示，最近要去医院检查身体。对于如此知名的品牌来讲，这次的公关危机，伤害的绝对不是几天的销量这么简单，而是吓走了一大批忠实客户，损失将会十分惨痛。

3．应对软文案例

案例 1：

某某乐回应饮料含“多菌灵”事件：已向公安机关报案

针对近日网上盛传的某某乐承认旗下“××橙”含有美国禁用农药“多菌灵”一事，某某乐公司发布声明称，这是恶意网络攻击，并表示已正式向公安机关报案，要以法律手段追究幕后黑手责任。

今年以来，有不少网民在微博、微信和 QQ 群上收到消息称：“中央电视台《焦点访谈》已经播出，某某乐承认旗下“××橙”含有美国禁用农药“多菌灵”，多菌灵可致脑麻痹、肝脏肿瘤等症。对此，某某乐公司回应称，这是“一次子虚乌有的谣言和恶意攻击”。

公司方面表示，经核实，《焦点访谈》节目从来没有播出过上述不实信息，并解释这个事件与一年前发生在美国的巴西橙汁事件有关联。一年前，某某乐公司发现巴西果农为果树喷洒的一种杀真菌剂，名为“多菌灵”，这种菌剂在美国未经注册，美国总部在第一时间主动报告美国食品和药物管理局（FDA），经 FDA 和美国环境保护局评估确认，使用产自巴西橙汁的美国饮料是安全的。

同时，为了消除公众疑虑，某某乐中国公司也将使用的巴西橙汁原料送检。2012 年 1 月 19 日，经国家食品质量监督检验中心检测，结果为多菌灵成分“未检出”，符合国家标准，不存在安全问题。在最新声明当中某某乐公司也表示，已经向公安机关报案，要以法律手段追究恶意诽谤者的责任。

案例 2：

《焦点访谈》播××橙含致癌农药某某乐公司回应

记者致电央视《焦点访谈》栏目组，一名工作人员告诉记者，近期并未报道过“××橙含农药”，具体节目内容信息可以查询央视网。随后，记者登录央视网，查询《焦点访谈》节目表。而网络显示结果，从 2009 年 2 月 14 日到 2013 年 1 月 5 日，央视网上的《焦点访谈》共有 900 期栏目视频，但均没有关于“××橙含农药”的报道。

某某乐（中国）饮料有限公司公共事务及传播部总监告诉记者，经过向中央电视台举报核实，“《焦点访谈》节目最近没有，也从来没有播出过上述不实信息” 。这其实是去年年初就已经流传的谣言，只不过借助央视《焦点访谈》又开始大规模流传。

她称，产自巴西的橙子是某某乐公司生产××橙的原材料。去年1月，在美国该公司发现巴西果农为果树喷洒一种农药“多菌灵”，而该农药并未在美国注册。

于是，某某乐公司美国总部向美国食品和药物管理局报告，对这批使用了巴西橙子的橙汁饮料进行送检。经过美国食品和药物管理局和美国环境保护局的评估，确认使用产自巴西橙子的饮料是安全的。

与此同时，某某乐中国公司也将所使用的巴西橙汁原料送检。2012年1月19日，经国家食品质量监督检验中心检测，结果为多菌灵成分“未检出”。日前，某某乐的官方微博也贴出这一检测报告，称产品完全符合国家标准，绝对不存在安全问题。

她称，去年年初就有类似谣言传出，没想到最近又流传开来。她认为，对于××橙的“抹黑谣言”每每在销售旺季出现，应该是“有预谋、有组织的恶意诽谤，某某乐公司表示将以法律手段追究恶意诽谤者的责任”。公司的法务部将收集材料，向公安机关报警。

对于这一谣言，市农委农产品质量安全监督管理处处长表示，多菌灵是种广谱性杀菌剂，对多种作物由真菌引起的病害有防治效果。它是一种高效低毒内吸性杀菌剂，可用于叶面喷雾、种子处理和土壤处理等。

而国家在2012年12月7日发布的食品安全国家标准《食品中农药最大残留限量》(GB 2763—2012)中，也明确载明了多菌灵在谷物、蔬菜、水果等食品中的最大残留限量。例如，国家允许在橙子中的最大残留限量是0.5mg/kg，而在香蕉中的限量值则是0.1mg/kg。这表示，只要不超过国家标准，就应该在安全范围内。

点评：

该品牌的反应速度极为迅速，这和该公司建立的公关预警系统是息息相关的。通过各大媒体，发布多篇文章，立刻给予了正面回应，不仅澄清了事实，也在最短时间内将品牌伤害降到了最低。

更关键的是，通过文章诉之全社会，已经向公安机关报案。这一举动，也直接确认企业的清白，只有问心无愧才敢去主动报案。同时，也警告恶意诽谤者，立刻停止下一步对品牌的伤害，否则罪过会更大。

就两篇公关软文来讲，已经没有人去讲究写作技巧如何，这时候越朴实、越真实就越好，只要证据充分、引用参考的内容权威，就起到了危机公关的作用。

- **主动出击**

当企业自身确实出现了问题和漏洞，面对媒体和社会的批评，要积极主动面对。在正确整改后，应主动出击，不断宣传品牌优势和市场举措，让消费者和社会都看到企业的诚意，从而降低公关危机的负面影响。

1．事件回放

××网昨日 4 项目不足 10 人购买

昨天，记者登录团购网站××网发现，经过连日来以央视为首的媒体对××等网络团购消费陷阱的报道，该网站上的团购项目比往日要萧条很多，甚至出现了有 4 个项目不足 10 人捧场购买，人气最低的单子仅 1 人购买的情况，与往日动辄上千过万的火爆局面形成鲜明对比。

昨天的××网团购页面显示，共有 28 个团购项目，但购买人数不足 10 人的项目就多达 4 个，甚至“巴黎春天婚纱馆”婚纱摄影套餐到目前为止仅 1 人购买。此外，购买人数不足 100 人的项目达 9 个。

与之相比，3 月 17 日之前的团购人气相对旺盛。以 3 月 11 日为例，购买人数 1 000 人以上的团购项目达 6 个，其中“小肥羊”套餐 5 975 人购买；3 月 8 日，购买人数 1 000 人以上的项目达 6 个，其中“气血双补”套餐 5 801 人购买。业内分析人士指出，××是国内团购网站比较靠前的公司，但是由于服务质量存在“猫腻”和消费“陷阱”，被媒体曝光后，短期遭到了用户的抛弃。

据央视《3·15 在行动》栏目报道，××网存在企业资质审核不严、虚报团购人数的现象。央视财经记者假扮新开业的海鲜自助餐厅经营者与××网进行洽谈，××网一位高级经理则表示，只要企业认可，××网可以虚标已购买人数。随后，××网发出的声明表示，已于第一时间对公司的商家拓展团队进行自查，并作出了处理意见，××网 CEO 接受了董事会现金 10 万元的处罚。

除了××网之外，记者还曝光了其他团购网站存在不同程度的欺骗消费者的行为，各家网站都表示会认真整改，提高服务质量。昨天，记者发现，其他团购网站的团购项目的参与人数也受到一定程度的影响，但并没有××网明显。

2．应对软文案例

事件之后，短短两周，该网站就发布了系列文章，宣传自己的服务升级和营销战略。让广大消费者看到网站的服务热情和快速发展的决心，能够继续支持网站业务。

××网 CEO：团购服务水平需要自我提升

近日，国内多数团购网站都陆续满“周岁”了，也收到了丰厚的生日礼物，各主流团购都获得大数额融资，众团皆摩拳擦掌地迎接新的时代、新的环境下的挑战。有人说：“2011年是团购洗牌年。”高速的市场发展让团购网站必须提升自己的资本及管理水平，力求在团购的大蛋糕中占领更多份额，比团队、比服务、比资本，众团遭遇的是前所未有的更惨烈的竞争，更高的资金门槛，同时，消费者对团购的要求也在不断提升。

立足于此，各团购网站纷纷寻求发展新路，对于未来的发展模式，××网在不断推出基于用户体验的创新服务的同时，对商家的服务也将更进一步，在业界有“团长”之称的××网 CEO 表示：“实际上更强调的对整个营销更加精准，能够吸引商家想要的用户，在他想要的时间、想要的地点，更加精准地推送，然后使团购这个平台能够更好地为这些商家服务。”

未来，综合类团购网站将逐步向频道化转变，多种类的垂直化团购频道将使网站的业务更细分，更明确。对此，他表示：“把一个餐厅弄一万人过去，对用户是灾难，对商家也是灾难。”他认为未来团购更为精准化、销售互动化。“从大家追求规模大量变为如何能更精准地找到用户，位置由粗略化变为精准化，从商家销售被动化变为销售的互动化”。同时，团购与 LBS 相结合是未来发展不可阻挡的趋势，据悉，××网将在手机应用领域加大投入。

此前，××网推出的“午餐秒杀”服务和酒店频道，便是对综合团购模式的细分，同时，“午餐秒杀”服务本身也具备 LBS 特性，“根据区域发放每日团购信息，用户不管通过手机还是电脑，都可以找到与位置有关的地方进行午餐秒杀”。

××网坚持实物与服务团购双重发展，而做实物类的团购，对物流的把握又是一个更高门槛。据悉，××网今年将自建物流仓储，致力于解决物流问题，同时，用户与商家的诚信评价系统也会上线。当然，××网不断探索团购模式创新，唯一不变的还是对消费者满意度的推崇。

点评：

公关类软文几乎都没有过于花哨的内容，甚至没有按我经常说的软文标准格式去写作。连小标题都不设置的文章，除去作者不够专业的可能性之外，就说明宣传的紧急性。这篇文章针对行业薄弱环节进行分析，展示了网站未来的发展战略规划，彰显了实力和决心。

文章本身的形式已经无关紧要，只要能让它的内容及时传递给消费者，减少之前发生的负面影响，就完成了任务。

- **移花接木**

名字相近、长相相似、产品相同、价格相仿等原因，都让个人和企业都难免会受到影响。特别是聪明的人或企业，就想借一些话题或者事件，搭上这班顺风车。例如当年红极一时的“赶集网”和“赶驴网”，“赶驴网”用 200 元的注册费，号称巧妙带走了“赶集网”4 个亿的营销费用产生的流量。

面对这样的情况，不论个人或者企业，都要用软文营销积极回应，而这时候的回应，反而不能再去谈论事件本身，否则只会让自己越陷越深。要针对引发事件的“关键词”，持续发布其他信息和活动，转移网民的眼球。

案例：

2014 年互联网实现 20 多秒的不雅视频，而视频中的女主角，有人声称是当时的知名女影星。该女影星一直以长相甜美、演技高超著称，可以说正是红极一时。视频中的女孩是谁不得而知，相信她也并不是刻意要去模仿谁。当时一位知名的电视主持人看过视频后确认，二者一个耳垂薄、一个耳垂厚，绝对不是同一个人，确实是很像。

这一事件的结果就是，一个“躺枪”一个“受伤”。不管是不是对方的主观故意，但只要搜索该明星的名字，都会自动出现该视频等关键词，对该女影星确实造成了极大的伤害。

这时，如果再采用正面解释的文章发布，对整个事情越说越细，恐怕只会让网民搜索该视频的次数越来越多，这个事件反而越来越热。而明星的经济公司显然有着专业的公关经验，一方面积极回应要主动配合公安机关网络扫黄，另一方面积极发布了明星的生活趣事、好友的评价、新戏的内容等与此事无任何关系的文章。

以此在网民搜索她名字的时候，出现的都是全新的、积极健康的文章，反而比越描越黑地解释要有效得多。

- **大爱无疆**

面对问题勇于检讨，不断从事公益事业、发布公益文章，在传播品牌形象的同时，让消费者逐渐忘却曾经的消费阴影。

中国乳业曾因“三聚氰胺事件”发生了巨大的震动和洗牌，多家知名企业牵涉其中。某企业在经历这一风波后，不仅大力开展品牌营销，还不断从事公益事业，挽救品牌形象。通过软文营销，传播公益之心、社会责任感，让消费者对其重新恢复了信心。

案例 1：

热一杯牛奶传递一份温暖，××企业与人大学子“燃光跑”公益行

跑步，一项看似简单的运动；“95 后”，一群元气满满的高校生。当跑步和“95 后”相遇，两者碰撞的火花足以温暖这个最强寒冬。2016 年 11 月 24 日感恩节，由××企业联合人民日报客户端发起“热爱就要燃并暖”公益活动在中国人民大学暖心开跑。××企业用热牛奶与广大“跑友”一起温暖山区孩子的小手，抵御寒冬。

24 日 18 : 30，数百名“95 后”高校“跑友”齐聚中国人民大学（以下简称人大）田径场，用七彩的燃光点亮黑夜，在一阵阵呐喊声中暖心出发。尽管北京已进入寒冬，夜晚的气温已近零下十摄氏度，但这却没能阻止“跑友”们奔跑的热情，他们用自己奔跑累积的 10 000 步为孩子们兑换了一双双手套。现场，××企业还为贡献燃力的同学们提供热牛奶，让温暖双向传递。

被燃光点亮的人大校园，比往日更多了一份炫酷和温暖。现场，数百名高校跑友和慕名而来的居民纷纷拿出手机，扫描活动二维码，热跑起来。当问到为何要参与此次的活动时，一名人大的大一新生说，自从入校以来他就坚持每天在操场跑步，这两天看到有燃光跑的活动就马上报名参加了，希望能在感恩节做点有意义的事。而一位 61 岁的“跑友”表示，自己平日也常来人大操场跑步，能通过自己的努力给孩子们带去温暖觉得很暖心和骄傲。

在经过近两个小时的跑步后，“跑友”们陆续回到起跑点查看自己的步数。看到手机上已显示达到 10 000 步，他们立即兑换手套，更玩起了倒牛奶的双屏互动。当看着自己手机中的牛奶一点一滴汇聚到大屏幕的牛奶杯中，当品尝到属于自己的一杯热牛奶时，很多跑友的脸上都露出了笑容，人暖，心更暖。

“热爱就要燃并暖”不仅是一场“燃光跑”公益活动，更是一个传递温暖的平台。××企业携手全国十三座城十三所高校，通过搭建这个平台，希望能和“跑友”们一起，用奔跑累积的 10 000 步，为山区孩子们交换一双过冬的手套，用自己的热量传递温暖，在寒冷的冬季给山区的孩子们送去暖心关怀。暖身、暖手，更温暖你我的心。

从 11 月 24 日开始，北京、青岛、郑州、西安、兰州、成都、重庆、南宁、长沙、武汉、杭州、合肥、南京 13 个城市的 13 所高校，将陆续开展“热爱就要燃并暖”跑步活动。此次，咕咚作为“热牛奶”活动全程技术支持，提供公开、透明的运动数据，与在校大学生一起传递温暖，让温暖直通达。

2013 年 11 月以来，为解决贫困地区学生过冬困境，××企业开展了“交换卡路里”“为回家的人热一杯牛奶”“热一杯牛奶，暖一双小手”等系列冬季公益活动，与 35 万多名网友一起奔跑努力，置换了近 16 万双手套。就在去年，近 35 000 名爱心“跑友”，每人用奔跑的 10 000 步，为全国近 100 所山区小学、教学点，兑换一双双温暖的手套，“手”护着山区孩子们的梦想！

脚步交给终点，温暖送给远方。用牛奶温暖“跑友”的心，用“跑友”的热量温暖山区孩子的小手，让温暖叠加双向传递。今后，××企业还将携手更多人参与这类活动，点滴相伴，温暖你我。

案例 2：

××企业斩获 2016 年度中国公益企业大奖

12 月 27 日，2016 中国公益年会在北京国家会议中心召开，吹响公益行业领军者的“集结号”。经过了严苛的评审，××凭借其高度的社会责任感和公益事业的持续发力，斩获“2016 年度中国公益企业”大奖，成为唯一获此殊荣的乳品企业。

2016 中国公益年会由《公益时报》联合中国扶贫基金会、中国儿童少年基金会、中华社会救助基金会、中华少年儿童慈善救助基金会、中国华侨公益基金会、中国妇女发展基金会、腾讯公益慈善基金会、河仁慈善基金会、中国社会工作发展基金会等领域内的领军机构共同发起。依据企业年度公益行为的影响力、创新性、发展性、公信力和企业多年履行社会责任等情况，凭借在 2016 年的企业社会责任方面的突出表现，××与建行、神华、中国华信、万达、海航、百盛等 100 家企业被评为“2016 年度中国公益企业。”

同日，××凭借社会责任领域的积极实践，在人民网主办的第十一届人民社会责任奖颁奖盛典中，荣膺“2016 年人民企业社会责任奖”。

多年来，××不断加强参与社会事务的深度和广度，引导社会创新，提高社会效率，在公益领域持续开展多个公益项目。“我回老家上堂课”项目是对乡村孩子进行陪伴帮扶的创新型乡村教育公益，××从企业自身优势和所能整合的社会资源出发，邀请“社会名人”去给乡村的孩子当一天老师，开拓乡村孩子的见识和视野，增加他们的心灵陪伴感。

“我回老家上堂课”公益项目同时配合“幸福礼单”一对一精准帮扶学校，并联合北师大伴读支教行动及全民参与的“交换卡路里”等活动，一点一滴地助力乡村教育。四年来，“我回老家上堂课”公益项目已联合了 108 家公益伙伴，邀请 92 位名人参与其中，走过了

600 多所乡村学校，为 10 万名乡村孩子送去陪伴和帮扶。

此外，聚焦公共健康议题，××开展了“美好青春我做主”防艾校园行活动中，以公益支持伙伴的身份深入全国 18 所高校，关注大学生健康成长，聚焦民生问题，××遍访 50 个地区，开凿 61 眼爱心井，为 20 万名内蒙古老乡和 50 多万头牲畜解决了吃水难问题，解决了 1 000 多亩旱地灌溉问题，为当地群众摆脱贫困、走向富裕提供了必要支持。

受到赞获的公益行动还包括××几年来持续推进的“牧场主大学”社会责任项目。携手国家奶牛产业技术体系、中国农业大学等权威部门和机构，整合行业内最具实战经验的专家资源，通过系统的知识培训、技术帮扶、金融帮扶等形式，培养牧业人才，帮助牧场主提升科学养牛意识，提高牧场运营效益。三年来，免费培训牧场主超过 3 500 人，开展 470 项牧场实用技术创新课题，帮扶 826 家牧场从牛群结构、饲喂管理等 24 个维度全面提升。

××在企业社会责任领域的意识、行动力居于中国乳品行业前列。今年 10 月，由中国社会科学院课题组发布的《企业社会责任蓝皮书（2016）》中，××在中国乳品企业社会责任发展指数中以 86.7 分位居于乳品行业第一，展示了××在社会责任领域的领先地位。

点评：

该企业近年来从未间断公益事业，虽然旨在打响企业品牌，但从商业角度来讲绝对无可厚非。相比那些只顾闷头赚钱，从不关心公益的企业来讲，这家乳制品企业，绝对是率先垂范地起到了良好的带头作用。为社会注入了正能量、为孩子和学生们带去了关爱和温暖，是值得提倡和积极歌颂的。

就文章本身来讲，并没用炫目华丽的修辞和目不暇接的成语。因此这类文章宣传的是公益，如果用词太专业、商业色彩过浓，反而适得其反。该企业的类似公益文章数量已经大大超过了它的营销软文、促销软文。不难看出，公益已经成为这家企业最好的营销手段。

没有小标题让网民进行视觉停顿，内容的连贯性欠缺，让文章美中不足。

- **勇于面对**

并非所有公关危机都是无中生有，虽然前面都是讲述如何利用软文营销实现危机公关，但绝不提倡“无理辩三分的”营销导向。一旦问题真的来自企业内部，这时候越狡辩就会让消费者和整个社会越愤怒。企业很有可能折戟沉沙，没有东山再起的机会。这时要利用软文营销，向社会公开承认错误，承诺改正时限，推出自查举措，并要承担为消费者已经造成的相关损失。

1．事件回放

2012 年 11 月 23 日，有媒体报道了××企业中国的鸡肉供应商用有毒化学品饲养肉鸡，以便将生长周期从 100 天压缩到短短的 45 天的消息。有爆料称，饲料把周边的苍蝇都毒死了，这则消息让人们不寒而栗。

该企业中国在当天作出回应，否认所有指责，并称 45 天是行业标准。同时，该企业中国强调，供应的肉鸡仅占其鸡肉供应总量的不到 1%。

山西某集团也回应表示，“速成鸡”即白羽鸡，45 天属于正常生长期。该企业并承诺，严格执行国家相关标准，肉鸡养殖全过程实行标准化管理等。山西省农业厅也介入调查此事，称目前已抽取饲料、饲料原料和鸡产品样品进行检验。

但随着媒体对此事报道的不断深入，网友的质疑依然不断。仅仅 45 天时间，一只 40 克重的小鸡就能长到三四斤重。速成肉食鸡怎么长得这么快？是不是用激素催大的？××企业所用“速成鸡”仅占采购量的 1%吗？

11 月 29 日，该企业在新浪官方微博发布关于“山西某事件”的说明，称目前没有任何依据显示山西某集团在白羽鸡的养殖过程中有违规操作现象；白羽鸡 45 天的生长周期是正常现象，这是选育优良鸡种和科学养殖的结果；该企业要求所有鸡肉原料供应商都严格实施完整的食品安全管理措施，并对其产品进行抽检等。

随后，山西省农业厅近日在官方网站发布《专家解读肉鸡 45 天出栏的问题》，山西省农科院畜牧研究所张李俊研究员认为，白羽鸡具有生长速度快、饲料报酬高、具有对疫病防控要求高等特点。但有媒体实地采访后认为，“抗生鸡”比“速成鸡”更让人担忧。

12 月 7 日，该企业再次在新浪官方微博发布关于鸡肉原料安全风险把控的声明，表示进入该企业的所有鸡肉原料都需经历政府、供应商及企业内部等多道检测防线。

12 月 18 日上午，央视曝光了山东一些养鸡场违规使用抗生素和激素来养殖肉鸡，并提供给该企业等快餐企业。16 时许，该企业通过其官方微博发出 7 条声明称，要求供应商对养殖、屠宰环节实施严格的管理和自检措施，配合当地政府的检验检疫。但同时该企业也在声明中表示，国内个别肉鸡企业的把关环节可能有所缺失。

19 日，某集团在接受采访时表示，尽管速生鸡被曝光滥用了抗生素及激素等违禁药物，但是根据今年来自上海食品药品监督管理局的检测报告认为，今年以来，某集团以及其他供货商的产品质量都没有问题。相关表述不仅将矛头指向上海食药监部门，还让人感觉其对问题鸡肉的认可态度。

21 日，有媒体曝出某集团和该企业在过去几年中数次隐瞒了送检产品抗生素残留不达标的检测结果。

29 日，该企业官网发布“说明”，称 12 月 19 日某相关部门负责人接受采访时的不妥当言论，引发了社会误解，某在此澄清并诚挚道歉。某方面表示，2005 年 8 月，某选择了上海市食品药品检验所（原上海市药品检验所）作为公共检测服务单位，对其原料、半成品检测提供第三方服务。

“说明”称，“速生鸡”事件中，没有“瞒报”的意图，原因是“目前中国相关法律、法规没有规定要求企业向政府呈报自检结果和向社会披露自检结果”。

2．应对软文案例

××公司就“速生鸡”事件正式道歉

就此前引发社会广泛关注的“速生鸡风波”，××公司的母公司某餐饮集团中国事业部主席兼首席执行官负责人昨日在官方微博上发布道歉信，承认自检流程可操作性欠佳、检测结果没有主动通报政府，并作出四项承诺。

一、××公司两年知情不告

2012 年 12 月 18 日，央视报道了××公司原料鸡供应商饲喂速生鸡，但之后××公司方面立即撇清与速生鸡的关系，并称××公司对于原材料方面有完整的检测体系。

随后在 12 月 20 日，上海市食安办发布关于某集团的相关调查。调查显示，自 2005 年 8 月以来，某集团委托上海市食品药品检验所进行第三方检测，其中 2010 年至 2011 年，曾检出 8 批产品抗生素残留不合格，但这些检测结果在报给某集团以后，某并没有在第一时间向相关监管部门报告结果，公众更是毫不知情。

而对于为何两年知情不告，某在上月底曾表示，“速生鸡”事件中，某没有“瞒报”意图，原因是“目前中国相关法律没有规定要求企业向社会披露自检结果”。

随着事态的发展，越来越多消费者在网上，对××公司两年内知情不告且其随后的相关表态表达了不满。

二、承认企业内部存在问题

在事件被曝光 20 多天后，某集团终于发布公开致歉信称，对于鸡肉原料供应的一系列事件，现在看来无论是企业自检流程可操作性欠佳、公司内部沟通不到位、供应商调整速度不够迅速、检测结果没有主动通报政府、个别员工的不妥言论，还是不够快速透明的外部沟通，都有不足之处。

此前，在 2012 年 12 月 28 日的声明中，某集团对“接受采访的相关人员的不妥当言论”表达了歉意，但未就“瞒报”检测结果等道歉。

负责人在道歉信上作出承诺，包括加强与政府主管部门的沟通，主动及时通报企业自检发现的问题，供政府监督管理等。

负责人最后称，“我也郑重向大家承诺，从我做起，并要求员工始终以谦虚的态度，聆听各方声音，尽一切可能付出最大的努力，面对问题，严肃整改，提高管理品质。某重申为消费者把好食品安全关的决心，让大家在××公司吃上放心鸡肉”。

记者昨日走访北京几家××公司餐厅发现，餐厅所用的垫盘纸内容已经更换成宣传××公司鸡肉原料安全的文字及图片。

三、“速生鸡”风波令××公司销售额下滑

“速生鸡”风波的影响已经逐渐浮现。拥有××公司、必胜客等品牌的某集团本周一（7 日）在给美国证券交易委员会的一份文件中表示，预计中国业务部门去年第四季度的同店销售额将下跌 6%，而此前只预计下跌 4%。

某集团表示，公司在中国的家禽供应正受到政府的调查，由此产生的负面舆论以及去年 12 月最后两个星期××公司中国销售遭到相应显著的影响，在 2012 年 12 月最后两周销售量大幅下滑。当天某集团的股票一度下跌至每股 64.26 美元，跌幅达 5.4%。

据了解，2 月 4 日某集团将公布第四季度财报。

有业内人士指出，此次××公司与消费者坦承这次问题，是源于此事件爆发至今不断恶化的影响，包括品牌美誉度和销量。

“年底国外大公司都要盘点在全球各个市场的业绩，某作为全球最大的餐饮集团，其中国区高层为此面对的压力会非常大，在此事件的影响下，××公司在中国市场的销量也面临着下滑的危机。”该人士指出。

四、某集团致广大消费者的公开信（节选）

近期中国某鸡肉原料供应的一系列事件给大家带来了困扰和影响。

现在看来，无论是企业自检流程可操作性欠佳、公司内部沟通不到位、供应商调整速度不够迅速、检测结果没有主动通报政府、个别员工的不妥言论，还是不够快速透明的外部沟通，都有不足之处令人遗憾，我谨代表××公司（中国）向大家诚挚道歉。

我们向广大消费者郑重承诺：

（1）改进对供应商抽样复检的方式，避免问题产品进入物流体系；

（2）加强与政府主管部门的沟通，主动及时通报企业自检发现的问题；

（3）提高供应商对食品安全管控能力的要求，严格审核供应商资质；

（4）扶持鸡肉供应商采用先进养殖方法和管理模式。

某餐饮集团中国事业部主席兼首席执行官负责人

点评：

这篇公关软文并不完全由企业撰写，而是由权威媒体的记者，结合企业的“道歉公开信”，对事件的前因后果进行了分析报道。但关键的内容还在于最后一段的“道歉公开信”。虽然不再推诿责任是因为已经没有推诿的可能性，毕竟真相已经大白于天下，但是企业这种敢于自省、勇于面对，并且积极进行整改的态度，还是可以让消费者接受的。

近年来，我也帮一些企业处理过公关危机，我的原则永远都是必须实事求是。作为营销从业者，能做到的是如何降低损失、维护正义，绝不能“捕风捉影、信口雌黄”。应对危机公关的方法其实是灵活多样的，核心就一句话，“不要掩耳盗铃”，通过软文营销让大众感受到品牌的诚意，想起品牌的优势。

3.1.7 破掌式——增加销售成功率

“为什么你家的东西比别人家的贵？”

“你家的东西保真吗？”

“没效果怎么办？”

这个问题看起来非常好解答，但是真能把它说清楚而且又让消费者信服，心甘情愿埋单的客服或销售人员，百里难挑一。原因也不在客服，这个问题的答案，即使老板也说不明白。不是老板不懂产品，是因为企业不管说什么，消费者也几乎不会信。

在消费者的心中，同类的产品，你的比别人家的贵，甚至贵很多还不包邮，已经给这个店铺在心里贴了一个标签——“奸商”。当然企业大多是冤枉至极，这个事情是没有地方说理的，唯一的公理只存在于消费者自己的消费认知中，企业也只能咬碎牙往肚子里咽。

互联网时代信息的极度透明，产品比价的便捷，使得消费者对各种营销手段已经产生“抗体”。很多企业特别是外贸企业，将产品线转回国内后，还保存着使用进口原材料的品质，价格通常都比国内同类产品贵，一些注意品质的企业亦是如此，原想做好品质和口碑，维护市场稳定增加，没想到产品在网上根本卖不过假货。如果平时又不注意国内的品牌宣传，没有任何宣传文章，这时，与平台其他店铺产品甚至是假货相比，价格劣势就大大凸显了。

特别是当代理销售某些热门产品，例如“大闸蟹”“进口红酒”“水果”等。品牌非本公司所有，只拥有代销权，并拿不出商标所有权等相关证明文件。这时想在诸多假货中澄清自己是“真齐天大圣”，也是百口难言。

存在这类问题找我诉苦的企业很多，有钱的企业在电视上疯狂广告轰炸，宣传唯一官网、唯一销售电话，效果更快也更好，但若想采用低成本营销手段来解决问题，建议仍然是软文营销。

以阳澄湖大闸蟹为例，曾有文章公布，阳澄湖大闸蟹每年的真实产量不过万吨，但市场上真正的销量，每年都超过几十万吨。可想而知，多销售的那几十万吨不一定是从哪个湖或者哪个河里捞出来的。我和一些做生鲜的电商大佬聊天，当聊到此事时，曾笑谈很多的螃蟹这辈子都没见过阳澄湖长啥样，却是当阳澄湖螃蟹给卖的，它死得太冤了。

2011 年经朋友介绍，我为一个销售阳澄湖大匣蟹的电商平台撰写了一篇软文。

案例：

24 小时阳澄湖大闸蟹“空降京城”

金秋送爽，菊黄蟹肥，又是一年吃蟹时。每年这个时候，购买大闸蟹自己享用或者送礼，已经成了主流人群的生活方式。近些年随着阳澄湖大闸蟹在北京市场的火爆，很多消费者都因无法确保自己买到的阳澄湖大闸蟹是否正宗而苦恼。有的消费者花了大价钱，却买到品质一般的普通蟹。而光凭借蟹的外观和一些简单的产地资质证明，也无法验证商家的含金量到底有多高。

一、揭开阳澄湖大闸蟹不为人知的秘密

走在北京大街小巷，可以看到很多卖阳澄湖大闸蟹的店铺，在水箱里，可以看到一只只鲜活的大闸蟹在水中游动。但是，活着的就是最新鲜的吗？众所周知，大闸蟹从江苏阳澄湖空运到北京，再送到客户手中，为了保证蟹的鲜活，商家会尽可能制造适合大闸蟹存活的环境，也正是因为这些看起来适宜的环境，很多时候送到消费者手中的大闸蟹其实已经离开阳澄湖老家好些天了，虽然顾客看到的蟹是活的，但离开养殖场后，已经没有了饲养环境，同时湖水的水质（流动水养殖）与店铺水箱（静水养殖）的水质也完全不同，这就严重影响了蟹肉的饱满度和蟹黄、蟹膏的含量，从而大大降低了蟹的品质。

今年网购大闸蟹的人们更是伸长了脖子等待着大闸蟹上市。阳澄湖的大闸蟹味道鲜、身价高，导致全中国的螃蟹们都忙着“篡改户籍”。在“假蟹横行”之际，如何能在网店挑

选到称心如意的大闸蟹，又怎么区分阳澄湖大闸蟹的真伪呢？

有不良商家给螃蟹更改“户籍”、染色加工美容，制作各种各样的防伪标签、防伪脚环，还有各种名目的原产地证明，真真假假，简直是让消费者雾里看花，无所适从。据上海《新闻晚报》报道：“2011 年 8 月 31 日，苏州市质监局再次透露，只要是在门店现场给大闸蟹套上‘防伪戒指’的，或买大闸蟹另送‘戒指’，都是假冒的阳澄湖大闸蟹。”

到底在哪里可以买到货真价实、让人放心的阳澄湖大闸蟹呢？

二、“公司+渔民”创新模式，产地直供正宗阳澄湖大闸蟹

北京地区最大的高端健康美食网购平台——××网为了打消消费者的种种顾虑，让他们放心吃到最正宗最新鲜的阳澄湖大闸蟹，在 2010 年率先创新推出“公司+渔民”的合作模式，与某澄湖大闸蟹养殖场签订委托养殖合同，并于 2010 年 3 月派专人去阳澄湖亲自选取产自长江口的正宗中华绒螯蟹种苗，由养殖场在阳澄湖水质相对最好的东湖进行养殖。这一举动确保了阳澄湖大闸蟹的供货渠道，保证了蟹的品质，同时减少了中间环节，大大降低了采购成本，从而可以低价让利给广大消费者。2010 年的销售取得了空前的成功，短短几个月，销量达两万多只，深受北京地区消费者认可，也为同行业津津乐道。

2011 年，××网在 2010 年旺销的基础上，更加深思熟虑，不但与养殖场续签了承包养殖合同，扩大了养殖规模，还获得了北京独家现货、网络销售权。

所有最新的相关资质和委托证明在××网官网上全部有详细说明，每只蟹脚上的蟹环都有专属防伪查询标，真正做到了每只蟹都是阳澄湖“原住民”，都来自巴城镇、来自阳澄湖大闸蟹养殖场，保证您从××网买到的每只蟹绝对是正宗的阳澄湖大闸蟹！

三、24 小时从阳澄湖到餐桌

××网大胆突破，在业内独家采用全新的“零库存+保鲜配送”模式，为您送上等级最好的蟹。客户购买了蟹券后，在自己需要蟹的时候，拨打××网预约配送专线，××网接到客户预约电话后，将次日所需配送蟹的数量汇总，电话传真告知阳澄湖的合作养殖场，养殖场安排大闸蟹搭乘当天航班，直飞北京机场后，蟹会被直接送达××网专用冷藏箱，在保证大闸蟹鲜活的同时，绝对可以在次日第一时间由专车将蟹肉最饱满的最好等级的蟹送到您的手中，全程不超过 48 小时！

为了给客户提供更细致贴心的服务，××网也专门定做了精致、高档的竹篓，在配送过程中，采用了最适合大闸蟹保鲜及存活的有利环境-——竹篓包装，这样既可以让蟹自由

呼吸新鲜空气，同时高分子保冷剂则为大闸蟹存活保持了最适宜的温度。同时，每套大闸蟹××网也会免费提供相应的蟹醋、姜茶等食用辅料，为您就餐提供更多的便利！

点评：

标题突出了新闻时效性和娱乐性，24 小时空降京城，是指螃蟹通过空运送到北京，却又令消费者产生联想。大螃蟹是如何空降的？也有过国外由于龙卷风，下“金枪鱼雨”的真实故事。难道螃蟹也是让风吹过来的？吹到哪儿去了，现在去捞还有没有机会？

这篇文章以提供权威性和增加网站真实性为主，不能写得过于活泼。内容现在看来比较中规中矩甚至有些刻板，是从行业角度，为广大消费者揭秘大闸蟹不同养殖的肉质和品质，让消费者知道这个网站是心系消费者的，不仅没有蒙骗消费者，还对行业内幕进行曝光，让网站产生亲和力。

然后公开蟹苗的品种和养殖地，防伪标识的认证、网站的详细说明，获得的代理证书，以证明货源的保真程度。让消费者彻底免除后顾之忧，能够放心购买。最后证明，为何能够 24 小时空降京城，以说明文章主题和立意的真实性。这也是我反复申明的，只要不胡说八道、篡改事实，写软文可以有一定的策划包装。

经我建议，软文不仅通过媒体发布，并且把发布页面截成图片放在了大闸蟹的详情页面中。直接向消费者证明，螃蟹是真的，不光企业自己能证明，媒体也报道了产品的真实货源和销售模式。

3.1.8　破箭式——可阐述要点多

软文中可以包括企业的商业模式、经营方向、行业领域、市场角度，甚至用人物、情节、事件组成品牌故事，可以策划满足品牌推广的各时期需求的软文。不论是网站上线、促销、活动、融资、动态等相关内容，还是人员变动、企业文化等均可以通过软文传播。

企业不宣传，销售局面打不开，企业经常宣传，如果电视、广播、户外的硬广告还好，几乎是一成不变的广告词或者片断，但是，如果通过网络宣传，就必须一直有新的内容、新的主题、新的创意围绕竞争优势，不断吸引网民关注。说起来容易，做起来是非常枯燥且艰难的。

一个企业正常经营，不可能每天都发生一个令人感动不已，或者惊天地泣鬼神的故事。即使是讲述老板步履维艰的创业故事，也不能说个七八次还说不完。你不烦，网民也早烦了。

要保证宣传主题不偏差，内容的真实性，商业要素不被遗漏，同时还要让网民不断关注，这也是摆在所有营销从业者面前的共同难题。

软文营销则恰恰能满足这一要求，能够多角度、多层次、多元化、多格局地讲述同一个企业、同一个产品或者同一个人。如果撰写者的功力够深，还可以做到重复却不啰唆，话多却不烦人的效果。这也是当年我所任职的那家保健品企业，或是知名的婷美内衣、脑白金、背背佳等企业的软文策划人员，在那个时代能天天写、周周发，产品卖得经久不衰的原因。

把简单的问题复杂化，把复杂的问题简单化，是营销的精髓，也是软文的精髓。而软文营销，之所以入门容易，出师难，不懂策划就很难成为真正的高手，也正是难在这里。

“把简单的问题复杂化”是指，把一个简单或者市场同质化严重的产品，通过各种举例、原理、佐证来证明它的市场优势和效果，是值得消费者购买的，并且性价比是超高的。

“把复杂的问题简单化”是指，把复杂的各种佐证和市场优势，通过几句话描述得清清楚楚，不仅能说明白，还要保证消费者能看明白，能理解和接受。

直白地说，就是不管多简单的产品、服务和企业，都能通过软文营销找到值得消费者重视和信服的竞争优势。这一点说穿了也并不难，因为只要是企业就一定有优点，有值得赞扬的资本，只不过要看这个闪光点是不是明显，是不是容易被发掘，是不是容易被社会接受而已。

3.1.9　破气式——提升消费者忠诚度

提升消费者忠诚度，不仅是一种营销目标，也可以理解成为一种品牌效果。软文营销，则可以从不同的宣传角度和人物角度出发，反复刺激消费者的消费忠诚度，同时也是最直接和最节约费用的营销手段。

只有品牌具备了影响力和吸引力后，消费者才会在消费过程中，甚至消费之前就已经对品牌产生信任度和好奇感，才有可能自动替品牌开展正面的口碑传播。在感知了品牌形象、接受了口碑宣传后，这时针对消费者的市场营销仍然没有完成，必须通过及时的营销手段，增加消费者对品牌的理解和信任，产生消费习惯，才会形成品牌忠诚度。

只有形成了品牌忠诚度，才会形成“二次消费”甚至“多次消费”，也才能保证品牌的老客户活跃，支持品牌快速成熟。

如今，电子商务平台的活跃会员都很难超过 30%，就是因为大部分会员都不具备品牌忠诚度。购买过商品或者服务的消费者，很难再通过硬广对他的消费意识形成深刻刺激。

而这也恰恰是大部分企业，都忽略的关键一步。重视促销和赠送来刺激销量，却没有将软文营销持续到底。

不断传播品牌的文化、背景、服务等内涵，来配合促销等活动，才会让消费者回忆曾经的购物经历。坚定地再次直接消费，不再通过搜索和口碑，反复询问其他电商的商品或者服务。

3.2　最“怕”软文营销的五类人群

许多企业不重视软文营销的原因，就是不能分清软文到底传播给了哪部分人群，是否能推动目标客户来关注企业。他们认为软文只是一种锦上添花的手段，不是必需的营销武器，性价比不高。

在这里，我要向大家说明，其实软文营销之所以是性价比最高的营销利器，就是因为其传播能效和范围的精准度要比其他营销方式高得多。像网络广告、EDM、户外等硬性宣传形式，之所以有大量成本浪费，是因为商业色彩太重，人们看到了硬性广告会有潜在排斥心理。品牌信息无法百分之百保证精准传递到目标人群，其销售转化率较低。

而软文若是文字包装精美、内容策划有序、表达内容新奇，则会吸引大众的好奇和关注。而这时传播的品牌信息反而是最高效和有力的，因为此时受众没有了对广告的自然排斥心理。

同时，软文营销的传播覆盖人群也并不仅限于消费者和潜在消费者，还对其他有利于企业发展的人群产生着影响，所以其传播过程中浪费极小。

3.2.1　影响投资人

几乎所有品牌的经营者，都以追求风险投资为目标。特别是在企业面临发展壮大、扩张提升、冲击上市和苦于支撑的时期，更是倍加需要外部资金的支持和介入。企业都知道花风投的钱，哪怕赔了也不心疼。在大众眼中，“风投”都是特别神秘又豪气的。经常突如其来地就给某个从未听说过的企业投了几千万美元，这钱来的似乎有点从天而降的感觉，以至于在相当长一段时间里，一些电商企业找我做品牌策划和市场推广，目标都是要吸引风投，而不是以销售为主。

企业家通常会想，风投的钱看起来真的很好拿，就连那些不知名和莫名其妙的产品都拿到了。我自己的企业产品成熟、团队成熟、市场成熟，拿风投不更是轻而易举吗？事实上，有的企业想获得投资人的钱，真的比中彩票大奖还要难。

投资机构擅长锦上添花，而不是雪中送炭，它们做的是商业不是慈善。不是因为你的企业活得艰辛，你缺钱了，投资机构就应该投给你。恰恰相反，很多时候，投资机构最想投给那些根本不缺钱的企业。因为，没有任何人愿意天天拿着自己的钱，去赌一个未知的结局。

风投公司的策略都是分散投资，一次投十几个项目，其中有创新创业型，也有成熟稳健型的企业。当然，第一类企业未来的市场回报值会更高，相对来讲风险自然也更高。第二类企业虽然回报值低，却也相对安全稳妥许多。十个项目中，只有一个赚了，投资回报率都能持平线以上。

如何让投资人相信企业实力，或者相信企业的项目足够创新呢？如何让投资机构主动上门找到企业，增加企业的谈判筹码呢？

最佳答案还是软文营销！

投资机构都在时刻关注企业在各大媒体的信息传播和报道中的表现。特别是一些知名的业界网站，更是投资机构关注的焦点。而投资机构其实也时刻关注着互联网动向，这些动向绝不会从硬广和商业计划书中体现，而是在各大媒体的信息传播和报道中表现。

各种形式的软文在传播的过程中，都潜移默化地吸引着投资机构和投资人的关注，为企业在平静中酝酿着一场突然的惊喜。当然绝不是说，经常投放软文就会吸引风投的巨大投资。但是，软文营销对帮助企业招商引资，绝对有着巨大的帮助。

我的一位好友，是中国第一批从事欧美跨境电商的实战派。离开原来的公司后，准备自己创业，将欧美的时尚女装风潮带到中国市场，从设计风格到产品原材料都完全采用欧美技术。为了实现差异化营销，他在国内率先提出了“轻熟女”的目标人群定位，且打造企业自有 B2C 商城，通过商城面对全国进行销售。

另外，他准备通过市场教育，将这一潜在人群彻底唤醒，从而激活一个没有竞争的市场。由于是朋友的事业，所以文章由我亲自操刀。与以往推广新品牌的目标不同，他个人创业资金相对紧张，所以在打造品牌、实现销售的同时，还有一个重要的目标，就是为寻找投资做品牌背书。

与我为其他企业撰写的文章相比，由于该品牌的创始人，是多年的好友和兄弟，所以撰写过程中，我将创作变为配合，文章中多数表达的都是他的情怀和意愿，因此每篇文章也都成为其他企业无法抄袭的“绝版”文章。

- **目的**

让对应人群明确并喜爱“轻熟女”的定位，唤起广大“轻熟女”的青春自信，敢于继续对美的追求，对这一品牌热爱和支持。让市场接受这一品牌是中国最好的轻熟女欧美品牌，引起投资人的兴趣和合作欲望，对这一市场和模式充满信心。

- **重点**

什么是轻熟女？轻熟女的美来自哪里？这一品牌对轻熟女的定义？该品牌为什么要为轻熟女服务？轻熟女为什么要接受这一品牌？

- **难点**

女性最恨别人说自己的两件事：一是老，二是胖。30 岁左右的女性，最喜欢别人叫自己姐或者妹，最讨厌别人叫阿姨。而轻熟女就将是全新的消费人群定位，要使女性乐于接受这一定位。

案例 1：

××时尚女装揭秘轻熟女：大女人的小情调

任何一个词汇，只要与女人、时尚、服饰相关，就必然会火到一发不可收拾，正如“轻熟女”三个字一样，仿佛一夜之间就已经成为一种主流，引领女性服饰穿着的时尚浪潮。

一、轻熟女词源追溯

其实，“轻熟女”并不是一个新鲜词，在教育部 2007 年 8 月公布的 171 个汉语新词中，“轻熟女”一词就赫然在列，只是这个词真正的火起来确实在最近一段时间，只因为一切与时尚有关。

实际上，“轻熟女”吃香现象在日本、美国等发达国家早已引起社会学家与心理学家的好奇与关注。因为无论是从社会生活还是情感生活中看，真正让男性为之着迷并且保持长久吸引力的并非青春娇艳的年轻女孩，而更多的是一些具备一定社会阅历、智慧、包容、理解力的相对成功的知性女性。

“轻熟女”的历练、智慧、温暖，甚至由历史累积的脂肪所散发出的魅力，让男人无限向往，因此有人称为“熟苹果深厚的香味”，而不是鲜花肤浅的流香。

时尚点评人、设计师原创互联网女装品牌××的品牌总监张总表示，其在欧美十多年的生活学习历程中，随处可见这种轻熟女风尚淋漓尽致地体现。比如在服装选择上，欧美女孩20岁就争相选择的衣服，在国内却只有30岁左右的成熟女性才能认同。

而瑞丽时尚更是将轻熟女概念的精髓，用十个具有代表性的词汇来表现：风韵、母性、女人味、优雅、高贵、独立、体贴、内敛、性感、理解。

二、轻熟女内涵扩展

少女太稚，熟女太老，于是越来越多的人开始感慨这是个轻熟女的时代，但是“轻熟女”到底该如何来表达，却并非每位女性都驾轻就熟。

我们似乎可以从××品牌总监张总的解释中让这个概念更清晰一些。轻熟女的精髓可以概括为大女人的小情调。大女人之大在于气场、魄力、情趣，而唯独不在年龄；小情调之小在于细腻、知性、温柔而唯独不在幼稚。这是魅力女性的时尚生活哲学，也应当是女性真正步入成熟需要去用心拿捏的一种境界。

“熟”女之熟，一定是相对成熟的，那就不太可能是刚成年的少女，然后一个“轻”字，又为熟女赋予了青春的活力，于是一个多重色彩、丰富个性、看似矛盾的多元化女性诞生了。

不失青春，兼具理性，轻熟女是不老的一群人，她们永远保持着最积极朝气的心态，却永远用理性的一面展示成熟女性的魅力；体贴包容，处事干练，轻熟女们往往成为社会中的精英阶层或者具有独当一面的才能，但是却依然保持着最原始的母性温柔与包容；举止优雅，高贵独立，轻熟女永远不会不修边幅，却也不会盲目追随大众的流行，她们高贵却不需要奢华，她们更懂得由内而外的气质绽放，而不是外在的堆砌与涂抹；性感妩媚，风韵百变，轻熟女们早已经跨越了青春少女要么甜腻到底，要么辛辣酸涩的年代，她们由内而外的成熟自然而然地表现为一种性感，却又能以百变的风格让所有人为之着迷。

三、轻熟女的情感诉求

每个女性心中都想让自己在任何事情上能够随心所欲，但是唯独年龄不能，这是一个永恒梦想与永久无奈的终极矛盾，于是，伴随着年龄的增长，掩饰不了的无奈伴随着掩盖不住的岁月痕迹悄然而生。

尽管轻熟女是一个小众的词汇，却注定成长为大众的一群，成长为有着大众情感诉求却有着独立生活追求的一个群体。

轻熟女早在最初的挫折中体悟了成长，从一次次历练中积累了经验，学会了将感性与理性适当调配。她们对人生总有明确的目标，不委屈自己，也不放纵自己，收放自如。轻熟女深谙享受生活的方法。对轻熟女而言，事业重要，他也重要，但最终想要的却是有几个绝对亲近的闺密，不定期的聚会、彼此间的倾诉、出谋划策、相互扶持都成为一种常态，在岁月中甜蜜流淌着。

轻熟女与闺密不一定要整天腻在一起，她们早已学会了独立，学会了保持距离。然而一旦对方发出求救信号，闺密之间也一定会毫不犹豫地伸出援手。正是因为轻熟女的这份成熟理智，这种闺密的关系才显得尤为重要和宝贵。每到周末，精心打扮一番，约上闺密，在带有小资情调的咖啡馆或蛋糕店共进下午茶分享一周的心情，生活再坏美好依旧。

四、轻熟女的服饰文化

尽管轻熟女群体注定会成为未来时尚领域的主导力量，但是在时尚服饰领域却仍然缺乏一个精准导向的时尚女装品牌。轻熟女的大众群体掩盖不了小众多样性的个性需求，也就注定了品牌对于独立设计与快速时尚的要求。

因此，无论从国内传统服饰市场转型或是国外类似 H&M、Zara 的服装巨头中再造一个奇迹，看起来都有点天方夜谭。而电子商务的繁荣却恰恰为女性服饰消费市场提供了一个打造轻熟女青睐品牌的优秀平台。

张总所主导的设计师原创互联网女装品牌××（www.the××.cn）不日前刚刚开放注册，即已吸引近万名慕“优雅轻熟女”“大女人的小情调”之名而来的注册用户。张总表示，网站将于 9 月正式上线销售，以用心的设计将美和关爱回馈给大家。

轻熟女的着装风格应该是多变的，应该是注重原创设计与细节表现的，她们更注重整体服饰与个人气质、魅力、生活场景、甚至情感状态的搭配与和谐，她们不仅将服饰当成一层包裹着身体的布料，而更重要的是作为一种生活哲学、情感追求的综合表达。张总说：“我们一直在努力了解轻熟女，更深入地与她们交流是打造轻熟女服饰品牌的关键要素。轻熟女不是单调的一种，她们具有丰富多彩的百变个性，比如知性轻熟女、性感轻熟女、酷感轻熟女、优雅轻熟女，我们在服装设计的风格与细节方面，都会有针对性的表现。”

轻熟女的时尚潮流注定不可阻挡，但是与之匹配的时尚文化以及服饰品牌依然存在着缺位的尴尬。无论是传统服饰市场巨头的睡狮苏醒，或被称作“设计师原创互联网女装品牌”的××之类黑马的出现，都值得我们拭目以待。

点评：

（1）标题：直截了当打出品牌的名称和目标人群范围，以往对时尚女性的定义都是小鸟依人型的小女人，这次反其道而行之，用大女人切入，吸引网民对轻熟女一词的好奇。

（2）小标题和段落：打造一个全新的消费人群，比策划一个行业名词要复杂和困难得多。要让消费者从内心深处接受自己几十年来的人生定位突然有了转变，必须做到有理、有据、有节，考虑到这一人群定位的合理性，并没有上来就直接给予时尚的定义。

先追溯到国家公布的汉语新词中，然后从内涵和情感角度都给予极高的升华，明确这是一个绝对的褒义词，是对新女性、独立女性和潮流气质的赞扬和社会地位的肯定。最后才提出，新女性就要有属于自己的服装品牌和独特的风格，它就是××女装。

（3）结尾：将这一新人群定位的出现，升华成时代发展不可阻挡的现象，是社会赋予女性的独特权利，声势磅礴地证明，这一品牌是顺应时代发展的最佳产物。

美中不足之处，应朋友对文章的一再补充，文字远超出 1 500 字。但面对创业的朋友，亦无法狠下心来砍去一些内容。要把一个新生概念说清楚，确实也不是区区几千字就可以完成的，只好顺其自然。

案例 2：

新品牌时代　××时尚轻熟女装试水 B2C+SoLoMo

随着企业微博营销的全面繁荣、网购平台对 SNS 社区应用的发力以及 B2C 商城在地铁站移动购物等各种创新，我们已经可以清晰地看到，一个“服务、营销和品牌传播都趋向移动化、本地化、社交化”的全新 SoLoMo 营销时代正大踏步地向我们走来。

基于以上三个概念的全新的互联网模式正在席卷我们的生活，随时随地的移动终端交互体验，本地化的贴近性与人性化的服务。无论购物、交友、娱乐、信息浏览，都对数亿终端用户具有无穷的吸引力。

一、××品牌捆绑手机 App

B2C 女装领域的黑马××近日发布了一款看似和自身业务毫不相关的安卓应用——“××通”。一个致力打造 B2C 领域第一个设计师原创女装品牌的企业，为何推出一款与原创女装毫不相干的婴幼儿类 App？

该 App 收藏了大量儿童疾病，从新生儿到学龄前儿童，共计 500 余种常见症状。不管是提前学习一下，还是孩子生病了找相关资料，都是很好的选择。有宝宝的朋友和准备要宝宝的朋友，不妨下载下来研究一下。

二、××品牌人性关怀轻熟女

××女装是新兴的设计师原创互联网女装品牌，风格定位“轻熟、优雅”，目标客户人群是 25～35 岁的青年女性。无疑，大多数的青年女性都要面临结婚生子，而宝宝的健康养护也成为年轻父母最头疼的问题。××轻熟女装品牌的技术团队推出“××通”应用，针对自身客户群体提供人性化的贴心服务，既可以提升用户忠诚度，又可以塑造有亲和力的品牌形象。

据××的 CTO 介绍：“××品牌的 SoLoMo 应用团队还有一款适时提醒宝宝打疫苗的 App 即将面世，还有一些微博应用也在开发过程中，我们之前还给海外消费者开发了英文版的时尚街拍应用；这不是一时冲动，而是从一开始就确定下来要坚定执行的品牌策略。”

三、××品牌打造交互品牌时代

××的 CTO 还说：“品牌就是交互、交互形成品牌。我们希望尝试真正从用户的角度考虑，在保证产品质量的基础上，更多地满足用户消费周边的、甚至整个生活的更深层次的需求，包括情感需求。”

笔者发现，类似的做法其实在 SoLoMo 的时代已不鲜见，比如美图秀秀就通过在微博等 SNS 平台的一系列人性化、趣味性的 App、图片工具等深入人心，一举超越其他竞争对手，成为目前同行业中的领军者。

随着 SoLoMo 的发展，信息传播方式发生了深刻变化，表现出多向交互、平民权威等特征，而社会化、本地化、移动化的各类应用，也强化了普通人成为自媒体信息源头的力量；品牌理念不再是高高在上的偶像传播，而是渐渐转变为大众传播。信息传播渠道的每一次革命，都意味着品牌养成方式的巨大变化，也都伴随着大批崭新品牌的崛起。相信会有更多像××这样的品牌选择与 SoLoMo 紧密结合，谱写品牌新篇章。

点评：

（1）标题：将电子商城和社交和本地化移动服务相结合，立刻给读者耳目一新的感觉。毕竟在当时，将品牌和 App 相结合是一个绝对超前、令人拍案叫绝的策划。将品牌与科技、时尚捆绑，符合欧美品牌的科技范、潮流范。

（2）小标题和段落：将这个小 App 与关爱关怀女性相结合。毕竟对于 25～35 岁的女性而言，最紧张的绝对不是工作，而是自己宝宝的健康。这个 App 则是根据轻熟女人群最大的担忧，整理上传了一些应对宝宝突发疾病的健康方案。在出现相关问题的时候，能够采取正确的针对措施，减少宝宝的健康风险，减轻轻熟女对家庭的后顾之忧。

将品牌的这一服务举措与美图秀秀的相关服务进行类比，说明了它的合理性和趋势化。也通过品牌借势，让读者对品牌的记忆更加深刻。

（3）结尾：倡导其他品牌都与 SoLoMo 结合，为消费者提供人性化服务。也间接表明，××女装品牌推出这一服务的超前性和前瞻性，是值得消费者信赖和推崇的。

案例 3：

罗衣染香——文艺电商 ××女装的品牌梦

"'罗衣何飘飘，轻裾随风还'，我纵有笔，也写不出那缥缈仙姿，可我有心，去编织这迷离的罗衣轻裾。"××女装品牌创始人毛总如是说。

一、××品牌为谁而来

在这个秋天，也许我们还看不穿服装 B2C 行业的未来，但在这片天地里有人正渐渐张开梦的翅膀。服装 B2C 行业仍在飞速发展，早如凡客，跑马圈地、独占鳌头；迟如初刻，传承凡客基因，慢生活、小清新。你有你的快时尚，我有我的慢生活。而××品牌专注女装领域，要专为优雅轻熟女士打开魅力之门。

如果时光倒退多年，带着忧郁的文艺气息去定位女装品牌风格，一定追求的是小清新，无可救药的清纯。而如今，却同意一句话："老而弥纯，近妖。"不是清纯过期，而是经过岁月的沉淀，在三十如许的时候，终把追求的风格纠正为两个字："轻熟。"

"轻"，指外貌年轻；"熟"，指内心成熟，装扮得体，谈吐优雅，独具品味。"轻熟女"们是一群新兴的都市精英女性，她们恰似铿锵玫瑰，经过风雨，见过彩虹，能克制欲望，辨清人生方向，处世得当，享受流行又不盲从，让人无限向往，或有称为"熟苹果深厚的香味"，而不是鲜花肤浅的流香。

二、谁为××品牌在努力

"其实你的内心知道你想成为什么样的人，但你要有遵从内心和直觉的勇气，舍得、坚持！每个人都会成为自己心目中的那个人，不管辗转多少年！"沉浸 B2C 电商行业多年，率领南京科泰成为外贸垂直品牌 B2C 的佼佼者，并成功塑造"四海商舟"这一跨境电商运营服务品牌后，毛总卸下总裁职务、放下亲手锤炼了多年的团队，开始创业。

兮若轻云之蔽月，飘飘兮若流风之回雪，即便在电商行业操盘多年，毛总仍难舍文士之风，他选择创立一个女装品牌。在他的团队里，有轻熟知性的海归品牌总监、有文艺气息浓郁的营销作者、有外语专业出身的“攻城师和程序猿”、有崭露锋芒的服装设计师，更有知名网络营销专家作为顾问、有多年的兄弟默默支持……这是一群草根创业者，没有辉煌耀眼的人生履历，但绝不乏在电商行业冲锋陷阵的底气。

电子商务是如此的年轻，它的从业者还没来得及在各个细分领域真正去创建品牌。这或许是一条艰难的路，但是路边开满鲜花，只要愿意伸手，终会收获芬芳。毛总曾写道：“人生最大的赌注是你自己，你要敢赌你的明天比今天好，这是一种信念，也是一种生活方式。”每个人都有自己的梦想，你必须努力实现它，你必须相信自己可以做到！

三、××女装品牌定位

年龄是一个人的基本属性，虽然女人的年龄是不可问及的秘密，但是它仍然代表着不同环境下造就的迥异性格和喜好特征，每个年龄段的女性都有自己的是非观、审美观以及价值观。女装风格有很多，如典雅、华贵、性感、精致、简约、清纯、知性等，每种都有人欣赏。

××女装以优雅、轻熟、知性、浪漫为核心理念，坚持原创设计，低调而用心，这也正是女性步入成熟的路上用心感悟的一种境界。对于她们而言，“跟风”的年代已经过去了，现在要听从内心的召唤，因为只有自己才最懂自己。

轻熟女的着装风格是多变的，注重设计感与细节表现，她们更注重整体服饰与个人气质、魅力、生活场景、甚至情感状态的搭配与和谐，她们不仅将服饰当成一层包裹着身体的布料，更重要的是作为一种生活哲学、情感追求的综合表达。轻熟女不是单调的一种，他们具有丰富多彩的个性，比如知性轻熟女、性感轻熟女、酷感轻熟女、优雅轻熟女，而××品牌在服装设计的风格与细节方面，都会有针对性的表现。

四、××女装品牌塑造

××品牌的 3 个关键词：文化、灵魂、艺术。

品牌是企业得以超越对手占领市场的强有力的竞争手段，不仅承载着产品的价值，更是一种文化现象。一个成功的品牌应该是品质与文化的完美结合，品牌是文化的载体，文化是凝结在品牌中的企业精华，也是对渗透在品牌经营过程中的理念、意志、行为规范和团队风格的体现。在国内电商界，淘宝、当当、京东商城等皆是平台，服装类如凡客诚品、梦芭莎是平台与品牌的结合体，真正专属的分类产品品牌寥寥无几，某些淘宝大卖家或许具备了分类品牌的雏形，却仍未能脱离平台而独立生存，因为他们在品牌文化的塑造上还有很长的路需要摸索。

品牌还需具有触及灵魂的感染力及富有艺术的张力。凡客诚品提出创造“人时尚”，以平价快时尚的定位，得到无数网民的认同，一时风头无二，由此可见这种创造性的概念深刻把握了部分网民的心性并及时传递出有效信息，由极具个性的青年领袖韩寒代言，凡客体的推出无疑紧紧抓住了目标客户的心，并引起大众自发推广，进一步推动了品牌的拓展。

××女装正在走一条自己的路。××女装的产品定位是明确针对 25～35 岁的都市女性，并引用了“轻熟女”这一蕴含浓厚文化气息的概念，以此聚集的团队成员有着共同的境遇和目标，他们自身或爱人、同事以及有着相似经历和心理情境的朋友们，正在这个年龄段为美好的生活努力着，用心之作、诚意之品，他们的精神追求就是品牌的灵魂。

品牌是优秀的产品和附着于产品之上的灵魂的合体，品牌的基础首先还是产品本身。有专家称：“传统品牌传播通常是先有广告的高空轰炸和媒体传播跟进，形成公众基本认知，然后通过体验营销，将部分传播受众转化为用户，进而形成口碑。互联网品牌则是用局部产品或附属产品的体验来形成用户社区和口碑，进而再转化完整产品的用户。”

待续的传奇，既然有梦想就去追求。这是这个行业最好的时机，前方水草丰茂、沃野千里，而追随者已纷至沓来，如果错过，将是无尽的遗憾。电商行业风起云涌，很多人舍弃安乐选择创业。毛总说：“每个敢于正视内心并付诸行动的人，我都向他们致敬！趁还未老，做一番让自己痛快的事业；剑锋所向，亦是心中所想”，他说“这是待续的传奇，而不是故事的终结，终有一天，有人会将这段历史渲染。”

点评：

（1）标题：与其说是软文标题，不如说是品牌创始人的情怀写照。用“文艺范”做电商的，毛兄也是我接触到的第一人。在多次与他彻夜深谈后，我感受到了他作为一名跨境电商资深专家的品牌梦和文艺底蕴。这个标题也是他内心深处对品牌情怀的真实写照，让潜在用户能清楚地知道，这位创业者的情怀与气魄，同时感受到品牌的文化与灵魂。

女性是知性又柔情的，这类的“文艺范”标题，通常能触到女性心灵深处的柔软部分，可能令她们因文章标题对文章产生阅读的兴趣。

（2）小标题和段落：很多内容都源自创始人毛总的原话，通过婉约和文艺的风格，讲述了打造这个品牌的原因、背景、文化、情怀和畅想。要通过这个品牌，真正实现对轻熟女由内而外的关爱、理解，打造并留住女性人生美丽的巅峰。

文章通过与几大电商平台风格和策略的对比，说明创始人在灵魂深处，要将这个品牌包括它的 B2C 商城，打造成与众不同、又符合需求的“另类”。

（3）结尾：强调了对品牌未来的信心、对创业的执着、对整个团队的鼓励，让读者感受到品牌文化的感召力和创始人的魅力。

案例 4：

品牌电商的春天——专访女装 B2C 新锐××女装创始人

少女太稚、熟女稍老，而轻熟女则是不失青春、兼具理性的一族，她们永远保持着最积极朝气的心态，却永远用理性的一面展示成熟女性的魅力。要可爱、装清新、现甜美，还是展性感、秀身材？No!

轻熟女装品牌××女装给出答案：应该选择典雅大方的款型，并注重细节的设计。人的生命有限，不要为他人而活，其实你的内心知道自己想要的感觉，你要真实地倾听和表达。××女装品牌的 B2C 官方商城于 9 月 28 日正式上线，请跟随笔者走进这个崭新的品牌。

一、最关注的是品牌精神

“注重品牌精神的养成，才是真正的品牌。而品牌精神就是品牌创造者内心真实的外现，你的内心柔软脆弱，你的品牌就柔软脆弱，你的内心豁达高远，你的品牌就豁达高远，品牌不是你所能创造出的独立灵魂，品牌就是你的灵魂本身。”毛总如是说，“正如科特勒所言，品牌营销已经进入依托价值观驱动、长期交互式养成的新时代，这也是互联网服装品牌未来所要面对的。”

第一代 B2C 服装品牌，率先把服装市场从线下搬到了线上，实现了渠道从线下到线上的价值转移，并以相对线下的高性价比赢得市场规模的迅速扩大，但品牌精神方面的缺失使得消费者对品牌缺乏热情。

二、将与国际品牌联动

真正的产品品牌，那些精神和文化的追求终究要落在产品本身，而这也是××女装团队选择创造一个原创设计品牌的逻辑起点，无论是××女装的运营团队还是设计师都是内心强大的人，他们用产品本身的设计而不是外部的存在来传递内心的美好。

在网站运行成熟后，××团队可能会与国外品牌在中国市场展开合作。“核心一定是我们的××品牌，选择的国外品牌一定是适合××消费者的，设计风格上会跟××形成互补。”毛总说，“消费者的需求是多样化的，同一个消费者在不同场合、不同角色乃至不同心境下都有不同的需求，但××品牌不会迎合所有的需求，品牌一定要有自己的性格。我们选择其他高水平的作品来满足她们在××之外的需求，但这些品牌不会出现在××的网站上，我们将为每个品牌设置独立的品牌商城，但彼此会很好地联动起来。我们只是做品牌，不是百货。”

三、坚信瑞雪兆丰年

两间不大的办公室里，除了紧张而活泼的年轻人，就是一排排样衣、样图以及手稿，CEO毛总就雄踞在其中一间的角落里。上线之前的鏖战非常辛苦，但××女装团队显然已经进入状态，对取得的突破颇感欣慰，并对未来的挑战跃跃欲试。

“人生就像滚雪球，重要的是找到很湿的雪和很长的坡”。只有在足够湿的雪、足够长的坡中，不断滚雪球，才能持续长久地取得巨大的成功！服装、纺织品，是“足够湿的雪”，广袤的品牌消费市场是“足够长的坡”，不断在足够湿的雪、足够长的坡中滚雪球，这就叫顺天应人，自主品牌的B2C就是顺应潮流。

××品牌女装，将永远在追赶朝阳的路上一路前行，一路为轻熟女留下最美好的时光和景色。

点评：

（1）标题：这样中规中矩的访谈标题，是市场的需要，也是营销的需求，是品牌创始人想要继续文艺风格时，我提出的营销建议。要通过标题，严肃地将读者带入到品牌创始人的内心世界。这是树立品牌形象的必要步骤，也是推广品牌知名度的必经过程。

（2）小标题和段落：整篇文章中仍然充斥着文艺范，对此我其实有些小小的无奈，但也展示了品牌独有的韵味，几乎淡化了所有的商业色彩，这也是文章在当时形成有效宣传的原因。与其他电商服装平台相比，推出这一品牌的市场要点，就是重视消费者的体验和感受。将与国际品牌合作，并拆分更多的B2C商城，使每个品牌都拥有完全独立的平台，保证人群定位的精准性和服务专业化。

面对当时的很多媒体称电商到了寒冬期，毛总并不担心，认为这只是正常的优胜劣汰，是所有行业发展的必然市场规律。这一女装品牌，将以其独有的文化底蕴和时代精神，在电商路上越走越好。

（3）结尾：通过企业的社会意愿和使命感，引起潜在消费者的共鸣。

总结：

通过每月8篇软文，持续数月的高密度宣传。产品批发和零售销量，很快突破6 000件。经过对品牌的考量和创业团队的考查，3个月后拿到了第一笔500万元的天使投资。虽然这一品牌如今已经淡出了市场，毛总的跨境电商生意也已经做到亿元规模，但毛总创业的理念、文艺的精神、进取的决心、真挚的情怀，整个品牌散发的独特时代魅力，对现代轻熟女人群的影响，都让我记忆犹新。

当然，不走寻常路其实是大部分品牌创造者的目标或梦想。这点值得敬佩，也值得担忧。因为每次走新路都意味着一次全新的冒险，毕竟让养成固定消费习惯的消费者，重新接受全新的消费理念是极为艰难和漫长的路程。特别是在创业的历程中，试错成本极高，往往要付出生与死的代价。软文营销的效果，其实可以替企业测试市场对新定位、新模式的态度，以便及时纠正方向。

3.2.2　影响消费者

全书都在讲述这一内容，本段就不再单独累牍。软文借助媒体传播渠道，可直接将品牌和企业信息传递给潜在消费者和老消费者，在刺激客户眼球的同时，通过提示、吸引消费者关注品牌动态，形成消费刺激。

加强消费者对品牌的感知度和印象，从而提高记忆度并直接形成销售。形成了潜在消费向直接消费之间的转化，也巩固了老消费者对品牌的忠诚和信任。内容的反复刺激，将击中消费者痛点，触发病毒式传播。

3.2.3　影响代理商

在 20 世纪八九十年代，企业都习惯闷声发大财。生怕让别人知道自己在干什么，防止赚钱了被人模仿抢了生意，也防止赔钱了被人笑话。在信息化时代，企业不再适合“闭关苦修”，任何商机都几乎不具备保密前提。竞争环境要求企业有快速反应的能力，这时候单打独斗绝对不再是提倡的经营模式。

需要企业之间或者企业与个人之间强力协作，才能更快地占领市场。帮企业卖货的人越多越好，不怕分蛋糕的人多，就怕蛋糕太小。如果蛋糕够大，几百个人也吃不完；如果蛋糕只有掌心这么大，即使只有一个人也是吃不饱的。

以往，知名品牌和企业，招收代理商或分销商相对容易很多，市场拓展速度也就更快，产品更新也更容易。如今创业项目众多，代理商和渠道商的选择空间更大。名不见经传的传统企业、中小企业、新创企业和项目，寻找市场合作伙伴或者渠道招商难度系数更高。

通过软文营销持续在各类网络媒体传递企业和品牌信息，突出了自身的优势和资源，让有合作意向的代理商，增加合作信心。同时，还会有许多有合作潜力的企业，看到相关文章受到鼓舞，主动伸出橄榄枝要求合作。

3.2.4 影响媒体

软文和媒体本身就是有机的结合体。很多时候，消费者会认为一些软文是舆论的“声音”。持续撰写有深度的行业文章，通过自媒体或者知名网站传播后，将会吸引更多的媒体关注企业和品牌。

一是对企业感兴趣的媒体将转载企业相关软文或市场信息，帮助企业建立品牌形象、促进消费者消费；二是会有媒体主动要求采访、报道，等于自动帮助企业开展媒体公关，降低了公关风险；三是任何媒体都有着一部分忠诚的受众，这些媒体在传播品牌信息的同时，也等于帮助企业培养了潜在消费者。

软文的创新性、可读性，结合事件策划或者活动吸引，都可能引起其他媒体的大量主动转载。通过大范围的网络媒体持续传播，在刺激消费者眼球的同时，主动传播品牌正面信息。但要注意，引发转载对内容要求较高，商业色彩过重的文章转载量极小。

3.2.5 影响企业员工

软文自然都是给消费者看的，从来没有企业老板考虑过软文会对员工有影响。其实，换位思考就很容易理解。都说 21 世纪人才难求，企业解决人才难题的时候，除了给 HR 施压、给猎头加钱、招聘会多参加以外，再没其他好办法。软文营销其实对企业招聘员工，鼓励和激励员工发挥主观能动性，都默默贡献着力量。

- **就招聘新员工而言**

很少有公司说自己不缺人的。即使应聘简历堆积如山，老板和 HR 也永远皱着眉头说，合适的人实在是太难找。员工的能力与企业的薪酬，能绝对匹配的概率实在很低。员工总想多拿点，公司总想少给点。既是矛盾冲突，也是市场规律。

我的企业学员，几乎都向我要徒弟担任他公司的文案策划，因为我的徒弟既能写又刚步入社会不久，工资不会要特别高。但事实上，也不完全是这样。当他们不用坐班，也能赚钱养家时，自然就没有人愿意朝九晚六地上班了。

当工资收入不能打动求职者的时候，最理想的当然就是企业的发展前景、未来规划和企业实力。而如何让求职者相信并且知道这些，显然由 HR 或者面试主管说出来，是并不靠谱的。有太多的人，明明接到了面试通知，却根本不来参加面试。就是因为搜索了公司名称后，除了招聘信息、企业官网之外，什么也搜不到。当然，还能经常搜到一些问答上，关于公司如何不靠谱的解释。这些都足以吓跑那些原本就有很多面试选择的优秀人才。

- **就激励老员工而言**

企业经营一旦出现问题，最常见的就是在管理上找原因，员工通常说的一句话也是，“这家公司管理有大问题”。其实就本人亲身经历而言，没有公司的管理制度是没问题的，因为制度就是约束人，而人本身又是崇尚自由的，这二者在根本意识上就是冲突的。

公司认为发日报能将管理精确到人，便于提升工作效率。员工却认为，每天这点破事，还得费几十分钟去详细描述，完全是浪费时间；公司认为，周末户外拓展能提升员工凝聚力和团队意识，员工却认为牺牲个人休息时间，完全是强盗行为。为什么 HR 通常是公司最不受欢迎的职位？因为他要经常代表老板去宣布公司的决定。

企业都希望员工能在公司是为了梦想而工作，而不是为了工资。只有这样，员工才不会浑水摸鱼、得过且过。但真正靠管理制度或者内训，就能激发员工的归属感和创造性吗？通过无数次内训的结论看来，工作日的培训，大家还能勉强接受，反正也不用上班，听会就听会了，而利用员工休息日的培训，下面的人几乎都是沉默不语，因为内心深处就已经在抵触，甚至仇恨。如果不是你非要来讲课，现在我还在床上睡懒觉呢。

培训可以提升能力、开拓视野，这是毫无疑问的，但绝不是激发员工归属感和创造力的最佳手段。要让员工通过媒体，看到一篇篇正面积极的文章，主观掌握企业动态，感受到企业影响力的不断增强，感知到企业的强大和发展前景时，才能真正产生荣誉感和危机感。

就像大禹治水一样，堵不如疏。

3.3 七种刁钻的软文写作角度

每次讲软文营销课程的时候，几乎所有的学员和培训方，都想让我上来就讲应该怎么去写。心情可以理解，但是欲速则不达。老话说："难者不会，会者不难。"就像以前的老司机教新手开车一样，通常说的一句话就是："开车还用练吗，当年哪有人教我。"

软文营销也是如此，想写一篇软文很简单，最不济可以把企业简介和领导讲话，拼凑在一起，虽无吸引力却也无伤大雅。但是要写好一篇软文很难，更痛苦的则是要给一个企业长年写软文，而且每个月都要写4～8篇。

虽然核心关键点完全相同，但是毕竟要有不同的切入点、不同的视角、不同的话题，这就需要绝对专业的写作技巧来支撑每篇软文的可读性和市场效果。软文的7种写作角度，就是文章要按照哪种人称或者哪种作者的身份去撰写。

3.3.1 企业高管

以公司总裁或高管的身份，阐述企业的介绍、产品的优势、市场的现状等信息，可以增加企业的亲和力，让消费者对产品有种亲切感。可以采取自述的角度，阐述创业经历、创业故事、合作伙伴、员工趣事等内容，解读当下消费者对关心的市场问题或者企业动态。

案例1：

聚美优品CEO陈欧：这是最好的时代，创业要趁早

（本文引自于创业故事网：http：//www.cyegushi.com/3051.html）

陈欧，1983年2月4日出生于四川德阳。中国企业家、聚美优品创始人兼CEO。2014年5月16日，聚美优品正式在美国纽约证券交易所挂牌上市，市值超过35亿美元。陈欧成为纽交所220余年历史上最年轻的上市中国公司CEO，其所持股份市值超过11亿美元。

陈欧创业语录

创业的选择是跟随你的心，当你觉得有些事情现在应该开始去做，就不要想太多。

我激励大家找到一个愿意为之赌上青春的事情，找到一个愿意为之赌上青春的人。如果没有加油，现在来得及；如果再不加油，再过几年你只能纪念你逝去的青春。

我的创业不是像媒体报道的那么风光无限，我是一个想法很多的人，喜欢去把想法付诸实践的人。创业是靠熬出来的。我从来没有想到创业的过程会这么艰难。

最终决定人成功与否不在于你的学历。中国有很多企业家，他们并没有很好的学历，但是他们有坚韧和毅力，有改变世界的决心，决定了他们的成功。

我觉得真正的失败就是放弃。现在社会比原来要宽容很多，所以不要怕失败。

22 岁创业，29 岁荣登福布斯创业者榜，31 岁成为纽交所上市中国公司最年轻 CEO……聚美优品 CEO 陈欧是个 80 后，却已经是久经沙场的创业老兵。他曾经在家乡四川成都大声呼吁青年人勇敢创业。他说“今天如果你还没法说服自己，踏出创业这一步，那是对自己人生的背叛。各位创业者，勇敢迈出这一步，很快就会海阔天空。”对于创业，陈欧有着独特的感悟。作为“创客中国 · 新青年行动”的导师团成员，5 月 5 日，陈欧和创业者们分享了他的创业经验。

谈改变

更喜欢转折点之后的人生

陈欧认为自己的人生是比较顺的，但他更喜欢转折后的人生。“第一次创业是我人生的转折点，如果不是在 22 岁选择创办在线游戏平台 GG-Game，如果我选择了一条道路比如找一份安稳的工作，可能到后面人生稳定，但也就走不上创业这条道路。我创业的目的是改变未来。”

立志改变未来的陈欧改变了历史。后来陈欧感觉和公司不合拍，卖掉了 GG-Game。随后他去了美国斯坦福大学攻读 MBA 学位，这也就是他口中所说的“第二个转折点”。2010 年 3 月，陈欧创立聚美优品，29 岁荣登福布斯创业者榜。2014 年聚美优品在美国上市，陈欧成为纽交所 220 余年历史上最年轻的上市公司 CEO。

“24 岁，当我去了斯坦福后，学校告诉我们，我们要创业不只是为了钱，而是为了更高深的目的，是为了改变世界，改变人。”陈欧说，听到这个说法后，自己开始思考有哪些创业项目，因为希望自己能够真正地做一个有价值的人。“回想一下，我人生真正转折点是从学生时代迈向社会选择创业的道路，这个道路当时选择不一样的话，可能今天我还是在新加坡拿着博士学位专门做研究，可能就不是今天的陈欧了。”

谈代言

作为 CEO，我为 80 后、90 后代言

2011 年年初，董事会要求陈欧出来为他创办的聚美优品做代言的时候，他是非常犹豫的。

陈欧说，他的天使投资人徐小平希望他站出来，还给他举了张朝阳的例子，这位互联网第一代创业者，通过打个人品牌，以极低的代价成功带动了搜狐的知名度。一直担心别人说他高调、嘚瑟，怕被“枪打出头鸟”的陈欧，终究还是担起了重任做营销。

于是就有了红遍网络的“陈欧体”，在 80 后、90 后时风行一时。他亲自出镜为公司拍摄的“为自己代言”的广告引起 80 后强烈共鸣。再后来，陈欧不断出现在湖南卫视的“快乐女生”、天津卫视的“非你莫属”，他还曾与张朝阳等明星企业家一起参加着名娱乐节目“天天向上”。在节目里，张朝阳是“可爱潮男”，陈欧则是“80 后创业新贵”。

谈创业环境

这是最好时代，创业要趁早

对于当下的创业环境，陈欧说：“在北京所有的五星级酒店的咖啡厅，聊的都是天使投资人，哪怕下班之后我们吃烤串喝啤酒的时候，你也可以听到旁边有人会说：借壳上市。这对创业者来说就是最好的春天，最好的时代。”

陈欧鼓励青年人勇敢创业。“今天如果你还没法说服自己，踏出创业这一步，那是对自己人生的背叛。也是对自己价值的背叛。所以各位创业者，如果今天你还在踌躇不前，还在思考风险的时候，勇敢迈出这一步，很快就会海阔天空。创业的选择是跟随你的心，当你觉得有些事情现在应该开始去做，就不要想太多，想太多之后发现创业会有一百种死法，你就不做了。”

之所以这样说，是因为陈欧经历了创业的痛苦期。陈欧说，那是在 2009 年遭遇了次贷危机，遇到了融资最困难的时候。“当时我很幸运，我还可以发工资。当时我拿到的天使投资只有 180 万美元。今天的创业者可能会笑了，而今天可能 A 轮融资就有 1 000 万美元。无疑这是最好的时代。”

在陈欧看来，现在这个时代，作为新媒体内容的创业者，他的成功概率可能会很大，强势的社交媒体让优秀的人很容易脱颖而出，IP 后面变现的机会很多，但在互联网领域的

创业已经很难了，因为先行者已经完成了“垄断”，没有资本的助力已经很难做大。现在创业者们的启动成本还是比以前低了很多，创业者只要找准方向，中国经济的未来依旧要靠创业的年轻人。

点评：

陈欧是 80 后创业者的典范，也是互联网业内比较高调的大佬之一。本人也非常欣赏他这种为自己代言的风格。做互联网就是要高调，既然已经处于高度竞争的行业，高调也是必然的选择。

这篇文章是陈欧前几年的作品，之所以选择此篇为案例，是因为它非常典型。从他最初的创业经历、学习经历、聚美成功创业、高调宣传、企业危机、如今的上市辉煌，是非常典型的以企业老板为写作角度的软文，让人们能够在深入了解陈欧的同时，感受到他的创业文化和企业精神。这一点是很多企业老板和创业者所追求的，与在墙上贴满激励的口号和企业文化文字内容相比，这种充满故事感的软文，才是真正让人印象深刻的。

当然，这篇文章已经不像是软文，更像是自传。

案例 2：

××高管自述：一个烤鸭店是如何玩电商的

（引自和讯网：http：//news.hexun.com/2013-05-30/154691356.html）

天使投资人蔡文胜说过这样一句话：“未来属于那些传统产业里懂互联网的人，而不是那些懂互联网但不懂传统产业的人。”

这不，有着近 600 年的历史的“中华老字号”××也玩起了概念颇为时尚的电商和手机 App。在日前的中国电子商务大会上，××集团副总经理刘总解读了××为什么要“玩”电商以及“玩”的策略。

一、为什么要玩电商

我们××的品牌历史再有 3 年就到 600 年了，这 600 年的生命力一定是源于不断吸收了当时的最新科技，这样这个品牌才能走向强盛。所以我们××探索电子商务的原动力也在这儿。此外，传统企业在经营中出现的问题也逼着我们去探索电商，比如经营规模受到门店的限制，人员的流动性和素质，包括产品新鲜程度在内的经营业态等。

餐饮行业的企业分为两个类型：一个是生产，另一个是运营。生产型餐饮企业就是卖菜的，它的核心理念是控制好成本和卖好菜。但是随着房租等各方面成本的上升，这个利润空间逐渐被压缩，我们可以看到一道菜品的生产周期也会遇到问题；同时，我们也看到有很多成功的企业认为他的客户是最大的资源，把整个业态围绕客户这个核心转，我们把这类叫作运营型餐饮企业，这类企业就要探索电商模式。

二、怎么玩电商

作为一个传统餐饮企业，我们认为做电子商务并不是一蹴而就的，自己不要简单跟随概念，整个过程我们都要有自己的思考。我们尝试了很多新的网上营销手段，这些营销手段给我们带来流量的同时，也给我们带来新问题，这些问题促使我们思考，接下来的路应该怎么走，所以我们做了这样一个整体规划。

我们的整体规划分为三个阶段，第一个是基础阶段，第二个是深化阶段，第三个是外延阶段。第一个是基础规划，首先要搭建我们××自己的客户平台和营销平台。基于这样的一个平台，再进行自己的营销模式和业务模式的延伸和生长，这是平台阶段。第二个阶段是在平台之上进行深化，把平台所积累的信息都转化成资源，而根据资源挖掘再进行外延性的生产。

运营型餐饮企业背后最有价值的是消费数据，运营的核心是数据的运营。所以整个平台的规划和建设，都基于顾客完整消费体验的设置。我们曾经提出一个口号是移动的餐饮体验，包括餐前、餐后各个阶段怎么样提升顾客体验，我们将此放到第一位。

三、建立服务平台

首先给大家介绍一下现在××日常使用的平台。这个平台主要用来服务正餐，顾客打电话预订正餐，预订完之后我们的系统就会把顾客的预订确认信息发送到他的手机上。整个过程都是由系统自动完成，包括饭店的地点和房间，什么时间吃饭，这就给就餐的人带来很大便利，这也是我们外延性的服务。

当我们的信息发送至预订人手中的时候，他也会将信息转发到被邀请人的手机上。如果他第一次去不知道怎么走的话，点击我们短信信息就可以找到××的位置，并把驾驶路线和公交路线都发给他，甚至看到我们最近有什么时令菜，他家附近还有没其他的××门店。这样就可以让客户对我们有一个系统的了解。在服务过程中，我们也能接触到潜在客户——就餐的被邀请者，我们过去没有渠道接触这些人，也没有办法进行营销。

四、进店之前的体验

通过建立和潜在客户沟通的渠道，我们解决了几个问题，第一个是服务，第二个是营销，第三个是数据。服务是所有餐饮企业的核心竞争力，但是都会遇到一个短板，在客户进店之前，都依赖于电话线，比如说客户问开车怎么走，但这有一个缺陷，因为前台服务员可能是外地人，对这里不熟悉。

所以说，客户进店之前的服务是我们整个服务链的短板，而这个短板也严重影响着整个服务体验。所以我们要让客人进店之前能够看到他想看到的，了解到我们企业所有信息，这些信息不需要客人在手机上寻找和搜索，只需要点一下我们信息就可以呈现。

五、潜在客户挖掘

我们做过一个测算，我们有个门店一年大概有 2400 个人被邀请来吃饭。以前，这些人想来我们店的时候，90%的人都找不到我们店的名片，这些顾客就自然会流失，而现在客户可以随时下载我们手机 App，用手机号绑定。

我们测算过如果被邀请的客户回头率增加 1 个百分点，我们每个门店会增加收入 20 万元，这确确实实给我们老字号企业带来收益。此外，我们还可以把顾客在门店消费的数据做一个整合，基于这样的整合我们对客户再进行营销。营销的效率我们也做了一个测算，投入一元钱就可以获得 17 元钱的收益，这样完全都是基于数据的精准分析而得到的效益。

六、数据资源转化

我们现在处在第二个深化阶段，这个阶段我们要实现数据资源的转化，要基于大量客户消费的信息进行挖掘和转化，让他们转化为我们的会员。比如说，一位顾客来我们店消费，扫描的二维码就可以下载××的手机会员客户端，直接注册就可以。这样资源的转化密切了和客户之间的联系。

我们做这些工作最终的目的是为了外延阶段，我们和顾客在一年之中有很多接触点，在顾客过生日的时候要给他生日祝福，节日要给节日祝福，这都可以变成一个延伸点，不但可以带动门店的销售，还可以带动××其他产品的销售。我们有一个呼叫中心，我们的电子商务的核心来实现平台系统。

总结一下，我们处于非常传统的餐饮行业，现在服务人员的素质并不是很高，流动性也非常大，怎样能够去落地并整合企业流程确实是一个很大的问题，但怎么实现传统餐饮行业向电商行业的跨越是一个值得探索的路。

点评：

这原本是××餐饮行业高管前几年在一个电商大会上的发言，但是亦原封不动地作为宣传软文，发布在了各大媒体上，这种方式可谓一举两得，值得提倡。就文章内容而言，表述了一个传统企业为什么做电商、如何做电商、下一步的方向。内容连贯、结构完整。

没有很感人或刻骨铭心的故事，是小小的遗憾。以本人参加一些大会的经验，在发言中加入一些生动的故事，反而会令观众听得更认真。就软文的可读性来讲，案例 1 虽然字数冗长，却显得并不乏味，就是因为以个人为主角，故事为主线。案例 2 则明显商业色彩浓厚，以企业为主角，经营布局为主线。而且内容同样是超长，作为讲话稿没问题，作为软文还是分为三四篇比较好。

选择这两个完全不同方向的文章作为案例，就是想告诉大家，一篇好的软文参考标准有很多，并不仅是看着有趣、读着过瘾，还要符合市场的需求和战略的需要。

3.3.2 消费者

2010 年，韩寒和王珞丹引领的“凡客体”走红，“凡客体”胜在引起共鸣，共鸣导致了传播。对待商品或者企业，消费者最信任的永远是消费者。消费者之间传播品牌信息，直接促进消费心理的过程也更短。以消费者的角度来撰写应用、感受、体验等方面的品牌软文，引起潜在消费者的共鸣，打消消费顾虑。对于促进消费，有着极强的推动作用。写作方法为在软文中加入大量顾客案例，并让顾客阐述产品的效果和对自己及家人的帮助。

案例：

最爱萌系××车 访某品牌顾客李小姐

（引自汽车之家：https：//dealer.autohome.com.cn/14266/news_21930876.html？siteID=49）

在某品牌的展厅内见到李小姐的时候，第一反应就是标准的“萌系女神”：目光炯炯，笑容甜美，头上还顶着一个粉红色的小帽。大众××车可谓是世纪级的车型了，从 20 世纪 30 年代末一直延续至今，虽然在外观上做过很多的调整，但是整体上依旧保持这自己特有“形状”。从 2000 年新××车走进中国市场到现在，它已经成了乐观开朗、时尚敏锐一族的一个代表。在和李小姐做了简单的自我介绍过后，她接受了我的专访。

一、××车给我第一印象就是“萌”

“看你的样子，应该 20 岁出头吧。”我笑着问了李小姐第一个问题。“嗯，今年 23 岁。”李小姐用略带腼腆的声音回答道。“车子一定要和人相互搭配，而这个相互的搭配就是通过车子的外观来判断了，我不喜欢宝马、奔驰这类的车，感觉这类车都显得有些深沉，即使 mini 都带有这么一种意味。同样我也不喜欢跑车，觉得有些做作了。”李小姐这番话表明她买车优先考虑的是外观。

在和她的闲聊中，她还说，自己以前的车是 MG3 和本田锋范。之所以选择小车，是因为和自己的年龄以及自己的性格爱好有关。当时在车展上看到××车，第一眼感觉就是“好萌”。外观不用再说了，内饰方面，不仅设计风格非常独特，而且用的材料都比较不错，做工也非常精致。

二、买车还是买品牌好一点的车

听李小姐说道自己还买过 MG3 和本田锋范时，我跟她半开玩笑地说“真土豪”。她也笑了，“之前的车也不是很好，但是现在我创业了，自己开了一家女装服装店，经济上还算可以吧，所以想换一辆更好的。想了想某品牌口碑很好，而且看上去的确很‘皮实’。我自己对车也不是很懂，虽然之前很多销售顾问跟我说性能效果很重要，但是，我个人更愿意相信，车身坚固更重要。”李小姐的这番话表明自己也很看重车子本身的安全性。

三、朋友说德系车强在综合指标上

在和李小姐的聊天过程中，她谈了一些自己对车子的看法。她说，不同的车系各有各的优缺点，比如日系车省油但是车薄，法系车安全，舒适性却不好。德系车强就强在兼顾的层面更多，整体优势更明显。李小姐说：“这也是我听从朋友，买某品牌的重要原因。”

四、交通便利，让我选择××店

时间过得很快，为了不耽误她的时间，我问了最后一个问题：“你为什么选择这里呢？”“一方面，这边离我家更近，而且交通也很便利。这里不像某汽车城，那里实在太堵了。另一方面，这边的口碑在我的朋友圈里还不错。”对于这样的回答，我觉得很中肯，买车图的不就是一个省事嘛。

点评：

这是一篇非常典型的商业软文，从标题、引题、小标题和段落都中规中矩。最值得一提的是，这篇文章并不是由该车的品牌部门撰写，是由某地方 4S 店撰写宣传，文章最后还留下了联系电话和地址。这种营销意识，在地方代理商中是很难得的。

文章虽然规范，字数亦未超标，内容却太过单薄。每个小标题的事情都没说清楚，就不明不白地过去了。看得出来是想表达的很多，却又不知如何下笔。所以建议要写系列的软文，想靠一篇文章把一件事情说清楚，还要让消费者记住，那几乎是一个“神迹”。重点是，真有这种情况出现，也是记得快，忘得快，对品牌不会有太大帮助。

3.3.3 业内专家

任何一个行业都会有相关领域的资深从业者，可对整个行业分析的较为透彻，业内专家的发言从行业高度出发，可以提升企业的行业地位。业内专家的软文分为两类：一类是一名专家从分析整个行业格局出发，顺便提到了企业，并给予了高度认可和表扬；另一类是针对某一事件或者行业现状，行业专家发表了意见，对某一企业的优势进行夸奖。

作为企业或品牌，应该积极策划正面的主题事件。邀请专家针对企业背景、市场模式、核心优势、发展前景等进行综合的正面评价。通过专家的多次评价，在吸引媒体转载专家文章的同时，间接增加品牌的权威性。

我在 2010 年曾有幸得到了几个电商奖项，获得了“某大师”和“某专家”的称号。当时很多媒体都邀请我开设专家专栏，所以很多知名的电商品牌公关部门或者品牌部门都找我约稿。以下两篇案例，是我从典型的专家评论的写作角度，为企业撰写的软文。

案例 1：

电子商务全新商业模式 超市 O2O 引发业内关注

互联网的迅猛发展，让中国传统企业成功“触电”。电子商务不仅影响着人们的购物习惯，也直接影响着人们的生活习惯。近年来，电子商务的营销模式不断拓展深化。从最早的 B2B、C2C、B2C 到如今的移动互联网、O2O，电子商务商业模式的创新速度，远远超越所有传统行业。

今天的电子商务不仅是简单的购物渠道，而且是与实体经济融合的新兴产业。特别是当互联网的理念普及后，电子商务进入规模性发展期，对经济社会生活的影响逐渐加深。也要求电商商业模式不能简单以创新为主要目标，必须满足市场、社会、经济、行业等多方面发展需求。××公司推出的“超市 O2O”模式，就以精准细分、规范产业链条、发展便捷服务而获得了业内的极大关注。

一、超市 O2O 胜在服务便捷

大家熟悉的天猫、淘宝、亚马逊等，是最早的国内电商品牌，也是如今影响力最大的电商平台。“双 11”“双 12”创造了无数让传统企业眼红的数字，更让用户足不出户享受购物的乐趣，但由于行业过于广泛、服务流程过度复杂，至今也无法从线上交易完全实现线上线下一体化。

而××公司的超市 O2O，顾名思义是以超市为中心，改善超市所在供应链，实现线上线下的同步交易和服务。突破了传统电商服务难的问题，让超市主享受到真正一体化的采购体验。

二、创新电商模式 要以发掘消费者深入需求为方向

淘宝虽然发展迅速，但是质疑的声音却越来越多，归根结底是其服务问题过多，近年来呈爆发状态，使得品牌口碑每况愈下。而商家的根源品质不够统一，物流配送、售后服务有待提高等问题，都是引发消费者对电商平台质疑的原因。

从沃尔玛、山姆士网上超市、永辉生鲜电商来看，这些从超市转型的电商也存在定位不够明确，发展目标模糊等问题。××公司针对市场问题进行分析，并找出相应解决措施，从而再分析出平台的商业定位。创新电商模式，将 B2B 与 O2O 相结合，彻底解决消费者对质量、配送、服务等多方面的需求和后顾之忧。

三、打通供应链 保证产品价格优势

××公司超市订货平台，是基于最先进的软件技术和科学的运营分析所打造的超市网上订货平台。实现了超市统一网上订货，供货商统一配送的功能，并全程保证订货数据传输安全，操作简单，运行流畅，从源头上控制好商品的质量，实现商业网点管理的信息化和网络化。××公司对传统超市订货模式进行改善，使供货商、厂商、代理商、批发商、超市都能在互联网时代找到自己的位置，实现行业共赢。

改变了传统超市信息闭塞、货物品类少、商品信息不全面、进货渠道少、进货价格高、进销存混乱、运营管理不规范等问题。对于供货商而言，则是降低了投入风险，拓宽了发展渠道，在提高工作效率的同时，也让供货商拥有最好的广告投放位置，获得最佳广告效果。

无论是对供货商、超市还是消费者，××公司的电商新模式，都完美解决了市场的服务问题和潜在隐患，推动了中国电商的行业变革。

点评：

这是我为一家做超市 O2O 平台的企业撰写的文章。这种行业分析型文章，前提是必须具备严肃性和专业性，所以标题都很难有夸张的词汇。通常是通过新颖的定位或者借助行业热点，引发读者兴趣。

文章从我自己的角度，对整个电商行业进行分析，找出现有电商模式的一些弊端，从而带出超市 O2O 的便捷。再从消费者角度出发，对比一些知名品牌连锁超市，导出超市 O2O

的趋势。最后直接说出这家超市O2O的综合优势，吸引加盟者的关注。在结尾处，肯定这一模式对电子商务行业的贡献，将文章拔高。

案例2：

××PK淘宝：二手车新旧电商“双11”对决

想必今年的11月12日，会延续过去5年的传统，早上大家见面的第一件事，不是问“吃早餐没”，而是问“买了什么”。

11月11日，这个2009年之前被年轻人戏称为“光棍节”的小众校园“节日”，在各大网络电商的推动下，成为了如今互联网所到之处人尽皆知的“购物狂欢节”。自2012年开始，汽车也加入了“双11”电商激战中。

随着近年来二手车市场的火爆，二手车电商平台也进入了战场。虽然目前距离11月11日还有近10天的时间，但是各大平台已经开始进入“战前倒计时”。

一、二手车电商平台“约架”淘宝

早在10月22日，当前二手车电商“老大”××发出一条官方微信，题目为“约架”，内有漫画一幅，虽无文字，但暗指已向淘宝二手车发起挑战。10月27日，××又发出官方微信，在漫画里用淘宝体说“亲，我们就是快。二手车15分钟卖全国，我行，你行吗”，借此力证其平台交易流畅、反应速度快。

这两条官微的阅读量高出××推送的其他微信数倍，并共赢得了“××粉”的数千点赞。但实际上，这是一场未开始就已知道结果的比赛。虽然淘宝的知名度与平台交易额高出××，但如果仅在二手车这一细分市场，淘宝目前绝对无法比肩××。

双方的交易模式早已注定了这一结果。如果做个比较，中国电商始祖的淘宝或许算作“传统电商”，其交易特点为：信息集纳量大、线上交易快速便捷，但在售后、线下等方面则较弱；而××的模式则是一种针对二手车交易过程特点的“改良版电商”，或称“新型电商”——线上与线下并重。

二、“双11”大战未始　胜负已分

在二手车交易过程中，购买者最为关注的是车况、车价以及过户办理。车况方面，淘宝仅是交易平台，虽然能够在一定程度上起到聚集碎片化信息的作用，但其无法对发布的车况信息进行核实，因缺乏检验而无法对车况进行担保；在车价方面，其C2C的交易模式让双方很难以最优价格成交。

而如果淘宝买家是异地买车，每笔交易的运送地可能相距甚远，而零散的交易则使车辆物流成本较高，因此运输、过户等过程都需要与卖方沟通，交易复杂烦琐。

相比之下，××作为专业二手车电商平台，已经在数年的发展过程中逐步解决了这些问题。

三、术业有专攻　不是同一量级

早在 2005 年，××开始集中几乎全部资金建立其核心技术检测系统，并着手收集新车基础数据，这为对交易车辆的车况进行担保提供了保障。在二手车输出的主要城市——北京、上海、杭州等地，××已经进行布局，方便车商对车况进行检查，并将报告上传至网络。在未来几年，××则预计在广东等地继续建立网点。

通过集合竞价的方式，二手车可以最优价格在市场上流通，与此同时，节省了中间流程的不必要环节，达成消费者与车商共赢的局面。在运转方面，××拥有遍布全国各地的数千车商，因此××会安排物流集中送货，既降低了成本亦减少了等待的时间。

通过近 7 年的摸索，××已将二手车业务交易模式调整得较为流畅，在 2014 年上半年，××已经完成了 10 万辆销量——与 2013 年全年销量相当。

淘宝已无法在二手车领域击败如××这样的强势二手车电商平台，从某种角度而言，淘宝与专业的二手车电商平台合作也是一个不错的选择。

点评：

（1）思路：当时的二手车都是以线下交易市场为主，可以说这家电商平台开创了专业二手车交易平台的先河。需要教育车商、车贩、车主和购买者都到平台上交易，就要改变他们的传统思维模式。正规的宣传软文，当时也为这家企业撰写了几篇。要想快速吸引眼球，还是要“蹭”到热点的热度。

当时在电商平台中，做二手车的平台很少，淘宝是其中一家，特别是“双 11”又成了近年来很火的购物节日。于是，我和这家电商平台的营销负责人商议，以“双 11”为切入点，以淘宝为突破口，借机让这家二手车电商平台也火一把。

（2）标题：是非常明显的品牌借势，用了两个热词，一个是淘宝，另一个是“双 11”。可以说这种品牌 PK，二手车平台是绝对占便宜的。淘宝的热度都是电商行业的峰顶，与淘宝 PK 不管是什么形式、什么内容、什么方向、什么结果，其实企业本身都已经完胜了。

（3）小标题和段落：依次通过与淘宝约架、直接说出结果、企业获胜的原因，吸引网民，增加对这一平台的了解欲望，要做到有理有据有节。

（4）结尾：发挥“友谊第一，比赛第二”的风格。虽然淘宝压根就没准备比，也根本不知道比这回事，但是却提出了平台方的建议，希望能让淘宝能重视与此平台合作，毕竟淘宝的流量实在是“巨无霸”。把竞争变为合作，这才是商业之道。

3.3.4 合作伙伴

合作伙伴从商业角度出发，通过和企业的合作，对企业进行评价和描述，更具真实性。通过合作伙伴，对企业的领导人、对企业的产品、服务、团队、文化、氛围等各方面进行评价，可以激发其他潜在合作伙伴与企业合作的意识。

同时，也可借助曾经或者现有合作伙伴的品牌影响力和市场地位，通过公布合作伙伴关系，间接提升企业的行业地位。

案例 1：

××航空与《财富》全球论坛签约

（引自央广网：http：//news.cnr.cn/native/city/20170511/t20170511_523750621.shtml）

11 日，××航空（以下简称“×航”）与《财富》全球论坛签署合作协议，×航正式成为 2017 年《财富》全球论坛的合作伙伴及官方航空公司赞助商。

根据双方签署的合作协议，×航与《财富》全球论坛将发挥各自优势，在国际品牌传播等方面深度合作。同时，×航作为论坛独家官方航空公司赞助商，将以全球化的航线网络、优质的服务，为论坛嘉宾带来优越的出行体验。

××航空股份有限公司营销委常务副主任与时代集团亚洲副总裁分别代表合作双方签约。××航空集团公司总会计师、《财富》全球论坛主席等出席签约仪式。

对于广州和×航来说，借助《财富》这一具有全球影响力的财经平台，一方面，能够极大地向世人展现中国开放型经济发展的伟大成就与坚定信心；另一方面，×航将充分发挥地处广州的地缘优势，实现对全球的品牌传播，提升×航品牌知名度和美誉度，深化“广州之路”的丰富内涵。

“今年 12 月，我们将迎接参加财富论坛的全球客人。我们邀请的参会者将获得乘坐×航航班的机会，他们将从世界各地的许多个城市直飞广州，而他们也将体验到×航现代化的机队和世界级的服务水准。我们很荣幸与×航合作，期待双方的合作取得丰硕的成果。”

第十五届《财富》全球论坛将于今年 12 月 6—8 日在广州举行。《财富》全球论坛的高端定位和全球视野，与×航的国际化战略及全球航线网络布局高度吻合。×航在此次论坛中具备地缘优势，将借助论坛实现对全球顶级人群的品牌传播，并通过财富论坛的全球影响力提升×航品牌知名度和美誉度，深化×航"广州之路"内涵。

×航是中国运输飞机最多、航线网络最发达、覆盖最广、年客运量最大的航空公司。每天有 2 000 多个航班飞至全球 40 多个国家和地区、208 个目的地，投入市场的座位数达 30 万个。通过与天合联盟成员密切合作，×航航线网络通达全球 1 062 个目的地，连接 177 个国家和地区。截至 2016 年 12 月 31 日，×航已安全运输旅客累计超过 10 亿人次，是中国国内安全星级最高、安全业绩最好的航空公司。

近年来，×航举全力建设广州枢纽，利用第六航权，打造"广州之路"。目前，×航广州枢纽国际航线运力占比已超过 50%，×航在广州已通达国际通航点 62 个，每周单向班次量达 820 班，其中至欧美澳的洲际航班量每周近 100 班，主要国际大线已实现每天 1 班甚至多班。

在广东省委省政府、广州市委市政府、白云机场等的大力支持下，×航已成功把广州打造为中国大陆进出大洋洲、东南亚的第一航空门户。与此同时，×航进驻北京新机场，加快推进了北京枢纽建设，打造广州、北京"双枢纽"战略布局。下一步，×航将继续保持国际化建设的良好势头，积极布局和优化国际航线网络，持续加大国际运力投入，为推动国家"一带一路"建设提供强有力的支撑，服务国家开放与创新发展。

《财富》全球论坛创办于 1995 年，经过 20 年的发展，已成为"把握世界经济走向最清晰和最直接的窗口"，与《财富》全球 500 强排行榜并称为《财富》杂志的两张超级名片，是世界上最有影响力的经济发展论坛之一。该论坛每 16~18 个月举办一次，邀请全球跨国公司的主席、总裁、首席执行官以及世界知名的政治家和经济学者参加，共同探讨国际商业领域不断变化的前沿话题。

迄今为止，《财富》全球论坛先后在新加坡、巴塞罗那、新德里、旧金山等城市举行，具有较大的国际影响力。之前，《财富》全球论坛在中国举办过 4 次：1999 年，《财富》全球论坛在上海召开，此后在 2001 年、2005 年及 2013 年分别在香港、北京和成都召开。2017 年《财富》全球论坛再次来到中国，会议地址选在广州。今年《财富》全球论坛主题为"开放与创新：构建经济新格局"，将重点关注全球化和数字化两大主题。

点评：

合作伙伴角度撰写的软文，重点就是在于借对方或者己方之口，把双方的优势都尽量表达的更完整和明显。合作定是强强联合和顺应时势，将品牌附加值再次提升到全新的高度。这篇文章类似于新闻发布会的通稿，所以决定了它的严肃性和正规性。从技巧来看，也就无特别强调之处。

这种写作角度适合知名品牌，特别是有机会与知名品牌合作的企业。此类写作角度的成文虽然通常不具备故事性与可读性，却是强化品牌地位的撒手锏。

案例 2：

××宝战略合作伙伴×××成功挂牌

（引自搜狐：http：//roll.sohu.com/20150615/n415025310.shtml）

6 月 8 日，××宝平台最大战略合作伙伴×××集团在上海股交中心成功挂牌，×××集团董事长、副董事长及相关领导、各投资机构高管、上海股交中心领导、社会人士及第一财经等知名媒体出席了挂牌仪式。

作为××宝的最大战略合作伙伴，×××集团一直秉持着“自强不息、追求卓越”的企业精神，充分发挥资源共享的组合优势，积极开拓市场、稳步发展扩张。自 1996 年成立至今，已发展成为一家拥有 10 家子公司、资产总额超过 4 亿元、业务类型横跨金属包装容器制造、能源化工贸易、实业投资等多领域的集团公司。

据了解，上海股权托管交易中心（以下简称“上海股交中心”）经上海市政府批准设立，是上海市国际金融中心建设的重要组成部分，也是中国多层次资本市场体系建设的重要环节，是有国务院批文的公信力很强的综合性金融服务平台。

××集团副董事长表示，××集团能够在上海股交中心挂牌，一是因为集团坚定不移地坚持创新引领，产品创新、模式创新、营销创新、文化创新，多维度、全方位的创新，实现了跨越腾飞；二是因为集团一直积极致力于跨界整合，形成多元化经营，互为补充、相得益彰的正向叠加效应。

当日，副董事长还接受了上海《第一财经》的专访，坦言此次挂牌的重要意义：“××集团此次成功挂牌上海股交中心，登陆中小企业股权报价系统对我们而言意义非凡，它意味着××集团即将与资本市场成功对接，这有利于各方实现资源共享、优势互补、协同创新，助推区域整体经济的发展。进入资本市场，有利于规范企业运作管理、提升品牌形象、提高团队的凝聚力和企业的核心竞争力，更好地实行股权激励，激发团队的战斗力。这对××而言是一个具有历史性意义的时刻，同样也是发展历程的一个重要见证。”

此次××集团成功挂牌，标志着企业迈出了发展中历史性的一步，是其发展的一个新的里程碑，也证明了××集团在不断发展壮大的过程中所得到的各方面的肯定与认同，它不仅给企业发展带来新的机遇，同时也给公司的管理提出更高的要求，意味着××集团未来将肩负起更大的社会责任。未来，××宝将与××集团展开更加紧密的合作，互利共赢，共同奉献社会、服务社会，为中国的经济发展建设添上更加绚丽的一笔。

点评：

此文非常明显是××宝公司主动为合作伙伴撰写的文章，因为其战略合作伙伴成功上市了。对传统企业来讲，如果没有股份关联，其他公司上市和自己公司是没有任何关系的，只能说明自己的实力还不够，已经远远被合作伙伴落下了，这一点是值得悲哀的。

用互联网营销思维考虑这个问题，则是另外一个场景。以合作伙伴角度主动撰写这篇文章，可以证明两件事。第一，我公司选择的合作伙伴能上市，证明我公司的眼光独道、经营正规、合作伙伴都是极其靠谱的，也能证明我公司自身的实力也很雄厚，否则一家准上市公司怎么会成为我的战略合作伙伴呢？有了这么强大的市场合作伙伴，未来我的企业也一定越来越强大，离上市不远了，其他企业如果想和我合作，一定要趁早，否则，等我也上市了，那就没有机会了。第二，这家企业伴能顺利上市，有很重要的一个原因是我公司是该企业的战略合作伙伴。肯定对其公司的交易额、利润率、市场占有率等方面，起到的相应作用和贡献，这一点是谁也无法抹杀的，所以和我的公司合作，你的企业也有机会上市。

3.3.5　经销商

经销商和企业的关系可以说是既远又近，以经销商角度撰写软文，可以从销售和供应链角度阐述企业的现实情况。经销商是最了解企业产品在地方的销售状况的，也是最具备揭示产品市场接受程度和相关数据公开的资格的。

通过经销商对市场火爆的肯定，对代理产品收益的欣喜，可以帮助企业进一步打开市场局面。一是可以肯定企业的产品优势；一是可以鼓励潜在经销商合作信心；三是肯定企业的市场号召力。

案例：

6 人两个月 200 万元，听某代理商讲述他与×宝的创业故事

（引自网易：http：//news.163.com/15/0128/16/AH2DU8BP00014Q4P.html）

代理××宝两个月时间，他们回款近两百万元人民币；他们一度在上个月拼到全国代理商第一名；他们的团队只有 6 个人！

这个给我们频频制造惊喜的团队就是某代理商。两个月，六个人，两百万，他们是怎么做到的，让我们一起来听听××讲述他的创业故事。

一、TIP：中国台湾地区代理商的创业故事

两个月，六个人，两百万元！听某代理商讲述他的创业故事。我们为什么要切入微信第三方领域？

在加入××之前，我们就有自己的公司，做美妆产品。当初会去寻找微信第三方领域，是由于我们的事业版图在进入大陆市场时遇到了很多困难，我们希望借此解决我们自身事业的瓶颈。我们发现人们习惯通过微信来接收消息，微信背后隐藏的商机非常巨大。所以，我们最初切入微信第三方领域的目的就是想打开大陆市场。

事实上，目前微信的渗透率在中国台湾地区不像大陆那么高，台湾地区大概有 600 万人在用微信，而且用户黏性也不那么高，更多人用 Facebook、line 这些社交工具。Facebook、line 仅仅只能帮我们联络感情和社交，不能帮助我们的商户和企业进入大陆市场。

而在大陆，微信的用户渗透率非常高，它不仅是个社交工具，也是一种生活方式。人们可以在微信里买火车票、交电话费、买彩票、买电影票。正是因为这种方式在中国台湾地区还不普及，更别说微信第三方公司了，所以微信第三方领域在台湾地区算是一个商业蓝海。

这个市场大有可为，中国台湾地区人口虽然才 2300 万人，但是我们有非常好的产品的供应链，比如非常美的旅游景点、非常好吃的美食、非常棒的医疗系统，这些都是我们这个地方的优势。我们非常看好微信在中国台湾的市场。因为中国台湾要想把品牌和产品要推广营销到内地，唯一的途径就是通过微信。

二、什么原因让我们选择了××

在确定了方向后，我们就去搜寻一些微信第三方公司。我们也找了很多第三方公司，比较来比较去，发现××宝可以给我们比较大的支持。我们去杭州总部考察的时候，发现××宝的系统是比较完整的。

原本我们打算自己做开发商，但发现这是一个非常庞大的工程。考虑到××宝本身有至少两年的市场经验，而且团队也很专业，并且可以给予我们及时和强大的支持，这是我们选择××宝的关键。

中国台湾市场的开拓面临很多问题，比如在中国台湾地区也不能直接申请公众账号，身份信息键入格式和大陆不同等，但是跟总部协调后都能很快地调整，不管遇到多少限制和问题，总部都会帮我们一一地突破和解决。

三、创业初期的发展策略

中国台湾地区的民众对微信还比较陌生，更别说了解微信背后的商机和可能性。所以在创业初期，我们的策略就是转变民众的观念，去引导民众的生活方式。

一回去我们就积极地办理会销、招商会，办了八场左右，目的是为了让更多人了解微信，了解××宝，了解它们的价值。

在大家听到微信具备了这么多强大的功能之后，他们也意识到今天如果想做两岸的移动互联网商务，势必要通过微信，通过××宝这样的第三方系统，来解决移动互联网商务事业上的各种需求，比如建立微商城的需求、支付闭环的需求、吸粉的需求、推广的需求。

我们的策略是先发展基础用户，让中国台湾地区的客户了解微信，了解××宝，渐渐地转变用户观念，让他们产生认同感，再销售配套服务和产品。在各地宣讲的同时，也会有商户发现了商机然后询问如何代理，我们也将促成中国台湾地区核心代理商更深度的合作。两手抓，齐头并进。

四、下阶段的工作重心和未来目标

我们的现阶段的工作重心就是好好地扎稳脚步，把系统、流程、团队建立好，3 个月后拿下××宝代理商全国第一名，月营业额达到 300 万元。我们中国台湾地区××宝的口号就是，只要和××宝合作，再小的个人都可以建立自己微商的品牌，快速拓展内地的市场。

我们除了提供××宝的产品以外，还发展微信商学院的模式。在技术支持外，还提供 24 小时的服务系统、客户关系管理系统，无缝接轨用户，我们最关键做的是服务和客户体验，做商家最大的支持者、最好的合作伙伴。

我们的目标只有一个：今天只要是中国台湾地区的商户、企业、个人，只要他们想要拓展大陆市场，第一个就要想到××宝。

点评：

（1）标题：通过数字表达出了项目的收益，对读者形成吸引，并产生好奇。直接推出代理品牌的名称，增加曝光度。

（2）小标题和段落：以倒叙的方法，首先肯定现在的市场收益和良好前景；其次分析当地的市场环境，解释为什么会单单选择代理这一品牌；再次说明团队如何实现这一业绩；最后展示未来的战略方向和目标。

（3）结尾：升华市场目标，用豪言壮语展示自己的决心和信心。

（4）从市场作用来讲，不论这篇文章是否由代理商撰写，或是由品牌方的策划团队以代理商角度撰写，都会起到刺激潜在代理商加盟的作用。从写作技巧来讲，既然想证明代理这个品牌有前景，应该加一些精彩的小故事点缀，品牌的综合优势撰写应该更专业深刻。

3.3.6 权威人士

由社会名流、影视明星、商业领袖或意见领袖，通过代言、出席活动、接受采访等形式，对企业进行的评价，可提升企业在地方或行业内的信任度。

对企业的奋斗历史、现在情况、市场前景、行业推动意义进行综合评价，即使是跨行业的评价，由于权威人士的高度影响力和传播力，仍然会让社会对企业有着极强的信任感，充分发挥品牌借势的作用，使知名权威人士成为企业的自然形象代言人。

案例：

××凭什么成为马云唯一钦点的珠宝品牌?

（引自搜狐：http：//www.sohu.com/a/36013693_103807）

10月13日，在阿里巴巴集团杭州西溪园区，39个国家的驻华使节代表与阿里巴巴集团董事局主席马云、CEO张勇和总裁迈克·埃文斯一起，共同启动2015天猫“双11”全球狂欢节。由日本花王、美国梅西百货、××领衔的近50家顶级品牌在现场见证了这一时刻。××作为珠宝行业唯一代表品牌，受到马云和外国大使们的一致高度赞誉。

去年以700万元拍得天然翡翠龙纹玉璧的马云先生对珠宝愈发表现出浓厚的兴趣，在当天会场的“双11”体验区，马云特意驻足在××珠宝展台，并一眼相中了一款200万元的祖母绿吊坠。一旁的哥伦比亚大使看见本国出产的宝石也非常惊喜，即兴为马云当起了现场解说员，对这款绝世祖母绿吊坠进行了专业点评。

在了解完××的珠宝工艺和品牌定位后，马云不禁连连称赞，尤其是听到××通过“一物一证”和“矿区直供”的方式解决了网购珠宝的信任度和性价比问题时，更是频竖大拇指，高度赞扬××在中国珠宝市场的贡献。马云认为，××非常符合天猫平台的国际化发展方向，并期望××成为天猫珠宝风向标。随行的哥伦比亚大使亦表示，将大力推动哥伦比亚祖母绿矿区和××珠宝的深度合作。

为什么××珠宝能被马云钦点登上这场国际盛会？作为彩宝行业的领导品牌，××珠宝在坦桑石、碧玺、红宝石、蓝宝石、沙弗莱、祖母绿等彩色宝石领域拥有全球范围的竞争优势。××珠宝自创立以来，除了专注高级私人定制业务外，亦开展电子商务业务。××珠宝“拥有全球宝石直供体系”“自有工厂 10 个工作日快速定制”“网络售价为专柜价的 2～3 折”等行业竞争优势，成为了无可争议的彩宝国际大品牌。

点评：

通常以名人或者明星大腕角度宣传企业，企业都会煞费苦心、绞尽脑汁，认为得花很多钱、求很多人。其实软文营销可以非常轻松地解决这一问题，轻松借助名人效应，来表达企业的品牌思想。

这篇文章切入点非常巧妙，其实只是马云在展区看了几眼产品，作者就立刻顺风行船，把品牌说成了唯一的钦点珠宝品牌。从影响力来讲，马云绝对完胜中国任何一线大牌影视明星，连他都能钦点，而且还是唯一的珠宝品牌，得牛成什么样?

也有学员问过我，这样是否涉及侵权或者夸大宣传的问题。本书中，我也反复强调过，允许夸张但必须实事求是。这个文章的标题，就是采用了这一标准。因为这件事情是完全属实的。在整个展会的珠宝类产品中，马云可能只到了这一家的展区停留，所以这绝不是虚假宣传。至于“钦点”一词，谁不愿意被别人摆的位置高一些呢?

相比标题来讲，正文就突兀很多。也可以看得出来，写得很仓促。毕竟之前品牌商也没想过，马云真的会来现场，否则，文章字数肯定不止这些。但是就品牌优势，没有完全展示出来，不得不说是这篇文章明显的瑕疵，错过了全方位夸奖品牌的机会。

3.3.7　记者

企业的新闻发布会、公益活动、明星代言等具备新闻事件的宣传，通常都是企业写好通稿，给记者参考。这时以记者的角度去对企业信息进行揭示，在引发消费者好奇之余，也会增加信任度。也可以直接宣传企业的市场动态、慈善事业、新闻发布会、销售情况等信息。通过“曝光”“暗访”等关键词吸引眼球，增加文章的真实性和神秘性。

撰稿时可以用记者的角度，却不是记者的身份，这一点要牢记。可以明确写出是“笔者”或者“作者”。不可虚假宣传，不可夸张宣传，其真实性越强，传播效果也就越好。

案例 1：

××品牌新闻发布会在粤华彩绽放

（引自新浪：http://hlj.sina.com.cn/fashion/sy/2016-11-29/detail_fashion-ifxyawmm3787230.shtml? from=wap）

近日，万众瞩目的爱尚女人·幸福生命汇“××”品牌新闻发布会在广州花都盛大举行，各界领导和主流媒体列席发布会现场，共同见证了“××”系列产品在中国的首发！至此，早已引发消费者和零售商们兴趣的“××”品牌终于瓜熟蒂落、闪耀问世！

一、源自慕尼黑 AFA 八年“抗战”，打造抗衰传奇

有数据显示，90%的女性坚信内外环境的改变会伤害皮肤，78%的女性感觉护肤品的吸收速度和效率大不如前，77%的女性发现皮肤受损（如日晒）后的恢复速度变慢。然而，尽管渴望肌肤拥有“青春不老”的法力，成为一个永不变老的“元气美女”，但随着都市污染加剧、职场不断增压，以及饮食习惯日趋不规则、不健康，都让这个愿望的实现变得困难重重。

最近几年，为了实现这个愿望，更有不少爱美女性疯狂追求微整型和高科技仪器对自己外在美的改变，虽然从中获得了一定的满足，但这些疗法的“副作用”，也让部分女性的肤质受到不同程度损伤，甚至使得肌肤转化为过敏肤质等。正是在这样的情况下，经过欧洲完善市场品质验证的德国品牌“××”诞生了，正式走入中国市场，由××中国区独家运营。

据悉，“××”的诞生，源自于德国慕尼黑 AFA 联合实验室，历经八年、数十位专家苦苦钻研、不断改进后的成果，其突破了传统的保养方式，对于改善肌肤细胞状态具有显著效果。

二、20 位影视明星齐“代言”，开启全民抗衰老时代

在发布会现场，一条不到 1 分钟的广告片获得了全场的关注与热议。只见，在这条短短的广告片中，钟丽缇、吴启华、关礼杰、许秋怡、刘锡明、钟淑慧、吴岱融、陈亦名、吴瑕、冉倩等 20 多位明星艺人，都对“××”给出了高度评价与肯定，为其“代言”。

而作为产品最早的“代言人”，同时也是第一批水能保湿系列产品的试用者，××集团的 CEO 赵总这样表达自己使用该款产品时的感受：

在试用全新的“××”时，隐隐中甚至可以感觉自己的皮肤在持续接收精华液所带来的细胞能量作用在肌肤上，让皮肤变得细嫩、透亮、水润、匀澈。事实上，“××”在研发时，便主攻提升肌肤自身水润力、美白力、年轻力等方向，而成果确实也在一定程度上实现了这个目标。这正是我将其引入亚太地区、引入中国的原因。

三、××尖端细胞能量技术，成就××美肌

经临床试验证明，皮肤之所以富有弹性，主要是因为皮肤真皮层内成纤维细胞分泌的胶原蛋白形成了皮肤的支架，而成纤维细胞是由皮肤干细胞分化的成纤维前体细胞形成的，

又被称为“皮肤青春细胞”，是保持肌肤年轻的根本。

此外，干细胞可以产生和分泌大量的生物活性因子，可有效调控机体细胞信号传导、活化人体干细胞，进而生理性修复或替代机体损伤、病变及衰老细胞，同时还可促进细胞DNA、RNA 和羟脯氨基酸的合成，加快细胞的新陈代谢、完善胶原组织的构建，通过修复受损细胞，促进新陈代谢和胶原蛋白的合成，真正做到从细胞水平上实现肌肤的生物美颜。

而全新的“××”正是应用了这一原理，直接颠覆护肤界神话，将双倍浓缩的干细胞焕颜再生精华液融入德国全新生物科技，为肌肤注入源源活力，实现面部轮廓舒缓柔润，帮助肌肤抵抗与淡退岁月痕迹，展露新生美感，焕发容光。

××中国区独家运营集团总裁 CEO 赵总最先把××品牌引入到中国。赵总介绍，“××”拥有小分子透明质酸钠、对羟基苯甲酸甲酯、多聚谷氨酸钠、寡肽 1、水解胶原 5 种有效成分，以及鲜活干细胞提取精华液的强效渗透能力，突破了传统护肤品遮瑕及亡羊补牢式的保养形式，不再依赖于每天烦琐的护肤步骤和化妆的遮掩，从根本上改善自身肤质！

点评：

从写作角度来讲，是记者对新闻发布会的宣传。虽然没有体现任何撰稿身份的词汇，文章结构完整，主题明确，但仍然可以看出，是以娱乐记者的语气和风格撰写，所以商业痕迹虽明显，但却并不令人排斥。从消费者感受出发，文章中只要有明星出现，似乎都有让人读下去的欲望，毕竟偶像效应是巨大的。

案例 2：

××在线上线暨××国际手机节盛大开幕

（引自搜狐：http：//www.sohu.com/a/116046852_480465）

2016 年 10 月 10 日上午，××在线新闻发布会暨第一届××国际手机节开幕仪式在潍坊市新富佳悦大酒店新富会议中心一号会议厅盛大举行。本次活动由山东××网络科技有限公司主办，山东××集团、潍坊市手机行业协会、中国联通协办，并得到了潍坊市经信委、潍坊市中小企业局等多家政府单位的大力支持。

上午 9 点整，发布会正式启幕，一段活力十足的开场舞点燃了现场的热情，伴随着现场浓烈的氛围和观众的热烈掌声，主持人闪亮登场，宣布××在线上线仪式暨首届××国际手机节开幕仪式正式开始。

随后，潍坊市手机行业协会秘书、中国联通总经理、实战电商学院所志国院长分别上台致辞，表达了对××在线与××国际手机节的肯定与祝福。紧接着，山东××网络科技有限公司总经理、CEO 韩总登台致辞，韩总介绍了××在线的成长历程与发展规划。

伴随着欢快的音乐，在主持人的邀请下，与席的各位嘉宾、政府领导及企业高管分别上台为首届××国际手机节剪彩，助××扬帆起航，全场欢欣鼓舞。

剪彩仪式后，发布会进入第二环节。中国联通潍坊分公司、广发银行潍坊分行、平安保险潍坊分公司、山东水滴孵化器等合作企业和单位的领导先后上台，与山东××集团董事长、山东××网络科技总经理韩总一起，为××在线举办启动仪式。此时，时钟来到了 2016 年 10 月 10 日 10 点整，在这样一个既平凡又特殊的时刻里，随着 6 人默契地按动触摸开关，××在线正式上线，它必将在手机电商领域写下属于自己的一页。

多位嘉宾分别在启动仪式后登台并做了精彩发言，他们都对××在线的未来信心满满，随后，××网络科技 CEO 韩总分别与多位合作伙伴签订战略合作协议，展示了××在线未来在互联网金融、创业教育、多业态服务等领域发展的方向，以及与合作伙伴携手同行的信心，面对未来××在线不畏挑战。

签约仪式后，××网络科技 CEO 韩总为到场的各位朋友对××在线的业务体系、发展规划进行了细致的演示与讲解。华丽的 PPT、充实的内容，幽默的谈吐无不显示了韩总专业的素养和满满的诚意，精彩语录频出，一度令现场掌声不断。随后发布会进入媒体提问环节，面对各大媒体专业又刁钻的问题，韩总应对自如，其精彩的答辩赢得了现场一阵阵热烈的掌声。

11 点 20 分，发布会在一片热烈的气氛中圆满落幕！会后各大新闻媒体纷纷报道了此次盛典。

据了解，××在线电商平台启动以后，将正式向全国广大消费群体推广，在 2016 年年底将实现粉丝量突破 100 万名，2017 年将以本地为中心，拓展全国市场，预计年销售额过亿元；2018 年线下服务门店实现全国范围的覆盖，完成多轮融资，启动上市计划。

××在线电商平台诚邀各方加盟，共同打造以服务消费者为宗旨的新型科技电商平台，推动通信行业智能化的发展，让广大居民体验和享受到移动互联网带来的高效、便捷新生活。

出席本次发布会的有 CCTV-1、凤凰网、腾讯、优酷、今日头条、《齐鲁晚报》《大众日报》《山东商报》、大众网、齐鲁网、《潍坊日报》《潍坊晚报》、网易新闻、潍坊电台、潍坊传媒网、《潍坊广电报》、潍坊发布、潍坊论坛、潍坊旅游网、陌陌等新闻媒体的记者朋友们。

点评：

这是一家手机平台正式启动的新闻发布会，我有幸成为唯一受邀的外地嘉宾。这篇文章撰写的是新闻发布会的全过程，也是大多数新闻发布会的通稿版本。从写作角度来讲，还是可以感受到记者的写作视角。应该有 3～4 个小标题，把各个环节区分的更详细、行文也就更顺畅，关键还是要让读者有个视觉缓冲地带。

重点提示：

不同的写作角度可以在一篇文章中同时存在，比如引题可以是记者角度，第一个小标题和段落中，是以高管角度和消费者角度，第二小标题和段落中就是权威人士角度，第三个小标题又都回到了消费者角度。当然看起来似乎有些乱，这里只是引申比喻。写作角度和软文种类，还是有本质的不同。

写作角度是文中主角的视角和人称，而软文种类指的是软文要实现的市场目标，这二者是完全并存，并且没有任何矛盾冲突的。任何一种类型的软文中，都可能存在多种写作角度。

3.4　重中之重的十大必胜要素

本节将关于软文营销的常犯错误和主要知识点进行回顾和总结，便于读者在学习过程中掌握要点。

1．策划软文战略

应由专业的策划来完成整个品牌的软文营销布局，要有阶段性目标、针对性的标题、符合公司品牌推广进程的内容，但是，通常这一步都被企业忽略了。

2．制订宣传策略

选择媒体、确定发布时间，分析覆盖范围。将年度推广目标分解到月，并将月目标细分为销售目标和品牌目标。根据目标的确定，来分解软文营销的费用。

3．弱化商业色彩

将软文写得商业色彩淡、新闻色彩重；吹捧色彩淡、公正色彩重；回顾性色彩淡、即时性色彩重；第一人称色彩淡、第三人称色彩重。让它更像一篇新闻而不是一篇软文，让它更具备客观公正性。

4．调整写作风格

根据上一篇软文的市场反馈，在一周内立刻调整方向或保持同样风格，继续下一篇软文宣传。

5．形成宣传轰炸

软文的发布媒体不可太少，否则完全不具备宣传意义和公关效果。至少一次宣传应该覆盖 20 家以上媒体，形成宣传轰炸效果，扩大潜在消费者阅读到文章的概率。

6．分析写作角度

如果撰写的软文具有一定的评论性和新闻性，那就有可能被转载。收集这些转载的网站信息，可以分析出什么角度的软文更容易被媒体所接受。

7．保持持续宣传

软文的传播周期，尽量以周为单位，也就是每周发布一期软文，一定要形成持续性和持久性。

8．遵守宣传法规

可以适当包装、制造虚拟人物，但文字内容不能过于浮夸，特别是不能制造虚假新闻，要谨慎宣传。

9．了解品牌阶段

做软文营销前要做一个整体营销的规划，要根据不同的营销阶段撰写不同侧重点的软文。

10．不要急功近利

绝对不能用短期的销售收入来衡量软文营销的效果，软文营销起到的是品牌形象树立、品牌影响推广的长期市场作用。

练习环节

■ 模拟两种产品，用七种写作角度，每种各写一篇 1 000 字左右的软文。

第4章

出人意料的七大软文种类

经常会有读者分不清楚软文写作的角度和软文种类的区别。二者其实很好区分，软文的种类，是指软文的宣传形式和市场目标；软文的写作角度，是指在文章中的人物视角。这两者是相辅相成、毫不冲突的。

在某种形式的软文中，可能只有一种写作视角，也可能有全部 7 种写作视角。从这一点来讲，写作视角就是体现软文形式的内容。软文形式是面，软文写作角度是点。就像战略与战术的关系一样，软文形式是文章宣传方向，软文写作角度是文章具体内容和表达形式。

4.1 直白展示类

4.1.1 方向

直接向消费者说明品牌的定位、商品、优势、服务、背景等综合内容，提升品牌的认知度。

案例 1：

坚持质量为主的××塑料包装制品有限公司

塑料产品加工生产是我国的重点产业，也是影响着环境保护和食品安全的重要产业。笔者近期在进行环保产品的系列采访中发现，××塑料包装制品有限公司，在质量、环保、服务等多方面，受到了很多企业的赞誉。于是，笔者带着好奇，对该公司进行了系列暗访，查到了以下资料。

山东××包装有限公司，成立于 2002 年 6 月，有着 12 年软包装生产历史，在国内外享有盛誉，客户遍布亚洲和欧美。多年来始终坚持“质量第一、诚信第一、环保第一”的经营原则和客户至上的经营理念。主要生产聚乙烯袋（PE 袋）、真空包装袋（PA/PE 复合袋）、彩印复合包装袋、镀铝袋、高温蒸煮袋、拉链袋等产品。

由于严把产品质量关和售后服务关，加上××公司独有的“四大市场经营优势”，使××公司成为了中国知名的塑料产品生产企业，合作客户遍布中国及欧美等众多国家和地区。

第一大优势　质量达到国家顶级标准

为了保障产品质量和客户权益，××包装有限公司积极贯彻落实国家关于出口产品质量和食品安全生产要求。建立了严格和分层的质量管理体系，高薪聘请了多名专业工艺技术人员，建立原材料、生产工艺流程、出厂检验等环节的多重质量安全控制。使所有出厂产品全部纳入可控状态，确保产品质量。对产品的每个生产加工环节，进行细致审核，确保每件产品都达到客户要求，也都达到国家标准。

企业已通过 ISO9001 国际质量体系认证、14001 环境体系认证；产品获得国家出口产品商检资质认定、国家质检总局颁发的生产许可证，是我国为数不多得到多项国家权威质量认证的塑料产品生产加工企业。

第二大优势　满足市场海量需求

××包装有限公司，占地 30 000 平方米，拥有固定资产 1 000 万元。拥有上百人的专业技术团队，价值数千万的制袋机、吹膜机、复合机、八色印刷机、分切机等高科技生产设备，以及多套检测设备、辅助设备。年产各种规格包装袋上亿条，可以为客户提供一条龙生产加工服务，实现了高效生产和海量生产，保质保量完成客户的各类市场需求。

重点生产加工：聚乙烯袋（PE 袋）、真空包装袋（PA/PE 复合袋）、彩印复合包装袋、镀铝袋、高温蒸煮袋、拉链袋等产品。为各类食品、化妆品、日用品、数码产品、海鲜产品、冷冻产品、家居用品、玩具、服装、鞋袜、饰品等提供各种定制化包装袋。强大的生产保障能力，可一次性解决客户的包装需求，在提供高性价比的质量和服务的同时，获得客户的一致好评。

第三大优势　解决企业的个性需求

与行业中的大多数塑料加工企业不同，××包装有限公司并不仅仅将产品服务停留在生产加工上，而且通过营销细分市场需求，在与客户的沟通互动下进行全面的市场分析。根据产品的特点和不同领域客户的需求，推出了针对化和个性化的包装方案，根据产品特点和质量，进行了行业细分，实现了我国塑料加工行业的一大跨步。产品主要分为以下五大类：

（1）聚乙烯（PE）包装袋。柔软而透明，具有良好的耐水性防潮和耐寒性，适用于食品、医药品、日用品及金属制品的防潮包装。

（2）真空复合包装袋（PA/PE）。具有较好的阻隔性及耐热、耐低温、耐磨、耐穿刺性、耐油性等，适用于油腻性食品、粮食干果类食品、休闲食品、水产及冷冻食品等。

（3）镀铝复合袋（OPP/PET/PE）。具有良好的避光性及热封性、保香性、无毒无味、柔软性等特点；适宜用于冷冻食品、蒸煮食品、烘烤食品及休闲食品等。

（4）高温蒸煮复合袋（PA/CPP）。特点：能杀死全部细菌，包材和食品同时一起杀菌，食品包存期长。适用于肉制品的包装。

（5）拉链复合袋（PET/PE）。具有良好的透明性和光泽，使用方便，适用于牙线、宠物食品、调味品、干果等的包装，而且可以重复使用。

第四大优势　信誉受到全球知名企业认可

由于质量好、服务精、生产快、影响大，不仅在国内，在亚洲其他国家和欧美国家，××包装有限公司，也都拥有着良好的口碑和影响力！吸引了来自全国各地，以及亚洲和欧美等多个国家的知名企业纷纷与其开展合作。

如今，××包装有限公司已与海尔集团、南方航空公司等中国知名企业展开合作；是亚洲最大的鱼糜类超低温食品包装供应商；美国知名牙线品牌、宠物食品品牌企业也与××包装公司展开合作。另外，企业还与全球 2 000 多家知名企业和国际品牌，以及数百家网店店主和电子商务平台有着市场合作。

以保护生活环境为己任，以服务客户为目标。山东××包装有限公司，将不断提升营销模式和市场竞争力，推动塑料加工产业的快速健康发展，坚持走企业特色营销之路！

点评：

这是为一家经营塑料加工制品的企业撰写的展示类软文，这类企业由于行业限制，服务和产品同质化严重。显然，自怜自艾是没有任何意义的，市场从不会由于同情某个企业，而让企业获得商机，机会永远要靠企业自己去市场上争取。

经朋友推荐，这家企业的老板找到了我。当时，也为企业推荐过其他形式的推广策略。最终，还是选择了性价比最高的软文营销。当商洽推广核心的时候，企业的老板犯了难。他的企业就处于，我的企业有的，别的企业也有；别的企业有的，我的企业可能还没有的尴尬状态。

等我帮他把企业四大优势挖掘策划之后，他愣住了，表示看着这些似曾熟悉的内容，又感觉有些陌生。这就是软文营销的魅力，化腐朽为神奇，化平凡为卓越。作为生产加工类企业，确实都存在这样的问题。大部分工作内容和竞品企业是一样的，但毕竟营销细节、团队理念、特别是合作客户是绝对不可能完全相同的，而这一点，就是需要策划人去深入挖掘的。

再普通的市场优势，当别人都不去宣传的时候，你的企业第一个去宣传，那么恭喜，舆论导向的制高点就被你的企业完全占领了。由于是加工型企业，重视的就是服务标准化，为了保证企业形象的正式和严肃。这篇文章完全以记者的视角去撰写，没有加入其他任何写作视角。

案例 2：

××原汁机榨出健康新生活

由于生活节奏过快，白领、企业高管、职场人士们都很难有时间安静享受生活、补充身体所需的营养，所以榨汁机的简便和快捷被人们所青睐。美中不足的就是传统榨汁机噪声大、浪费多、营养损失严重。而近期在“某电子商城”销售的韩国××原汁机，采用世界最新技术 LSTS（Low Speed Screw，低速压榨的方式）研发，功能强大、应用广泛、使用便捷、保存营养、口感纯正，安装和清洗比普通榨汁机更方便。

刚刚上线销售，就被网民火爆抢购，很多网友甚至一买就是两三台，不仅自己使用还用来送给家人和同事。

一、让家人营养充足

北京一家广告公司的行政总监徐女士说，由于工作太忙，很少有时间照顾自己的老公和孩子，又担心他们缺乏营养，所以平时经常榨各种果汁和蔬菜汁给他们喝，但总是有很多的浪费，而且榨出来的汁味道怪怪的，最麻烦的就是有时候清洗会伤到手。

听同事推荐，买了一台××原汁机，发现真的是用过榨汁机里最好的一款了，噪声特别小，只有微微的震动，榨出来的汁水特别多，果渣非常干，基本没有浪费。像芹菜、芦荟、葛根等一些以前难榨的蔬果，一下子都可以搞定。周末还特意磨了新鲜豆浆，孩子和老公抢着喝，都说味道特别好。而我最爱把萝卜、芹菜、苹果等蔬菜水果用压汁后喝下去，大夫说长期饮用还能防癌，真是一举两得。据同事说，还能做豆腐、健康羹和水果冰淇淋等食品，准备找时间试一下。

二、帮女性美容减肥

在上海一家平面杂志担任美工的程小姐，自己买了一台后，又购买了一台邮寄给了老家的妈妈。程小姐说，天天对着电脑皮肤总是很干，现在皮肤也很粗糙、有淡淡的黄斑，大夫说是辐射影响了内分泌，建议多吃水果和青菜。

可平时工作太忙，经常会忘记。买了××原汁机发现，××机有两个出口，一个是出果汁的、一个是出果肉的。所以果汁量比一般的多，喝一杯就饱。我就用胡萝卜、苹果、芥蓝、柠檬、洋白菜等青菜水果榨汁来代替晚餐。材料里面含有丰富的维生素以及身体所需的营养成分，榨出的果汁原汁原味口感也非常好，还具有丰富的营养元素。喝了几天就发现皮肤惊奇地变得光滑、嫩白了，脸上的色斑几乎消失了，便秘也无药而愈，现在体重减轻了 6 斤，真的是好神奇的产品。

三、使宝宝健康成长

宝宝不爱吃饭是所有父母最头痛的问题，哄、吓、逗都于事无补。偏食则极易引起孩子的营养不良，从而影响发育甚至影响智力。在杭州一家物流公司工作的李小姐说，宝宝一岁的时候，老公为了我和宝宝的健康，购买了××原汁机，每天都给我们做不同的饮料和宝宝食品。

以前吃水果和蔬菜，总怕上面有农药残留不敢给孩子吃，但原汁机能把果蔬上的重金属和农药与纤维紧紧挤压在一起，变成渣排出，不必担心有害物质混入汁液里了。原汁机打出来的东西还很细腻，非常适合宝宝食用。南瓜糊和土豆糊，宝宝特别喜欢吃。至于萝卜汁、苹果汁宝宝更是捧着就不撒手，由于营养丰富，现在小家伙长得白白胖胖的超级可爱。特别是机器里没有刀片，采用慢慢挤压的非研磨榨汁方式，清洗起来不怕伤手。榨完汁，直接倒入清水，让机器运转 30 秒，即可冲洗掉大部分残渣了，适合我这种懒妈妈。

笔者相信，××原汁机的高科技功能一定能帮助更多的家庭，获得健康快乐的幸福新生活。

点评：

××品牌的原汁机，曾经在中国掀起疯狂的销售狂潮。确实它打破了传统榨汁机的弊端，汁液提取更干净、更卫生。而这一品牌在国内的营销策划，也确实做得非常的成功。还做了一些小的栏目，教消费者如何通过这款原汁机做各种点心、水果、糕点和菜品。

这篇文章并不是原汁机品牌邀请我撰写，而是为当时销售这款产品的电子商城撰写的。虽然这一品牌已经在中国销售很久，但这个电子商城来却是刚开始销售。所以，我仍然是以展示类软文的风格，针对家人、女性和宝宝，以消费者和记者的视角撰写了这篇文章。

与案例 1 相比，由于目标客户群的不同，文章写的相对比较生活和轻松，没有平铺直叙产品优势。而是通过不同的人群使用特点，分别展现产品的营养、便捷、卫生、安全等综合优势。以借助这一品牌，为商城引流，让更多的消费者知道这个电子商务平台的综合优势。

4.1.2 要素

（1）展示类软文的目的，是增加消费者对企业的全面了解，有时会显得略为生硬，但是无妨，因为它的市场意义就是直接夸奖品牌。

（2）适合刚推出或重新包装卖点的品牌、产品、商城、店铺、服务、企业，让消费者一目了然地看到综合优势，通过文章能了解到基本信息。在文章中体现出行业环境、目标人群需求、品牌能提供的综合效果！

（3）文章在文字描述上，会稍显得像硬广告，趣味性不强，但是新品上市、推广必须要有 3 篇以上！文章中可引用消费者的切身体验，增加亲和力。

4.2 专业评论类

4.2.1 方向

以专家、专业人士角度进行评述，说明品牌优势的真实性，增加品牌权威性。

案例 1：

服饰团购网出现 团购网走向行业化

团购网以低价、便捷、即时的优势，惊人的火爆。仅几个月时间，团购网就从几家发展到上千家。团购产品也是五花八门，应有尽有，大到团购汽车、住房，小到食品、电影票，令人眼花缭乱。团购网巨大的价格吸引力让网民热血沸腾。2010 年，团购市场的总体份额为 20 亿元，占据了整个网购市场的 1%，预计 2011 年团购市场总体份额将达到 200 亿元。

然而，由于团购网进入门槛不高，加之市场份额的迅速扩大，导致市场鱼龙混杂，消费者投诉日益增多。最终，政府加大力度规范团购网市场，开展了行业洗牌。从此，团购模式在政府的支持下变得规范化和专业化，也保证了网民的基本利益。

经过市场的洗礼，焕然一新的团购网市场，依然存在着广阔的市场空间，并开始改变了传统的运营模式。2011 年的团购网从原有的综合化逐渐向行业化迈进。一方面如腾讯、网易等门户类网站增加了团购模式，还有老牌的拉手网、糯米团等仍然保持着综合产品模式。另一方面，则是异军突起的行业化团购网站，以服装服饰类的××团购网（以下统称为××团）为代表，通过市场细分吸引年轻时尚网民，再次掀起了行业团购的市场高潮。××团是我国专业的服饰团购网站，虽然上线时间不长，但很快以优质的品牌、良好的口碑、高度的信誉，受到了无数消费者的好评和青睐，每天成交量都达上百单。

服装团购已然成为了 2011 年电子商务，新兴模式的典范，也是流行的趋势。××网服装服饰团购，是否能在 2011 年异军突起？在新的电商新格局下取得成功？记者通过采访互联网专家所志国后，得出以下结论。

一、团购产品以行业为导向

××网服装团购，是一家专门组织精品服饰团购的网站，以为消费者提供物美价廉的优质服饰团购为目标，以网购热卖的服饰作为团购产品，定位精准、品牌丰富、服务专业，可以完全契合时尚人群的消费需求。通过细分市场，专业化运营理念，让××网服饰团购在行业众多团购网站中独树一帜。

二、丰富的行业信息

××服装团购每天帮消费者推荐多款物美价廉的精品服饰，让消费者享受低价潮流的乐趣。在提供团购产品的同时，也提供众多服饰搭配信息给消费者，不仅可以满足消费者猎奇的心态，还可以将更多的消费者吸引到××网团购平台上来。除此之外，还有些很有价值的潮流时尚资讯，让消费者感受浓重的时尚气息，自由装点时尚生活。

三、保证产品质量和完善的售后服务

团购网得到消费者的认可，除了价格优惠、货品充足外，产品的质量和售后服务是消费者最为关心的。××团每款团购商品都经过精心挑选，并且对参团商家资质、产品及售后体系都进行严格审核，以确保每位顾客的利益不受损害。同时××团将密切协调厂家和第三方物流配送公司，让消费者不必但心团购后产品的质量和能否及时送达。××团成为了消费者和商家之间的情感纽带。

××团之所以火爆，就是因为它符合了中国电子商务发展的新趋势，也是满足团购网发展过程的必然结果。因此，才能在团购行业中树立了新的行业规范，带动市场的新发展。

互联网专家所志国等人，也纷纷对××团的专业化路线表示了大力的支持和认可。相信××网服饰团购将带动我国的众多团购网站，快速向行业化发展跃进。

点评：

这篇文章写的较早，是当年第一家专业的服装团购网站，要求以行业评论形式为企业撰写的文章，从而引起媒体的关注。通篇运用业内专家视角，从电子商务团购行业角度，推出服装团购网站的发展方向，再具体到该网站的市场综合优势。虽然时间点与现代并不相符，但是作为评论类软文，从风格、模式、内容到写作角度，都很具备代表性。

案例 2：

电商领域首现 B4C 模式 ××新居网领航家居电商

在我国的电子商务市场环境中，家居电子商务一直是“短版”。虽然全国家居产业有着近 9 000 亿元的总产值，但在电子商务领域却始终波澜不惊、平平淡淡。在网络消费环境已然成熟、网民的平均消费能力大幅度提升的今时，有着绝对广阔市场需求的家居电子商务却无所作为。

一、四大硬伤影响中国家居电商发展

作者所志国在为 6 家从线下营销转型到电子商务领域的家居企业进行了营销诊断和营销策划后，分析出了家具电商行业存在的四大硬伤。

第一，网民通过虚拟的网络购物，对家居产品没有直接的视觉印象，难以保证购买后

室内的整体搭配协调，一旦购买后的家具和房屋空间或其他家具搭配起来不能协调统一，将成为无法处置的“鸡肋”。

第二，通过传统的 B2C 或 C2C 平台购买家居产品，尺寸很难实现完全精准。如今的白领、工薪阶层大多生活在寸土寸金的城市，房屋面积有限。除了要满足必需生活用品摆放外，每个家具的尺寸几乎都要达到百分百的标准，才能保证房屋的整齐和舒适。而通过网络购买家具的尺寸存在误差的可能性非常大。

第三，传统的物流费用以公斤为单位，但家具都是较重的产品。特别是购买组合柜、沙发、床、衣柜、酒柜等产品，如果按照传统的物流费用标准进行支付。那么物流费用很可能超出购买家具本身的成本，这是网民绝对无法接受的。

第四，时尚和白领人群最在意家居产品的个性化定制服务。传统的电子商务平台都只能销售统一的标准化产品，不能满足消费者的直接需求。

终其根源，还是在于大多数家具企业是在完全照搬其他行业的电子商务模式，直接沿用了 C2C、B2C 的营销模式，忽略了家具行业和市场需求的行业特性。传统的电子商务模式无法满足家具行业的发展需求，必须通过创新突破市场缺口。

二、B4C 模式引发中国家居电商产业革命

近期被媒体连续报道的家居电商的 B4C 模式，是 ×× 新居网在 2009 年首推的 B4C 模式：以客户为中心的电子商务模式核心。没有花哨噱头和夸张的卖点，就是把家居消费者的需求作为电商平台的营销重点，通过线上高科技和线下高质量的服务，解决网民的疑惑和担心，实现开心和轻松购物。

第一，×× 新居网为全国各地住宅楼盘中的上万套户型建立“虚拟样板间”，将家具进屋后的实际情况清晰地呈现在消费者面前。消费者在新居网上可以通过客厅、书房、卧室、儿童房等居室功能进行筛选，按房间面积、家具总价等条件进行直接组合。轻松得出和房间环境最为近似的，最中意的家具方案。这一技术，轻松解决了网民通过虚拟的网络购物，难以保证购买后室内的整体搭配协调的问题。

第二，消费者确定意向购买家具后，可以预约新居网专业设计师上门量房，根据房屋实际尺寸及个性化需求对方案进行微调和确认。以保证家具的实际尺寸和摆放尺寸的完美统一，解决了尺寸隐患问题。

第三，×× 在全国有近千家门店辐射着各大城市，可以为网民免费送货，轻松解决了产品物流的瓶颈。

第四，网民可以直接到线下门店进行体验，提出个性化定制需求。通过订单处理和生

产发布系统，将每天上万个订单拆成各种各样的零部件，然后投入大规模的批量生产，从而实现个性化生产定制。

中国电子商务曾经出现了无数的创新模式，但真正被市场所认可和接受的并不多。××新居网的B4C模式，切切实实地解决了影响家居电商发展的四大硬伤，使得网站销量异常火爆，所以一时间成为中国电商的革命性模式。

三、B4C模式成为中国家居电商必然趋势

阿里巴巴集团战略部的教授在2011网商大会《新商业模式，新商业文明》的主题演讲中认为，C2B即消费者驱动的个性化定制模式，通过个性化的需求来创造附加值，而不是同质化的产品在成本方面的竞争。

作者所志国曾经亲自经历了国内第一家C2B网站的运营，结合教授的话可以分析出，不论是C2B还是B4C，最核心的意义都在于：打破固有成功电商模式的封闭性，通过针对不同消费人群的个性需求和不同行业的电商特色，推出符合市场竞争需要和发展规律的电商模式，就能在健康发展的同时自然避免恶性的成本价格战。

××新居网的家居电子商务模式，以切实有效的营销机能和服务功能，通过“线上+线下”“技术+服务”的双重保障，颠覆了传统的电子商务的保守模式，解决了传统家居电商的营销问题。不仅走在家居电子商务领域的最前端，更走在了中国电子商务未来发展的C2B最前端。

“××新居网”在2011年分别获得了“全球十佳网商”和网商大会唯一的特别奖“年度创新大奖”。而令网站获能连续获此殊荣的，就是B4C创新模式和傲人的市场业绩。在这里，也由衷地希望中国的家居电子商务能够越走越好，快速出现繁荣兴旺的景象。

点评：

当时，中国电子商务新模式层出不穷，C2E、E2B、B2F、O2C、B2O等，不仅是媒体和消费者弄不清楚，就连身边从事多年电商的业内人士也哭笑不得。很多都是希望能通过打造某种电商新模式，瞬间赶超马云，吸引巨额投资，打造行业神话，跻身为国内电商一线大咖。可惜，大多完全闭门造车，无视市场经营需求、生编硬造，结果只能是折戟沉沙。

文章中的电商企业虽然也打造了全新的电商模式，其模式到今天也并非主流。但它的前身，有很强的渠道能力、服务能力，最关键的是资金实力，在央视也投放了大量的广告。这家电商平台，如今在国内已经具有很强的影响力和市场规模。

我应企业邀请，为平台撰写了行业评论。全新的电商模式，就必然要与传统电商模式进行对比，从而找到新模式的市场优势，并且认证这一模式是切实可行的。

案例 3：

率先发力新一轮白电智能化 ××恐为行业抬轿

电智能化不仅代表着科技的进步，也是人们生活质量提高的希望和体现。随着智能手机和云电视的出现，智能白家电，也不再遥不可及。

一直以来，××、格力、海尔等企业在空调、冰箱、洗衣机领域不断探索发展的目标。哪个企业最先实现白电领域智能化，就意味着企业能最快地通过高科技开辟出全新的市场空间，甚至在相当一段时间内“科技垄断”白电行业，占领市场最顶峰。

与××作为国内家电的知名品牌，一个主攻黑电，一个以白电为主，两者联合发展，已然成为国内家电行业的令人瞩目的引领者。2014 年，××冰箱率先问世，引发行业密集跟进，恐为行业抬轿。

一、白电进入智能化新时代

随着互联网技术的快速发展，智能战略近年来成为国内家电行业发展的主导战略。互联网云时代来临，家电行业内一场新的技术竞争浪潮也悄然而至，传统家电争先恐后地向智能家电产业升级，沉闷的家电市场，迎来一场关于智能战略布局的革命。

家电行业专家预测：“2014 年应该会成为白色家电的智能化元年。”这个既是猜测也是市场的必然结果，因为在智能手机、电视风起云涌的时代，白电如果再不能实现智能化功能，注定被时代和社会所淘汰。

其中反应速度最快的当属××企业，在传统的功能上研发家电的智能化、远程化、数据化和自动化功能，使白电产品更“懂得”消费者喜好，帮助消费者提升生活质量，让白电完全步入了智能化的新时代。

二、××开启白电智能化

互联网大潮中，互联网风暴以摧枯拉朽之势，将一个个传统时代的神话彻底粉碎，并以最快的速度完成互联网对传统产业的覆盖。在现今的移动互联网时代，人们已经习惯了智能手机在手，衣食住行几分钟就轻松搞定。当智能化的生活方式开始进入人们的生活，就意味着这种生活方式不可能再回到以前，势必将智能化的应用工具不断延续至人们生活的各个角落。

然而，究竟怎样的智能冰箱才能够真正称得上智能呢？连上互联网或者装一个平板电脑就叫做智能冰箱吗？据了解，××发布的新品冰箱也用了很多智能的技术，包括互联网的技术、物联网的技术、云计算的技术、传感器的技术等，然而，这并不是冰箱称之为智能的原因。

在笔者看来，这些智能的技术仅仅只能算是手段，真正的智能应该是基于以消费者为中心，用大数据来洞察消费者的根本需求，并尽可能地不改变消费者的使用习惯。这应该也是××冰箱与其他智能冰箱最大的区别。

据悉，××冰箱的设计基于满足消费者对于食物保鲜和延长保鲜的基本需求之外，还能帮助消费者对食物进行智能化管理，这样就能避免因为忘记或者意外的原因让食物坏掉而无法使用。与此同时，远程实物显示技术及遥控技术，还可以让消费者通过手机查看冰箱里面食品列表清单，调节冰箱温度等。加上独有的“健康球”和“省钱宝”功能，让冰箱的智能化发挥到极致，健康经济同时进行。

三、××成为开启白电智能的第一家

在家电智能化战略大趋势下，××作为国内知名家电品牌企业，自与其合而为一之后，发展更加顺畅。如果说上个月发布的××智能电视是其构建家庭互联网生态的第一步，那么智能冰箱的发布则是第二步，这标志着向着全球智能综合家电领导品牌迈出了坚实的一大步。2014 年春季，××冰箱媒体见面会上，××董事长讲道：“××发布的××智能冰箱是旗下一款重磅的白电智能产品，推动了家庭互联网战略的全面落地。”

××冰箱拥有多种智能化技术，包括互联网技术，物联网技术，云计算技术，传感器技术等，其目的就是给消费者提供帮助、带来价值，解决他们的需求。××冰箱的发布会引爆了整个冰箱市场。2014 年可以说是智能冰箱的元年。

白电智能化的大幕已经拉开，而正因为有××这样的家电品牌企业的不断探索和创新，才会有更多白电智能化技术出现，进而推动整个国民生活质量的提高。

点评：

熟悉家电行业的读者，可能已经猜到了这是哪个品牌的文章。之所以选择这篇文章作为案例，就是要说明作为软文营销的从业者，只要掌握了写作技巧和营销经验，其实并不存在行业限制。

有企业找到我时，会担心地问我是否从事过某个行业。而我要在此说明的是，我已经为几十个行业的上百个企业写过文章，在撰写文章时，会有相关的数据和资料作为参考和

支撑。撰写者需要的是详细而清晰的逻辑思维，而不仅仅是从业经验。

这篇文章采用了专家视角和企业高管视角，从行业现状引申到全新的跨度——白色家电智能化。再用企业自身优势与智能化时代相匹配，说明企业是新时代的带动者。也就自然而然地站在了时代的最前沿，虽然没有直接说，却也间接表达出了行业领头羊的地位。与案例 2 的新模式相比，这篇文章则是跨入了一个新时代。从宣传方向来讲，表达的严肃性和专业性更强。

4.2.2　要素

（1）评论性软文的专业性较强，撰写时必须对行业全局观有清楚的把控。这种类型更适合于有创新的技术、模式、服务、产品。

（2）文章中引用的专家尽量要提出全名、引用专家在其他媒体中接受采访时，要发布文章的原文。

（3）借助专家身份，指出品牌对整个行业带来的推动意义。

4.3　真实新闻类

4.3.1　方向

新闻也叫消息，媒体途径所传播的信息的一种称谓。通常是指具备即时性、社会性、传播性，有价值的时事信息。每个企业都有具备新闻价值的相关信息，例如得奖、公益、销售火爆、市场活动、明星代言等内容，都具备新闻价值，值得用软文进行推广，以新闻发布会或者邀请媒体关注的方式，提高品牌的公信力。

案例：

百变柳岩“有时性感有时感性”，傲人身材出席××签约会场

（引自宁夏在线：http：//ent.nxing.cn/article/18656784.html）

2017 年 5 月 16 日下午，国内时尚眼镜品牌××宣布，当红“性感女神”柳岩正式签约成为其品牌代言人，并于厦门华美空间 3 楼举行了隆重的签约仪式。签约现场，柳岩一袭白裙性感依旧，举手投足间魅力十足，频频吸引各大媒体的聚焦。

在签约仪式上柳岩表示，眼镜作为夏日体现“明星范儿”的重要配饰之一，既要注重功能性，也要关注其是否“百搭”，能否与其他装扮一块儿“搭”出时尚的感觉是其选择的标准，而这些无疑也是她挑选××进行代言的标准。

××“一瞥”，是厦门××眼镜有限公司（以下简称“××公司”）旗下设计师眼镜品牌。该公司旗下还运营有三大时尚品牌。一直以来，××公司都以时尚平价走俏，而此次即将推出的新品更是以时尚潮流为主打，同时还将推出柳岩设计的一款“明星范儿”的眼镜。

谈及选择柳岩作为品牌的形象代言人的原因，××公司总经理表示，柳岩是“国民性感女神”，也是时尚魅力的代言人，与××品牌所倡导的“时而性感，时而感性”理念十分契合。此次与柳岩的合作，相信能通过她潮流多元化的演绎，让××眼镜超越产品的功能性，还原眼镜的时装身份，为消费者带来全新的时尚美学。

据介绍，××公司旗下以××眼镜为代表的眼镜品牌，采用品牌直营和集约化信息管理经营模式，成为厦门眼镜行业的一匹黑马。从工厂到门店的品牌直营模式，最大化省去了中间商，极大地降低了渠道成本。由直营带来的集约化信息管理，总部即时、动态掌握产销存情况，有利于公司优化采购和生产计划，极大地降低了库存成本。

自2007年××公司创立以来，创新的管理模式让××眼镜打破了行业暴利的传统，以高品质和亲民的价格获得了众多消费者的青睐和良好口碑，门店已扩张至40余家，成为在厦门直营店最多的眼镜品牌。

×经理介绍，全新品牌××将保持自然环保材料、纯熟手工制造的特色，并在原有的管理模式基础上，采取新型代理商制度。所有代理门店将基于集成信息同款下单，现金采购，如此，避免传统代理商铺货模式下盲目铺货而增加成本的积弊。同时，这也为进一步让利消费者提供了可能。

对于未来的展望，×经理表示，××未来的努力方向是打造品质无可挑剔、风格独树一帜的眼镜，并成为时尚人士人手必备的重要潮流装备。

点评：

柳岩是娱乐圈的当红明星，也是话题不断的热点女星。尽管此文的商业色彩浓郁，但由于柳岩的出席就使它绝对具备新闻价值。柳岩的到场，肯定吸引了众多的知名媒体的记者出现。文章本身从记者角度和高管角度撰写，在很大程度上弱化了柳岩，主推品牌优势。虽然这是商业的基本规律，但从内容吸引力上来讲，也自然弱了许多。

此类软文，既然是借助明星的影响力、号召力和粉丝经济带动品牌销售，就应该在文章中将明星的光环尽量用到极致，内容篇幅再大一些为好。

4.3.2　要素

（1）最吸引消费者的软文形式，要求内容不仅要有可读性，还必须具备即时性、新闻性和真实性。

（2）可以自行策划新闻主题，但内容必须真实有效，不能编造虚假新闻，让媒体和网民能感觉到其中的新闻价值。

（3）标题要具备公立性，商业气息尽量减弱，尽量不要体现品牌全称，而是突出社会热点、明星全称。

（4）文章可突出“笔者认为……”等口吻，突出新闻的专业性。

4.4　深度访谈类

4.4.1　方向

以记者的角度采访企业的高管，引出品牌的定位和优势，增加行业影响力。

案例 1：

专访××品牌 CEO 畅谈冰淇淋加盟前景

（引自中国消费网：http：//xiaofei.china.com.cn/news/info-5-53410.html）

夏季以冷饮行业最为火热。我国拥有众多冷饮品牌，其中，以××品牌冰淇淋名气最大，销售量最佳。今天记者有幸邀请到××品牌的 CEO 张总，请他为大家详解关于大众较为关心的××品牌的创业、产品事宜。希望今天的访谈能给众多的小成本投资者带来启迪，共同迎来高收益的好前景。

记者：张总，您好，很高兴您能接受我们的访谈，请您先介绍一下××品牌吧！

张总：好的，××品牌由国内知名的餐饮机构重磅打造，品牌在北京、广州、成都、武汉都设有独立的研发、生产、销售点，我们主打“健康、绿色、多样”冰淇淋。目前，品牌的加盟店已经遍布全国各地，拥有上千名加盟商。产品远销海内外，广受消费者好评，曾被誉为2017年最受关注的冰淇淋品牌之一!

记者：好的，那××品牌冰淇淋的特点有哪些呢?

张总：××品牌冰淇淋的最大特色是，它是一款真正“零添加”的绿色美食。我们制作的所有食物，都采用上乘的有机原材料，且不添加任何的化学成分，包括防腐剂和食用色素。我们力求做到原汁原味，用真正的好食物，为消费者的健康提供保障。不仅绿色、健康，××品牌的冰淇淋种类也很多。拒绝千篇一律，注重推陈出新，这是品牌一贯追求的核心理念。每隔一段时间，总部就会根据时节、气候研发更适合中国人体质的新品。既满足了消费者的口感需求，同时也为加盟商稳定客源提供了保障。

记者：那品牌在加盟方面有哪些优势呢?

张总：××品牌的加盟优势在于资金成本少、创业难度小、投资有前景3个方面。首先，我们推崇扶持小成本投资者的经营主旨，为每个大众创业者提供量身定制的加盟方案，最低只需要几万元就能轻松成为我们大家庭的一员。总部根据小成本投资者的需求，提供资金支持，降低所有人的创业门槛。很多投资者不仅没资金，同时也没有经验。这方面，总部力求做到面面俱到，我们安排专员跟踪指导。从开店选址、店铺装修、设备引进、设备使用、技术培训、营销培训等多方面着手，让创业小白也可以迅速上手，经营、制作全程无障碍。“好产品+好政策+好团队”，让小成本投资者可放心加盟，拥有锦绣前程!

记者：再次感谢您接受我们的采访，希望××品牌冰淇淋能越做越好，加盟商能越赚越多!

点评：

这种问答式的专访比较直白，就是将潜在消费者、代理商的常见问题，或者企业的下一步经营战略，通过假设的对话，把品牌优势、服务、前景、消费者担心的问题逐条进行回答。这类软文并无特别的技巧，重点在于其写作是为哪类需求服务的。

案例2：

××集团董事长张总：鞋类B2C企业高端之路

一段欧洲求学经历，让一个云南小伙不仅带回来了知识，也带来了自己的财富故事。2002年回国后的他，并没有选择去国外企业任职过上朝九晚五的安稳生活，而是踏上自己创业的道路，经过数年的打拼，他现任××集团董事长、深圳市××科技有限公司董事长。

××集团在他的领导下，成为了一家集国际贸易、电子、OEM 加工、鞋材生产、自主品牌为一体的大型鞋类企业，年营业额超过 5 亿元。其中制造企业年产值超过 2 亿元，年出口创汇 4 500 万美元，年税收超过 1 500 万元人民币。

他不仅在传统行业有着傲人的成绩，在电子商务领域也有极大的成就。他超越了国内传统鞋类的品类瓶颈和网络销售渠道，建立了××集团旗下的高端鞋类 B2C 商城——××商城，主要销售意大利品牌××等各种高端手工鞋。如今××商城，每天都销售出几千双高科技发热鞋，创造了高档鞋类 B2C 销售的奇迹。

究竟是什么动力，使张总有了今天的成就呢？记者采访了张总。

一、回国后的创业梦想

对于那个年代，留学归国的人才在市场上相当抢手，国外的文凭基本上就是一张通行证，可以确保拿到一份高薪工作。学习成绩不错的张总已经获得一家外企的 offer，但他并没有踏上这条“仕途”，而是选择了道路崎岖的创业路，此举让朋友和同事都非常费解，甚至家人也并不支持，但外界的质疑和压力并没有动摇他创业的决心。他相信凭借自己积累的经验和对市场的理解，一定能在鞋类营销领域中打拼出一片自己的天空。

2005 年，企业已有 2 000 多人，张总再次调整战略，进军高科技鞋类领域。××集团又成立了深圳市××科技有限公司。××是一家集设计、开发、销售于一体的专业制鞋营销公司，拥有多项国际专利。2005 年与意大利品牌开展了专利技术合作，在 2008 年推出全球首创的高科技发热保健鞋，填补了这一领域的市场空白，主要销往国外市场。××发热鞋是由多名意大利知名设计师、日本电子专家及中国著名中医专家共同合作，经过几年潜心研发才得以问世的产品，主要采用 MCU 高科技微电脑控温技术及人体工程学设计而成，而且操作简单、使用方便，现已拥有多项国际专利，全球注册。

面对不断扩大的国内高端市场需求，2009 年××发热鞋在中国市场开始销售，产品一上市，就由于其较高的科技性和实用性，立刻引起了社会的极大反响和消费者的疯狂抢购。

二、鞋类 B2C 商城的高端之路

鞋类 B2C 电子商务公司上演融资战，资本大幅投入，让蓝海的鞋类市场势必进入一个短兵交接的红海市场。在张总看来，鞋类 B2C 企业的融资扩张，并没有影响到××集团的发展，反而促进了中国鞋类 B2C 商城的发展，培养了用户高端消费习惯，扩大了电子商务领域的高端鞋销售空间。

他毅然决定投入重金打造××旗下的××商城，而商城定位便是高端品牌鞋类 B2C，与普通的 B2C 商城形成差异。商城主要销售意大利的国际品牌××发热鞋等各种高端手工鞋。

据张总介绍，××品牌为意大利塔卡诺·佛莱斯（Takano.Fulas）旗下的一个品牌。制鞋商 1886 年始创于意大利坎帕尼亚，专为全球贵族男士设计制造纯手工高档商务鞋、休闲鞋。是将精选皮料和传统手工制作工艺一直沿袭至今的企业。××传承了最地道的传统工艺，比如特定部件的缝制采用的是猪鬃，而不是针。所以××的任何一款皮鞋都能折射出品牌的传统。××皮鞋的年产量大约为 3.5 万双，在全球 10 家零售店内销售，价格在 1 000 美元至 3 000 美元。其中，纽约麦迪逊大道上就有一家，陈列着世界上最精美的定制皮鞋。精选皮料、传统手工制作工艺及人体工程学的健康舒适为原则开发设计，并提供个性化的精品定制及礼品包装，使××皮鞋具有独特、稀缺、珍奇等特点，从此××皮鞋有了灵魂。

三、传统企业应注重多渠道的建设

消费行为的变更势必带动渠道建设变革。张总认为，传统企业进行互联网渠道的建设时，必须有全面而规范的营销制度，具体营销方式要满足企业的营销策略。

为了保证高端鞋类的服务质量和良性发展，××集团旗下的××商城建立了完整网络营销体系，并推出了严格的加盟代理策略和制度，对申请的代理商进行严格筛选。申请代理的淘宝网等卖家的好评率要求在 98%以上，其他网站申请的卖家也必须经过严格的质量认证方可通过申请。

在这里记者相信，在张总的领导下，××集团以及旗下的××科技有限公司、“××商城”电子商务平台，会不断发展壮大，推动着我国高档鞋类市场的快速健康发展。

点评：

发热鞋由于产品特性和价格原因，在我国一直没有大范围普及，只是在北方的冬天才有销售。当时的发热鞋技术来自国外，价格也是完全的中、高端，但在互联网上，已经有大量的仿冒产品或者劣质品出现，价格只是其市场价格的 1/5，甚至 1/10，发热和保温效果也是奇差无比。

这篇文章是我为一家经营高档发热鞋企业的董事长撰写的访谈软文。虽然没有任何问答，但是完全以被采访者的角度回忆整个创业历程。从海归身份拒绝国外高薪工作开始，直接带入在传统行业的喜人成绩，再为电子商务行业的成绩埋下伏笔，让读者整体看完有了解全程的欲望。

文章中公布企业的实力和资源，产品的科技先进性、强大的国外合作伙伴、有保障的产品货源，让消费者和潜在代理商确信企业产品有品质保障和服务保障。再公布产品在国外的实际价格，间接说明过低价格的产品，其质量是没有保障的，敲响消费者的警钟，也避免消费者反复询问为什么你家的鞋比其他淘宝店贵这么多？最后说出企业对代理商的要求，吸引合格的代理商积极寻求合作。

案例 3：

聚美优品陈欧："苦逼"80 后一代 我为自己代言

（引自和讯网：http：//news.hexun.com/2012-10-12/146704440.html）

"挫折不叫失败，它只是创业路上遇到的小插曲，是你路上的小石子，你可以把他踢开，也可以跨过去，只要不被绊倒就好。"这样的描写的背后，显示出陈欧的什么呢？反映出 80 后的什么呢？

"80 后"被称为"苦逼"的一代。十多年艰苦求学，毕业后却碰上失业潮，找不到工作；找到了工作，收入又不高，买不起房子车子；如今奔三的年纪不少人还单身，沦落为"剩男剩女"。在这样的压力之下，生活的困窘可想而知。

"我希望不管怎样，大家还是保持一种乐观心态，一起奋斗，千万不要被生活压力打倒了。"眼前的这位 80 后新贵，聚美优品 CEO 陈欧给 80 后"打气"。阳光、朝气蓬勃、有激情，充满正能量，这是陈欧给人的印象，而这也正是他希望传达给 80 后的信息。

海外留学，斯坦福大学 MBA 毕业，海归创业……这些经历透露出陈欧的个性：不甘于接受安排，希望打出自己的一片天。他创立的聚美优品如今已成为众多女性欢迎的化妆品购物网站，他的创业梦想激励了众多同龄人。在天津卫视《非你莫属》节目中，陈欧以其阳光帅气的风格吸引了众多求职者，成为给观众留下深刻印象的嘉宾之一。

一、"活着，就是为了改变世界"

谈到创业的动力，陈欧跟记者说："以前在斯坦福上大学，我们商学院有种风气：Change lives，Change organization，Change the world。也就是改变生活、改变组织、改变世界。这种风格深刻地影响了我，创业也正是为了实现这一目标。"

其实在更早之前，陈欧的创业理想已经萌芽。"大三大四，快毕业的时候，大家都在找工作，但是我真的不知道自己要做什么，我既不想继续读书，然后硕士、博士毕业之后再去找工作，那样的按部就班不适合我。互联网的创业故事激励了我，我也选择了创业。" 于是大学四年级时，陈欧仅靠着一台笔记本，创办了一家在线游戏平台 Garena，成功积累了第一桶金。

聚美优品无疑已经改变了人们的生活，而陈欧也希望通过自己的经历改变更多的人，给他们带去更多“正能量”。“我希望更多的年轻人都能参与到创业中来，一起努力、奋斗，去创造价值。就像今天的聚美一样，每天有上百万用户上聚美买东西，给人们的生活带去更多的美，更多便利。”

然而不是所有年轻人都适合创业，陈欧总结了创业需要具备的“三力”：“一是魄力，因为创业需要勇气，你需要承担风险，需要狠下心做些别人不敢做的事；第二个是判断力，因为作为一个创业者、企业家，需要对企业方向做一个判断，一定要有正确方向，才能避免整个公司犯下致命的错误。像我刚回国时做的是游戏业务，最后我转型做了化妆品电商，找对了方向；最后一点是领导力，这是最重要的一点。公司创始人需要团结很多的人，整合很多资源。如果没有领导力，公司团队必然会一盘散沙，缺乏凝聚力，更谈不上创新，最后的失败就是必然的。”

特别是在中国，创业环境比较恶劣，与国外相比非常不同。“当初回国的时候，我们看中了一个在美国特别看好的项目，但在中国就行不通。美国人创业可以轻松赚钱，感觉没什么难度，回国后却发现根本没钱赚。”中国的创业者需要经历更多的艰辛，其成功也更加来之不易。

尽管曾经经历重重困难，陈欧依然保持着一颗阳光的心。“挫折不叫失败，它只是创业路上遇到的小插曲，是你路上的小石子，你可以把他踢开，也可以跨过去，只要不被绊倒就好。”这样的描写的背后，显示出陈欧的什么呢？反映出 80 后的什么呢？

二、“一直在做 B2C”

创业之前，陈欧的创业团队对于选择创业项目，曾经存在争议，不过最终选择了团购，创办了团美网（聚美优品前身）。如今聚美优品已经不再将视野局限在团购上，而是瞄准了 B2C。

对于这种转型，陈欧认为是自然的过程。“其实从第一天起我就想做 B2C，因为团购是商品的推荐平台，它的问题在于不能把握后面的供应链。把信息提供了，但是信息是否靠谱不能保证。我们一直很注意控制自己的供应链，所以，与其说是转型 B2C，不如说我们一直在 B2C 的道路上不断深化，我们的供应链越来越强，越来越多的品牌与我们合作，我们也能越来越多地、越来越好地给消费者推荐一些优质产品。”

为了提升用户体验，陈欧要求聚美的员工一定对用户所有意见负责，跟用户沟通，不管是客服还是送货员都要达到行业一流水平。同时聚美还花大力气建设供应链。“我们的货，因为量比较大，都是直接从品牌厂商拿货，是官方授权的正品。我们承诺为用户提供退货服务，这些都有利于打消用户购买化妆品的疑虑，提升用户体验。”

面对未来，陈欧很有信心，“我们会继续在化妆品领域，给消费者提供最优质、最可靠的服务，这样做深、做专，为消费者带去更多价值。”

谈到与《非你莫属》节目的合作，陈欧颇有感慨。尽管节目中曾经引发争议，陈欧仍然认为与《非你莫属》节目的合作非常成功。

问：《非你莫属》这个节目给您，给聚美带来了什么？

答：首先比较直接的是，通过《非你莫属》，我们招了很多优秀的人员。其中还包括我们公司的一位高管刘惠璞，我们是通过《非你莫属》认识的，他在这边做出了非常多的成绩，也成为我非常好的一个同事、伙伴，所以挺感谢这个节目的。而且这个节目的确让我们公司的知名度有了很大的提升，有很多人因此知道聚美，还有不少应聘者给聚美投了简历。我们在学校的招聘也变得更容易，去年聚美在学校做校园招聘的时候，有 1 000 多人到场，我觉得《非你莫属》节目的贡献是功不可没的。

问：相对于网络招聘，《非你莫属》的招聘模式如何？

答：招聘网站只能把信息放出去，但如果你是不知名的企业，别人根本就不知道，但《非你莫属》可以通过企业主的真实表现，让别人知道你企业价值观，消费者会根据企业主的表现去选择企业。所以，我觉得，观众通过节目知道聚美的风格，知道这是一家年轻、富有朝气、有冲劲的公司，而这是在招聘网站上体现不出来的。

问：您招聘员工时最看重什么素质？

答：第一正能量，这是关键，人品一定要很好，我喜欢人品好的，简单的，直接的，想做事的员工，简单一句话就是我喜欢用有潜力的年轻人。因为我在他们身上能看到快乐，能看到希望。有了这些，给他们时间都能培养出来的。在培养员工上，很多公司就是按部就班，但是我们这儿会给年轻人充分施展才华的舞台，你想做，敢去拼，就能得到很多支持，在我们公司，大家都是平等的，谁做出成绩，谁努力就给谁机会。

问：社会对《非你莫属》节目有争议，你怎么看待这些争议？

答：几期有争议的节目我都在，其实现场情况往往并非媒体所描述的那样，不过我觉得有争议未必是坏事，因为这些争议可以让节目组听到，去改进，有争议也证明民众关注，民众的意见节目组去听取、去改，我们老板也全力去学习，尽全力给电视机前观众更好的东西。

点评：

书中引用了陈欧的几篇文章作为案例，并不是我对他有个人崇拜，只是很喜欢他这种高调而又不高傲的创业精神，互联网行业的确是一种极苦的行业，既要笑对又要勇于面对，需要极好的心态。陈欧这种敢于高调展示一切的创业精神是值得学习的。

当然就文章本身来讲，它的文章格式是案例 1 和案例 2 的综合体。在此作为另外一种形式的范文，为大家进行分析点评。软文写作有着相对的规范，但内容却不能僵化和保守。在文中，把陈欧以往的创业故事简单讲述了一次后，又把当时他参加的较火的《非你莫属》栏目，引发的一些焦点问题，进行了统一回答。他的多篇人物专访，其内容都大同小异，可以看出撰写团队的专业，反复围绕着统一的核心优势和卖点，进行各个写作角度、各个文章种类的宣传。让不同的消费者，有机会通过不同的角度去了解并接受这名 80 后创业者的成功代表，也自然就接受了该平台的产品。

很多企业老板对访谈文章，过分推销自己都颇有微词，觉得处人太高调会引起非议。其实事实是恰恰相反，陈欧如此高调的包装自己，除了要宣传自己的创业不易，重要的还是要让人们接受公司的创业精神，对他产生信任甚至是崇拜，当然也就产生了消费忠诚度。

可以说，陈欧是在互联网行业，通过打造个人偶像策略，为电商平台带来巨大流量的典范。有很多 80 后和 90 后的女性，都是出于对他的崇拜甚至是喜爱，爱屋及乌，才在该公司的电商平台上反复购买。

4.4.2 要素

（1）展示被采访对象的企业成绩、丰富的经验、对整个行业的独到见解。

（2）文章可以用记者与采访对象，一问一答的方式进行；亦可以从人物传记的角度撰写，同时说明获得成绩的过程。

（3）通过对某一事件的详细描述，放大采访对象的个人魅力和能力优势。

（4）展示采访对象的行业地位和影响力，以及下一步的目标。

4.5 火辣促销类

4.5.1 方向

利用媒体的覆盖范围，宣传各种促销信息、活动信息，提高市场销售概率。

案例 1：

××女装天猫商城“双 11”疯狂促销活动

天猫商城专注女装，是时尚体验的最佳场所。恰逢“双 11”来临之际，各大入住天猫的商家纷纷打起了价格促销战，××自然也不例外，其天猫商城旗舰店设有“11·11 疯狂购”促销专区，全场低至 3～5 折，领取优惠券更可畅享折上折，这一促销良策备受新老顾客追捧。

一、“双 11”来了！跟单身 Style 说拜拜

“双 11”疯狂购物，俨然已经成为光棍节“脱光”的一种新形势。各种促销活动、低价抢购竞相来袭！不过，今年“双 11”似乎比往年来得更猛烈了些，不偏不倚刚好在周末。周六零点之后的钟声响起，××淘宝店将和你一起沸腾，让你不必再为单身而烦恼，全民过光棍节的时代即将全面开启。

××天猫商城旗舰店的“11·11 疯狂购”促销专区分为“五折包邮专区”“三折正品专区”“清仓特价区”“补邮费专用区”等几个模块，消费者可以根据自己的需求进行选购。

二、网购狂欢节 全场低至 3～5 折

××塑造了现代女性优雅自信、情调生活的健康人生，体现精致、品位的时尚气质，适合办公室职场、假期休闲生活、聚会酒宴等各种场合。“双 11”期间，××上市的秋冬新品，一律 5 折并包邮，夏装全部 3 折起售。亲，如果你是欧美控，那就赶快下手吧！因为××是源于欧洲时尚设计理念的潮流女装品牌哦！

三、领取优惠券 畅享折上折

××“双 11”专场除了“全场低至 3～5 折”的促销活动之外，还有“领取优惠券 畅享折上折”的活动。目前优惠券的面值设置有：5 元、10 元、20 元和 50 元，限额使用。优惠券仅限 11.11 日和 12.12 日当日使用，数量有限，领完为止。另外，“双 11”当天，参

与××天猫“双11”特别促销活动，还可以享受“有满就减优惠叠加”服务。具体优惠措施分为：“满199元减20元”和“满299元减40元”。

在疯狂促销的同时，××也不忘给每位来店选购的网友送上深深的祝福和温馨提示。考虑到“双11”活动期间，顾客访问人数非常大、商品抢拍非常迅速、客服处于高压忙碌状态导致回复速度比较慢、物流等因素的影响，为了保证每位顾客都能抢购到自己心仪的商品，给广大顾客提供良好的购物体验，××特意在官网上发出特价促销活动紧急通知，请亲们尽量看描述自助购物，使用购物车拍下付款，付款前务必确认好颜色、数量和地址等重要信息。××承诺付款后72小时内会努力尽快给消费者安排发货。

××“双11”网购狂欢节活动，既满足您的爱美之心，又让您享受最实惠的折扣。高端的品牌，大众化的合理价格，带给每位某女性从容、快乐的时尚生活。

点评：

促销软文的内容和格式几乎大同小异，向潜在消费者详细公布促销策略、促销内容、促销要求。但是促销目的却不尽相同，清仓、换季、推新品、打击竞品、激活老客户、发展新客户，不同的市场目标就有不同的表达方式。

这篇软文是我为一家女装天猫店撰写的店铺促销文章。店铺的产品很好，但是在国内却一直销售不佳。当时正好临近“双11”，就将一些产品拿出来，以极低的折扣吸引网民、打开销售局面。

这篇文章最大的作用，就是为店铺实现站外引流，吸引更多网民关注并购买产品。由于是作为案例，所以我删除了店铺地址等内容，只是描述了活动内容。

案例2：

“双11”来了！××电视9.9元预约送3 999

（引自TechWeb：http：//www.techweb.com.cn/news/2016-10-13/2411811.shtml）

距离“双11”还有1个月，但促销大战已经提前打响。即日起在天猫××电视官方旗舰店预约全新游戏电视××55N2，“双11”支付尾款将获得高达1 400元的优惠，并享受8大特权，如赠送价值3 999元游戏大礼包，收藏即可免费抽取iPhone7 Plus等。

双11来了！××电视9.9元预约送3 999！

双11来了！××电视9.9元预约送3 999！

××55N2“双 11”活动，关键时间节点分 4 个，每个时间段优惠有所不同，最高可省 1 400 元，消费者可重点关注：

（1）即日起至 10 月 20 日：9.9 元预约。

（2）10 月 21 日 0—2 点：支付 100 元定金 1.5 倍抵用，尾款优惠 500 元。

（3）10 月 21 日 2—24 点：支付 100 元定金 1.5 倍抵用，领券后优惠 300 元。

（4）11 月 11 日 1 点：支付尾款，免费领取价值 3 999 元的游戏礼包。

从活动方案来看，此时是预约该电视机的最好时机。10 月 21 日 0—2 点，是支付定金的最佳时间，该时间段产品价格降至冰点，2 点过后，价格将小幅回升，甚至比“双 11”当天的售价还要低。另外，预约××55N2 的用户，将获得免费抽取 iPhone7 Plus 的机会。

××游戏电视主打云游戏，赠送的价值 3 999 元游戏礼包中，就含有 7 款 X-box、Playstation 主机游戏，××55N2 玩家可以免费使用。此外，还包括价值 2 165 元《猎魔战争》装备礼包、价值 1 200 元《天天爆三国》装备礼包、价值 360 元 12 个月腾讯企鹅影院 VIP、价值 149 元游戏手柄。该游戏礼包从游戏内容、游戏装备、游戏外设和影视内容 4 个方面，提升客厅大屏娱乐体验。

××云游戏在云端服务器运行，通过网络将游戏画面传输到电视屏幕，使智能电视也能玩主机游戏。由于本地不需要安装主机游戏程序，所以不存在兼容性问题，也不存在占用本地存储问题，对本地硬件要求极低，只需要 10M 以上网络即可流畅玩主机游戏。目前，××55N2 共拥有 2 000 余款大小游戏，200 余款主机游戏。

作为××旗下第二款游戏电视，××55N2 性能、工艺全面提升。性能方面，××55N2 采用 55 英寸 LG IPS 4K 硬屏、蜂巢矩阵背光，支持 MEMC 动态防抖、HDR 解码和 10bit 色彩技术，全面提升屏幕图像显示能力，最大限度还原真实的影视、游戏场景，带来完美的沉浸式体验。加之环绕音效、杜比解码和 DTS 2.0 的应用，让音质呈现出极佳的临场效果，与出色的画质一起带给玩家非凡的视听享受。此外，××55N2 采用 2GB DDR3 内存，8GB eMMC 5.0 存储，安装大量安卓游戏、应用也不会出现捉襟见肘的情况。

工艺方面，××55N2 采用全金属超窄边框，经过 30 000r/min 高速钻石切削、CNC 精工打磨、一次性金属阳极氧化工艺处理，呈现出璀璨耀眼的镜面级质感。唯美的埃菲尔铁塔底座，稳固地撑起整个电视的欧式气质，展现出现代家居的艺术之美。

除了××55N2 以外，××其他机型也有大幅优惠，例如此时 9.9 元预约××50K2 将获得 150 元现金折扣。想了解××“双 11”更多活动信息，请点击×××。

点评：

这篇促销软文的风格相对明显，通篇都是对活动和产品的详细解释。撰写上也采用了软文营销的技巧，运用了文字游戏。有读者一定会问，这样的文章是否涉嫌欺骗消费者，明明写着赠送 3 999，但是实际上根本拿不到钱。这就是营销包装的意义，因为文章标题上写得很清楚是 3 999，而不是 3 999 元现金。在正文中也解释了，是 3 999 元的游戏大礼包。而在标题中，没有写是游戏大礼包，反而故作玄虚地写了个 3 999。很明显，是为了吸引更多读者的对标题的点击，最大化地增加活动的曝光度。

通过大礼包的介绍，重点介绍电视机的性能。在宣传中，允许运用一些文字游戏，毕竟营销需要花哨和噱头，但是活动本身，本人认为设计有些复杂了，尽量能让消费者一目了然，花多少钱、省多少钱、什么样的产品、什么样的赠品最好。

4.5.2 要素

（1）标题一定要把促销的力度表现得很明显，如果有确定的产品折扣额度或者赠品数量，可以尽量突出金额和优惠。例如：800 万大赠送、1 000 万大赠送等数字主题。当赠送的不是现金，是礼包品、赠品、券等内容时，在文章中一定要详细写清。在标题中也不要出现“××现金赠送”的文字，以免造成虚假宣传。

（2）文章中要突出主打的产品和品牌款式，以极低的价格和极高的折扣，再次刺激消费者。

（3）促销的额度不要加上限制，例如满 1 000 才能打折等，容易误导消费，形成商业欺诈。

（4）商家宣传的促销额度一定要兑现，不要以商品销售完等理由为借口，防止出现公关危机！

4.6 高调借势类

4.6.1 方向

通过行业对比或借助其他品牌影响力、借助社会热点话题，提升自身影响力。

案例 1：

昔日海尔怒砸冰箱 今日××义毁光盘

当初海尔张瑞敏带领职工砸冰箱以保持海尔高质量品牌形象，成为众人称赞的“壮举”。近期，国内知名教育公司××的全体员工，在公司总裁××的带领下，集中销毁了数千张教育光盘，再度成为众人瞩目的焦点，被称为海尔砸冰箱事件后的又一“社会义举”。此举向社会公开表示了××公司支持品牌正版、打击侵权盗版、与盗版分子抗争到底的决心。

一、坚定信念打击盗版

据悉，××公司一直通过 B2C 形式销售该公司具有独立版权的音像产品《××演讲速成》。近两个月，××公司接到大量购买盗版产品后发现受骗的客户的投诉，无奈之下，该公司组织专人对网络上的所有盗版产品进行了摸排调查。

据调查，绝大多数盗版商贩都在大型的 C2C 平台上进行销售，为了避免让更多的消费者上当受骗，××公司曾对该 C2C 平台上的盗版商贩发函要求下架，无果后只好向 C2C 平台举报，虽有小成，但盗版产品仍然不断出现，难以根治。

为了维护客户的权益，××免费用正版产品换回受骗客户手上的盗版产品，并自行出资从市场上回购了部分《××演讲速成》非法复制品，进行统一销毁。在国家大力打击侵犯知识产权和制售假冒伪劣商品的背景下，此举代表着我国教育产品B2C企业在新年伊始全面打击盗版的坚定决心。

二、利益驱动盗版猖獗

目前，我国音像类商品的盗版现象一直难以得到全面而有效的控制。如今，教育类音像产品同样深受其害。××公司在其官方网站销售的《××演讲速成》，是专为精英人士研发的演讲口才培训产品，该产品将视频、书籍和VIP辅导相结合，为企业领导、总裁、管理人员量身打造。

由于此产品具有较强的针对性、实效性和指导性，受到了客户的强烈欢迎，因此短短数月时间就销售了5万余套，同时，与该产品同名的电子书更是被下载了300余万次。但也因此吸引了不少盗版分子。在利益的驱动下，这些盗版者不仅将《××演讲速成》中的光盘进行低质量盗版销售，还完全按照××官方网站的形式建立了一个网站，以达到欺骗广大消费者的目的。

三、保护版权维护权益

对此，公司总裁××明确表示，“《××演讲速成》只在××官方网站和淘宝官方网店上销售，没有设置任何形式的代理，更没有与任何机构或个人联合开展抽奖馈赠活动。市场上各类销售此产品的网站、个人、渠道均为假冒，所销售的商品也均为盗版。特别是有些消费者被盗版分子欺骗购买了盗版光盘，却不知晓实情。《××演讲速成》是由书籍、视频和VIP辅导3部分有机组合的产品，若只购买光盘，无法实现全面提高演讲能力的目的，盗版侵害的不仅是××的权益，而且直接伤害了广大消费者的权益。”

公司常务副总裁吕总表示，“《××演讲速成》这套产品是××具有独立版权的产品，凝结了××全体员工的共同智慧。从诞生之初就广受欢迎，但××永不停止创新的步伐，产品在不断更新升级，市场上的盗版产品均为旧版，在内容讲授、产品制作等方面都不如新版优秀。教育是民之根本，它不仅是社会维持安定团结的基础，更是民族持续发展进步的保证。如果教育产品是假的，那学习教育产品的人又怎么能成为一个追求真、善、美的个体？盗版即是偷盗别人的劳动成果和智慧结晶，是被中华传统道德观念所不耻的，所以说，盗版不仅害己害人，更害国家、民族。××宁愿承受经济损失，也要通过实际行动告诉全社会，××将与盗版分子抗争到底。”

虽然××公司带头打击了盗版，但要从根源上消灭盗版现象，还需要各大教育集团、

C2C 平台、音像公司、B2C 网站、出版机构以及全社会的共同参与和努力。希望全国的教育企业和教育产品 B2C 网站都能积极响应，共同销毁盗版商品、支持正版商品。通过各方的努力，推动教育产品 B2C 的健康成长，还中国教育市场一片纯净的天空。

点评：

这是我为一家教育机构撰写的文章，这家机构录制并销售演讲课程的光盘在社会上引起了良好的反响，结果出现了大量的盗版光盘。培训机构通过举报和配合执法机关，一共回收了几千张盗版光盘。为了向社会证明企业打击盗版、维护公义的决心，决定当众进行销毁，同时为了扩大影响力，找我撰写活动稿件。

于是，我将这一事件与当时海尔销毁冰箱的事件进行类比借势，将事件的意义升华到保护国家知识产权，共同打击盗版侵权行为的高度，并将企业的影响力与海尔的知名度，通过文章和媒体拉到同一高度，引发网民对事件的重视和对企业的称赞。

这样的类比，绝对不会对海尔进行任何形式上的侵权，因为文章中阐述的只是当年海尔销毁冰箱的事实而已，并没有借助海尔进行其他任何销售类的宣传。

案例 2：

××家居收纳被全球十大内衣品牌“捆绑”

全球十大著名品牌内衣“维多利亚的秘密”“La Perla”“法曼儿”“仙黛尔”等，因为能帮助女性束胸美体，让使用者能感受到“做女人‘挺’好”的幸福感，一直成为女性们必不可少的美丽宝贝。

近期，全球十大内衣品牌的国内使用人群很多都喜欢用××家居收纳。因为这些时尚女性，对于生活品质要求极高。追逐精致、品质、简单、有序、个性，而多年来一直为欧美时尚人群服务的××家居收纳，设计元素始终在时尚前沿，又有着质量好、款式新、存在轻松、应用便捷、节约有序等综合特点，与全球十大内衣品牌的品牌内涵不谋而合，所以被很多使用品牌内衣的女性“捆绑”使用。

一、用××品牌 诠释个性生活

艾可是成都某著名房地产公司的企划总监，今年 31 岁的她不仅事业有成，亦是女性朋友们眼红的对象，不单是因为她出色的工作能力和美满的家庭，仅是她那凹凸有致的迷人身材，就让众女性朋友望而叹息。

艾可坦言："我不仅在工作上要求完美，生活中同样追求品质。我很重视自己身材的保养，内衣是保护女性和修饰身材的最佳法宝。我只用法曼儿之类的知名品牌，因为劣质的内衣对女性的胸部其实是有伤害性。所以整理这些品牌内衣的时候，我也要求要有品位的摆放、有品质的打理。××家居收纳很符合我的要求，很简单却又充满个性，把众多的内衣都整理的井井有条。选择××家居收纳，就如我选择'维多利亚的秘密'一样，它们都能带给我品质和美的生活。"

二、用××品牌 诠释品质生活

北京女孩李怡，她的生活可以用《北京青年》中王越的角色来形象形容，热情、青春而又酷爱旅游。她说选择舒适的内衣能够让她享受最安逸的旅程，同时让自己能时时感受到时尚和青春的气息。所以只用最知名、最有名的品牌，仙黛尔是她的最爱。

然而，出去的时间多了，整理小窝的时间就少了。偏偏她还是个购物狂，品牌内衣越买越多。平时就是往衣柜里一塞或者床头一扔，找的时候可以用翻天覆地来形容，经常分不清哪个是干净的哪个是要洗的。

无意中去闺密家，李怡看到了××收纳盒。"真的太神奇了，真有点哈利波特的感觉。几个小小的盒子，竟然能装下这么一大堆内衣和T恤，而且只占用一双鞋的空间。从那以后，我也再离不开××收纳了。因为真的非常方便，而且摆放完颜色亮丽，有酷酷的感觉，符合我个性的生活要求。"她说。

三、用××品牌 追求品质生活

在采访的过程中，记者也耐不住诱惑。购买了××的产品，用来整理存放自己的内衣和小饰品。看着从未如此整洁的屋子，突然意识到生活如同未被加工的咖啡豆，需要一双巧手来渲染美妙的味道。而××家居收纳便是这双巧手的助力，可以把小小的空间整理成大大的世界，让混乱的生活变得简单有序，让自己和家人在日益拥堵的都市中，寻找到一片心灵的空间，放松自我，不被压抑。

笔者认为，××家居收纳是有灵魂的品牌，只有在时尚、前卫的理念下，才能创造众多实用又美观的收纳产品。××家居收纳旨在打破空间的制约，把每个人的生活和工作都整理得井井有条、整洁有序，实现真正"把小空间，整理成大世界"的自我生活，努力为每个城市生活者打造简单、有序、个性的生活。

点评：

这个家居收纳品牌的产品，都采用进口材质加工生产，国外设计师团队设计。但在国内尚无影响力和知名度，并且经常遭遇网上的“比价党”，由于价格不占优势而影响产品销售。在如何快速提升品牌影响力方面也想了很多办法，但都觉得有些牵强。

当我从产品使用人群和应用范围的角度开始分析时，就突然想到了借势世界知名内衣品牌的方法。当然这种借势，要规避商业风险，绝不能去编造不存在的合作，而是通过人群自身的应用，巧妙地将二者“捆绑”在一起，还要让人不由自主地联想二者是如何捆绑的。

虽然这个收纳品牌和世界十大内衣品牌，并不在一个层次上，但是由于使用人群的相同，就直接将收纳品牌的格调和品位上升了一个大的台阶。这篇文章的品牌借势，由于有了消费者的应用事实，和第一个案例相比，就明显自然了许多。

4.6.2　要素

（1）借势的品牌或者事件一定要有足够的影响力和知名度，并且是正面积极的形象，不要和负面事件有牵扯。

（2）可以单方借势知名品牌，在标题中加上“达成初步合作意愿”等相关词语。

（3）借势不仅可以合作借势，也可以比较借势，与知名品牌进行各种优势、功能、服务、价格等方面的比较，与知名品牌合作的力度和预期效果，要尽量放大宣传！

4.7　暗示类

4.7.1 方向

说明产品销售火爆的现状、消费者使用后的良好感受，刺激潜在消费者购买，提升品牌吸引力。

案例：

天然的健康美容果饮 ××“被迫”再度全国招商

美容养颜和排毒减肥，是中国女性长久的梦想和追求。但是市场上五花八门的产品和良莠不齐的商家，总是把女性轻松美丽和快乐减肥的目标，变得 “海市蜃楼”般遥不可即。

直到以“汲取自然精粹，塑造极致美丽”为理念的中国健康美容果饮品牌——××上市，让爱美人士和时尚人士在天然、安全、高效、健康的使用过程中，轻松实现健康排毒减肥效果。

据笔者了解，虽然××上市只有短短几个月，但是由于效果明显、味道爽口、价格亲民，消费者都给予了极高的评价。全国越来越多的商家和消费者，纷纷要求代理该品牌。原本已经停止全国招商的××，再次启动全国招商，并定于 8 月 29 日，在重庆（国际）时尚发布中心召开全国千人招商大会。

一、健康美容果饮成“饮料黑马”，引发时尚爱美人士疯抢

功能型饮料和健康饮料，由于具备健康功效、解渴爽口双重效果，逐渐受到消费者的喜爱。但是，最受消费者喜爱的、市场需求最广泛的，还是能同时实现排毒减肥和美容纤体功效的“健康美容水果饮料。”一方面是由于饮料是由天然水果制成，营养健康安全；另一方面则是由于技术的高端先进，配方科学有效，可以快速实现健康效果。作为中国健康美容水果饮料的领军品牌，“××”将养颜纤体与健康养生功效有机结合。

据笔者了解，产品中凝聚三大天然果萃：西柚、樱桃、美国西梅和三大营养素：白芸豆、益生菌、膳食纤维的精华和营养元素，能高效地实现美颜、纤体、排毒、塑形、养肌、不反弹六大功效。如今，××健康美容果饮已经成为中国饮料行业的黑马，市场份额不断扩大。

二、排毒减肥见奇效，××受到消费者、代理商和专家多方认可

因为始终坚持“唤醒自然美力·焕然魅力新生”的理念，把最好和最优质的产品奉献

给消费者，所以××已被业内誉为中国第一的健康美容果饮，短短几个月时间，就取得了良好的市场销量和市场反馈。不仅受到消费者的称赞、代理商的信任，而且受到了中国电子商务专家的肯定。

网名为“胖胖不胖”的刘小姐说，最初是从朋友圈看到有熟人在卖“××”，开始也没敢太信，只是买了一盒先试试看。自己才 30 多岁，但减肥历史已超过 20 年，什么折磨自己的办法都试过，花钱的、费时的、受罪的，就差直接去手术抽脂了，但体重只升不降，还一度饿出了胃病。吃了“××”没两天，就相当明显地瘦了 2 斤多，一盒吃完就整整瘦了 4 斤半，效果胜于一切广告，这产品绝对值得坚持吃。

在北京一家公司担任 HR 的许女士说，公司的工作压力大，所以就想试着当微商玩一下，并没想着赚钱。开始只是去“××”的微商学院试了听一下，想学如何做微商，但听到老师非常专业和负责，品牌也很有保证，就买了 10 盒，即使卖不掉，也可以自己使用。没想到体验过产品后，效果真的很明显。所以就抱着试试的心态开始销售。真没想到，一发不可收拾，第一个月就卖出去 5 万多元的产品，老公都开始悄悄帮我卖产品了，准备下个月直接向 10 万元销售额冲刺。

从事十几年医疗健康电子商务工作、担任过两家健康电子商务平台总经理的郭总说，中国的健康食品和健康饮品的电子商务市场，完全处于萌芽期，市场需求巨大，但是高品质、高创新的健康产品严重匮乏，所以，××这样既具备国际品牌的研发背景、又具备健康产品的良好效果、还有着专业系统的营销服务的健康美容果饮品牌，绝对具备市场发展潜力，也拥有着巨大的销售空间。他也希望与××找到合作的契机，通过公司的健康平台帮助××进行产品销售。

三、市场反响强烈，××健康果汁全国二度招商

面对市场的火爆反响，高层称为“情理之中，意料之外”。情理之中是因为对产品的健康效果和科技背景有着绝对的信心，肯定会受到市场的欢迎。意料之外的是社会上反响会如此强烈。有很多都是消费者喝完之后，反复要求成为代理商，一方面是自己使用产品价格便宜了很多，一方面还能创收。更有敏锐的商家，要求实现区域性的独家代理。

受到消费者、代理商和合作商热情的感动，××再次推出了全国招商活动，邀请更多拥有创业梦想的代理商们加入这个释放美丽价值的大家庭。

为保证代理商和合作商的市场销售，××有限公司策划了上亿元的市场宣传计划。将与一线明星进行合作，提高品牌的影响力，通过数千家主流媒体宣传提升品牌的权威性，并开展上千场大型终端体验等线下互动，提升品牌的互动性，以支持和保障全国代理商、

合作商的市场销售。

同时，××还更开创性地组建了微商学堂，邀请众多业界大咖及国家级营养学家作为特约讲师，长期提供最前沿、最具实战性的行业观点，综合众多营销服务和市场竞争优势，为代理商提供最全面的服务和营销支撑。

强大的集团实力、国际化品质的产品，再配合强大的营销团队、全面的市场宣传，相信××的销售一定会再创奇迹，同时也希望××能帮助中国更多的爱美人士实现“变美”的梦想。

点评：

这篇文章是我为微商类品牌撰写的，该品牌主打美容减肥和排毒纤体功效，此类产品可以说是我的老本行。与撰写传统减肥产品不同的是，微商品牌更侧重于“个体微商”对产品的感受和信心。由于是新品牌，所以不用大力度地宣传企业文化、社会责任这些相对缥缈的内容。

文章是要暗示想做微商或者已经在做微商，正寻找好产品的人，这款产品非常火，这次开招商大会就是因为它太火了。暗示大家如果再不珍惜这次机会，下次想代理恐怕也没有机会了，错过了这么好的产品，这么好的赚钱机会，肯定要后悔。文章中，我邀请了在医药电商平台担任高管的朋友，对产品进行评价，把微商品牌和正规医药电商行业相比较，借此提升品牌的权威性和火爆性。

4.7.2 要素

（1）品牌火爆销售的现象要通过市场、员工、消费者、媒体、行业人士等多个角度去验证。

（2）品牌火爆的原因要条理清楚地一条条阐述，从需求到功能再到体验，都有案例佐证。

（3）消费者使用的感受和效果，要通过多个社会身份进行描述。

（4）将品牌的火爆和下一步行业发展趋势相结合，提升品牌的市场格局和战略高度！

4.8 一个企业的 7 种软文案例

为了让读者能更加立体和一目了然地明确每种软文种类的表现形式。我在写过的数百篇企业软文中，选择了为一家医药健康电商平台撰写的 7 种软文，作为案例进行展示，供读者在未来撰写文章时进行参考和比较。

案例 1：展示类软文

××医药网购平台　轻松解决职场“健康杀手”

高文化、高收入，出入高档写字楼，他们是生活在社会金字塔中高端的白领，更是处于“亚健康”状态的一个庞大群体。据调查，中国白领超过四成处于“亚健康”状态。

白领的生活中有太多的内忧外患——严重的空气污染、工作压力大、电器辐射多、饮食不规律、缺乏身体锻炼、缺少与家庭的交流和沟通等，在工作压力和家庭压力的双重压迫下，职场白领的身体和精神都接受着巨大的考验。高血压、高血糖、糖尿病、乳腺癌等均是隐藏在职场的“健康杀手”，××平台帮助白领解决这些隐形的健康杀手！

××作为××大药房官方网上药店，不仅是北京市十大商业品牌，更是老百姓认可的放心药店，长期以来一直坚持“信于行，健于质”的服务理念。为了满足未来发展需求，××重新设计并推出了 logo，以全新的品牌形象出现在市场上。新的 logo 更具时尚感、科技感，以展示企业致力于医药电子商务平台的决心。

一、××1 小时　极速配送健康无忧患

白领生活不规律，经常会遇到胃痛、胃胀、上火等紧急状况，虽说这些都是小毛病，但如果一时得不到治疗，不仅自己身体受累，长期下来更会严重影响工作。为此，××特意开通了极速配送服务——“××1 小时”。

××1 小时目前只针对北京部分地区的用户，凡购买“××1 小时”专题页内的特惠名品，即可享受 1 小时“即买即到”的网购新体验，让您坐在家中轻松享受极速配送的超值服务，摆脱健康忧患。用最优的品质和最快的速度竭诚为您服务，这就是××1 小时的服务理念。

二、××早晚市　快乐淘实惠轻松得健康

××是国家批准的正规、合法的网上药店，自 2007 年 6 月 18 日上线，历经多年的发展，已成为医药零售电子商务行业的领军企业。××的特色除了药品种类齐全、物流配送快之外，更重要的是实惠亲民。××早晚市，顾名思义即早市和晚市，早市开市 9:00—11:00，晚市开市 17:00—19:00，在这两个时间段内，购买指定药品均可享受 6 折优惠。

××的亲民之举，一度受到消费者的青睐，消费者纷纷表示，××让他们快乐淘实惠，

轻松得健康！

三、××感恩季　沟通无距离健康自然心

白领平日工作压力和强度大，缺少与家人的沟通，缺少对家人的关爱，他们或许记得公司这个月的销售业绩，但或许不记得母亲的额头是否新长出了皱纹，母亲的鬓角是否泛起了银丝，母亲的脊背是否不再有力……

恰逢5月13日母亲节来临之际，××推出了“××感恩节”活动，提醒人们：感恩母亲节，从健康开始！“××感恩季”强力推荐3个系列佳品：补气养血系列、远离更年期综合征系列和日常保养系列。气血对女人很重要，不但关系女性容颜，更关乎女人健康。中年女性上有老下有小，操心劳力，更应该气血双补。更年期综合征包括月经变化、面色潮红、心悸、失眠、情绪不稳定等，××为您推荐适合更年期综合征期间服用的药物，让您彻底远离更年期。养生重在日常调理，中年女性应多注意养生，有助于维护身心健康，保持旺盛的精力和体力。

消灭职场“健康杀手”三部曲：第一部，××1小时，极速配送健康无忧患；第二部，××早晚市，快乐淘实惠轻松得健康；第三部，××感恩季，沟通无距离健康自然心。相信在专业医药电商平台××的领航下，白领亚健康的状况将会得到一定程度的缓解。

案例2：评论类软文

××网打破健康电商发展瓶颈　推动市场综合发展

全球健康类电子商务正以惊人的速度发展，下一个十年，将是健康电子商务崛起的10年。健康类电子商务是朝阳产业，并在高速发展中，从产业规律来看，原有一些老牌健康类门户已逐渐衰落，取而代之的是以××大药房网上药店等为代表的电商网站。

××网作为医药零售电子商务行业的领军企业，受到业内和媒体的较多关注，在行业竞争“白热化”的今天，××网能够在网络市场中脱颖而出，凭借的是综合的竞争力。

一、立足市场，逆转消费

改革开放30多年来，我国城乡保健品消费支出的平均增长率为13%，中国的保健品产业已成为新世纪中国工业八大增长点之一。随着我国城乡居民生活水平的不断提高，对保健产品的高需求必将成为不可逆转的健康消费新潮流。

××网强有力地抓住了医药保健品市场的这一潜在需求，自2007年6月18日上线以来，历经近 5 年的发展，共计引进日常用药、慢性病药、男科妇科、孕婴童类、新药特药、营养保健、参茸精品、医疗器械、成人保健、美妆护理、家居百货 11 大类商品，打造业内专业的医药网购平台，保证了消费者的刚性需求。

同时，××大药房物流中心与北京、上海、天津、河北等地 300 多家门店共享，用户登录××网，可轻松享受药品查询、健康咨询、商品订购和送货上门的全程服务。

二、专注领域，建立口碑

随着中国网民队伍的不断壮大，网上购物也成为当下最受追捧的消费形式之一。2009 年我国网络消费规模 7 000 亿元，其中，网络购物接近 4 000 亿元；预计 2012 年将冲破 15 000 亿元。据专业数据显示，健康类电子商务在电子商务中所占的比例和投资额都在迅速上升。

××网是如何成为医药电商领域的佼佼者呢？记者登录××网官网时发现，网站上发起的各种优惠促销活动，有些是迎合节假日的，有些是在固定时间段的，还有些是针对某些特殊人群的……据××网的客服人员介绍，他们的这些活动所带来的市场反响不容小觑，平均每个活动所带来的订单都不少于一千笔，而且正是这样一些实惠、温馨的小活动为他们聚拢了超高的人气，建立了良好的口碑，吸引了一大批有购买力的消费人群。

三、关注健康，热衷公益

一个企业要想拥有惊人的营业额，除了产品本身的质量，企业自身的发展，还取决于一个企业在受众心中的良好形象。"你的形象价值百万"这不是一句挂在嘴边的口头禅，而且是时间见证的承诺。只有触动了消费者的内心世界，激活了消费者的潜在需求，才会让更多的消费者从被动消费变成主动消费，才会让企业的产品或服务成为被广大潜在消费者，所认识和接受的品牌。

××网的高明之处就在于他们不仅意识到企业形象的重要性，而且一直为企业形象的建设添砖加瓦。2008 年，××网与中国扶贫基金会建立了"××网爱心基金"，自此消费者每在××网上产生一笔消费，××网就向爱心基金捐赠一毛钱。2010 年，汇集了爱心基金和××网企业捐赠的善款启用，与北京打工子弟小学结成扶助单位，定期向他们捐赠常备药箱、饮水设备和图书文具，希望缓解他们的伤痛，帮助他们健康成长。"送人玫瑰，手留余香"，××网用行动证明了企业存在的价值，赢得诸多消费者的信赖。

××网的成功营销让我们看到，保健品行业过去那种闭门造车式的经营模式将一去不复返，取而代之的是顺应时代潮流、符合网友消费习惯、更加人性化的创新营销模式。

案例 3：新闻类软文

××网倾力促进公益事业健康发展

北京“7·21”暴雨突袭京城，让京城交通一度陷入瘫痪，部分地区受灾严重。但暴雨无情人有情，全国各地纷纷伸出援助之手。广泛的救援帮助中，有一个小小的缩影，就是××网，在看见了双闪车队在微博上说灾区需要药品，××网立刻组织全体员工连夜加班组织了急需的药品，送往灾区。

一、大爱无疆　××网为北京灾区略尽绵薄之力

越是在灾难面前，国人就越团结。自“7·21”暴雨发生以来，社会各界人士纷纷向北京支援人力、物力和财力无以计数。这其中的每份力量都饱含着国人对首都人民的深情，每件物品都承载着国人对首都人民的问候，每分钱都蕴含着国人对首都人民的祈福。

××网作为国内健康电商的领航者，为了表达对遇难者的哀悼，特在官网上开设了“暴雨·殇城——悼念‘7·21’北京暴雨 77 名遇难者”专题，上面有这样一段触动人心的悼念语：“如果没有那场暴雨，他们在上个周六的晚上都会平安回家；如果没有那场暴雨，就没有头骨的撞击，没有绝望的短信，没有弟弟徒手挖地寻兄的悲怆；‘7·21’北京暴雨 77 名遇难同胞，天堂里再没有暴雨殇城，你们一路走好！”

一场突如其来的暴雨，夺走了 77 条鲜活的生命，带走了我们深深的思念与哀悼。××网对所有遇难者的哀悼，说出了我们大家的心声——逝者已矣，祝你们一路走好！

二、最美企业　××网为树立行业标杆不懈努力

在灾难发生的第一时间，××网便开展了募集善款的公益活动，成为业内第一个助力公益的企业。××网 27 日上午决定：27—29 日三天，每张成功的网站订单并分享到微博的，将为××网会员捐款 10 元，所捐款项将全部换成急需药品于 30 日送往灾区。

记者在××网官网上看到不少消费者的订单，以及他们对北京灾区人民的祈福。逝者已矣，××网要为生者尽绵薄之力，传递给他们把生活继续下去的勇气。也是基于××网这次公益活动深得民心，网友纷纷称赞其为“最美企业”，公益自在人心。

三、心系公益　××网倾力促进公益事业健康发展

在“7·21”北京特大暴雨灾难面前，××网的公益行动赢得了广大消费者的认可。然而，××网对社会所做的公益事业又何止这一件呢？

早在 2008 年，××网就与中国扶贫基金会建立了“××网爱心基金”，自此消费者每在××网上产生一笔消费，就向爱心基金捐赠一毛钱。2010 年，汇集了爱心基金和××网企业捐赠的善款启用，与北京打工子弟小学结成扶助单位，定期向他们捐赠常备药箱、饮水设备和图书文具，希望缓解他们的伤痛，帮助他们健康成长。

××网这一系列的公益行动都在告诉我们：××网不是一家只知盈利而不懂回报社会的企业，而是一家以民为本、回馈社会、深谙取之于民用之于民的企业。希望越来越多的企业可以向××网学习，懂得回报社会，真正立足于人民的健康。

案例 4：访谈类软文

专访××网合伙创始人、副总经理某某

××网作为行业知名企业，一直以专业和强大被业内关注，为了了解××网的发展情况，记者有幸采访了××网合伙创始人、副总经理某某。

记者：对于近期医药电商行业高层人才变动的乱象，您怎么看？

某某：医药电商到现在基本都做了 3～5 年，一直很难熬，前途未卜，薪水又低，医药电商平均薪酬只有电商行业的 1/2。传统企业涉足电商领导们都很谨慎，扩张进展很慢，熬不住是正常的。对××网来说，我们是网站创建就在的，我们一是对企业有感情，二是耐性都比较好，还是坚信这个行业能有一家成功的。但是一个企业的成功还是要靠团队，能把整个团队团结在一起做事，这是企业成功最重要的。

记者：是否经常有企业来请教做医药电商，投入多少，盈利需要多久的问题？

某某：基本上想做医药电商的都来过××网取经，我们每次也都诚恳的讲解并回答他们的疑问。很多人都会问要投入多少，什么时候能盈利，但我们觉得这不是钱的问题，钱只是金字塔的塔尖。首先还是要明确定位，是想做线下销售的补充渠道，还是想做一个独立的 B2C 网站，假如你选择了后者，就必须坚持，然后按照选定的目标去制定运营步骤，组建团队，不断调整。至于盈利，当当 8 年，亚马逊 9 年，希望我们可以比他们更快一些。

记者：明年进军医药电商，算晚吗？

某某：不晚吧。不过这行业容不得慢，进来了就要快发展。如果进来晚，还不能快速发力，可能就会离先进者更远一些。许多老板只要他熟的事情，不管多大风险，也敢投，但医药电商没经验，迟迟不敢下手。2006 年筹划项目时，就当机立断要独立运营，做成最大的网上药店，这让××网的先天基础就很好。

记者：这场竞赛中，您看好什么样的选手？

某某：我挺看好××企业，它是实体店的老大，说明企业拥有良好的治理结构和管理能力，传统的一套经验对他在企业运营和供应链管理上会有很大帮助。当然这也取决于企业的战略倾斜度。

记者：××网有信心赢么？

某某：××网到现在一直有优势，是有希望获得最后胜利的。我们只要少犯错误，坚持干，团队稳定，再笨也会有收获。成功很简单，剩者为王！

案例5：促销类软文

××网备战“双11” 全场5折疯狂促销

几乎就是近两年，“双11”光棍节这一非传统节日从无到有，发展成为一个电商和网民的狂欢节。据有关消息介绍，今年共有超过200家的独立B2C电商加入“今年最后一场促销大战”中。使得消费者的目光不只聚焦在传统的电子3C、服装和日化类商品上，药品和健康商品正以异军突起的姿势，冲击着原有的电商促销生态。

一、发狠让利 百分百中奖

近日，记者从××网方面获悉，××网及××网天猫旗舰店也正在积极备战“双11”，活动丰富多样，跨越整个11月。据介绍，此次活动，堪称××网全年筹备时间最长、投入规模最大的一次，将通过持续让利的方式普惠消费者。

××网CEO××向记者具体介绍了“双11”期间××网的活动安排：“××网官方网站，近期有两个大活动：一是10日至11日，连续48小时，全场疯狂5折促销，折扣商品涉及日常用药、营养保健、医疗器械、成人用品、孕婴童类、家居百货等11个品类，让利力度是全年度最大的一次。二是贯穿整个11月的购物抽奖活动，成功提交订单的用户通过转盘抽奖，就可能获得3~200元不等的红包奖励，中奖率百分之百。同时，为了预热‘双11’，我们还推出了注册新会员送5元红包、满额换购、包邮卡等活动，吸引了很多顾客的参与。”

二、双网联动 积极备货

××网天猫旗舰店方面，“双11”当天也会积极响应天猫的活动安排，举办全店5折起，部分计生用品低至3折的大型促销活动。参加活动的商品覆盖药品、医疗器械、计生用品、隐形眼镜、保健品等品类，近1 000种单品。活动当天所有订单都包邮，活动力度也做到了全年最大。

对于因订单量激增可能导致的物流暴仓和商品缺货问题，××网 CEO 表示："内部方面，××网去年的'双 12'和今年的会员节期间也都举办过大型的促销活动，我们会以这些历史数据为依据，对销量高的品类做好充足的备货准备。××网的物流经过多次练兵，已经累积了足够的经验，准备了充足的人力并制定了完善的流程来应对销售的激增。"

三、亲情营销　一小时到货

另外，如果北京的顾客出现了感冒、发烧、拉肚子等突发急病，推荐顾客使用"××1 小时"业务，凡是通过"××1 小时"成功提交的订单，我们都会匹配就近的门店进行配送，保证用户 1 小时内就可以收到药品。

从历史数据来看，这个始于天猫的"掘金日"现在已经变得一发不可收拾。而相信随着××网等电商的积极备战和参与，今年的"双 11"也一定会变成一个商家与消费者互惠互利的节日。

在我们收藏了许多心仪的天猫商品的同时，现在也有必要登录××网，为我们明年的健康列一份采购清单。

案例 6：借势类软文

××网开展强强合作 领跑医药健康电商

目前国内医药健康电子商务处在一个初级发展阶段，整个增长的势头非常快，未来发展机会多，挑战也大。据调查显示，国民人均年收入在 3 万～5 万美元是健康品市场最蓬勃发展的时期，而中国目前正在进入这个时期。目前国家合法的网上药店有 60 多家，在运营有 40 家左右，现在竞争虽不激烈，但竞争迟早有一天会到来。有许多业内人士纷纷感慨：国内整个健康电子商务发展究竟路在何方？国内著名医药电商企业××网相关负责人表示，影响健康电商发展的有 3 个要素：第一是商品，第二是用户，第三是服务。

一、商品决定用户平台，××网树立行业标杆

准确的平台定位，决定商品内容。拥有什么样的商品，平台定位成什么样，直接关系到网站的用户量，进而影响网站的销量。××网取得的成绩在于选择了一个颇具发展潜力的医药健康领域并且不断整合厂家优秀产品、渠道和资源，为消费者提供专业、快捷的消费体验。

目前，××网已与人民网、39健康、爱康等超过300家公司合作，其网站上的商品包含日常用药、慢性病药、男科妇科、孕婴童类、新药特药、营养保健、参茸精品、医疗器械、成人保健、美妆护理、家居百货11大类。××网独创的先进经营模式，不仅满足了广大消费者的健康需求，也成为医药产品迅速推向市场的首选平台。

二、用户量决定销量，××网用户量取得长足进步

如果只有好的商品没有用户量，平台就很难形成一个很好的销售势头。百度指数显示，××网的用户大多集中在20～29岁和30～39岁这两个年龄段，处于这两个阶段的受众年轻、追求时尚、乐于接受新鲜事物，××网是如何吸引这批受众的呢？

据知情人士透露，××网采取的是“因人而异，对症下药”的战术，针对不同人群提供丰富多彩的促销活动，刺激消费者的购买欲望。

三、服务决定出路，××网备受消费者认可

如果说网站的商品是吸引消费者光顾的“敲门砖”，那优质的服务便是刺激消费者购买的“催化剂”。××网线上销售之所以能赢得广大消费者的青睐，主要归功于优质的服务。××网不仅在官网上开通了客服电话、短信咨询平台和在线客服3种服务形式，还在北京地区开展了“××1 小时”急速配送服务。广而全的商品，加上优质的服务，奠定了××网医药零售电子商务行业领军企业的地位。

近年来，××网始终以“信于行 健于质”为使命，以国内最大、世界领先的医药健康电子商务提供者为目标，领跑中国健康电商企业。在消费者眼中，××网不仅是国家批准的正规、合法的网上药店，更是有效的健康管理专家。

案例7：暗示类软文

独家爆料：××网销售火爆内幕

医药用品、保健用品、医疗器械这些在实体店铺销售平平的日常用品，竟然在××网这一网购平台上出现了销售火爆的现象。竞争如此激烈的电商行业，××网究竟凭什么能创造销售火爆的奇迹呢？笔者经过几番明察暗访，终于揭开了××网销售火爆的内幕。

一、别家服务为获利 ××网贴心服务为用户

如今，用户不仅看重产品的质量，服务好坏已成为能否取悦于用户的重要因素。笔者登录××网，在网站首页发现了“客户服务”这一栏目，里面罗列了用户常见问题、售后

服务和投诉中心 3 块内容。通过这一栏目导航，可以让消费者最快速、直接地了解××网的购物模式和会员制度，轻轻松松享受网购带来的便捷和欢愉。

同时，××网还将自己的客户服务分为 3 种模式：在线客服、短信咨询平台和客服电话。如此周到贴心的服务，也难怪消费者心甘情愿为××网埋单，创造了其销售火爆的奇迹。

二、别家办活动为盈利　××网给力促销为客户

杨女士是××网的忠实用户，她向笔者爆料："××网经常搞各种促销活动来吸引用户，他们家的活动折扣都特别低，在活动期间购买指定商品，超级实惠，所以渐渐地我就习惯在××网购物了。"

果然，笔者随后在××网的官网上看到了正在进行中的促销活动："××1 小时""××早晚市""××团""××网全网 6 折""0 元疯抢希爱力"等促销活动，正如杨女士所言，××网的活动价格低至成本价，活动的优惠力度也绝对低于业内水平，这种赔本让利的惠民之举，恐怕也只有××网才能做到吧！

三、别家商品丰富为拉客　××网药品齐全为健康

××网共有 11 大类商品：日常用药、慢性病药、男科妇科、孕婴童类、新药特药、营养保健、参茸精品、医疗器械、成人保健、美妆护理和家居百货。丰富的药品和齐全的分类，不仅满足了广大消费者的健康需求，更吸引了国内外大品牌制药企业开展合作。××网时时刻刻为消费者着想，将消费者的健康放在第一位的经营理念，造就了××网销售空前火爆的现象。

正如笔者分析的那样，××网销售火爆绝非偶然，而是其长期苦心经营的结果。不断整合厂家优秀产品、渠道和资源，为消费者提供丰富多彩的促销活动和专业、快捷的消费体验，××网不愧为医药产品发布和推广的首选平台。

点评：

软文的种类，是为了市场目标服务。我为这家电商平台之所以每种软文都撰写过，是由于服务周期长，是长年客户，经历了企业运营的各个经营阶段。从业者和读者千万不要进入营销误区，纠结于每个月为企业把 7 种软文种类都要撰写一遍。

什么阶段写什么样的软文，只是为了更方便地进行宣传，更快速地让消费者和市场接受企业传递的信息和动态。只要市场反馈好，长年只写一种形式的软文，也未尝不可。

我之所以把写作角度和软文形式如此细分，就是解决很多软文从业者，提笔就头痛的问题。针对一个企业，围绕着同一竞争核心优势，连续不断地提供原创文章，确实是件极其痛苦的事情。软文营销从不复杂，但也从未简单过。

练习环节

■ 模拟 2 种产品，7 种软文种类，每种各写 1 篇 1 000 字左右的软文。

第5章

十招绝世武功练成神功盖世的软文高手

软文的写作角度和种类，只是为写软文寻找立意点和宣传方向。具体到一篇软文的写作流程，就涉及另一条主线的知识点和步骤。就像厨师，菜谱再倒背如流，如果没有经历过实际的操作，也永远做不出一手好菜。

软文从业者从入门级到成为个中高手，基本会经历3个必然阶段。

第一阶段：抓耳挠腮，绞尽脑汁，只会复制。

尽管已经有了大量的素材和参考文章，但由于没有自己的策划方向，所以对于怎么写，仍然毫无头绪。根本无从下笔，只有把其他文章挑最顺眼的段落复制粘贴，文章看起来内容都完全正确，但是拼凑痕迹极为明显，没有任何连贯性，也自然谈不到市场效果。

对于这个阶段的学员，我都鼓励他们多看多琢磨，尽量不要急于动笔。即使动笔，也不要过多地看素材，因为人都会出现惯性思维，想对着原文去模仿。其实很多人认为，有参考文章去写新文章是最容易的，但是专业人士都知道，这一点恰恰是个“坑”，就像你唱歌，别人给你打拍子一样，看起来很热闹，结果他的拍子只要一错，你非常容易唱错。所以，如果有参考例文，主要是找到素材中的几个关键点，对比例文的写作思路和参考资料即可。

第二阶段：江郎才尽，遭遇瓶颈，难以提升。

有了基础的写作技巧，但刚刚找到写作规律，会自然地根据脑中的模板撰写，使得所有文章翻来覆去非常类似，每篇文章从标题到小标题，再到结构和措词，长的一模一样，想要突破，却也无从下手。偶尔参考别人的文章，找到一丝灵感，也很快被自己的惯性思维打乱，又回到原点。

任何一个行业和领域都有庸才和天才同时存在，但是软文不是比谁看书多，就领悟的快，也不会单单因为才思敏捷就进步神速。必须是多想、多看、多练、多改，四样少一样，都很难有突破式的成长。

这时的状态是，有了良好的基础，却没有打破僵局的武器。软文营销的 7 种写作角度和 7 种写作种类，对这一阶段的帮助最明显。只要借助多角度写作技巧，就能帮助从业者实现自我提升、自我突破。

第三阶段：信手拈来，灵活运用，连续精准。

能达到这一阶段的软文从业者，虽不敢保证每篇文章都惊天动地，却也能实现让读者看过不反感。也许有读者说，这个要求也太低了。但是，众口难调的时代，真能实现一篇文章令大多数读者都不反感，也并不是一件容易的事。只有让读者愿意看完文章，文章才有可能实现它的市场价值。

既要有 5 年以上的从业经历，撰写了上百篇软文的真功夫，又要掌握品牌策划的营销规律，才能对任何行业的产品和服务，都能准确找到卖点和持续推广的宣传方向。不仅能对品牌原有的素材进行深入剖析，而且能及时找出以往宣传策略中存在的误区或者不足，提出全新的宣传思路和创新创意，能每月为企业撰写 8 篇原创文章，都不会感到无话可说，还能根据社会动态，找到新的话题。

5.1 第一招 海底捞月——提炼并放大品牌优势

提炼并放大品牌优势，是品牌所有宣传软文中的核心，只有找到这个核心，才能保证未来撰写的软文都有统一的商业标的、反映出完整的企业宗旨。这一步不论是企业还是撰稿者，都极容易忽略，这也导致撰稿者每写完一篇文章，都如释重负。要写第二篇的时候，又如临大敌的根源。没有宣传核心，也就根本不知道要写什么，自然永远找不到轻松的写作方法。

精准的品牌的竞争优势，是吸引消费者、打动消费者、击溃消费者防线的第一步。省略了这一步，即使文章引用社会上最热门的话题、最火爆的明星图片、最流行的时尚用语，带来了几十万甚至几百万的阅读，也只能作为读者的休闲读物，对企业运营起不到半点帮助。

策划品牌优势，从职能分工上讲，其实并不属于软文工作者——“文案策划”职位的本职工作，应该由企业战略决策层、管理层或者策划团队来完成，但是大多传统企业都认为这点事没什么可说的，也从来想不起来，还要开个专门的会议或者请个专业团队来策划优势。因为产品生产了就卖，卖不出去就证明销售团队能力不足，事情就这么简单。所以，我在总裁班讲营销课程或者电子商务课程的时候，都会问一句，哪位学员能在 3 分钟之内，把自己企业的差异化竞争优势说得清清楚楚？从来没有人能主动回答。

这样的结果也是情理之中，意料之内。

一种情况是，大多数企业老板虽然谈到自己的企业和产品，都滔滔不绝、自信满满，但是真的要和其他产品做差异化比较，除非是高新技术或者是有相关专利的产品，在相关技术上有绝对优势，企业通常都不知道自己还有没有优势。

另一种情况是，虽然企业老板认为自己在某一方面还是有优势的，但是完全没有自信，更不愿意在这么多同学面前谈论，万一现场被伤了面子，太伤害企业形象和自尊心了。

在这里，我们姑且不讨论这种心态产生的原因，就现象来讲，企业包括老板在内的高管，确实都很难清楚表达企业品牌的完整优势和竞争力。直接导致的结果就是连企业创始人都说不明白的事情，难道还期待员工、代理商、经销商来说明白吗？

5.1.1　放大优势先要找到优势

我曾经做职业经理人 12 年，现在经常和学员说的一句话就是，员工“没赚你这份钱，不操你这份心”。当作为公司老板，把企业卖点、优势、亮点都说不清楚的时候，难道还指望员工替你把这件事弄清楚吗？

当公司上下都对产品似懂非懂的时候，消费者敢买单吗？换句话说，当你作为普通消费者，要去购买其他产品的时候，愿意购买一家连销售都说不清楚产品到底好在哪的产品吗？更何况，价格还真不便宜。当然，如果价格很便宜，消费者就更不敢买了。这是人性的矛盾，也是营销的本质。谁也不愿意买没有特色，价格还贵，品质还没保障的商品！

品牌优势不是企业的想当然，要分析市场状态和潜在消费人群状态，分析消费人群由于缺少某种“要素”造成的“危害”，提出品牌的功效和社会使命感，对“危害”的解决措施。品牌能实现效果的原因及科学的详细说明，展示品牌和同类产品的绝对优势和不可替代性。

案例：

以前文中曾提到的“全科医生健康会所”市场优势策划为例。看病难是普遍的社会现象，大医院排不上专家号，地方小医院医疗水平有限。医生也都是专科知识，医头的医不了脚，内科医生的治不了外科。在这种环境下，即使一些成功人士、知名人士，想为自己和家人及时获得健康保障也相当不容易，更不要提对全家提供24小时健康指导的针对性服务。

而全科医生，虽然不能保证每科都极度专业，但却可以解决人们基本的健康需求。为全家都提供健康综合指导方案，而且还是以尽量不打针、少吃药为前提，减少自己和家人二次受伤概率。

全科医生健康会所，可以为会员及家人，提供一名专业的全科医生，实现24小时健康跟踪服务。针对特大病情，还与合作医院开辟绿色通道，保证病患能够及时就医。当然，最关键的是，可以通过预防，消除一些健康隐患，去小病于无形、防大病于日常。因此，我们得出这家健康中心的市场优势：

（1）24小时私人健康服务；

（2）高端环境轻松私密；

（3）大型医院紧急绿色通道；

（4）全家针对化个性服务方案；

（5）减少打针吃药，提倡积极预防。

这里只是抛砖引玉，与大家分享找到企业优势的过程。品牌优势找到之后，还要进行放大，而所谓的放大，就是对每条优势进行详细说明，并且要证明其客观真实性并找到主观依据。

5.1.2　构成品牌优势的基本要素

企业会忽略发掘品牌优势这一步骤，通常是认为自己根本没有太过特别的优势。而事实上，除了极少数高新技术企业，大多数企业的优势都隐藏在企业经营过程中。很多不引人注意的点，其实都足以成为支撑企业参与市场竞争的核心优势。

（1）企业的背景：办公环境的面积、所处的地理位置、城市经济环境、获得过的荣誉、大型机构入股、领导视察表彰、捐助赈灾感人事迹等。

（2）高管的履历：创始人、董事会成员、管理团队的职业背景、行业地位、高等学历、所获奖项、个人成就、社会职务和学术文章等。

（3）团队的强大：团队人数、平均学历、成功案例、执行效率、工作业绩、团队精神等内容。

（4）科技的先进：所获专利、权威证书、国外检测报告、研发团队、研发时间、研发费用、领先同行业的程度等。

（5）化学的成分：成分的天然健康、萃取工艺的复杂、成分的稀缺、来之不易、成分所具备的独特效果等。

（6）物理的功用：为消费者带来的直接作用和效果、与同类产品效果比较的明显性和无副作用安全性、实现效果的时效性等。

（7）销售的价格：在同等质量和服务基础上价格比竞品便宜、经常有促销活动、有超级性价比的赠品、针对新老顾客的不同价格折扣、永远保持市场最低价格等。

（8）模式的创新：设置新的销售渠道、销售机制、合作方式、招商策略、管理手段等。

（9）服务的专业：服务团队的素质、投诉制度的严格、服务内容的全面、服务流程的人性化、服务过程的细致等。

（10）商品的齐全：在行业内针对小众人群的全新产品、满足大众需求的各类产品、可以代购或定制的个性产品等。

（11）市场的火爆：断货现象、抢购现象、销售火爆场面、活动现场人潮汹涌场面、客服电话打不进去的现象、消费者申请加钱买产品的现象等。

（12）客户的名气：与知名企业签订合作协议、股东的影响力、为知名企业提供过服务、知名企业采购过产品等。

（13）工艺的复杂：多道程序才能实现的工艺、专业的人工程序、手工的艺术性、细节的耗时性、复杂性和先进性等。

（14）材料的来源：国外的产地、国内极少地区才有的特产、材料要秘方提炼才可使用、材料生产环境的卫生和安全保障等。

（15）质量的保障：权威机构的认证、质检部门的报告、消费人群的效果反馈、行业专家的使用验证、临床的检验报告等。

（16）历史的久远：公司经营的年代、家族企业的传承、行业中的地位、配方的年代、名人故事等。

点评：

其实不难发现，这些构成品牌优势的要素中，本书很多案例都能看到它们的影子。这些优势都是企业在经营过程中自然形成的，并不需要故意编造。品牌优势可以是其中某个独立的要素，也可以是几个要素的复合。即使处于同一个行业，产品又完全同质化的工厂型企业，在这么多品牌要素的组合下，其竞争优势也绝对不会完全相同。

只要策划人员真正去熟悉和了解企业的经营细节，就会自然而然地发现它们的闪光之处。

5.1.3 品牌优势的基本结构

当企业的优势过多或者过少，实在难以挖掘时，我根据 16 年的策划经验。给大家一个简单的品牌优势公式："品牌定位+品牌材质+品牌功能+品牌文化"

品牌定位：品牌来自哪里，是国外品牌还是国内品牌；能为哪些潜在消费人群，解决哪方面的深层需求。

品牌材质：品牌的原材料是什么，或者服务内容是什么；材质和工艺来自哪里，符合什么样的安全标准和检验标准。

品牌功能：能为消费者带来的具体效果，解决什么样的具体问题；与同类产品相比，明显区别和好处有哪些；有哪些服务保障。

品牌文化：创建这一品牌的初衷，是为了帮助人们解决什么样的问题；证明这是有久远历史文化的老品牌，即使是新品牌也要找出它的技术、文化或创始人的历史背景。

案例：

中国女性对追求美丽的勇气和决心，特别是敢于消费的力度，令世界都为之汗颜。护肤品也一直是商机最大的行业之一，自然也是竞争很激烈的行业。一方面世界知名品牌疯狂杀入国内市场，走高端路线和文化路线，快速招商、进入各大商场专柜，抢夺市场蛋糕；另一方面国内本土品牌奋起直追，走明星代言路线、产品高性价比路线，抢占中、低端市场。还有一种就是俗称的"中外合作"品牌，这一定位比较隐讳和婉转。其实就是，国外注册、国内生产的产品，主要是利用消费者的崇洋情结，增加对产品的潜在信任度。

一位企业家在法国注册了一个护肤品品牌，产品在中国生产。将产品分为保湿系列、美白系列、修护系列、彩妆系列这四大系列。准备在天猫开旗舰店，目标人群是淘宝上 20～35 岁的女孩。由于产品研发周期过长，天猫店也已经申请成功，已经没有大量时间再去精心策划产品卖点，要立刻开始销售。

这时，可以运用基本的品牌四大要素，先进行简单包装。一边销售，一边根据客户反馈不断调整品牌优势。

1. 品牌定位：自信女人

精美时尚的包装和设计、彰显都市女性新时代对典雅的追求和向往，唤起女性对情感的巅峰感受，自信于亲人、社会、职场。这是一款从外表能帮助女性恢复和保留青春，从内心能给女性带来自信和恢复自信的法国品牌。

2. 品牌材质：天然无毒

该品牌采用天然的矿物质、动植物的提取物，不含铅、汞等化学元素，对人体无副作用，是健康天然的美肤产品。皮肤的维护和保养是长期的过程，绝不能揠苗助长，用大自然的力量，为女性提供追逐美丽的途径。

3. 品牌功能：激活细胞

生理特性决定了皮肤的特性，没有一款护肤品配方能完全适用于所有女性。所以该品牌，针对不同肤质、不同需求的女性，推出了有针对性的产品组合，精准消除女性肌肤困扰。

4. 品牌文化：感动青春

品牌起源于法国阿尔卑斯，独特的功效和精良的品质，火爆全球半个世纪之久，受到几百万女性的追捧，享誉整个欧洲市场。如今浪漫的气息和高雅的文化，伴随该品牌来到了中国，会帮助更多女性达到美丽的巅峰。

点评：

这 4 种基本要素组成的品牌优势，不能使企业的宣传亮点达到 100 分。但对于没有丰富策划经验的人来说，这种组合起码能把品牌的基本情况说清楚，营销分数达到 70 分左右，高过及格线还是没问题的。建议企业在缺乏专业策划团队或者时间过于仓促时使用，如想正式将品牌推向市场，至少要用两周以上的时间，对品牌优势进行逐一深入探讨，并分析其市场接受程度和竞争程度，具备可执行性后正式推向市场。

5.2　第二招　青龙摆尾——确定品牌所处时期的软文方向

明确品牌优势后，要精准结合品牌阶段和市场环境，根据潜在消费者和合作伙伴的消费需求，策划软文的阶段性宣传方向，撰写最符合时下消费者心理特征和具有杀伤力的系列软文，从而发挥最大的营销效果，扩大品牌影响力或者直接形成销售。

分析品牌所处的导入期、推广期、发展期、成熟期的哪一阶段，现阶段的环境特点。品牌的4个阶段，决定着软文营销的不同撰写方向。

（1）初创期的品牌软文方向，适合讲述品牌的新模式、团队、优势、人性化的服务、精准的产品线、专业的平台等偏重于品牌内涵的内容。

（2）推广期的品牌软文方向，适合讲述品牌的各类促销活动、消费者体验、高管访谈、新增的销售渠道、新闻发布会、产品战略等偏重于品牌外延的内容。

（3）发展期的品牌软文方向。适合讲述良好运营情况、会员数量、商品销售量、会员的感受、业界的评价等，偏重于品牌运营的介绍。

（4）成熟期的品牌软文方向，适合讲述新产品规划、大力促销活动、品牌的大事件、捐款公益等公关活动，以及与知名合作伙伴的战略合作等偏重于品牌权威性的内容。

点评：

不同时期的软文写作方向，均以反复强调品牌优势为核心，只是写作角度、表达强弱、所占文章篇幅程度不同。企业通常都希望策划全年的软文主题，而我更倾向于策划近两个季度的，市场变化太快，很可能某个事件就让营销形式产生了变化。

对传统企业和中小企业而言，这4个时期的区分条件并不复杂。参考数据是产品销售的增长速度、老客户活跃程度、客户主动购买比例、代理商主动申请加盟速度、促销和不促销的数据对比。

其中最难的，当属初创期和成熟期这两个阶段，也是企业最艰难和危险的阶段。初创期很好理解，品牌刚刚开始面向市场。如今的消费者很成熟，要不认牌子，要不就认代言人。除非有大量的广告支撑和超级明星作为代言人，否则即使在较强大的渠道进行销售，产品销量也很难上去。越是这个阶段，企业越要坚定信心。浅尝即止的推广策略，也是这时最容易犯的致命错误，发两三篇文章，觉得销售没有明显提升，就立刻停止。影响消费者需要一个过程，从排斥，到认知、熟悉、接受、信任，这个过程对不同消费者，有着差异化极大的时间差，也许有的潜在消费者只用几秒钟就被感动，实现了冲动消费，但对一些较为理智的消费者，也许这一过程需要几天，甚至几个月。16年前，我刚刚入行的时候，就实现了一篇软文，当天为公司实现80万元的销售，也一度成为业内的佳话，并不是因为我刚写一篇文章，就瞬间令所有消费者感动。在这之前，公司已经撰写并在媒体上发布了相关产品软文。有的消费者已经开始接受产品信息，只不过我写的文章，当时触碰到一些消费者的“痛点”，才能创造当时那个小小的营销“奇迹”。所以，企业在初创期的软文力度，反而要是最大的，因为教育市场不仅需要时间，更需要耐心。

至于“品牌成熟期”，也是任何企业必然经历，也是最为危险的时期。没有经历过实体企业运营的读者也许不明白，明明成熟品牌，是最受市场欢迎和最容易开展营销，老客户数量多、市场知名度大、代理分销渠道已经打开，为什么此时的品牌反而更加危险?

“品牌成熟期”还有另外一个名称就是“品牌衰退期”，所谓物极必反就是这个道理。这时候是企业产品更新换代的关键时期，也是老客户对产品基本饱和并产生疲惫的时候。这时，促销和软文就是最有必要的两大武器。促销，是为了清除库存，最大限度地激活潜在客户。软文，则是巩固和强化，成熟品牌的市场地位，在宣传促销活动的同时为新品上市做好宣传铺垫。

5.3　第三招　开门见山——制订软文写作计划

明确了企业所处的营销阶段和宣传方向后，根据营销预算，确定软文营销计划。每个月撰写多少软文和通过多少媒体进行宣传，针对不同媒体撰写区别化主题。对于大型公司来讲，软文营销计划通常都不是单独存在的，而是并入整体网络营销计划之内的。对中小企业和创业企业而言，基本上不存在整体宣传计划。几乎是领导指哪儿，营销部门打哪儿，或者根据突发事件随风而动，要写文章都是临时去编写。

制订软文营销计划，一方面可以保证撰写每篇文章时，不至于手忙脚乱，临时抓方向。营销方向可以保持统一精准，配合市场布局。另一方面可以明确宣传预算的应用，不会出现预算不足或者被挪它用的情况。

工作重点：

（1）宣传主题：配合市场活动，拟出每篇文章的宣传主题和基本内容。

（2）软文作用：每个月软文营销的预期市场作用，树立形象、宣传优势、市场促销、公关维权、行业提升、打击对手、展示企业动态等。

（3）论点论据：为文章准备素材，论点是营销目标的概括，能突出要表达的核心思想。论据的作用是证明主题正确的资料，丰富各个段落的主要内容。

案例：

××软文营销方案

一、目标

（1）增加“××”的品牌曝光率、权威性和品牌覆盖范围。

（2）突出“××”的品牌内容、商品优势。

（3）促进会员的销售。

二、时间

2016年1月至12月。

三、品牌优势

（1）××以高端私人健康会所的形式，为会员提供24小时高级私人医生和全程健康管家。

（2）上门帮助会员培训家人和下属健康护理常识，多位专家为会员提供围诊健康服务。

（3）保证了会员的私密性和专属性，以健康服务模式保证了会员及家人的健康和避免受到病魔的威胁。

四、目标客户

（1）成功的企业家，虽然珍惜健康却有钱没时间。迷信大医院却满足不了成功人士的心理，找不到归属感，而且不能提供及时的健康服务。

（2）企业高管，工作压力大但可以享受医疗补助。

（3）将健康卡作为高级商务礼品赠送客户、领导、长辈的白领人士。

五、阶段策略

第一阶段：1—3月

重点包装宣传××的健康服务优势、服务理念，健康管理对现代人的重大意义和忽视健康管理的恶果。从社会角度来讲述，××健康管理服务是时代的需要，是打破常规医疗瓶颈的重大突破。

第二阶段：4—6月

重点包装宣传××的盛大开业，××的火爆场景、会员的亲身感言、突出××服务的先进性和科学性，带给会员及家人的切实健康效果。带出高端人群健康管理的流行风。

六、宣传角度

（1）健康专家角度：通过各种亚健康的危害、症状、数据，说明人们应该重视健康维护，以名人的突然死亡作为引题。

（2）记者的角度：通过新闻发布会，宣传××世界领先的医生团队、顶尖的先进仪器、唯一大规模高级私人健康会所的贵宾服务。

（3）消费者的角度：宣传××的健康管理服务，并重点突出“中心”的巨大意义。

（4）职场人士的角度：说出现在领导、客户、长辈对健康的重视和无奈，说明××像及时雨一样帮助了人们，拯救了生命。

（5）老板和成功人士的角度：××给了成功人士健康归属感和身份象征感。

七、近期文章主题

1 月，针对职场人士、时尚人士、中青年白领人群、企业高管，以揭示工作、生活压力过大和节奏过快所出现的健康隐患，不及时发现并治疗后的可怕后果。

第 1 篇：职场人士身边隐藏的健康杀手

第 2 篇：职业病不及时治疗将导致瘫痪

第 3 篇：计算一下自己有多少职业病

第 4 篇：××的健康管理成为成功人士的救命稻草

第 5 篇：××揭秘：职场人士最易得的 10 种恶疾

第 6 篇：用健康换钱 利息就是透支生命

2 月，针对孝敬父母、给亲友送礼，以表达健康管理的时尚、孝敬老人的必要性。

第 1 篇：哭后才知道 孝敬父母不能拖

第 2 篇：父母的健康 全家的幸福

第 3 篇：一张××会员卡 帮我梦想成真

第 4 篇：父亲过生日 千万富翁千里送××会员卡

第 5 篇：送礼送健康 终于不是空谈

第 6 篇：忽视健康管理就是慢性自杀

点评：

这是我为另一家健康体检机构制订的全网营销方案。当然，实际的内容要比这个复杂很多。这里只是把软文营销部分提取出来，供大家参考。而在日常工作中，也不建议大家把方案做得太过复杂。毕竟方案或者计划，只是用来参考执行，做的细虽然不是缺点，但耗费太多时间和精力就得不偿失了。

和书中之前的案例相比较，一个是传统意义上的“私人医生”健康体检机构，一个是有着“全科医生”资质的医护团队，所以二者的宣传策略，也是截然不同的。

5.4 第四招 石破天惊——策划精准标题

标题一定要紧跟环境变化和热点事件，不同时间会有不同的侧重风格，所以，真正开始写作的时候，标题并不一定严格按照软文宣传计划中的固定内容，只是参考其中的内容和方向即可。很多人都听说过，好的软文标题是“画龙点睛”。我认为这么说并不严谨，“画龙点睛”起到的更多是增加魅力或者点缀的作用。而互联网时代的软文标题，起到“一语定生死”的作用。读者有没有可能看到软文中的信息，先取决于标题。即使再大的品牌，再知名的公司推出的文章，如果标题写得不温不火，被读者点击的可能性也相当低。所以，软文的标题必须精益求精、火力十足。

如果要练习软文写作，当掌握了理论知识，阅读了大量案例，对产品优势也比较熟悉后，不要急于动笔，可以先针对产品，撰写 10 个以上的小标题。然后用排除法，逐条进行比对删除，选出自己感觉最满意的标题后，再发给亲友请他们评价，是否通过标题能看出产品的优势、目标人群和想要表达的意思。

每天撰写一个令 80%的亲友都觉得能看懂而且想了解正文的标题时，再开始下一步的写作练习也为时未晚。

5.4.1 标题要精练并体现竞争优势

软文的推广是科学、灵活的组合，是系列、连续的手段。软文标题需要综合考虑品牌的定位、人群、竞争、商品等综合要素。要用具备杀伤力、诱惑力和引导力的词语，直接表述品牌的功用和优势。

案例 1：护肤产品系列软文标题

（1）××护肤品十年磨一剑 精心研发女性去皱产品

（2）××护肤品　让女性远离皱纹伤害

（3）××护肤品 让你的皱纹消失在空气中

案例 2：减肥产品系列软文标题

（1）××产品 让你在睡眠中轻松减肥

（2）网红直播爆料 不节食瘦出小蛮腰的秘密

（3）××产品 瘦到停不下来

案例 3：女装产品系列软文标题

（1）××女装　让你变的火辣又火热

（2）让灰姑娘秒变公主的××女装

（3）××热辣女装成“脱单”神器

5.4.2　标题要生动并突出文章主题

能突出核心内容和表达意图，并且简洁干练，具有杀伤力。一个好的软文标题就已经使软文成功了 60%。换而言之，这篇软文已经及格了，具备了推广功能。也只有一个成功的标题，才能让网民在浩若烟海的信息世界中，有点击和阅读的兴趣。

案例 1：健康产品系列软文标题

（1）××食品　“秒回”那个想吃就吃的时代

（2）××食品　把失去的健康吃回来

（3）2017 吃这些是慢性自杀

案例 2：鞋类产品系列软文标题

（1）穿××男鞋 高端场合有里有面

（2）扫地扫出来的电子商务鞋业巨子

（3）二十年工艺传承　××男鞋　精品中的“贵足”

案例 3：收纳产品系列软文标题

（1）巧用收纳魔法 改善居住空间

（2）××家居收纳品牌　“变”出无限空间

（3）××家居收纳　“全球十大品牌内衣”使用者的新宠

5.4.3 标题要新颖并唤起消费者共鸣

中国网民的特点就是时尚化、潮流化和年轻化，时尚类的标题往往能快速唤起读者的共鸣，从而产生品牌信任度和消费欲望，这就要求软文标题有新颖的突破点和切入点，绝不能落入俗套或者照搬照抄。

案例：手机产品系列软文标题

（1）当轻奢手机遇上黑科技 颠覆你的认知

（2）当苹果 7 碰撞轻奢手机万元机　世界会多疯狂

（3）轻奢手机品牌火爆　烂大街“街机”无存在感了

点评：

创作的经历都是痛苦的，也是不可避免的。每次有人想和我学软文的时候，我最担心的不是他有没有天分，而是到底能不能守得住这份寂寞。

好的软文标题，通常都是“憋”出来的，而不是“编”出来的。这里的“憋”，是指集中精力，什么事情都不做，就围绕着文章想表达的中心思想，去想各种可能的标题。会有很多完全不可行的标题闪现，只要能记得住的都记下来，既是宝贵的回忆，也是可完善的素材。在未来的几天甚至几周内，每天都要抽出几十分钟或者几个小时，持续不断地想一个令自己都感到兴奋的软文标题。

标题既要新奇，又不能过分脱离主题；既要简洁，又要把事说清楚；既要婉转，又要把优势说得很直截。所以，建议大家在正式动笔之前，一定要下功夫先“憋”出几个标题。

还有一点需要特别注意，自媒体平台发布的软文，标题字数在 30 字以内。但很多网络媒体平台，要求文章标题字数在 23 个字以内。在撰写文章标题时，要符合大多数网络媒体的发布规则，尽量不要超过 23 个字，否则，一些媒体在转载时，将自动删除标题中的文字，反而看起来不伦不类。

5.5 第五招　降龙十八掌——善用数字营销

这里的数字营销，并不是指数字化媒体、数字化时代这些高科技的内容。建议读者朋友也不要把营销想得太过复杂，我讲课、策划、交流、出书的风格，都是以实战为主，不喜欢“高大上”和神秘。也许是因为我的性格和从业历程，一直都是以务实为主，没有机会去享受“高大上”的过程，就已经要接受市场的考验了。

软文营销中的数字营销，就是指阿拉伯数字。因为阿拉伯数字，是每个人从小就要学习、在生活中应用、在工作中涉及的主要组成符号。特别是人民币的数额，也用阿拉伯数字表示，使人们在潜意识中，对这种数字形式要亲切和自然得多。

在文章写作中，要善于应用数字配合文字内容，进行营销传播和营销定位，直击消费者痛点，刺激消费。

5.5.1　数字要醒目突出，效果性强

案例：减肥产品软文中的数字应用

（1）一次就像年轻 5 岁！

（2）一次就像年轻很多岁！

（3）一次就有青春奇迹！

3 句话中，哪句更能吸引消费者？答案是显而易见的。为什么能形成这样的视觉效果？是因为把产品功能通过数字表达后，让消费者能立刻感受到，自己 5 年前和现在的巨大反差，并且联想如果真的能回到 5 年前，那应该是多么幸福的事情，从而对品牌自然留下深刻印象。而青春奇迹是什么样？多久才能有奇迹？这种不具体的内容，平时看起来感觉不明显，一旦和具化效果的文字比起来，反差就会很强烈。

5.5.2　数字要配合产品特点，时效性强

案例：塑体内衣产品软文中的数字应用

（1）一天让你拥有苗条身材！

（2）一次塑造迷人纤细身材！

（3）1 分钟拥有惹火模特身材！

尽管都是对塑形美体内衣效果的描述，但是其数字描述不同，令其吸引力程度也强弱明显。一个是立竿见影，一个是短期实现，一个是模糊不清。当然这些案例都极度夸张，只是为了通过对比，让大家能立刻看到阿拉伯数字在文章中的明显作用。这些标题仅供案

例参考，写文章时请勿过度模仿。

5.5.3 数字要用阿拉伯数字，聚效性强！

案例：护肤产品软文中的数字应用

（1）壹天仅需拾块钱　买回你失去的青春！

（2）一天仅需 10 块钱　买回你失去的青春！

（3）1 天仅需 10 块钱　买回你失去的青春！

在同样的文字中，使用阿拉伯数字就比使用大写的数字效果明显醒目得多。这是因为人们在日常生活中，使用更多的还是小写的阿拉伯数字。这些虽然是微不足道的细节，但是营销的成败，都在无数个小细节中悄悄决定了。

5.5.4 数字要引起消费者共鸣，威慑性强

案例：健康产品软文中的数字应用

（1）每天摄入 500 克含有重金属的食品，体内毒素一年增加 2 公斤！

（2）你愿意为省 5 元钱不买有机食品，花 50 000 元调理身体吗！

恐吓营销是很多企业都用过的营销手段，但真想让读者重视并且产生危机感，并不是一件容易的事情。因为，每天电视、网络、手机、家人、报纸、杂志等信息渠道，每时每刻都在传递着一些生活注意事项和日常错误生活习惯带来的危害。

所谓见怪不怪，人们也就逐渐习惯了。这时，想要令消费者对某一行为足够重视，从而产生消费需求，就要立刻和直观地将信息传递给消费者。这些案例并不是进行互相对比，而是给大家作为应用的示例，同一个产品、同一件事情，可以通过不同的角度和不同数字来呈现，也会产生不同的市场效果。

5.5.5 数字要触碰潜在需求，刺激性强

案例：鞋类产品软文中的数字应用

（1）穿舒适的鞋等于每天按摩心脏 10 000 下！

（2）29 种手工工序制成的皮鞋，让你享受真正的“贵足”生活！

（3）穿 1 万元以上的鞋，谈 1 000 万元以上的生意！

数字的应用范围非常广泛，对不同的产品和不同的人群，有着不同程度的潜意识刺激。这一案例就是通过不同角度的切入，用数字证明了产品的高端、健康、奢华，而同类的词汇所用甚少，避免了俗套。这就是数字的魅力！

5.6　第六招　凌波微步——撰写精练引题

引题通常是指，标题下方，第一个小标题上方，二者之间的文字。也有一些软文工作者没有写小标题的习惯，引题就指文章中第一自然段。所谓引题，就是承上启下，针对标题，引出全文的过渡内容。当读者点开标题，是不是能有兴趣继续往下看，就要看引题有多强的吸引力了。

引题通常以某个故事或者新闻事件开始，吸引读者的兴趣后，再引出企业想表达的观点和信息。字数控制在 100～300 字，对事件的描述尽量精简概括。如果内容太过烦琐、描述太过详细，将会喧宾夺主，读者看完引题后，根本没有了解文章其他内容的欲望。或者由于字数太多，半天说不到正题，读者也就没有继续看下去的心情。

1．重点

（1）要让读者有看完的兴趣。

（2）要适当引用热点话题和事件。

（3）要具备创新性、故事性和可读性。

（4）要切合主题，能合理引出全文。

（5）要短小精练，直奔主题。

2．避免

（1）不要过度俗套地模仿他人。

（2）不要过度冗长、思绪混乱，半天没有切入主题。

（3）不要生编硬套或者平淡乏味。

（4）不要南辕北辙和后续内容毫无相关。

案例 1：减肥产品引题

以某减肥产品的暗示类软文为例，标题相同，但两种不同风格的引题，吸引力会相差甚远。

第一种：普通型

某商场早上 9 点才开业，但 8 点就已经有大量人群在排队。很多消费者一边排队一边紧张地往前看，生怕自己前面人太多，到时候买不到产品。笔者上前询问才知道，原来今天是××品牌在商场做促销活动，能够吸引这么多消费者，看来这个品牌的魅力果然是名不虚传。

第二种：夸张型

今日，有几百名顾客疯狂冲进某商场的三楼进行疯狂抢购。其中，大多数为女性，她们身上再看不到半点温柔礼让的影子和甜美动人的笑容，每个人都如临大敌，在专柜前面拼命向前挤，抓着产品就不放手。这一突如其来的情景，令商场楼层经理大吃一惊。走过去一看才知道，原来是××品牌今天在做促销活动，令众多消费者极度疯狂购买。

点评：

第二种类型的引题，是我在 16 年前写的一篇软文中的引题。也正是由于这篇文章，企业产品当天销量倍增，甚至被一个媒体把它当成了新闻来发布，让我感受到了软文的魅力和写作规律，决定了我的职业生涯，这条路一走就是 16 年。

引题并不需要每篇都像案例一样极度激情，能否实现承上启下的作用，主要就是对事件的描述是不是到位、对业态的分析是不是专业、对现象的描述是不是细致。

案例 2：护肤产品引题

近日，赵薇导演的处女作电影《致我们终将逝去的青春》在全国各大电影院热映，从而也引发了一场关于青春的探讨热潮。如题，青春终将逝去，我们能做的只是对她挥手告别吗？其实不然，至少我们可以通过科学的方式找到青春的容貌、延长青春的时间。

科学研究表明，女性 25 岁之后，身体细胞就已经开始衰老，只是在外貌上没有表现。然而，这种由内及外的衰老最让我们防不胜防，一不注意，镜中的自己眼角已经出现皱纹，脸上出现色斑，皮肤也不如从前有弹性。婚姻有 7 年之痒，女性的青春亦是如此。那么，如何在青春的 7 年之痒令自己重获青春呢？

点评：

《致我们终将逝去的青春》是热播电影之一，剧情谈不上感人，但是和 2016 年的《夏洛特烦恼》一样，都非常漂亮地打起了回忆牌。让几代人都唏嘘不已，纷纷想象着如果自己也能够穿越回去，将如何弥补曾经的遗憾。

这篇文章是为一个护肤产品撰写的，引题虽然是引用了电影的名字和影响力，但只是稍稍提及，就一带而过，绝不能让读者全身心地投入电影情节的回忆中去。否则，这篇文章将对产品宣传起不到任何帮助。通过电影名字，让大家一起考虑什么时候青春会开始逝去，再通过青春逝去之后，将产生 7 年之痒这个社会现象，再度激发读者的心理波动。从而下文直接带出产品的各种优势和效果。

案例 3：

诞生于美国 20 世纪 70 年代初期的微电影，最初多是在地下室、咖啡厅、啤酒屋等休闲场所放映，聚焦群体只是小范围人群。时至今日，微电影已经不再仅仅是简单的短片，它依托网络媒介和摄像技术的发展，在网络上迅猛发展起来。在国内，从 2006 年的《一个馒头引发的血案》，到吴彦祖的《一触即发》，再到《老男孩》，微电影的全新时代来临！

点评：

单从这段引题来讲，完全像一段微电影的时评。没有广告元素，读者容易接受。其实这篇文章，是我为中国一个知名的饮料品牌——健力宝，撰写的评论型软文。与大力宣传口感、功能的其他饮料相比，该品牌在营销策略上一直以情怀为主。希望借助互联网，唤起“80 后”人群的童年回忆，并让“90 后”人群去尝试。

在微电影刚刚开出现，还不是特别火爆时，该品牌也尝试拍摄大量微电影，传播时尚元素。这篇文章，就是通过对微电影时代的讨论，表扬这个品牌能紧跟社会变革，具备新时代的气息和文化元素，唤起网民消费意识。

5.7　第七招　三花盖顶——三个小标题

小标题的作用主要是让读者有一个视觉的停顿和缓冲。毕竟上千字堆积在一起，密密麻麻看起来会很疲惫，也不是每个人都有耐性把文章看完。小标题是各个段落的核心总结，是对主标题的遥相呼应。通常来讲，只要看了主标题、引题和小标题，读者就已经完成80%以上的信息获取了。

所以，小标题的策划是绝对不能省略的。在正式撰写之前，就要先进行策划。根据全文大概分成几个段落，每个段落的基本内容是什么，从而提炼小标题的文字，还要考虑是否与主题呼应。

（1）内容环环相扣，一目了然。文章段落要紧扣标题进行表述。像论文一样，有论点、论证和论据。

（2）层级清晰分明，段落紧凑。要符合网站的自身特点和方向，不能生编硬套。前后要连贯，就像写作文一样，要统一思路，有可读性。

案例：

标题：中国电商实现“黑马”自动化商品B2C成趋势

小标题1：打破暗箱操作规则，实现阳光采购

小标题2：打破多次询价烦恼，实现高效采购

小标题3：打破售后服务顾虑，实现放心采购

点评：

文章的核心是推广一个销售吊车、推土机等自动化设备的B2C商城。商城的经营者表示，这个行业的采购方和销售方，在线下交易时都比较苦恼。一方面，经常出现暗箱操作，双方利益都受损失；另一方面，比价时间成本太高，还要涉及配件、免费安装等内容，有时候单纯问的销售价格还不能作为购买的参考价格。同时，提供售后服务经常需要跨市跨省，服务人员的交通成本和食宿成本太高，买卖双方都不愿意承担。所以，针对商城的优势和业内的痛点，撰写了这3个小标题。不管文章中的段落内容是否精彩，但是就这3个小标题来讲，绝对可以让读者一目了然，这个商城到底好在哪，为什么要来这里购买自动化设备了，为什么自动化商品B2C会成为趋势了。

通过层层递进的段落内容，每个小标题分别围绕主题展示观点，直至将主题完全彻底地阐述清楚，并用充分的示例来证明主题的正确。切忌不知所云、不知所谓。有许多软文登出后，让人始终不明白究竟要表达什么。

5.8　第八招　吸星大法——形成杀伤力

写文章的限制很多，要防止过激的语言、虚假宣传、攻击他人。而这些内容，恰恰是最吸引眼球的，一些自媒体也都以此作为吸引流量的手段。但其实要想让词语极具杀伤力，就必须直击痛处，而不是语言花哨、色情。

所谓杀伤力，是消费者怕什么，就要说什么。不要完全使用书面用语，可以经常用一些生活化的语言，找到潜在消费者真正的需求，用最犀利的语言，戳中消费者最不愿意面对的痛处。也就是说，专门去揭消费者的伤疤，当然这里绝不能指名道姓，否则就成了人身攻击，要触犯法律。要针对某一现象或者社会现实去评论，绝对不是伤害或者侮辱。

案例 1：化妆品软文的文字杀伤力

（1）普通表达方式：看着自己那日渐衰老的肌肤，您还在犹豫吗？

（2）具备杀伤力的表达方式：随着无情岁月这把杀猪刀的不断侵蚀，脸部那往日细嫩白皙的肌肤，变的粗糙灰涩、黯然无光，粗糙的皮肤甚至有些刮手，白雪公主再度变成了灰姑娘。恢复青春的机会就在眼前，你还在犹豫什么？

案例 2：减肥软文的文字杀伤力

（1）普通表达方式：夏天到了，以前的裙子已经穿不进去了，难道你不着急吗？

（2）具备杀伤力的表达方式：夏天是展示女性美丽最好的时节，但是看身上那白花花的赘肉、肚子上一层又一层的“游泳圈”、大腿和手臂上几乎绽开的脂肪花，难道你还想穿裙子吗？年年都减肥，却年年越减越肥，不是你的方式不对，而是你选择的产品不对。××品牌的产品……

点评：

杀伤力的技巧不仅在于敢说，还要说到点上。也就是知道消费者真的在意什么，不愿意面对什么。不是像歇斯底里的泼妇骂街一样把话说得越过分，就越有杀伤力。这是一种要让消费者觉得你说得很过分，但是为了他好，不应该生气的营销火候。这种杀伤力的形成，需要软文撰写者具备策划能力，养成对生活细致观察的习惯。

5.9 第九招　行云流水——排版清晰简洁

不论在平面媒体还是网络媒体上发布的软文，都会由专业编辑进行排版后发布。但是任何软文的发布，第一个审核人都是公司领导。而由于排版的混乱，文字过度密集甚至标题符号使用错误，经常使公司领导不愿意细看，甚至根本不愿意看。

这会导致两种情况出现：一种是领导直接将文章打回，要求重写，而文案工作者则根本不知道文章问题出现在哪里，导致了时间的浪费；另一种是领导粗略看过，没发现其中的错词病句，甚至是重大的文字隐患，就同意了文章的发布，为公司造成无法挽回的损失，甚至造成公关危机。

（1）标题字号：大标题二号或者小二号黑体字，小标题要有序号并且加粗。

（2）行间距：22～26 间。

（3）页边距：四边各为 2。

（4）字体字号：正文是小四号宋体或者仿宋。

（5）段落字数：每段文字不要超过 300 字。

（6）符号密度：每 20～30 字，至少要出现一个标点符号，让读者有眼睛休息时间。

（7）结束符号：不要整段都是“，”要根据表达的结束，及时加上“。”或者“！”以表示此句正式结束，否则会让读者有阅读压抑的感觉。

5.10 第十招　排山倒海——科学媒体数量

（1）传播媒体要符合文章主题，自媒体、企业官网等内容，虽然节约经费，但覆盖范围有限。数量要达到覆盖效果，必须持续传播。每篇文章发布在 20～40 家媒体是基本的数值。如果预算允许，可以过百家。还要配合邀请邀请权威媒体的记者，了解企业信息，愿意主动发布企业信息。只有形成连续、持续、全面的覆盖宣传，软文营销才会有意义。

（2）切忌画地为牢、自我束缚。并非所在地区或者同行业的媒体，才具有软文品牌传播价值。中国的网民虽然多，但主流人群都是 25～40 岁的人群。不用非固定于所谓的地理位置或者行业位置，每个网站都是面对全中国网民的。

练习环节

1. 把十招武功和顺序，做到烂熟于心。
2. 模拟两种产品，根据十大步骤，每种产品各写一篇 1 000 字左右的软文。对比前几章，练习写作的软文，找出不同。

第6章

出神入化地写出五类常用软文

明确了软文营销的基本思路，掌握了软文的十个基本写作流程。只要勤加练习，基本上可以应对企业的写作需求。但不同企业的文章需求，也是千变万化的。本章根据常见的五种营销需求，以演练的方式进行反复讲解，展示不同环境下的写作思路，带着读者一步步熟悉整个写作过程，直到熟练地写作五类常用的软文类型。

6.1 演练1：如何写单篇产品软文

区分一个人是否从事过软文工作，问一个简单的问题即可：是把 2 000 字的文章删到 800 字容易，还是把 800 字的文章增加到 2 000 字容易。如果是未从事过软文营销的人，一定会毫不犹豫地选择前者。道理似乎很明显，像领导一样把文字删删减减、挑挑毛病，明显工作很轻松。而把 800 字增加到 2 000 字，明显是费脑费力费时，极为辛苦。结果其实恰恰相反，从专业角度来说，把 2 000 字的文章删减到 800 字，还要保证文章的结构不散，事情仍然能说清楚，是难上加难，比把 800 字增加到 2 000 字，要痛苦得多。

有些企业受到资金、品牌、市场、季节等因素的影响，经常是想起来就写一篇软文，想不起来半年也不会写一篇。达到网上搜索产品名称，能搜索得到相关文章这一目的就可以了。这类企业找我合作，我通常都是拒绝的，但这类的文章，应用确实普遍，通常都是为了配合招商和初期销售使用，为企业制订详细的软文营销计划，已经没有任何意义。

写单篇软文，似乎不用练习，写一篇展示类的文章就完全可以实现。但是，本该写十几篇文章进行宣传的产品，用一篇文章进行总结，难度其实是大大增加的。有时候给企业只写一篇文章，比一个月写 4 篇或者 8 篇难度系数还要高。

6.1.1　核心要点

（1）明确产品对潜在人群起到的效果和功用，软文的市场方向。

（2）策划产品核心优势，在同类产品中的不可替代性和市场领导性。

（3）解析消费者对此类产品的需求程度和消费心态。

（4）产品人性化的服务让消费者没有后顾之忧，引起消费信任共鸣。

（5）消费者使用产品后的欣喜反馈，将产品社会意义进行升华。

6.1.2　软文案例

案例：

从秘鲁安第斯原产玛卡代购 看中国电商诚信环境

最近，云南研城百岁坊 5A 玛卡在网络上的惊天一拍，一颗“萝卜”过万的事件，引起唏嘘一片。不过沸沸扬扬的背后，大家更关心的是这颗天价“萝卜”。这颗萝卜正是紫玛卡（最为稀有的玛卡品种）。玛卡（西班牙语：Maca），是原产于南美洲秘鲁安第斯山区的一种十字花科植物，有“南美人参”之誉，是当前全世界关注的一款保健植物，被称为“天然荷尔蒙发动机”。

近期，玛卡产业火爆。但是，国产的玛卡似乎并不能满足人们的保养需求，通过微信和网站代购秘鲁安第斯原产玛卡的消费者瞬间增多。国外的保健品突然毫无理由地火爆，确实令人感到疑惑。为此，笔者走访了一些玛卡的经销商和电商平台的朋友，希望能深入了解玛卡在电商市场下一步的发展。

一、玛卡有何神秘之处令消费者狂购

过去十几年，玛卡的批发价格和零售价格一直保持同步攀升态势。细探之下，玛卡产业的繁荣和调养荷尔蒙密切相关。

特别是近年来，生活和工作的快节奏、高压力、强污染，导致了人们生活的无序和紧张，加之身边成千上万化学品的干扰，使得体能逐渐衰退，身体器官系统的均衡动作难以维持，就会导致体质差、易疲惫、睡眠质量差、压力不容易缓解等问题。白领阶层几乎个个是亚健康的代言人，在不能保证充分运动和休息的前提下，又没有有效的良药。

玛卡干根中的化学组成成分为：蛋白质、糖类、脂肪酸（含较多α-亚麻酸、亚油酸）、膳食纤维、20 种氨基酸（天冬氨酸、精氨酸等）、多种种矿物质（铁、锰、铜、锌、钠、钾、钙、磷、硫、镁等）、8 种维生素（VB1、VB2、VB5、VB6、VB12、VC、VA、VE）、多种生物碱，以及芥子油苷、牛磺酸、植物多酚、皂角苷等生物活性成分。服用玛卡产品，似乎可以一劳永逸地解决很多健康问题，特别是男女皆宜的功效，开始让人们追崇。

二、秘鲁玛卡的电商代购市场潜力巨大

随着对玛卡价值的认识，玛卡逐渐成为现代都市精英人群最主流的保健食材。在美国、日本、欧洲等地，玛卡的功效成分被广泛地添加在食品、保健品中，根据 IMS health 统计数据，全球玛卡销量已经超过 360 亿美元，占保健销售总额的 5%。

2011 年 5 月 18 日，中国国家卫生部第 13 号公告批准玛卡为新资源食品。大陆消费者逐步开始认识并接受玛卡，大陆市场逐步被激活。IDC 的数据表明，2014 年第二季度，人参、玛卡已经控制了国内补肾业市场 72.6%的份额，其市场份额还在不断增加。

通过和电商平台的朋友沟通发现，中国的消费者都希望能购买秘鲁安第斯山区的原生态产品，其中最受推崇的是 × × 公司所生产的玛卡，很多电商平台都要求独家合作。

因为 × × 公司的玛卡，经过美国、欧盟、美国犹太联盟、秘鲁、日本等有机产品认证，坚持秘鲁有千年种植历史的原生态产地采集和制造，坚持以秘鲁印加古老的传统种植方法精心培育，从播种到收获全部过程坚持有机种植，尽量减少加工过程，坚持只在低温中制成成品，最大限度保留原料的天然营养和药用价值，是秘鲁境内销售很好的品牌，也是世

界上质量特别好的玛卡产品。

××公司中国区总经销商在采访中表示：玛卡的国外代购也存在鱼目混珠的现象，而××公司在秘鲁有自己的种植园，同时也和当地的农民合作，绝对不收其他渠道的玛卡产品，才绝对保证货源的一手价格，从而保证产品质量。而一些所谓的代购商，其实玛卡果都是国内大棚中种植出来的，基于土地、空气、水质和大量化肥农药等的影响，口感和效果与秘鲁的原产玛卡天差地别。

××公司在国内的代购产品，以玛卡胶囊、玛卡粉和玛卡果三大类产品为主。并不像市场表现的那样，国外的原产玛卡价格要比国内的贵。其实恰恰相反，由于是一手渠道，其价格其实低于国产玛卡，也正在中国寻找有优质资源的合作伙伴和强大电商平台进行战略合作。希望找到更多有识之志，共同开拓秘鲁原产玛卡产品在国内的销售渠道，让中国的消费者买到真正优质、放心的国外原产玛卡产品。

三、从玛卡看健康食品的混乱电商格局

拥有巨大的市场前景和利润空间的产业在发展初期往往诱惑着不同利益群体的进入，目前玛卡市场也是如此，鱼龙混杂，良莠不齐，更有一些无良商家吹嘘玛卡的效用，有的产品宣传册中，到处充斥着对玛卡的“神化”描述。商家相信，这样宣传可带来巨大利益，这也是很多消费者只认××公司等厂家原装进口的玛卡的原因。

实际上，以玛卡为代表的保健食品电商一直处在一个野蛮生长阶段：市场增长迅猛却未上规模，未达规范，市场品牌混乱，产品标准全无。这种市场现状，从当前看，不利于保障消费者的消费权益；从长远看，不利于整个产业的健康良性永续发展，急需引进市场监管这把“达摩克利斯之剑”来促进整个保健食品市场的诚信健康发展。

网购食品安全问题关系国计民生，影响着中国电子商务的长远健康发展。希望相关部门针对相关的网购食品安全法案尽快出台，而电商企业发展则应诚信经营，共同为消费者提供放心商品，打造更为健康的网购环境。

点评：

玛卡在 2014 年通过一档健康栏目瞬间火爆全国。据节目中的专家表示，玛卡可以治肾阴虚和阳虚，调节亚健康还不上火，没有任何毒副作用。当然真实效果是有待临床检验的，本书只分析案例，不鼓励大家迷信任何产品。

这篇文章，是为一个进口玛卡品牌撰写的行业评论。下面为大家分享文章的写作思路。

第一步　产品功效，明确文章写作方向

玛卡已经被媒体炒得极火爆，大批消费者都开始食用玛卡，产品的功效已经不需要单独策划和分析。重点在于，对比秘鲁进口玛卡和国产玛卡的区别，突出进口玛卡差异化优势，帮助企业进行全国招商。

第二步　产品区别，进口玛卡和国产玛卡的区别和优势

（1）由于气候、经纬度的不同，国产和秘鲁玛卡的口感区别非常明显。

（2）由于土壤肥沃和无化肥农药，进口的秘鲁玛卡在营养价值上比国产玛卡要高。

第三步　市场痛点，消费者购买进口玛卡的担忧

国内玛卡和进口玛卡的价格没有任何区别，大部分消费者甚至不知道玛卡的原产地是秘鲁，一些人认为云南的玛卡才是最好的。整个市场确实销售空间极大，但缺乏权威和有保障的购买渠道。还有很多假货鱼目混珠，令消费者无所适从。还有消费者误认为，国外的原产玛卡价格要比国内的贵得多，根本吃不起。

第四步　解决痛点，企业的货源优势保障

企业在秘鲁有自己的种植园，同时也和当地的农民合作，绝对不收其他渠道的玛卡产品，产品由自己的工厂加工完成。绝对保证货源的一手价格，也保证产品质量。应渠道商要求，产品正式开始全国招商。

第五步　品牌升华，从企业产品看电商格局

玛卡市场鱼龙混杂，良莠不齐，保健食品电商一直处在一个野蛮生长阶段。该企业将率先做出诚信典范，同时也希望相关部门针对相关的网购食品安全的法案尽快出台。

第六步　开始动笔，具化写作流程

（1）策划标题：体现玛卡市场情况，分析健康食品电商环境，引发媒体关注。

（2）提炼引题：通过玛卡的异常火爆，一颗玛卡销售价格过万，分析玛卡的销售渠道和市场现状，引发消费者对真实情况的好奇。

（3）规划提纲：秘鲁玛卡的优势，说明企业的诚信可靠、全国招商。提醒消费者购买玛卡要谨慎，提升亲和力。

6.2　演练 2：如何写产品类系列软文

国内一线品牌的软文密度，是以每天几篇甚至几十篇原创为基数进行轰炸的。考虑到

中、小和传统企业的实际营销预算，我为企业策划软文方案，都是以每月 4～8 篇，保持每周 1～2 篇，这样的曝光频率和覆盖度，可以达到一个基本的覆盖指数，也是相对高性价比的宣传策略。

产品系列软文和单篇软文相比，难点就在于一件事，要经常说、反复说，很容易就变成了没话说。书中很多章节，都列举了系列文章的案例，本章节则是教大家，如何萃取产品类系列软文的知识点。以此做到，一步一总结，一次一归纳，便于大家更立体地掌握写作技巧。

6.2.1　核心要点

（1）每篇软文都要突出产品核心优势和目标人群。

（2）从不同角度反复强调产品优势，让消费者逐渐产生共鸣。

（3）展示产品的市场影响力和对行业的引导作用。

（4）强调产品的火爆和应用时尚性，刺激潜在消费人群关注。

6.2.2　软文案例

案例 1：

××密宅魔法　“变”出无限空间

在繁闹的城市生活的女孩子们，面对总是一团糟的家，男友或者老公总是抱怨找了个不会管家的女人。在寸土寸金的都市中，生活空间确实很狭小，把家里整理的井井有条又谈何容易?

幸亏有了××，可以把物品以最节约空间的方式进行管理，有着使可利用的物理空间间接增加的魔法效果。轻松管理所有的生活、办公物品，把小空间整理成大世界，仿佛把家里的可利用面积无限增大了。

一、××包包收纳挂袋 让女孩轻松找到想要搭配的包包

“每个女孩都有至少有五个包包，让自己出席任何场合都能完美以待。”追求个性自由生活的“90 后”女孩李然如是说。李然大学毕业后一直“蚁居”在公司安排的单身宿舍，女孩子本身就是小东西一大堆，更不用说几个女孩共居的员工宿舍。

李然又是个“包迷”，喜欢给自己买各种款式的包包，每个月大半的工资都搭在包包上面了。然而，每天早上出门前，李然总是找不到自己想要背的那个包包，为了赶时间，在衣柜里乱翻一气之后随便抓个包就跑。自从大学闺密在自己生日之时，送了××包包收纳挂袋做礼物，挂在衣柜壁上或者墙上的小角落就可以了。只占用一个包的地方，却可以可轻松挂五个包，让所有的包一目了然，每次用的时候可以轻松找到。

二、××儿童收纳 为宝贝创造家里的儿童乐园

今年快满3岁的薇薇是个非常活泼好动的小女孩，在家里总是喜欢把自己的芭比娃娃或者小红兔娃娃从这个屋抱到那个屋，玩过的玩具这里扔一个那里丢一个，让原本就不宽敞的家变得更加烦乱。这可苦了薇薇的妈妈，本来平时上班已经够忙了，晚上把薇薇从幼儿园接回家干完家务哄完孩子睡觉，还要面对一大堆散落的玩具，如果仅用个大箱子把玩具收到一处，下次薇薇玩的时候不好找也不好玩，要分门别类又不知该如何归置。

一天，薇薇妈妈在QQ群里，看到妈妈们介绍的××儿童收纳产品效果非常好。就在收纳的天猫店，买了一套××儿童收纳产品。薇薇的那些数量庞大的玩具、堆积如山的衣服和鞋，都能分门别类地归置，薇薇每次玩的时候，都能轻松找到她想要的玩具娃娃，而且几次教导之后，还能玩过之后把玩具放回到原处，着实给薇薇妈妈省了不少心力。薇薇妈妈感慨地说："家居收纳使用起来十分轻巧，只需十几秒钟，按几下按扣就组合好了一个收纳柜。不用的时候，再拆开叠起来就好，相当节省空间。"

三、生活空间在缩小 ××为人们创造呼吸的生活空间

现实中，简单、有序、个性地生活在嚣喧的都市中，每个人都倍加珍惜自己所拥有的空间，那是让自己感到放松、灵魂得到释放的家。但在寸土寸金的年代，不论是家、还是办公室，面对逐渐增多又不能割舍的物品，空间毕竟有限、永远略感拥挤、稍显杂乱。生活在逐渐缩小的空间中、逐渐增加的杂物中，人会逐渐产生压抑感。

××是有灵魂的品牌，把小小的空间整理成大大的世界。在时尚而前卫的理念下，创造了众多实用又美观的收纳产品，旨在打破空间的制约，把每个人的生活和工作都整理得井井有条、整洁有序，实现真正"空间无限，心情绽放"的自我生活，让我们重新回归充满氧气的生活空间。

××品牌，拥有卧室收纳、鞋子收纳、化妆品收纳、儿童收纳等一系列收纳产品。以其设计新颖、款式独特、使用便利、收藏省事、质量过硬、价格低廉、时尚美观等优点，成为中国收纳行业的领头企业，一直受到媒体的关注和消费者的称赞。我们也期待，××品牌能够继续变出更多的"魔法效果"，帮人们把生活和工作的空间都变得清洁有序、宽敞舒适。

案例 2：

家居收纳成为生活必需用品 ××品牌引发关注

近年来，面对着奇高的房价、倍增的房租，城市中的白领人群、工薪阶层的生活和工作空间都比较紧张。随着生活、办公用品的日益增多，可使用的面积日益缩小，房间更显得狭窄、凌乱。在这种大环境下，我国的“家居收纳用品”突然走俏，逐渐成为数千万都市人群的生活、工作必备用品，以解决空间小、物品多、整理难、搬运乱等诸多问题。

一时间，市场中出现了五花八门的收纳商品和众多的收纳品牌。其中“××家居收纳品牌”则是收纳行业的领头企业，长期受到媒体和消费者的关注和称赞。近期更是由于××天猫店销售火爆，还被诸多网民给予了：商品种类多、设计新、质量好、价格低、个性化、够时尚等一系列的好评，成为了淘宝的亮点品牌。

一、把小空间变成大世界

在寸土寸金的年代，不论是家、还是办公室，面对逐渐增多又不能割舍的物品，空间毕竟有限、永远略感拥挤、稍显杂乱。生活在逐渐缩小的空间、逐渐增加的杂物中，人会逐渐产生压抑感。

××家居收纳是有灵魂的品牌，把小小的空间整理成大大的世界。在时尚而前卫的理念下，创造了众多实用又美观的收纳产品，旨在打破空间的制约，把每个人的生活和工作都整理得井井有条、整洁有序，实现真正“空间无限，心情绽放”的自我和自由生活。

二、打造世界潮流范儿

××是××日用品有限公司的品牌，而××日用品有限公司已经有着十几年外贸家居收纳产品的经验。所以，××的设计元素始终在世界前沿，多年来为欧美的知名连锁店服务，张扬大气又不失个性时尚，让××源的商品总是倍显突出。

五位超一流的海归设计师，夜以继日地设计更新的款式，以永远保持领导时尚潮流。力求每款产品不仅唯美细腻，还要大方美观；不仅新颖耀眼，还要贴心实用。与其说是收纳用品，有时倒更像是家居饰品。××永远不担心商品会过时，只担心使用者会眼花缭乱，无所适从。

三、应用便利 价格便宜

轻松、便利、整洁，是××追求的基本效果，把物品以最节约空间的效果进行管理，使可利用的物理空间间接增加的收纳效果，才是××的品牌效果。当暂时不需要使用的时候，它也只占用小小的空间。

××在国外连锁店都是以美金结算，为了使更多国内的使用者感受到××带来的便利，××天猫店中的所有商品，均和国外连锁店中的产品保持同步销售，价钱比国外绝对便宜（因为国外需要运费再加上其他的利润等），其中的实惠，已然不用细说。

四、使用国际标准 保证材质安全

但随着市场的火爆，一些不良商家使用劣质材料制作的有污染、质量差的商品也流入了市场。长期使用不仅对保存的商品有损害，更对人体健康有着极大的危害，是极可怕的健康炸弹。更关键的是，已经失去了整理空间的作用和意义。

××采用国外的节能环保材质生产商品，所有商品的品质与在国外销售的完全相同，不仅安全无污染，而且坚固耐用。绝不会让原本不宽敞的空间中，再悄悄充斥着有毒的气体。安全环保是××永远的承诺。

社会确实需要××这样讲诚信、重品质的品牌，帮助都市的人们整理生活和工作空间，将枯燥无聊的琐事变成轻松愉快的游戏，在提高效率的同时也能给人们带来一丝愉悦和惊喜。同时记者也希望，××能给社会带来更多的惊喜和新奇！

案例 3：

××家居收纳品牌 成为儿童玩具的贴身管家

孩子是每个家庭里的小太阳，是集所有关爱、宠爱于一身的宠儿。所以，每个孩子的要求几乎都会被满足。特别是玩具几乎随着宝宝的成长而增多，有应宝宝要求买的、买奶粉送的、同事给的、朋友拿的，久而久之，卧室、客厅随处可见，几乎可以用堆积如山来形容。

对于宝宝的玩具，妈妈们都有这样的烦恼：每次玩具刚收好，半个小时不到，又被搞得满地都是。聪明的妈妈们开始考虑使用家居收纳用品。近期记者发现，名为“××”的家居收纳产品，特别受妈妈们的欢迎。

一、收拾玩具，宝宝自己也能轻松搞定

今年 4 岁的南南被妈妈称为“破坏大王”，每次南南妈妈前脚把玩具收到大纸箱里，南南后脚就翻了出来，床上、床下乱摆一气。朋友给南南妈妈推荐了××儿童收纳系列产品。

南南妈妈在××的天猫店购买了一套儿童收纳盒：大号收纳箱，放南南的毛绒玩具和汽车玩具等；鞋子收纳盒放南南的小鞋子。

南南妈妈说："宝宝的玩具归类整理后，我还引导她每次玩了后，把玩具放回盒子里。现在宝宝已经养成了自己收拾玩具的习惯，而且还抢着收拾，有时候还和我比赛看谁收拾的快，真是太开心了。××收纳使用简单，组装方便，图案也漂亮，颜色亮丽，在宝宝眼里，收纳箱也是她喜欢的玩具。

二、妈妈的"魔法棒"，巧变儿童乐园

每个妈妈都有魔法，当妈妈的李艾就有一项魔法。李艾只是一名普通的文员，但是在儿子辉辉眼里，李艾和刘谦叔叔一样，是个魔术师。李艾和儿子喜欢玩一个游戏：辉辉先把自己的玩具堆成小山，李艾仅用 5 分钟，把玩具整理规矩，分门别类。

李艾说："宝宝是我们家的天使，他的童趣，总能给我们带来无穷的快乐。我们喜欢给他买玩具，希望他能在玩耍的过程中收获多多。数量越来越多的玩具收拾起来也很麻烦，××儿童收纳系列，为宝宝打造了一个梦幻的收纳空间，也为宝宝创造了家里的儿童乐园。"

三、××，儿童玩具贴身管家

作为知名的收纳品牌，××设计张扬，大气又不失个性时尚，使用时轻松、便利，让家变得整洁，让可利用空间变大。××与其说是收纳用品，有时倒更像一款小小的家居饰品。漂亮的外观，便利的收纳功能，节能环保的材质，让××成为儿童玩具的最佳贴身管家。

××家居收纳有专业的设计师团队，每月都有新产品不断推出，保证了产品款式的时尚性和潮流性，不仅美观大方也精巧灵便。

××家居收纳是有灵魂的品牌，把小小的空间整理成大大的世界。××使用的材质安全无污染，坚固耐用，绝不会让原本不宽敞的空间中，再悄悄充斥着有毒的气体。××让妈妈们放心，让孩子在安全的环境中快乐成长。

案例 4：

××家居品牌坚持国际质量标准 以根源消除污染隐患

收纳产品的使用，已经越来越普及。随着生存空间变小、生活需求变大，无论是儿童的玩具书本、时尚女性的内衣饰品、男士的皮鞋箱包，还是厨房杂物、办公用品、旅行用具，都离不开收纳产品。但是，严重的质量问题和污染问题接踵而来。很多小作坊、加工

厂生产的劣质收纳用品，为了抢占市场，不惜用对人体有害的化工原料、废料生产。虽然价格低廉，但对人体有极大伤害，特别是有些产品虽然没有明显的刺鼻气味，却悄悄在室内释放着毒素，侵害着人体的健康。

作为世界知名家居收纳品牌，××坚持与国际质量标准接轨，从生产源头把关，不仅原材料全部从国外进口，并且所有产品的质量都完全与国际验收标准一致。这不仅保证了产品应用的安全，更为中国的家居收纳行业的健康发展，起到了带头作用。

一、使用国际标准环保节能材质，做到无害化

家居收纳产品陪伴着我们工作生活中的每时每刻，倘若产品材质对身体有伤害，那么将得不偿失。××家居收纳的所有产品，均使用国际标准环保节能材质，不仅安全无污染，而且坚固耐用，绝不会让原本不宽敞的空间中，再悄悄充斥着有毒的气体。安全环保是××永远的承诺。

全职太太王女士是一位使用××产品的消费者，她告诉记者："我家的衣柜、浴室、化妆台等好多地方都用了××，如果它不是安全环保的材质，我可不敢用。我家宝贝才 1 岁多，最喜欢在家里爬来爬去，对什么都好奇，老是去咬东西，正因为××的安全材质，我才放心在家里摆放使用，不会威胁到宝贝的健康。"

二、真正做到把小空间变成大世界，实现空间无限

在寸土寸金的年代，不论是家里、还是办公室，都面对着逐渐增多又不能割舍的物品。××家居收纳产品的出现，解决了这一烦恼。××家居收纳产品有很多系列，诸如化妆品收纳系列、内衣收纳系列、儿童收纳系列、鞋子收纳系列、办公收纳系列等，能把物品以最节约空间的效果进行管理，真正做到把小空间变成大世界，当暂时不需要使用的时候，它也只占用小小的空间，实现空间无限。

××从各类人群需求出发，实现被需求的各种收纳功能，轻松、便利、整洁，使可利用的物理空间间接增加，受到消费者的喜爱和认可。

三、加入世界潮流元素，铸就大气简洁外观

对于消费者而言，××不仅是一款好用的家居收纳产品，更是装点家的必备装饰品。××特聘五位超一流的海归设计师，夜以继日地设计更新款式，以保持领导时尚潮流的地位。

与其他的家居收纳产品相比，××永远不担心商品会过时，只担心使用者会眼花缭乱，无所适从。××的使用者蒙琪说："我特别喜欢收集化妆品、护肤品的瓶瓶罐罐，但是随着

收集得越来越多，自己的小窝因此越来越乱。自从使用了××之后，问题便不再是问题。不仅让我的小窝整洁，时尚大气的外观，也将我的小窝装点的温馨时尚。”

对于所有的厂商而言，产品质量是赢得消费者信赖的坚实保障。××在中国的广大消费者口中，是质量信得过的家居收纳品牌，也因此成为了家居收纳行业的领航者。产品质量给××赢得了好口碑，而好口碑让××占据了家居收纳市场的大片江山，对于消费者和××而言是双赢，这是产品质量效应的真实印证。

案例 5：

××家居收纳品牌 创造家居生活新概念

不管哪个时代，都会出现一种风靡世界的发明与应用，有些产品的应用是那么的简单，但却给使用者乃至全社会带来很大的方便。就像现在风靡世界的中国家居收纳品牌——“××”一样，不仅开创了家居用品行业的一个神话，也成为了 21 世纪最有活力的品牌之一。

一、本土品牌国际风格

“××”是××有限公司自主开发的品牌，虽然是本土品牌，但却具备着欧美的品牌内涵和风格。多年来“××”已经销往美国、法国、德国、日本、印尼等上百个国家，与国外众多的知名商场、超市有良好合作关系。

××家居收纳品牌为保持时尚的内涵、科技化的应用，由五名国内一流的海归设计师和欧美十几名国际一流设计师，两个团队共同合作不断设计研发新品，所以，××家居收纳品牌永远不缺新款式、新功能，永远能站在时尚前沿。这也是为何在众多的本土家居收纳品牌中，唯独××家居收纳品牌能够走出国门，被世界所接受的原因之一。目前，××系列产品的销售网络已经覆盖全球范围。

二、空间整理需求巨大

如今，全国都被房价问题所困扰。不仅是个人，各个企业在选择办公地点的时候，都在尽量考虑成本的降低问题，小面积住宅、办公场所则成为了当今的一个热门选择；尽量增加房子空间的使用率，成为了现代人最热门的一个居家话题。

很多个人以及企业也不得不将自己的住房或者办公空间减缩。在这样的形势下，充分利用现有的环境空间，并且不抛弃大量必备用品就成为了一个急需解决的问题，使用储物盒、杂物整理包等家居用品来收纳凌乱的物品，成为了解决这些问题的最好办法。

三、市场火爆时尚美观

品种齐全的××系列产品，是一个很好的空间扩展助手。如今，××在全球的销售额每年都突破千万美元，展示了中国民族品牌的实力和潜力。××系列家居用品是有灵魂的品牌，也是非常前卫和时尚的家居饰品。设计师每天都对时尚元素进行捕捉，并且将这些时尚元素融合到产品里面去。在人们使用这些产品的时候，摆在面前的，也是一件件有着观赏价值的艺术品，在收纳各种日常物件的时候，让生活空间变得更大、更美观。

由于××系列家居用品系列，严格遵守了世界环保节能管理体系进行生产，该系列产品也被广泛应用于超市商品摆设整理、办公室文件整理、企业日常产品生产整理等场景中。

目前，××获得了国内用户的热烈追捧。社会经济学家认为，在当今市场经济不景气的情况下，××的成功发展非常值得其他企业借鉴。

案例 6：

××收纳家居 健康生活的最佳选择

近期，购买收纳家居用品整理办公室、家庭和个人空间，成为一股时尚热潮。特别是××家居收纳品牌的销售最为火爆，几乎占了网上家居收纳市场 80%以上的份额。通过采访，记者了解到，××有限公司是以先进理念开发的家居品牌，旨在以科技时尚环保、绿色健康生活的先进理念引领行业的潮流。

在高压的生活环境下，想拥有一个整洁有序而又个性昭然的生活环境，并不是一件容易的事。厨房空间太小，餐具挂得到处都是；许多精品内衣在衣柜里没有安身之处；孩子的玩具丢满整个客厅；办公室里资料堆积如山……诸多问题让生活变得混乱不堪。××收纳品为用户给出完美解决方案，让生活变得井井有条。

一、××成为企业办公新宠

××使用的原材料都是国外进口的医疗用品级的绿色材料，保障消费者的健康。陈先生是上海一家广告公司的市场总监，他一直以来都为办公空间的问题头疼不已。公司业务上的资料、物品太多，而在上海这么一个寸土寸金的地方，办公空间又十分有限，因此每个人的办公桌上都堆得满满的，不但影响了办公效率，客户来了也不好意思让客户参观。

一般的收纳器具，总是有难闻的塑料味，因担心其中含有挥发性的有害物质，陈先生不敢使用。后来朋友介绍他使用××收纳家居，陈先生用过之后发现效果很好，不但没有任何异味，免去健康担忧，从此办公桌也变得干净整洁。于是陈先生在整个公司推广使用××收纳家居产品。

二、××成为时尚收纳家居领导者

美国设计师团队和国内的海归设计团队的十几名成员，都在夜以继日、从不停顿地设计更新的款式。采用国际先进设计理念，并且加入适当的时尚元素，风格多变，款式众多，非常适合爱美人士使用。

××的出色设计让它看起来就像一个艺术品，很受像李小姐这样的时尚达人喜欢。“××的设计很潮呢!”李小姐是某时尚杂志的编辑，她就对××非常推崇。她说：“我有××的化妆品收纳箱、内衣收纳盒、鞋子收纳盒、厨房收纳盒。我喜欢××不仅仅是因为它好用，而且它的设计很时尚，我的朋友们到家里来总能被这些设计时尚、漂亮的收纳盒吸引呢。”

李小姐家的装修是国际流行的风格，一般的收纳家居与家里的格调不搭配，但是××简约、大气、流畅的设计风格，与家里的装修风格十分协调。

三、××厨房收纳使用安全材质制成，使用起来放心

“对于我而言，家人的健康是我最看重的。因此，在为他们创造好的生活环境时，家里所使用的任何物品材质的安全性，我都会严格把关。”栗然说道，“厨房是我为家人烹制爱心食物的地方，所使用的每件物品的材料，都必须是安全无害的。××采用国外的节能环保材质生产商品，所有商品的品质与在国外销售的完全相同，不仅安全无污染，而且坚固耐用，绝不让原本不宽敞的空间中，再悄悄充斥着有毒的气体。”

只有视消费者健康为生命的企业才能健康地发展，只有以先进理念设计的产品才能走在行业的前列。××正是具有了这两个优点，才会在全球掀起一股收纳家居的使用浪潮。相信在未来的发展中，××能依靠科技时尚环保、绿色健康生活的理念继续为广大消费者贡献优质的产品。

点评：

非功效性产品的市场优势难以直接展现，要给消费者留下深刻印象，就要通过各种故事和事例去论述。我共为这个品牌撰写了 20 多篇软文，都是围绕着材质安全、高效方便、外观时尚，这 3 个卖点反复论证。

文章的作用是要暗示时尚女性、宝贝的妈妈等主要消费人群。如果你还没有使用收纳产品的习惯，甚至没有购买想法，那你已经落伍了，应该购买并使用该品牌的产品。家居收纳产品已经是都市生活的必需品。并且暗示家中已经有收纳产品的消费人群，为了家人

的健康和空间管理的高效，应该考虑更新或者替换该品牌的产品。它是家居收纳中的代表品牌和知名品牌。

产品类软文的写作逻辑都大同小异，这也是我一再强调的写好软文必须先做好策划的原因，不把产品的竞争优势统筹好，文章写的越多思路就会越混乱。

6.3 演练3：如何写企业系列软文

从经营角度来讲，产品由企业经营，二者是完全一体的。从市场推广来讲，二者是要区分主次的。在为企业撰写软文前，必须明确宣传的主体是什么。

有的企业的主打品牌是产品本身，例如娃哈哈、可口可乐、健力宝等。这时主打的是功效、味道、健康、潮流等偏重实际效果的卖点；有的企业主打品牌是企业服务或者平台本身，例如京东、淘宝、聚美优品等。这时主打的是服务、保障、权威、背景等偏重市场理念的卖点。看企业到底对外销售的是产品还是服务，就知道要推广的主角是谁了。

企业类软文在内容上往往比产品类软文枯燥，因为涉及企业形象，不能太过分地娱乐、搞笑和诙谐，最多加入一些人物访谈、创业故事、客户故事，从情怀上感染消费者。

6.3.1 核心要点

（1）提升企业的行业背景，突出市场地位。

（2）策划企业核心优势，给消费者带来的便利，对行业的推动作用。

（3）突出企业的服务保障、高管的坦诚相见、团队的敬业负责。

（4）各类消费人群购买企业产品后的综合反馈。

（5）企业产品销售的火爆现象，新产品或新销售政策的出台。

6.3.2 软文案例

案例1：

××成为国内时尚B2C旗舰站

随着中国经济市场的飞速发展，人们对生活品质的要求不断攀升，对时尚商品和品牌商品的需求日益扩大。特别是国外知名品牌，受到国内网民的热烈追捧。巨大的市场需求为我国时尚类电子商务市场的发展提供了坚实的基础。在 2008 年，时尚商品网购交易额就达到了 274.6 亿元，环比增长 130%。

中国电子商务的爆发年，时尚类 B2C 以全面的商品展示、多角度的商品描述、便捷的购买流程，激发了网民的购买热情，成为中国电商的主流模式。在众多网站中，从事国外时尚品牌经营的“××”受到了众多互联网专家和行业资深人士的称赞，他们认为××已经成为了我国时尚类 B2C 的旗舰型网站。

目前国内的时尚类电商已经超过数十万家，为何“××”能一枝独秀，备受业界专家的夸奖，给予了时尚旗舰网站的光荣称号呢？专家讲述了下列理由。

一、资深的时尚行业背景

国内的时尚要素和时尚商品，都受到了欧美国家的经济文化影响。特别是我国时尚类的领导品牌和知名品牌，大多数来自欧美国家。作为时尚类的行业垂直 B2C，一定要具备经营国外正品时尚品牌的能力，才能真正满足广大网民的时尚购物需求。

××信息科技有限公司总部位于美国加利福尼亚州，多年从事时尚商品的开发和经营。在 2006 年进入中国的同时开发网购业务，打造了时尚类电商平台——××。自 2006 年 3 月上线以来，充分整合了 B2B、B2C、时尚传媒和强势网络分销等多个渠道，依托资深的时尚行业背景，打造了集货源、分销、物流、售后于一体的营销服务体系。经过 5 年的不懈努力和成功运作，整合了一大批国外知名品牌，并提供了国外商品代购功能，迅速发展成为国内时尚类电子商务平台中的佼佼者。

二、丰富的时尚商品种类

网民之所以上网选购商品，是因为可选性大、对比方便、购物便捷。网站的商品是否齐全，将直接影响着网民的购物的活跃度和信任度。××在分析国内市场现状，整合商品货源后，针对我国的购买情况和市场特色，提供了护肤美体、彩妆香氛、营养保健、母婴家居、鞋包衣饰等最具时尚特色的商品，种类齐全、世界知名品牌众多。

（1）护肤美体类：唇部护理、护肤套装、护肤工具、染发美发、洗发护发、清洁沐浴、精油芳疗、美白防晒、脸部护理、身体护理、男士洗护、眼部护理等产品。

（2）彩妆香氛：唇部妆容、彩妆套装、彩妆工具、眼部妆容、经典香水、脸部妆容、身体彩妆等产品。

（3）营养保健：关节骨骼、养肝护肝、加强免疫力、呼吸系统、综合保养、女性健康、心脑血管、改善抑郁、改善睡眠、改善记忆、泌尿系统健康、消化系统健康、男性健康、瘦身塑形、眼耳口鼻、美容养颜、身体排毒、运动补剂、抗氧化和延缓等产品。

（4）母婴家居：婴幼儿日常护理、婴幼儿营养、孕妇护理、家居用品、益智玩具、婴幼儿洗护、婴幼儿辅食等产品。

（5）鞋包衣饰：手表、时尚包袋、服装眼镜、腰带鞋子、饰品、户外上下装、专业运动服饰、休闲鞋、双肩背包、篮球鞋、足球鞋、跑步鞋、电脑包、其他箱包等产品。

目前，××集聚了上千个品牌，几万件商品。商品主要由 15%的奢侈品，85%的海外知名品牌和 10%的“××”自主品牌组成，可以全面满足各类用户的时尚需求和消费需求。

三、独有的时尚四大优势

××与传统的时尚 B2C 相比，有着非常明显的优势和特点，也向社会证明了为何众多专家和网民如此青睐××。

优势一：官方授权认证，完全保障商品品质。

为了给用户提供品牌正品、维护用户的消费利益、保证用户的使用效果，××采取了买断式经营，是国内最大的买断式经营时尚类电子商务公司。强大的企业实力和果断的市场策略，吸引了众多国外著名品牌的合作，获得了数千家国内外著名品牌的官方网络销售授权。

由于网站诚信度高、商品品质好，××被“工信部”和“商务部”授权“中国互联网协会”评定为最高级 AAA 互联网诚信企业。同时××还承诺：网站所有商品均为全球正品，假一罚十，再次向社会证明了××的巨大实力和品质保障。

优势二：多重海外渠道，完全同步世界潮流。

××在美国、法国、英国、德国等众多国家建立了专业采购渠道。各渠道将整合目前国外最流行、时尚、个性的品牌商品，在进行潮流分析和趋势判断后，将最优质的商品通过××引进国内。让国内网民在第一时间和国际时尚趋势与流行风格同步接轨，享受最具时代魅力的商品。

××在提供多种优质品牌商品的同时，充分发挥了海外供货网络的时间优势和时尚敏锐优势，始终成为国内首家引进海外创新型和独特性商品的时尚平台。

优势三：千家知名品牌，完全满足时尚需求。

品牌是吸引用户消费的关键，也是流行风尚的标志。作为一家合格的时尚类 B2C 网站，必须具有满足不同消费人群需要的多种品牌。而国内大多数传统 B2C 网站，为了拿到良好的供货价格，在某些种类的商品上只重点推荐一款或者几款品牌，不仅减少了网民的选择范围、影响了对品牌的消费判断，也降低了时尚理念的传播速度。

××不仅在美国组建专业供应链管理公司，还有着上千家合作品牌供货商。而且××在寻找合作品牌时，都经过了严格的筛选，通过层层比较后只选择行业影响力大、美誉度高、性价比强的知名品牌进行合作。上千种知名品牌，完全可以满足网民的各种时尚需求和消费需要。

优势四：便捷购物流程，完全消除后顾之忧。

为了让用户能够开心购物、放心消费，××将购物流程设计得简单便捷、轻松易懂，提供网上银行、第三方支付等多种付款方式，并要求所有服务实现人性化、标准化、优质化。为了帮助不懂网络支付或者不方便网络支付的用户购买商品，××还针对全国主要城市提供了货到付款业务。

为了保证商品及时到达，××选择了全球最著名的联邦快递作为物流商。在保证高效快速的物流服务的基础上，还支持用户先开箱验货、14 天退换货，让用户真正实现无后顾之忧。

相信随着中国时尚商品市场的不断扩大，消费者的不断增加，××这艘时尚 B2C 旗舰，将和众多时尚 B2C 平台一起，让中国的电子商务事业更加辉煌。

案例 2：

网民对时尚 B2C 的需求增加

“时尚”不仅是一种生活质量的反映形式，而且是一种对生活的态度，还能体现一个国家的经济文化发达程度。随着我国 GDP 的连续增长，人均收入和人均消费水平不断提高，人们的时尚消费意识和消费观念也愈加超前。时尚购物已经成为人们生活中不可或缺的一个环节。

随着电子商务技术的不断成熟，网络购物的优势不断增加，人们越来越热衷于逛“网购”。特别是“××”等提供国外知名品牌和国外时尚商品的时尚类 B2C 网站，更是成了网民的最爱。虽然这种形式并不新鲜，市场份额也超过百亿，但其快速扩大的市场需求和面临的政策冲击，对时尚类 B2C 也产生了一定的影响。

一、时尚 B2C 需要代购的支撑

各种国外的品牌和时尚商品备受时尚人群的喜爱，但其高昂的价格，令很多人望而却步。虽然时尚类 B2C 的商品价格相对商场、专卖店要便宜一些，对很多消费者来说，其价

格还是高过了自己的消费能力。再加上很多国外品牌的网络代理费用高得惊人，很多B2C平台都无法承受，但同时又要解决网民日益扩大国外商品的购物需求，代购就逐渐成为了B2C的衍生服务和盈利模式。

网民喜欢代购，是因为它“价廉物美”，帮助了很多时尚人士和职业白领，解决了对于某个国外品牌很喜欢，但因价格过高迟迟无法购买的问题。在社会经济的运行过程中，当某个商品的市场价格超出了人们的消费预期范围时，就会使商品的整体消费速度变缓或者停滞，而××在B2C模式的基础上，加入了“代购”功能，在本质上解决了价格昂贵这一难题，提高了人们的时尚消费积极性，推动了社会的时尚消费进步和成熟。

二、时尚B2C的代购商品种类不断扩大

专家表示，中国的时尚消费市场规模有望超过千亿元大关。而时尚类B2C由于可选性大、对比方便、购物便捷等优势，吸引了4亿网民的购物活跃度和信任度，将切走时尚消费市场的很大一块蛋糕。随着B2C商城竞争的加剧，网民在选择B2C网站进行消费时，选择条件也更加“苛刻”。不仅要比较商品品质、商品种类、知名品牌，同时也对时尚B2C能提供的代购商品种类有着更高的要求。

例如，国外品牌的保健品，因为质量好、成分纯、效果明显、宣传无虚假，已经被国人所接受和信赖。由于国内货源紧张，很多网民为了能买到商品，就向××提出了“代购”的要求。诸如此类的情况，在××已是屡见不鲜了。

时尚需求刺激着代购市场需求不断扩大，在受近年来人民币升值和经济危机的影响下，海外代购显得更为经济实惠。可以说，时尚B2C在满足国内时尚消费基础上，必须满足中高端人群的高质量时尚追求，才能在激烈的市场竞争中获得一席之地。

三、时尚B2C开展代购要拥有成熟货源

品牌是吸引用户消费的关键，也是流行风尚的标志。要成为有影响力的时尚类B2C，必须有满足不同消费人群的多种品牌，拥有成熟的货源和稳定的供货渠道。而很多B2C无法提供代购服务，是因为存在货源的限制和供货渠道不成熟的情况。以往的B2C提供代购的模式有两类：

第一类：直接在海外批量采购商品，大批量囤货以B2C形式进行网上销售，要求网站有足够的经济实力和危机承受能力，很多B2C网站都难以承担这一风险。

第二类：B2C网站在有网民下订单后，网站将直接通过海外购物网站邮购回国内。市场风险较小，但利润较低、售价与专卖店相比没有优势，缺乏市场竞争力。

解决货源难的问题，要求 B2C 必须戒骄戒躁，不要盲目追求短期市场效益而放弃长远战略的把握。只有保证了商品的价格优势，才能在各种盈利模式中都得到市场的认可。“××”以长远的战略目光，在美国、法国、英国、德国等众多国家建立了专业采购渠道，与上千家的合作品牌供货商达成了战略合作，通过“薄利多销”的策略，在满足国内用户的时尚购物需求的同时，保证了商品的价格优势。

在时尚 B2C 成为一种消费渠道的时候，新型购物需求将会随着人们的消费需求不断出现，相信中国的电子商务市场也会因此而更加成熟、火爆。

案例 3：

时尚 B2C 的四大发展趋势

随着电商消费环境的不断成熟，B2C 也根据市场竞争的微观化、聚焦化，逐渐细分为门户类 B2C、行业类 B2C、垂直 B2C。随着 B2C 运营模式的细分，网民对网购平台的各种要求也越来越苛刻。特别是作为中国电子商务的核心盈利模式——时尚类 B2C 由于网民受众集中、市场竞争激烈、商品同质化严重、价格过于透明化，发展步伐必将放缓。

作者所志国认为，时尚 B2C 市场将呈现出四大发展趋势。想要激励会员活跃购买、刺激市场份额扩大、增强行业品牌吸引，时尚 B2C 就必须满足四大趋势的经营要求。

一、具备资深的时尚行业背景

时尚 B2C 的最大核心价值，在于能满足国内时尚人群和职业白领们的综合时尚需求。能在第一时间传递国外的流行趋势和信息，将各类时尚商品及时呈现给网民。要求商城的营销团队，有着极强的时尚节奏感和社会使命感，否则，国外已经流行了 1 年多的商品，无论如何降价销售，也失去了其“时尚”的真正价值与意义。

这也就要求专业的时尚 B2C 的运营公司，要真正具备资深的时尚行业背景或有专业的时尚人士把关。只有充分掌握了时尚的节奏和要素，才能准确把握国内时尚商品的市场需求，满足人们对于时尚的追求，也自然使网站形成巨大的品牌影响力和行业壁垒，这比投放几千万元的广告更加有效。

二、具备丰富多样的时尚商品

受到资金、货源、库房、物流等的影响，很多时尚 B2C 的商品种类并不齐全。虽然从精准化营销和专业化运营角度来讲，专注于某一领域进行细致营销，也是有效的市场战略。但随着互联网的信息过剩，网民对多家网站进行商品对比已经疲劳。

网民将更倾向于时尚B2C的商品种类更加多样化、丰富化、针对化、品牌化，希望可以登录一家网站就轻松解决所有时尚购物需求，并且实现同类商品的综合比较，买到自己最钟意的商品。

“××网”的时尚类商品相对比较齐全，在此列出来供大家参考比较：

（1）护肤美体类：唇部护理、护肤套装、护肤工具、染发美发、洗发护发、清洁沐浴、精油芳疗、美白防晒、脸部护理、身体护理、男士洗护、眼部护理等产品。

（2）彩妆香氛：唇部妆容、彩妆套装、彩妆工具、眼部妆容、经典香水、脸部妆容、身体彩妆等产品。

（3）营养保健：关节骨骼、养肝护肝、加强免疫力、呼吸系统、综合保养、女性健康、心脑血管、改善抑郁、改善睡眠、改善记忆、泌尿系统健康、消化系统健康、男性健康、瘦身塑形、眼耳口鼻、美容养颜、身体排毒、运动补剂、抗氧化和延缓等产品。

（4）母婴家居：婴幼儿日常护理、婴幼儿营养、孕妇护理、家居用品、益智玩具、婴幼儿洗护、婴幼儿辅食等产品。

（5）鞋包衣饰：手表、时尚包袋、服装眼镜、腰带鞋子、饰品、户外上下装、专业运动服饰、休闲鞋、双肩背包、篮球鞋、足球鞋、跑步鞋、电脑包、其他箱包等产品。

三、具备成熟的国外商品供货渠道

国内的各类时尚商品，大多是从外国传到中国，或是受国外商品影响的翻版。而时尚B2C要避免墨守成规销售低品质时尚产品，就必须保证国外商品的正规货源和品质，也就要求在美国、法国、英国、德国等众多世界时尚大品牌建立专业采购渠道。并且能充分整合目前国外最流行、最时尚、最个性的品牌商品，在进行潮流分析和趋势判断后，将最优质的商品通过××网引入国内，让国内网民在第一时间能和国际时尚趋势和流行风格接轨，享受最具时代魅力的商品。

“××网”在提供多种优质品牌商品的同时，充分发挥了海外供货网络的时间优势和时尚敏锐优势，成为国内首家引进海外创新型和独特性商品的时尚平台。

四、具备多家知名品牌的合作授权

人们对商品的品牌化选择已经愈来愈重视，同品质同种类的商品，因为其品牌不同，市场价格将相差几倍甚至几十倍。品牌是吸引用户消费的关键，也是流行风尚的标志。品牌消费已经成为时尚人群的主要消费方式，也要求时尚B2C必须尽力与多家知名品牌开展合作。不应为了获得较高的返点就仅限于某几款品牌的经营，当网民觉得选择范围过小或者找不到心怡品牌，失去了品牌可比性的时候，就是商城失去网民的时候。

“××网”在品牌化运营中确实有着独特优势，有着上千家合作品牌供货商。在寻找合作品牌时，都经过了严格的筛选，通过层层比较，只选择行业影响力大、美誉度高、性价比高的知名品牌进行合作。相信只要时尚电商满足了上述市场需求，必将满足市场发展趋势，解决人们的时尚购物需求，也就保证了网站的“一枝独秀”。

案例 4：

时尚人士网络购物也疯狂

随着网络购物环境的不断成熟发展，人们的购物消费习惯逐渐发生了变化。主要购物渠道从线下的商场和专卖店，正向线上的电子商城转移。北京、上海、广州、南京等各大城市的白领、职场人士、时尚人士、企业老板，在购买时尚用品时，都纷纷涌向了××网等时尚类的 B2C 网络商城，使得中国网购市场更加火爆热烈、一片繁荣。

笔者针对这一情况，对一些网民和网站管理者进行了随机采访。

一、时尚购物热潮袭向 B2C 商城

南京一家保险公司的部门经理冯女士说，自从成为“××网”的会员之后，她和几个同事已经有 3 个多月没有去商场买过化妆品了。网上的东西很全，而且都是国外大品牌，关键是价格比商城便宜得多。以前逛商场是为了购物，以后逛商场就是为了休闲了。

中国时尚类 B2C 走向了新高峰，受到整体经济环境和投资环境的推动，网上商城以全面的商品展示、多角度的商品描述、便捷的购买流程、实惠的商品价格，吸引了国内数千万时尚人群的关注和购买。

互联网为时尚人群提供了一个免费和快速掌握时尚动态的窗口，特别是对时尚品牌的展示、价格的公开，B2C 商城无疑比传统渠道有着明显的时效性、便捷性。也使得时尚类 B2C 在短短数月，就成为了时尚商品的主要消售渠道。

二、B2C 商城满足时尚人群购物需求

时尚人群在购物时最关注的是品牌，其次是价格，再次是品质。B2C 商城的品牌众多、价格优势明显、可选性大、对比方便、购物便捷，完全能满足人们的时尚购物需求。在电信公司工作的许小姐说：“以前在商场买东西总怕买贵了，所以都是一层层地逛、一家家地看，累得腰酸腿痛不说，经常买不到想要的东西。有时候逛一天，都买不上一样满意的。现在，我和姐妹都喜欢去商品种类多、品牌多的网上商城，可以一次就买到各种商品。”

通过许小姐的购物感受可以看出来，商品种类是否齐全、价格是否具备优势，将直接影响着网民的购物活跃度和信任度。特别是护肤美体、彩妆香氛、营养保健、母婴家居、鞋包衣饰等最具时尚特色的商品，更是网民的关注对象，也是B2C商城必备的商品。

三、国外保健品成为时尚商品

笔者发现，时尚人士在网上购物时，并不限于常用的服装、化妆品等装饰商品，对国外的知名保健品也极为热衷。国内的时尚B2C网站针对这一需求，除了销售各种时尚品牌外，也销售国外的知名保健品。有些品牌的商品销售火爆，经常被抢购一空。

××网的CEO马总介绍：国外的保健品由于质量好、成分纯，所以一直是高端人群的最爱。随着电子商务的成熟、信息量的扩大，人们对健康越来越重视，网民对国外保健品的需求也不断增加。××网上架的几款蜂胶，曾经一个月被卖断货了三次，还有几百个网友提供付款申请预售。

广州一家服装企业的老板郑先生说："国内的保健品质量参差不齐，以前买保健品都是当礼品充面子，根本没想过有什么效果。自从女儿在××网上给我买了一款外国的'健安喜三倍强效鱼油'之后，血脂和胆固醇真的降下去了。所以，我们家人的保健品全都让我女儿在网上买国外的品牌，健康有了保障、价格也公道。"

看来人们对时尚的需求是多方面、多角度的，但不论在哪种渠道进行消费，其目的都是为了生活越过越幸福。只要我国的B2C商城能不断加强售后服务、保证价格优势、盯紧商品质量，就一定能满足国内时尚人群不断变化的时尚需求。

案例5：

××网专注时尚B2C领域 拓展高端消费领域

电子商务的市场规模和用户数量，都达到一个历史的高点。此外，从趋势上分析，电子商务呈快速发展趋势，人均消费比例日渐提高，粗略看来，目前人均网上消费近千元，电子商务行业逐渐走向成熟。

任何走向成熟的行业，细分化特征就会越发明显。从行业角度看，B2C发展细分化，从生活品位角度来讲，将会有时尚化趋势。一位电子商务专家表示："时尚B2C网站将来肯定会快速发展，因为时尚是人民生活的需求，并不需要培育市场，只是改变网民消费习惯就可以。"

一、时尚 B2C 市场规模大 商城应注重品位

网络购物用户规模较快增长，显示出我国电子商务市场强劲的发展势头。粗略算来，目前人均网购消费近千元，但这是平均消费的数据，图书和生活用品拉低了平均值，时尚 B2C 成为提高网络消费的主力军。时尚人群具有很大的消费能力，而且对价格并不是很敏感，他们更多关注的是生活品质的提升。显然，这部分人群正是当下电子商务的主要目标人群，业界称这部分人群为“三高”即高学历、高收入、高消费，时尚 B2C 成为下一个热点就不难理解了。

据了解，国内××网就是专注于时尚领域的网络商城，提供奢侈品、化妆品、运动、手表、包袋、配饰、服装、鞋类、家居等多个品类，目前已集聚上千个时尚品牌，多方面的供货渠道保证了××网商品丰富的种类和充足的货源，给消费者带来便利和实惠，力争打造全球品牌网络旗舰店。

据介绍，相比于一般 B2C 网站，时尚 B2C 网站更关注海外知名品牌，就××网而言，网站产品组成为 15%奢侈品，85%海外知名品牌，10%“××网”自主品牌的商品。

××网总经理××认为：“国内的时尚要素，都是受到欧美国家的经济文化影响。特别是我国时尚类的领导品牌和知名品牌，大多数来自欧美国家。作为时尚类的行业垂直 B2C，一定要具备经营国外正品时尚品牌的能力，才能真正满足广大网民的时尚购物需求。”

此外，××强调，“网民之所以上网上选购商品，是因为可选范围大、对比方便、购物便捷。网站的商品是否齐全，将直接影响着网民的购物活跃度和信任度。”

二、时尚购物网站 客户体验为重中之重

××网作为时尚 B2C 网站的从业者，同样非常重视网站的用户体验，他表示，为了让用户能够开心购物、放心消费，××网将购物流程设计的简单便捷、轻松易懂，提供网银、第三方支付等多种付款方式，并要求所有服务实现人性化、标准化、优质化。为了帮助不懂网络支付或者不方便网络支付的用户购买商品，××网还针对全国主要城市提供了货到付款业务。

网上商城发展到终极目标其实就是物流管理公司，平台搭建就是联系商家和用户的纽带，××同样注重物流的建设，“××网采用的模式是从国外运到公司，再从国内发货，有特别要求的也可以国外直接发货，在保证高效快速的物流服务基础上，还支持用户先箱验货、14 天退换货，让用户真正实现无后顾之忧”。

三、××：时尚 B2C 网站 产品仍是核心

网络购物已成为不少年轻白领生活中不可或缺的一部分。随着奢侈品消费被越来越多的大众所接受，拓展国内的海外渠道渐成风潮。然而，最近开始实施的新关税政策，无疑给海外代购市场带来了不小的冲击，海外代购商品面临集体涨价，这也给 B2C 网站发展带来了利好消息，国内时尚 B2C 网站应进一步加强自身产品建设。

品牌是吸引用户消费的关键，也是流行风尚的标志。作为一家合格的时尚类 B2C，必须具备满足不同消费人群的多种品牌。国内大多数传统 B2C 网站，为了拿到良好的供货价格，在某些种类的商品上只重点推荐一款或者几款品牌，不仅减少了网民的选择范围、影响了对品牌的消费判断，也降低了时尚理念的传播速度。

××网不仅在美国组建专业供应链管理公司，还有着上千家合作品牌供货商。而且××网在寻找合作品牌时，都经过了严格的筛选，通过层层比较，只选择行业影响力大、美誉度高、性价比高的知名品牌进行合作。上千种知名品牌，完全可以满足网民的各种时尚需求和消费需要。

案例 6：

时尚 B2C 突现黑马

网络购物如今不再是一种流行趋势，而是一种日常的生活消费渠道，这说明人们的消费观念和消费习惯已经发生变化。特别是时尚类消费一直是人们的主要消费领域，服饰、鞋包、化妆品、保健品已经是生活中必不可少的商品。因此，时尚类电子商城也就成为网民们的重点消费平台。

近期，一家名为“××网”的时尚类 B2C 网站，受到了网民的热烈追捧，不仅网站的流量、注册量、销量猛增，网站销售的很多国外的知名品牌还多次卖断了货。行业人士和互联网专家纷纷表示，××网的已成为了中国时尚 B2C 的“黑马”，有望成为中国时尚 B2C 的龙头网站。

一、网站爆发力强

××网之所以能被众多业界专家称为时尚“黑马”，是因为其本身也有着强大的国际投资背景、国际品牌合作渠道，能及时将世界先进的时尚文化传递给网民。

××信息科技有限公司总部位于美国加利福尼亚州，多年从事时尚商品的开发和经营。

进入中国同时开发网购业务，打造了时尚类电商平台——××网。自上线以来，充分整合了 B2B、B2C、时尚传媒和强势网络分销等多个渠道，依托资深的时尚行业背景，打造了集货源、分销、物流、售后于一体的营销服务体系。经过 5 年的不懈努力和成功运作，整合了一大批国外知名品牌，迅速发展成为国内时尚类电子商务平台的佼佼者。

二、商品性价比高

互联网专家表示，中国的网购用户之所以发展速度，是因为中国的消费者其实是“懒”性购物，喜欢一次性买到所有需要的商品。而线下的商场等消费渠道，明显不能满足消费者的这一要求。而网络商城的便捷购物、快速购物、对比购物则完全满足了国人的消费理念。

××网能称为时尚 B2C 黑马的另一个理由，就是网站的时尚类商品齐全并且大牌云集，不仅能满足网民的选择需求，还能满足网民的品牌需求。

商品主要由：15%奢侈品，85%海外知名品牌和 10%“××网”自主品牌组成。有满足女性皮肤保养和减肥塑体类的护肤美体类产品、帮助女性展示自我的彩妆香氛类产品、为家人和父母提供健康保养的保健品类产品、解决孕妇婴幼儿日常护理的母婴家居类产品、时尚人士出场各所必需的鞋包衣饰类产品，能全面满足各类用户的时尚需求和消费需求。

三、品牌资源丰富

××网在美国、法国、英国、德国等众多国家建立了专业采购渠道。各渠道将整合目前国外最流行、时尚、个性的品牌商品，在进行潮流分析和趋势判断后，将最优质的商品通过××网引进国内。让国内网民在第一时间，能和国际时尚趋势与流行风格同步接轨，享受最具时代魅力的商品。

××网不仅在美国组建专业供应链管理公司，还有着上千家的合作品牌供货商，而且××网在寻找合作品牌时，都经过了严格的筛选，通过层层比较后只选择行业影响力大、美誉度高、性价比高的知名品牌进行合作。上千种知名品牌，完全可以满足网民的各种时尚需求和消费需要。

四、售后服务专业化

我国网络购物的物流和客服质量，一直不能尽如人意，商品运输途中有损害或者质量差等问题时有出现。因此，很多网民在选择购物网站时，网站的售后服务质量也是重点比较的要素。

为了让用户能够开心购物、放心消费，××网将购物流程设计的简单便捷、轻松易懂，提供网银、第三方支付等多种付款方式。并要求所有服务实现人性化、标准化、优质化。为了帮助不懂网络支付或者不方便网络支付的用户购买商品，××网还针对全国主要城市提供了货到付款业务。为了保证商品的及时到达，××选择了全球著名的联邦快递作为物流商。在保证高效快速的物流服务基础上，还支持用户先开箱验货、14 天退换货，让用户真正实现无后顾之忧。

相信××网这匹“时尚黑马”一定会快马加鞭，提供更优质全面的时尚品牌，满足人们日益增长的时尚需求。

点评：

国外渠道采购由于价格优势明显，吸引了越来越多的消费者。但是，由于行业不规范、一些商家不自律，市场环境鱼龙混杂，假货越来越多。即使一些知名的大型电商平台，推出的“××购”频道上，也被频频曝光销售假货。

这是前两年，我为一家电子商务平台撰写的文章。直至今天，国外渠道采购市场也是相当火爆。这家电商平台，就是以其海外合作背景、千家品牌货源、14 天退换货等优势为服务保障，为网民提供专业服务的。宣传重点就是要打造专业化、权威化、成熟化平台的品牌形象。文章必须严肃详细、理据充分。但反复强调的永远都是货源保障、服务人性、产品丰富、网站专业这 4 件事。

撰写标准的企业型软文，内容重复感很强。为了避免过于枯燥，在写作时，要紧抓行业主题。

6.4 演练 4：如何写企业简介

企业简介，严格来讲并不属于软文范畴。但是，在软文中经常涉及企业简介，在官网、百科、画册、招商方案等宣传资料上，都必须有企业简介。在为企业进行写作时，如果连企业简介都包装不好，软文写的再专业也会让人觉得美中不足。更何况，如果连企业的简介，都写得不够漂亮，软文又怎么可能写得好呢！

6.4.1 常见问题

（1）平铺直叙企业现状毫无要点。

（2）企业没有核心优势毫无吸引力。

（3）和其他企业大同小异毫无新意。

（4）没有说明消费者的解决方案问题。

（5）最终结果：粗略看过后没有任何合作欲望。

6.4.2　核心要点

（1）企业行业定位、经营时间、高管介绍、硬件设备、团队情况。

（2）产品种类、生产工艺、市场优势、技术壁垒。

（3）目标人群、为客户带来的解决方案、服务保障。

（4）企业文化、企业责任和市场现状。

（5）未来发展方向、想寻找的市场合作伙伴或代理加盟商。

6.4.3　写作案例

案例 1：简单型企业简介

××公司成于 2009 年，公司有员工 100 人，其中 45%以上是本科学历，研究生 3 人。注册地址为某地，公司总占地面积 3 000 平方米，年生产粮食 100 吨，先进设备价值 1 000 万元。是一家集种植、收购、加工、销售于一体的农产品加工企业，拥有 1 000 亩种植基地。

推出一系列玉米、小麦、豆类等多种杂粮营养米，结合先进的科技，让人们能够“粗粮细吃”，更大程度地改善人们的营养膳食结构。不断地加强与国内外优秀企业的密切合作，竭诚为广大顾客提供优质产品和诚信服务。（案例为虚构）

案例 2：专业型企业简介

××公司已有 7 年历史，始终以打造民族健康食品品牌、推动功能型农业发展、推动全民饮食健康、提高农民收入为己任。邀请数十位国内顶尖农业科研专家，耗时 5 年时间，研发了定量、可控、健康的粮食营养液。

在海拔 1 600 米、气候干寒、昼夜温差较大、地广人稀、完全没有环境污染的某地，建立了“农产品生产基地”，是中国规模较大的农产品种植生产基地。凭借肥沃的土壤、优良的生态、高寒的气候、原始的环境、天然的灌溉、顶尖的科技，能种植原生态、高富硒、超有机农产品。

××农业科技开发有限公司，创造了“××品牌”，种植了有机的马铃薯、小米、黑豆、葵花、莜麦、胡麻、糜子等多种杂粮，并根据客户订单，不断增加种植加工品种。在扩大生产规模的过程中，不断引入高科技营销人才。现有员工100余人，其中本科以上人才近一半以上，并重金聘请了3名研究生，团队整体具备极强的战斗力和市场执行力。公司还经常组织员工外出培训、委托代培，并高薪聘请营销专家担任企业顾问。

初期投资1 000万元，增设生产加工设备3条。目前，企业还在不断完善营销流程，开拓市场销售渠道30余家。如今，已实现了农作物技术研发、种植、仓储、深加工、物流配送一条龙服务流程，并增设了畜牧业养殖、农资产品销售等项目，成为中国知名的科技企业。（案例为虚构）

一、品牌优势

1. 高富硒+可定量=防抗癌

营养液对农作物经根部灌溉后，通过光合作用转化为生物有机硒，是全世界唯一实现了有机硒可定量存在于农作物中的技术，依据人体科学原理，可精准补充人体每日所需硒的数量。经检测，××食品可有效消灭自由基，起到防癌抗癌、延缓衰老、解除毒素等作用，令农业科学家赞叹不已。

2. 高有机+原生态=保健康

当地群山环绕、空气清新、气候高寒、远离污染，土地“种一年养一年”，保证土壤休养生息和农作物的健康营养。因为没有病虫害，从不喷洒农药和杀虫剂，所以××食品不含任何有毒害物质，高出国家规定的普通有机产品的农药残留和化肥含量标准，保证食品的健康安全。

3. 无抛光+免淘洗=全营养

农作物抛光后会变得颜色明亮，但会损失大量营养成分。××食品只选用当年收获加工的新鲜农作物，不进行二次抛光加工，保证了食品的全面营养储存。使用高科技真空震荡包装技术，去除食品中的灰尘、杂质和外壳后直接真空封装。食用前不需要淘洗，完全避免了淘洗过程中的营养大量流失，实现了全营养吸收和便捷食用。

二、适用人群

1. 孕妇

硒不仅可以预防妊娠高血压综合征、流产，还能减少畸形宝宝的出现。妊娠期本就是一个特殊时期，所以健康补硒一定要能够“定量、控量”。美国食品安全专家调查证明，长期食用有机食品，微量元素和维生素含量增加，可以使体内毒素逐渐排出，明显感到免疫力增加，妈妈和出生后的宝宝生病次数大大减少。

2. 宝宝

有机食品含有较多铁、镁、钙等微量元素及维生素 C，重金属及致癌的硝酸盐含量则极低。选择有机食品作为辅食，可以让宝宝的营养得到更好的补充，味道上更为浓郁和鲜美，便于宝宝食用和健康成长。

3. 青少年

缺硒容易使儿童免疫功能下降，极易感染感冒、肝炎等疾病、影响生长发育。富硒有机食品，可提高红细胞的携带能力，使儿童大脑等组织器官发育正常，保护视力、增加综合免疫力，排铅、解毒、抗污染。在繁重的学习中不易疲劳，保持精力充沛、加强记忆力。

4. 爱美女性

硒能解除化妆品中铅、汞等有害金属物质的毒性，与维生素 E 相互协同能防止细胞衰老和增加肌肤弹性，起到美白养颜、消除皱纹、减少色斑、延缓衰老的效果。

5. 中青年男性

硒是男人身体里的黄金，有 25%～40%集中在生殖系统。硒可以调节免疫功能，减少生活压力造成的健康伤害，可排出长期抽烟喝酒造成的体内毒素，保护肝脏。富硒有机食品能提高与改善男性生育功能，提高前列腺局部的抗感染能力。

6. 想长寿的老人

中老年人普遍缺硒，会减弱身体的抗病能力。随着年龄增长，新陈代谢逐步放慢，体内“垃圾”越来越多。富硒有机食品定量补硒可及时排出体内垃圾，防止细胞氧化损伤。从根本上提高老年人的健康水平和生活质量，还可预防白内障等常见老年病的发生。

三、企业文化

（1）愿景：打造民族富硒有机食品品牌，推动功能型农业普及，提高农民收入水平。

（2）责任：保证食品质量，让全国人民吃上安全健康食品，拥有强健体魄。

（3）精神：“诚信、健康、高效、创新”的服务原则，“倾力、勤力”的服务意识。

（4）目标：将产品销售到全世界。

（5）理念：敬业、专业、职业、创业。

6.5 演练5：如何写个人简介

严格来讲，个人简介并不属于企业营销和品牌营销的范围。这里之所以提及，是因为在对企业创始人、高管进行专访时，这是必备的软文写作素材。我在为企业高管撰写专访类软文时，发现大多数人给我的参考资料都不是简介而是简历。作为软文素材，简历更像硬广告，能用的资料较少。所以，在这里也将个人简历内容作为一节，教大家撰写。

6.5.1 常见问题

（1）简介写成了工作简历。

（2）没有个人亮点和成绩展示。

（3）无话可写过于简短。

（4）没有图片缺乏视觉冲击力。

（5）约见此人是浪费时间。

6.5.2 核心要点

（1）企业职务、从业背景、社会职务、荣誉奖项、行业地位。

（2）工作经历、服务公司或客户、工作成绩。

（3）业内口碑、客户评价、行业人脉。

（4）个人作品、优秀文章、媒体采访。

（5）现在业务范围、服务对象、需求资源。

6.5.3 案例

案例1：简单型个人简介

所志国从事16年电子商务、品牌策划、网络营销工作，并在网络营销行业获得众多全国大奖，业界享有极高知名度。曾创建过30分钟完成一篇软文，当天软文为企业实现80万元销售收入的奇迹，在策划界素有“互联网软文圣手”之称。善于根据市场环境和公司长期发展，准确进行市场定位、包装，制订可行性营销战略。

案例 2：专业型个人简介

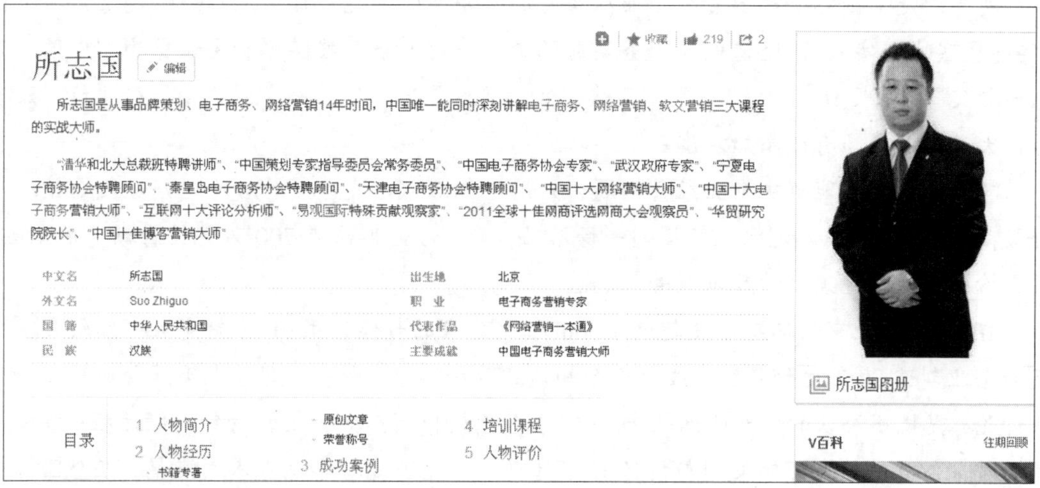

所志国　编辑

所志国是从事品牌策划、电子商务、网络营销14年时间，中国唯一能同时深刻讲解电子商务、网络营销、软文营销三大课程的实战大师。

"清华和北大总裁班特聘讲师"、"中国策划专家指导委员会常务委员"、"中国电子商务协会专家"、"武汉政府专家"、"宁夏电子商务协会特聘顾问"、"秦皇岛电子商务协会特聘顾问"、"天津电子商务协会特聘顾问"、"中国十大网络营销大师"、"中国十大电子商务营销大师"、"互联网十大评论分析师"、"易观国际特殊贡献观察家"、"2011全球十佳网商评选网商大会观察员"、"华贸研究院院长"、"中国十佳博客营销大师"

中文名	所志国	出生地	北京
外文名	Suo Zhiguo	职　业	电子商务营销专家
国　籍	中华人民共和国	代表作品	《网络营销一本通》
民　族	汉族	主要成就	中国电子商务营销大师

所志国图册

目录

V百科　往期回顾

一、所获荣誉

- 实战电商学院院长
- 实战电商教父、互联网软文圣手
- 畅销书《网络营销一本通》作者
- 搜狐、腾讯、今日头条、网易等众多权威自媒体专栏专家
- 中国十大网络营销大师、中国十佳博客营销大师
- 2010 年度中国十大电子商务营销大师
- 2011 年互联网十大评论分析师
- 2011 年阿里巴巴全球十佳网商评选网商大会观察员
- 2013 年中国百强自媒体
- 清华大学总裁班特聘讲师
- 中国中小商业企业协会特聘讲师
- 北大 EMBA 高级总裁班特聘讲师
- 中国策划专家指导委员会常务委员
- 中国电子商务协会 PCEM 网络整合营销中心专家
- 电视栏目《艺术家说》营销顾问
- 盘锦辽东湾电子商务创业培训学校客座教授、创业导师

二、主要经历

所志国是全国首个提出传统企业从事互联网转型，不能盲目追求模式和趋势，要重视“实际、实战、实效”，坚持电子商务实战的资深业内专家，被媒体和企业誉为“中国实战电商教父”。从事16年电子商务、品牌策划、网络营销工作，并在网络营销行业获得众多全国大奖，业界享有极高知名度。

善于高效精准地解决企业经营问题，只用4句话指导被淘宝封店的C店，使店铺现在日最高销售额达30万元以上。策划一场活动，7天为企业创造700万元销售额。用10分钟，诊断出上亿元项目的致命经营隐患。

在2001年北京六环房价没超过1 000元/平方米的时候，用30分钟完成一篇软文，当天为企业创造80万元销售额。被上百个知名品牌和媒体邀请，撰写过上千篇营销软文和行业评论，是圈里公认的“互联网软文圣手”。录制的中国第一个软文营销视频课程——《电商品牌如何开展软文营销策划与执行》，有十几万名企业高管和从业人员点播，在全国掀起软文营销学习热潮，是中国唯一能同时深刻讲解电子商务、网络营销、软文营销三大课程的实战专家。

三、出版著作

电子工业出版社《网络营销一点通》。用两年时间，撰写了中国首本实战、实话、实操风格的《网络营销一本通》，创下了没有任何宣传，发行当月首印3 500本完全售罄的销售奇迹，被全国各地的新华书店、机场以及当当网、亚马逊、京东都列为畅销书籍，进行重点销售。

四、服务客户

1. 企业客户

为中国好声音、中粮我买网、拉手网、一号店、金象网、药房网、海尔、买买茶、健力宝、腾讯、月购网、妈咪爱商城、开心人大药房、尚品宅、能源网、母婴礼品网、奥特莱斯商城、中国建材在线、易唐网、唯家佳品牌家纺、团宝网、买啦网、今日英才网、车易拍等上百家电子商务网站、互联网公司制订过营销战略、运营策略、市场推广方案，使网站快速提高了流量、会员量和销量。

2. 涉及行业

为饮料、女装、男装、童装、发热鞋、皮鞋、饰品、保健食品、保健酒、减肥产品、丰胸产品、保健品、化妆品、家居产品、ERP软件、高档茶叶、黄金画卷、砭石产品、香水、软件、壁挂炉、空调等近百个传统行业的品牌，提供过品牌策划、网络推广、品牌招商服务。

五、服务简介

（1）现场诊断：为企业现场分析运营状态，提供运营解决建议，进行项目风险评估。

（2）年度顾问：为企业提供战略指导、瓶颈诊断、团队规划等实战落地营销服务；推荐销售渠道和金融投资渠道等资源；提供网络营销或电子商务内训。

（3）品牌包装：为企业提供完整的品牌策划包装，策划差异化竞争优势，实现品牌溢价。

（4）市场推广：为企业提供专业的软文、论坛、微信等全网营销服务。

点评：

为避免涉及他人隐私，用了我本人的简介进行举例。第 1 版也是早年对外进行宣传的版本，很多活动主办方、培训公司、高等院校、培训经济人，都强烈要求我把简介写的丰富多彩一些。因为每次参加活动，其实都是对自己的一次销售，这时候个人介绍过于简单、缺少亮点，不是谦恭，只是对自己和主办方的不负责任。

企业高管的简介亦是如此，每次媒体的专访或者自媒体的宣传，不仅仅代表着自己，也代表着所在企业的形象。个人简介包装出彩，也代表着企业形象的高大上。个人简介的格式并不是一成不变的，重点是像推广产品优势一样：好在哪，为什么好，说清楚即可！

练习环节

1. 撰写自己的个人简介。
2. 模拟两个公司，各撰写一版公司简介。

第7章

营销传奇——软文营销如何实现超高销售额

7.1 十几年前一篇“神奇”软文竟然实现80万元销售额

每当有学员问我如何快速提升写作能力时，我都会不由自主地回答：“给自己极限的压力。”现在的写作环境过于宽松和舒服，没有压力自然缺乏动力。软文技巧的提升，是需要累积的过程。不断地写，不断地练，这个环节永远不能省略。尤其重要的是，就像练习书法、画画一样，要有人能指出你的错误和改进方向，否则很快就觉得自己很了不起，进入瓶颈期，从此难以提升。

16年前，我正式步入营销策划圈。第一份工作就是在一家当时十分火爆的减肥产品公司，从事文案策划工作。策划完产品优势之后，每天只有一件工作任务：撰写一篇2 000字的文章，加上销售硬广，共计一个整版，在报纸上进行宣传。

那时候，一个报纸的整版价格在20万元左右。也就是说，每天撰写的文章，至少要为公司赚回20万元，才算基本合格。在这种极限压力下，每天都疯狂地压榨自己的脑细胞，把能与减肥相关的词、事、思想、情感，都疯狂地在脑海中闪回无数次。甚至有时候会想象，自己要是个超级大胖子，走在路上、公交车上、地铁里会是一种什么感觉和心态，然后把有感觉的文字或者词语，一点点拼凑起来。

不仅工作的时候想，下班之后的时间，连吃饭、睡觉、坐公交、走路也在想第二天的软文标题和框架。也正是在那个极度煎熬的时期，为今后的软文创作奠定了扎实的基础。这个公司的软文营销策略，以精练、辛辣、系列、犀利、生动和重复为特点，在当时取得了巨大的成功。3 年时间，销售了几亿元的产品，在中国减肥市场堪称典范。

我初出茅庐，开始写文章也总是难窥其法门、创作不得要领。直到有一天，就像瞬间悟道一般，突然开窍。创作的那篇文章，在当天创造了 80 万元的销售额，从那天开始，我也算正式进入了软文营销这个行业。从那以后，创作的众多文章，都取得了不错的业绩和口碑，甚至有文章的部分内容，被报纸当成新闻直接发布，给我开启策划生涯提供了信心，坚定了信念。

在此，我将从写作角度分析，如何撰写一篇软文在当天实现了 80 万元销售额。讲解面对一个全新的产品，从陌生到熟悉，到撰写具备杀伤力软文的写作过程是怎样的。本章的内容，与“软文撰写十步流程”和“产品系列软文演练”的思路基本上相似。但作为经典的案例，有众多的学员都对这篇文章和企业如何成功，十分感兴趣。所以，在此单独开设一章，进行讲解。本章下一节，将从公司经营角度分析，软文营销在该公司的各个环节如何统一应用。

7.1.1　案例

案例：

××减肥精华咋就卖的这么疯

为什么女性面部会出现黄褐斑，雀斑、妊娠斑、蝴蝶斑？

为什么女性脸上的痘痘像野草般没了又长？用尽一切方法却徒劳无功？

为什么女性身上肥嘟嘟的赘肉越减越多，天天像套了个游泳圈？

为什么女性皮肤老化快、容颜易衰老，皱纹在面部不断扩张、加深，更年期逐渐提前？

一切的罪魁祸首就是毒素。诺贝尔医学奖获得者——俄罗斯生物学家和生理学家梅奇尼科夫通过研究得出，女性排毒养颜是非常必要的，因为毒素是一切疾病的主要原因和根源。毒素使女性机体免疫力下降，导致皱纹加深、皮肤松弛、皮肤过敏、色斑加重、痤疮增多、赘肉堆积、免疫系统衰退等症状。同时，毒素对身体机能的摧残，使得无数女性都出现了“亚健康”状态。

传统的排毒方法只是“治标不治本”，无法清除体内毒素，问题自然是反复出现，一直困扰着女性。而××是“由内而外”彻底清除细胞内毒素，去掉女性的斑、痘、皱、肉，带给女性美丽的容颜、细嫩的皮肤、妙曼的身材。所以被美容界和医学界誉为——女性健康与美丽的守护天使。

一、一天 2 角 5 分钱　一生美丽又健康

市场上针对女性的各种健康和美容产品种类五花八门，但通常是都只能解决外在问题，“治标不治本”。××是能“由内而外”，彻底清除女性体内毒素，消除斑、痘、肉、皱，打造健康体质的高科技健康美容产品。且经过国际量子仪器检测证明，××效果明显、持久。韩国专家表示，一个疗程至少能换来女性十年的健康和青春。平均算下来每天不足 2 角 5 分钱，就可以彻底清除体内的毒素和垃圾，去除令女性痛苦万分的斑、痘、肉、皱，带给女性迷人的身材和健康的体质，由内而外焕发美丽高贵气质。

二、快速消除斑痘肉皱　防止人体“亚健康”

血液流动和细胞分裂时，人体就产生了磁场，细胞代谢越旺盛磁场也就越大。××能够改善细胞代谢，增加细胞活力，把基本生理功能调节到最佳状态。

经人体吸收后穿过细胞膜，进入细胞内，对毒素进行分解，彻底清洗细胞内毒素，再将清除的毒素，经过消化道排出体外。排除毒素后的细胞通透鲜活，生理功能恢复正常，使肌肤白皙靓丽、延缓衰老。进一步增强女性的免疫功能，使女性肤肌变得光滑细腻，身材迷人苗条，从而实现快速去除色斑、痘痘、赘肉、皱纹。

（1）**去斑**：祛掉各种色斑，加速新陈代谢，迅速改善皮肤粗糙、毛孔粗大等问题。

（2）**除痘**：清除各种痘痘、痤疮，使脸部嫩滑、细腻白皙，恢复娇媚容颜。

（3）**消肉**：消灭腰、腹、腿、手臂等各处堆积的赘肉脂肪，雕出小蛮腰、S 曲线、魔鬼身材。

（4）**抹皱**：抹平皱纹、鱼尾纹、皮肤褶皱，增强人体胶原蛋白，使肌肤光滑水嫩、有弹性。

三、××四大超越　引领美容美体新革命

1. 安全

超越了传统健康美容产品的安全壁垒，在玛雅食品中萃取出纯天然绿色产品，无任何药物成分，无激素、无任何刺激和毒副作用，创造如雪肌肤、迷人身材、青春容颜。

2. 轻松

服用方便、彻底清洗细胞毒素，没有复杂的疗程、不必烦琐地运动，无需大量时间。超越了传统产品的各种麻烦操作和繁杂流程。两小时快速见效，调节机体代谢，提高身体机能，效果可自我确认。

3. 效果

百名专家历经 36 年，通过上万次实验萃取出远古文明智慧结晶。使用后效果明显，两小时就可以看见显著的效果，消除斑、痘、肉、皱，肌肤滑嫩身体轻松，充满活力。

4. 权威

××是国内首家得到美国的 FDA 认证和韩国的 KFDA、FIA 认证的健康美容产品，通过了国际上先进的量子分析仪器对××安全性和有效性的检验。

××终于在万千女性的呼唤中来到了中国，相信它一定会满足所有爱美女性对美的追求与向往，让所有女性都成为真正的完美女人！

笔者觉得，减肥精华之所以能在众多的减肥产品中脱颖而出，关键还在于减肥精华有实实在在的功效，也正因为如此，它才能有良好的口碑，也才能赢得无数女性的青睐，这就是减肥精华卖得如此疯狂的根本原因。

7.1.2　写作思路

1. 策划产品卖点

在撰写软文之前，先分析人群需求和产品卖点的契合度，减肥产品五花八门的时代，要找到全新卖点。

2. 减肥市场分析

减肥是所有女性一生的主题，不分高矮、职业、年龄、体重，每年市场份额几百亿元。没有绝对强大的减肥品牌和企业垄断市场。

3. 竞争环境分析

药物减肥逐渐让消费者谨慎，容易伤肝伤肾。运动减肥很少有人能够坚持。节食减肥太过受罪，而且极度伤身。减肥器械功能古老，均是挤压、按摩等方式。

4. 人群心理分析

减肥反复失败，对减肥产品效果有怀疑，但减肥决心从未动摇，只要能“保证”效果，产品就不愁卖。女性永远觉得胖，担心老公和孩子因胖影响健康。为了减肥不心疼钱，只要有一丝希望就愿意尝试，最喜欢一劳永逸，不受罪还轻松的减肥方式。

5. 人群需求分析

减肚腩上的肥肉是女性最大的困扰，同时，小臂、大腿、后背、腰部上都是要减肉的主要部位。丰胸、美容同样是永远的需求。

6. 目标人群最紧张的问题分析

（1）如何消除脸上的黄褐斑，雀斑、妊娠斑、蝴蝶斑？

（2）为什么脸上的痘痘长了又长？如何治标又治本？

（3）为什么身上肥嘟嘟的赘肉越减越多，如何不节食减肥？

（4）为什么皮肤极易老化、容颜衰老，如何使皱纹变少？

（5）为什么女性更年期会逐渐提前，如何避免身心疲惫？

（6）为什么妇科癌症的患者越来越多，如何防止妇科病？

7. 如何让消费者信任，并愿意买这款产品

证明产品机理，提供销售佐证，解释女性减肥问题的根源和产品功效来源。

（1）人类目前正处在一种摄入过多、排出过少的失衡状态，而当今社会快速的生活节奏给人们精神造成巨大压力。

（2）各种污染导致人体隐藏了大量的毒素，就是这些毒素使机体免疫力下降。体内毒素过多，导致女性新陈代谢紊乱，极易出现“斑、痘、皱、肉”，让女性失去了美丽的容颜、细嫩的肌肤、曼妙的身材。

（3）这款产品萃取了几百年前非洲神秘果实的精华，并通过纳米实验粹取出能直接击碎毒素凝结，排出体内毒素的神秘精华。

8. 剖析产品机理

几百年科学精华，实现轻松排毒减肥。

第一步：经人体吸收后穿过细胞膜，进入细胞内。

第二步：对毒素进行分解，彻底清洗细胞内毒素。

第三步：将清除的毒素，经过消化道排出体外。

第四步：排出毒素后的细胞通透鲜活，生理功能恢复正常，使肌肤白皙靓丽、延缓衰老。

（下一步要通过具体功效来刺痛减肥人群的痛点）

9. 策划产品功效

（1）去斑：去掉各种色斑，加速新陈代谢，迅速改善皮肤粗糙、毛孔粗大等问题。

（2）除痘：清除各种痘痘、痤疮，使脸部嫩滑、细腻白皙，恢复娇媚容颜。

（3）消肉：消灭腰、腹、腿、手臂等各处堆积的赘肉脂肪，雕出小蛮腰、S 曲线、魔鬼身材。

（4）抹皱：抹平皱纹、鱼尾纹、皮肤褶皱，增强人体胶原蛋白，使肌肤光滑水嫩、有弹性。

功效点评：能减去所有女性想减的肉，能消灭女性所有的青春敌人，完整而完美的功效，因此这款产品适合所有爱美人群。能改善皮肤质量，保证光滑白皙。能让松弛下垂的肌肤紧绷有弹性。

（下一步通过效果保障唤起消费者信任。）

10．包装独家技术核心优势

（1）安全保障：超越了传统健康美容产品的安全壁垒，是在非洲食品中萃取出来的纯天然绿色产品，无任何药物成分，无激素、无任何刺激和毒副作用。

（2）轻松高效：服用方便、彻底清洗细胞毒素，没有复杂的疗程，不必烦琐地运动，无需大量的时间。1 小时快速见效，调节机体代谢，提高身体机能，效果可自我确认。

（3）科学结晶：百名专家历经 36 年，通过上万次实验萃取出的远古文明智慧结晶。使用后效果明显，消除斑、痘、肉、皱，肌肤滑嫩身体轻松，充满活力。

（4）权威检验：是国内首家得到美国的 FDA 认证的健康美容产品，通过了国际上先进的量子分析仪器对安全性和有效性的检验。

（下一步要公布产品适合人群唤起共鸣。）

11．划分适用人群

（1）肥胖女性和体弱女性：全身或者部位性肥胖，反复减肥无效，或体质较弱、有三高症状。

（2）工作繁忙的职场女性：工作压力大，经常头晕、乏力、睡眠差、食欲不振、易疲劳、失眠健忘。

（3）斑痘丛生、皮肤粗糙女性：黄褐斑、痤疮、皮肤暗黄、痤疮、粉刺、皱纹、毛孔粗大。

（4）追求时尚的爱美女性：渴望并保持美体瘦身，提高抗病能力、延缓衰老、恢复年轻态。

12．文章写作方向

（1）核心卖点：2 小时变成完美女人。

（2）功效卖点：2 小时，能让你体重瘦 3 千克；2 小时，能让你的腰变细 2 厘米；2 小时，能让你的毒素减少 200 克。

在传统媒体上，都不允许宣传产品具体效果，否则将作为夸大宣传处罚。这里总结的几个功效卖点数据，是多个用户使用效果的平均数据，并非虚假编造。仅作为软文写作中的参考数据，不能完全以硬广告的形式出现。可以借助某些案例来展示，例如王姐、张阿姨等消费者的现身说法。要重点突出产品的功效，每篇软文都要反复强调四大效果，多用消费者的角度阐述使用效果。

13．市场效果

在软文营销效果的最高峰时期，所有销售终端加客服电话，让这篇软文 1 天仅在北京就直接创造了 80 万元销售额。

7.2 首度揭秘 软文营销如何创造营销奇迹

这一节将从企业经营角度，分析软文营销在每个营销环节如何具体应用操作，穿起整个营销链条。正是当年，这家企业将整体的策略重点和营销关键，都放在了“软文营销”上，利用“软文营销”在每个营销环节都出奇制胜，才一次次地取得了营销战果，扩大了市场份额，淘得了价值 8 亿元的市场收入。

7.2.1 第一步：包装环节

产品的定位和策划包装是减肥类产品的灵魂。要在无数市场同类商品中脱颖而出，让无数女性克服多次减肥失败的心理，重新对一款新品燃起希望，产品的软性包装策划就必须起到一针见血的效果。经过市场调查和数据对比后，制定了如下的包装策略。

首先，在减肥科学机理上分析了市场上同领域的内服减肥药、外涂减肥霜、甩脂减肥、抽脂减肥等产品的风险和不科学之处，列举了减肥精华素作为食品的安全可靠。

其次，将排除毒素作为减肥、美容、去皱的关键因素，通过国外权威认证，提升了产品的科学背景，完全进口品牌增加了消费者的信心。

再次，详细分析减肥素的减肥原理，证明了产品的先进和可靠。

（1）经人体吸收后穿过细胞膜，进入细胞内。

（2）对毒素进行分解，彻底清洗细胞内毒素。

（3）将清除的毒素，经过消化道排出体外。

（4）排出毒素后的细胞通透鲜活，生理功能恢复正常，使肌肤白皙靓丽、延缓衰老。

最后，阐述了产品有减肥功效的同时，还能去斑、除痘、消肉、抹皱，使肌肤光滑水嫩、有弹性。

在信息爆炸的年代，要让消费者对商品信息过目不忘，产品的高质量软性包装，不再是可有可无的营销过程，已然是进入市场的基本条件，而且是必不可少的营销基础。包装的重点就在于，针对目标人群的需求和心理进行双重软性策划，突出产品的功能和效果。不能片面地追求功能表述，而忽略了消费者的心理波动。

7.2.2　第二步：招商环节

创业型企业或者刚上市的产品，产品包装完毕后，下一步就是市场招商。第一次的招商成功与否生死攸关。在招商宣传推向市场后，一旦招商效果不理想，那么资金将后续乏力，无法开展任何营销行为，招商软文关系着产品是否有机会进入市场。在招商软文中，应重点宣传产品的效果和市场保障。

案例：招商软文

××减肥精华素　邀您共同推开“皇家”减肥美体之门

它被英国、法国、德国、韩国、日本等国家的皇室女性指定为专用产品！

它在世界十几个国家被疯狂抢购，成为时尚和成功女性的新宠！

它获得了美国的 FDA 认证、韩国的 KFDA、FIA 认证，并且通过了国际卫生机构的量子分析仪器的检测临床观察！

究竟是什么产品，能够被众多国家的皇室女性如此青睐和信任，能通过众多权威机构的检测？这款产品究竟有何功效，能在全球热销，让无数女性为之疯狂？

专家透露，这是一款叫“××减肥精华”的产品，它可以快速排出人体毒素，消除女性的色斑、皱纹、痘痘、赘肉，是国际上效果超前的女性健康产品。××公司坚持以“树立健康产业标准”为市场导向，严把产品质量关，将通过高科技的绿色健康产品，打造健康美丽女人、塑造健康活力男人！成为国内健康行业的龙头企业。

如今源自于神秘玛雅文明的健康美容产品——××减肥精华，由××公司从韩国带到了中国。现向全国诚招合作伙伴，共同发掘国内健康市场的 3 000 亿元利润空间，推开“皇家”减肥美体之门。

一、塑造雪嫩肌肤和曼妙身姿　女性健康与美丽的保护神

毒素是摧毁女性健康与美丽的魔鬼，由于目前人们正处在一种摄入过多、排出过少的失衡状态，体内堆积的大量毒素导致了女性的亚健康状态：皮肤粗糙、肤黄色暗、长斑出痘；脂肪代谢障碍、赘肉堆积，形成水桶腰、救生圈；新陈代谢紊乱，更年期不断提前……

普通的美体护肤和减肥产品都是治标不治本，只能解决表面问题。而××减肥精华的神奇之处是它服用方便，能对细胞由内而外进行清洗，彻底清洗细胞毒素，2 小时快速见效，调节机体代谢，提高身体机能。不仅能够祛除色斑痤疮、消除多余脂肪、调整新陈代谢，还能祛斑祛皱、消灭赘肉、排出宿便，使得皮肤嫩滑、身材苗条。成为女性的保护神，像汽车的 4S 店一样对人体进行保养，在生命旅途中为女性建起健康驿站。

二、四大步骤快速治疗亚健康　四大超越领先全球排毒方法

科学、快速、彻底、健康的排毒四大步骤，实现了快速消除亚健康、打造完美健康美丽女性的功效。

（一）四大步骤

第一步：××产品经消化道吸收后穿过细胞膜，进入细胞内。

第二步：对毒素进行氧化还原分解，彻底清洗细胞内毒素。

第三步：细胞清除的毒素，经过消化道排出体外。

第四步：排出毒素后的细胞通透鲜活，生理功能恢复正常，使机体充满活力。

和传统的肠道排毒、淋巴排毒、运动排毒、节食排毒相比，××减肥精华避免了操作烦琐、损害健康、破坏机体免疫力等副作用，而且它的四大优势相当明显，令人感到惊叹和钦佩。

（二）四大优势

1．安全

超越了安全壁垒，完全是在玛雅食品中萃取出来的纯天然绿色产品，无任何药物成分，对身体有百利而无一害。没有任何刺激和任何的毒副作用，使用后彻底消除“亚健康”，创造健康体魄。

2．便捷

使用便利，没有复杂的疗程，不必烦琐地运动，无需大量的时间。超越了传统产品的各种操作麻烦和繁杂流程。

3．效果

百名专家历经 36 年，通过上万次实验萃取出的远古文明智慧结晶。使用后效果明显，14 小时就可以看见显著的效果，身体轻松、充满活力、健康舒适。

4．权威

是国内首家得到了美国的 FDA 认证和韩国的 KFDA、FIA 的认证的产品。其安全性、

可靠性，得到了世界权威组织的认可。

三、代理商市场保障

1. 宣传保障

公司将通过电视、网络、平面媒体、DM 等媒体进行全面宣传，保证品牌的影响力和知名度，并在媒体上对经销商进行宣传。将印制大量宣传品、宣传片免费送给经销商，帮助经销商推动市场宣传。取长补短，强化优势，取得最大的经济利益。

2. 效果保障

经过长期的临床验证和量子分析仪器的临床效果检验，使用者在服用××后 2 个小时就可以立刻感觉全身轻松。一个疗程（2 天）后，体内毒素排出效果明显，且皮肤上的斑、痘、肉、皱明显减轻，身体充满活力。

3. 利润保障

为了真正扶持经销商，使经销商有信心长期经营××产品。公司将所有利润完全让与经销商，代理折扣将低于市场上所有的美容和护肤产品，确保经销商利润最大化。

4. 培训保障

国内著名的管理培训讲师，每月定期免费为各经销商及其员工开展销售技术培训、顾客心理培训等，提高销售人员素质和销售技能。

5. 营销保障

国内一流的营销团队，对产品进行策划、包装、推广、促销，建立完整的营销体系后交给经销商操作。经销商只需按照模式执行，即可轻松获利，节约了大量的人力、财力、物力。

6. 权威保障

得到了美国的 FDA 认证和韩国的 KFDA、FIA 的认证，通过了国际上先进的量子分析仪器的临床效果检验。

7. 实力保障

合作伙伴是韩国大型的实力企业，产品是国际知名的大品牌，效果是经过专家临床检验的，质量高，在世界上拥有高信誉度、高美誉度、高知名度。

8. 服务保障

将开设专家服务热线，由国内知名健康和美容专家，在电话和网上全程回答客户的疑问。提供健康顾客，全程指导顾客使用，保证五星级服务质量。

四、为什么 2 小时就能塑造完美女人

（1）去斑：2 小时就可以淡化色斑，2 天就使脸部光洁！去掉各种色斑，加速新陈代谢，迅速改善皮肤粗糙、毛孔粗大等问题。

（2）除痘：2 小时就可以除掉痘痘，2 天就使皮肤嫩滑！清除各种痘痘、痤疮，使脸部嫩滑、细腻白皙，恢复娇媚容颜。

（3）消肉：2 小时就可以消除赘肉，2 天就使身材苗条！消灭腰、腹、腿、手臂等各处堆积的赘肉脂肪，雕出小蛮腰、S 曲线、魔鬼身材。

（4）抹皱：2 小时就可以抹平皱纹！抹平鱼尾纹、皮肤褶皱，增强人体胶原蛋白，使肌肤光滑水嫩、有弹性。

相信，在我们的共同努力之下，定会将××减肥精华产品打造成减肥行业的标杆，共同创造减肥市场的辉煌！

7.2.3 第三步：销售环节

由于减肥产品参差不齐，消费者很难在短时间信任某个产品。要通过有杀伤力、密集和系列的软文，逐渐对消费者形成“感染”并实现销售。企业将市场的导入期、推广期、发展期、和成熟期进行严格区分后，制定了系列的软文方向和侧重点。

每周 3～4 篇的高密度，发布了大量的产品软文。结合着“功能”核心要点，有宣传的核心要素。反复使用了用户体验、市场火爆、促销活动等角度，阐述产品的功效和科学。

7.2.4 第四步：扩张环节

随着产品的逐渐热销，企业随即在全国的一类或二类商场开设了销售专柜，同时扩大了电话销售团队和产品配送团队，以应对火热的市场需求。虽然电视广告也增加了播放时间和力度，但支撑全国销售的核心仍然是取得了辉煌战绩的“软文营销”。

在销售过程中，除了原有的平面和网络的软文宣传，还增加了商场门前的宣传单页、时尚类杂志宣传、新闻事件策划等宣传手段，均采用以前软文营销中经典文章的内容。

随着全国大范围的销售，软文根据市场状况、消费者反馈、商场活动等市场热点，不断调整营销方向。不是僵硬地固守以往成功的软文范本，完全根据市场的发展动态调整软文策略。特别是配合全国的市场销售状态，改变了初期的宣传策划方向，策划了系列的不同风格的软文，应对不同地域和时期的市场销售。

7.2.5　第五步：活动环节

在销售过程中，为了快速提高销量或者冲击阶段市场目标。企业在节假日、纪念日等时间都策划了相应的促销活动。以软文的形式，妇女节、情人节、国庆节、圣诞节等各个与女性相关的重大节日，推出了 800 万大赠送、1 000 万大赠送等系列活动，使潜在目标人群，受到促销政策的吸引，从而坚定了购买决心。

即使在建军节、劳动节等与时尚女性并不完全相关的节日，也仍然通过软文营销的方式，开展现场赠送、抽奖等促销活动。让消费者形成了一种，在全年每个月都会有销售惊喜，习惯性地阅读产品软文的习惯。不仅通过活动提升了阶段销量，还增强了潜在用户的阅读习惯。

特别是在一次企业庆典活动中，策划了消费者持有带产品软文的报纸，就可以免费到现场领取赠品，免费参加现场抽奖，将软文营销同活动营销完全结合，不仅使现场人气极高，一度超过了上千人，还增加了几期软文的传播效果，使阅读人群快速增加。通过软文营销配合活动策划，5 天的庆典活动在北京就创造了近千万元的市场收入。

任何产品或服务经过一段市场销售后，都必然要配合节假日或特定日期开展促销活动。这不仅可以提高销量，还可以通过促销来检验市场的潜在购买力度。但推广和执行活动本身，就需要支出一定的硬性成本，再加上促销本身的降价或赠送行动也会产生软性成本。软文营销是可以配合活动执行、加强活动传播效果，又不会大额增加宣传成本的高效营销手段，从这一点来说，软文营销的商业性价比最高！

7.2.6　第六步：竞争环节

当产品形成了品牌影响力，全国市场平均日销售额突破了数百万元的时候，市场上开始出现了几款同类别产品，不仅产品的软性包装风格、软文宣传媒体，就连软文宣传的设计版式也几乎一模一样。产品价格相对更便宜、宣传力度也相对更大。这种克隆同类品牌营销手段的竞争现象，在我国的任何行业几乎都会出现，而且或多或少的都会形成市场冲击，甚至有些竞争者会轻松切走市场蛋糕。

企业并没有调整或改变营销策略，也没有听从一些广告公司或市场人员的建议，加大硬广的投放力度，而是深入发掘品牌文化，突出近年来的用户体验，获得的市场奖项方面，撰写了“激情大盘点之人物篇”和“权威机构认证篇”等软文，通过软文营销继续构建品牌壁垒。

软文营销再一次创造了好的市场战绩。由于消费者已经习惯了产品的软文风格，所以尽管很多人无意中看到了竞争对手的模仿软文，却打电话到了公司进行咨询，形成了反向购买。

跟风是特有的商业文化，也是一种生活习惯。任何品牌在销售过程中，都不可避免地碰到各类竞争对手，甚至是恶意的模仿者。这时候要避免被竞争者迎头赶上，甚至抢走市场的关键就是以软性宣传的手法，传播品牌文化内涵、发挥品牌影响优势、保持品牌宣传形式。千万不能因为慌乱或担心就轻易改变营销策略，反而正中竞争对手的下怀。

7.2.7　第七步：互联网环节

经过一年多的市场营销，产品在全国都具有了一定的品牌影响力。同时，互联网已然普及到千家万户，越来越多的消费者，习惯于在网上查找产品或企业的相关信息。所以，一些消费者看到了软文后，纷纷打电话咨询客服人员企业的网站地址，想更清楚直观地了解产品的各种信息。

企业就建立了一个以宣传产品功能、使用方法、销售地点为主的网站。虽然当时中国的电子商务还未兴起，不具备在线支付功能，但是企业在全国的数百家经销商，却早早具备了大部分主流城市的物流功能，为产品的网络营销初期无形中创造了电子商务的 B2C 模式。数据显示，消费者通过网络平台获取信息后，全国每天形成的销售也在十几万元以上。

练习环节

- 模拟 4 种产品，按照这 11 步写作思路，策划产品卖点、拟写写作方向。

第8章

十大火爆行业原创经典软文案例

企业找我策划品牌或者撰写软文时，最常问的一句就是：所老师您接触过这个行业吗？我的答案永远是，营销的套路和文章的思路都是有规律可循的。做营销策划和撰写文章，永远是围绕市场、消费者、竞争对手和经营环境，要从这四大要素下工夫。从这一角度来说，什么行业的产品都可以写。

本章将我和弟子近年来为一些行业撰写的有代表性的文章进行展示。一方面为读者今后撰写文章进行参考；另一方面也想以此告之，企业和软文学习者，撰写软文不必非要从事这个行业，只要真正掌握了营销技巧，就不会存在行业限制。

8.1 轻奢手机行业

案例1：

当腕表工艺碰上轻奢侈品手机

腕表是这个世界上最精细、最吸引人的奢侈品之一，佩戴名牌腕表更是彰显社会身份的重要标志。当精细的腕表工艺跟手机相结合会出现什么样的产品呢？那就是，世界上第一款轻奢侈品手机——HANMAC。

法国的××品牌·××品牌手机，如今已成为享誉全球的顶尖轻奢侈品手机品牌，受到世界各地成功人士、时尚人士，以及国内知名人士的热烈追捧。

为何越来越多的社会精英人士，会对一款手机的钟爱程度，超越了世界顶级腕表品牌？HANMAC 到底是一款什么样的手机呢？

一、传承法国千年的文化精神，打造世界第一轻奢手机品牌

1793 年，一批瑞士制表名匠搬迁到法国小城贝桑松，此后这里成为了世界瞩目的工匠名城。法国首席工业设计师 Romain Vauchez 邀请建筑、钟表、珠宝、汽车、机械等多个跨界领域的顶级设计师组建设计团队，为每款机型注入深厚的法国文化底蕴，打下了坚实基础。

中国领先的奢侈品品牌投资人——邢绍春先生不仅全力投资支持，并带领设计团队，以这个小镇 1 000 多年的历史文化为核心元素，将车元素、工业革命元素融合，以“荣誉正义的骑士精神”“永恒真诚的浪漫精神”和“敬业细致的工匠精神”为表达方式，打造出全手工定制的，世界第一款轻奢侈品手机——HANMAC。方寸之间，尽显精湛绝技，成为传统工艺与现代审美相结合的巅峰之作。

二、采用匠师级的腕表工艺标准，精密成就手机界的艺术珍藏品

HANMAC 的名字，原意为：handmade magic 手工打造的魔法。设计者认为流水线生产是对文化和品位的亵渎，坚持每部手机都以瑞士腕表的匠师级工艺纯手工打造。传统工艺与现代科技高度融合，成为世界上最严格的手机生产标准：97 项繁杂的工艺流程，近乎失传的欧洲古老手工錾刻工艺，配合 CNC 技术（精密数控机床技术）0.01mm 的雕刻精度，

完全手工打磨的机身。使手机达到艺术品的标准，每部手机都拥有属于自己的灵魂和文化，耗时 30 天，方可打造一部堪称艺术珍藏品的 HANMAC 手机。

三、汇集全球顶尖的奢华材料，铸就当之无愧的世界第一轻奢手机

奢华是一种时尚，是一种文化，亦是一种生活格调。××品牌为确保每名用户都能在使用过程中感受到高格调和高品位的生活方式，采用了全球最适合生产手机的高端材质。

（1）梦幻防磨损的蓝宝石水晶屏幕、摄像头镜片。

（2）坚固耐腐蚀的 316L 精钢外壳。

（3）华丽又迷人的 18K 玫瑰金和 925 银组合的手机侧翼、齿轮及按键。

（4）手工打磨的精密陶瓷防护层。

（5）航天工业专用的钛金属和太空铝，层层锻压成为侧翼、摄像头、机身。

（6）防过敏抗老化的医用橡胶保护层，增强手机跌落时的缓冲。

这些雍容华贵、令人着迷的材质汇集于一款产品上，已属奢侈，再加上个性时尚的设计，高科技设备的锻造，让这些高端材质在一起焕发了全新的生命，HANMAC 亦成为当之无愧的世界第一轻奢侈品手机。

四、彰显贵族气质的个性定制，打造高端人士的专属名片

HANMAC 彰显的不仅是奢华高雅的生活格调，更是时尚个性的生活方式。让每个高端人士拥有专属的身份名片，亦是始终坚持的市场方向。

为此，HANMAC 面向全球，限量推出了个性定制的高端服务。用户可提前 30 天预约，通过采用欧洲古老神秘的錾刻工艺，在手机上刻上想要的图案和文字，作为永恒的纪念和永久的回忆。用某品牌个性定制手机，彰显自己的贵族气质，亦可永久纪念甜蜜热情的恋爱、浪漫幸福的婚礼、高端大气的活动、雅致热闹的聚会……

HANMAC 的 CEO 钱总表示，HANMAC 手机将在近几个月推出世界首款配有指纹切换加密系统的“BON7”手机，该款手机不仅采用 18K 奢华镀金和蓝宝石镜面，HANMAC 更对 BON7 手机的 VIP 用户免费提供 24 小时私人助理服务。届时，HANMAC “007 邦德”手机，将给所有有个性、有品位、有魅力的男性独有的身份名片。

相信“BON7”手机的问世，会改变中国手机行业的市场格局，树立中国万元手机产品的风向标，推动中国轻奢侈品手机行业的发展。

案例 2：

HANMAC 手机重现“邦德”经典款　向男人永远的偶像 007 致敬

自 1962 年詹姆斯·邦德 007 第一部电影《铁金刚勇破神秘岛》上映，到 2015 年的一部 007 系列电影《大破幽灵党》上映，不知不觉中，詹姆斯·邦德已经陪伴全球人民度过半个多世纪的光阴。24 部经典的 007 系列电影、历任 6 位邦德扮演者、54 年的光阴见证了 007 系列电影的经久不衰。

据不完全统计，曾经看过 007 电影的观众总数至少有 20 亿人次，也就是说，在地球上每 3 个人中就有 1 个人曾经看过 007 电影。第五任“邦德”扮演者皮尔斯·布鲁斯南这样分析“007”电影长盛不衰的原因：“是美艳的邦德女郎，是新奇的道具、是性、是罗曼蒂克、是幻想、是最终的英雄，赋予了这部电影长久的生命力。”

美艳迷人、性感火辣的邦德女郎和神秘先进的道具，亦是所有男人羡慕和崇拜 007 的主要原因。如今，“007 迷”们终于迎来了可以真实拥有 007 神秘道具的机会。记者了解到，世界第一款轻奢手机品牌 HANMAC，近期将推出以 007 手枪为模板的“BON7”手机，不仅材质奢华，更为会员提供高端个性服务。

一、精英男士的身份典范，卓越神秘有内涵

英国文化评论家康拉德曾做出如下解释：“如果你向往成为一名重要的人物，你可以把自己想象成 007。”007 在人们心中，已经不单单是荧幕中的主角，而是化为行业里的精英人物，对人们有着巨大的激励和推动作用。

如今的顶级社会精英人士，恰恰如电影里的 007 一样，精通如何运用高科技工具，对

追求高品质卓越生活有着极高的要求，同时又善于保持神秘感，是一类极富魅力的隐秘型成功人士。手机作为当下最重要的交流工具，社会顶级精英人士如何选择一款适合自己高品质生活的手机，符合自己的身份却迟迟未果。直到世界第一款轻奢手机品牌 HANMAC 的出现，立刻在各行业社会精英人士圈内扩散开，获得大量精英人士的追捧和钟爱。

HANMAC 作为享誉全球的顶级轻奢手机品牌，全部采用匠师级精密腕表工艺标准、纯手工打造，在外形上极富张力和雕刻美感，但又让人根本看不出手机的详细品牌信息，将追求卓越的灵魂纳入手机创造中，神秘又富有内涵，与顶级社会精英人士的身份高度吻合。

二、指纹加密的手机品牌，强力保护个人隐私

电影《007 大破天幕杀机》中，男主角詹姆斯使用的 007 手枪，只有握在主人本人手中才能开火，一直让我们记忆犹新。通过指纹识别等生物识别的方式，让工具成为人的延伸，一直就如同活在梦里。据悉，“BON7”手机也拥有世界上先进的指纹加密系统，外人根本无法使用主人的手机，让使用者真正体验当“特工”的快感。

近年来，手机个人隐私泄露，彻底击垮了很多人，特别是明星们的平静生活，各种案例不再赘述。HANMAC 的设计师们，坚持为所有追求卓越生活的会员，提供最贴心、最人性化的服务。经过多年研发出的指纹切换加密系统，不仅强力又轻松实现个人信息安全，更重要的是，通过会员授权，HANMAC 对个性化数据的分析解读，可以给会员提供一对一专属定制的日常助理服务，享受卓越生活和高科技带来的便捷。

三、顶级品牌会员服务，提升商务生活办事效率

电影《007：大战皇家赌场》中，詹姆斯 · 邦德进入一家高档海洋俱乐部，在没有预订房间的情况下，凭借一张黑卡，前台爽快地给了他一间海边别墅套房。黑卡作为银行为顶级会员提供最高端会员服务的工具已经被人们所熟知。

而 HANMAC 作为享誉全球的世界第一轻奢手机品牌，其为用户提供顶级会员服务的会员组织——HANMAC HOME（瀚脉荟），吸引到的入会会员全部是为人类社会做出突出贡献的少量社会精英人士，聚集了各个领域的顶级权威人士。

中国领先的奢侈品品牌投资人——邢绍春先生表示：未来是一个充满高科技、智能化、碎片化的多线沟通时代。手机不仅充当着双向沟通的角色，更会成为多线协同做事的重要工具，手机信息的安全性和用户信息的效率最大化，将面临严峻考验。HANMAC 一直致力于研究如何在保护个人隐私不受侵犯的同时，为所有会员尽可能提供更为个性化、有针

对性的高端服务，将会在近几个月，推出世界首款配有指纹切换加密系统的“BON7”手机，采用 18K 奢华镀金和蓝宝石镜面，为 VIP 用户免费提供 24 小时私人助理服务。

相信，“BON7”手机的问世，将再现“007”的经典，让所有中、高端男士都体验 007 的神秘生活。HANMAC 作为世界第一轻奢手机品牌，也必定会打破高科技在手机行业应用以复制为主的市场格局，树立改变中国手机行业发展新的里程碑。

案例 3：

苹果 7 与 BON7 手机比拼　谁能让男性魅力值爆表

从 2010 年，苹果公司发布其最新产品 iPone 4 开始，时尚的外观、智能的科技，赚足了“果粉”的眼球。甚至一度出现，苹果公司在全球各地的直营店前，许多粉丝搭起帐篷排队买新出的苹果手机的现象。

近年来，可以说手机行业中，苹果手机的风头无人能出其左右。但是，随着人们对时尚的理解越来越深刻、对个性的要求越来越鲜明。特别是美女们，对男士的个性化要求越来越高。苹果 7 已经过于大众化，而逐渐被成功人士、创业人群和时尚人群所忽视。像法国出产的世界第一轻奢手机品牌，HANMAC 手机则逐渐吸引着精英人群的眼球。特别是近期 HANMAC 品牌即将推出的 BON7 手机，更是被时尚先锋人士追捧为“成功真男人的标配。”

一、手机不再仅是通信工具，更是身份标志

夸奖男性的词汇并不丰富，帅、有气质、高大、威猛。但是所有词汇总结在一起，就是两个字“魅力”。在这个个性飞扬的时代，男性要想彰显独有魅力，在酒会、宴会等鹤立鸡群，吸引众多目光，得到青睐，可不再是穿个名牌、开个好车这么简单。

而手机则可以通过，品牌、材质、外观、功能、服务等各方面，表达用户的独特个性，表达用户的身份地位。像法国的 HANMAC 品牌，就拒绝批量流水线生产，采用纯手工匠师级精密标准工艺打造，只是为了“手机传神”——表达用户的精神境界层次。所以，使用 HANMAC 轻奢手机的男性魅力值，普遍都快速提升。

二、个性化定制 BON7 手机，改变手机外观复制趋势

普通的手机缘何不能扩大男性的魅力值，并不仅仅是设计、材质、服务的问题，还有一个非常共性的缺点，就是严重的外观同质化。除了手机屏幕大小不同，如果把十几个手机品牌 LOGO 贴住，几乎很难辨别是哪款手机。几百元的国产机和几千元的苹果手机外观

几乎一模一样。

所以，如今手上再拿一个苹果手机，也绝对不会收到任何人羡慕嫉妒恨的眼光，它也实在是没什么个性和值得炫耀的。而作为一款个性化定制手机品牌，HANMAC 不仅可以为用户的外观进行个性化定制设计，还可以根据用户的具体商务生活要求，对用户的系统、App 和服务进行个性化设计。单单对手机外观进行个性化的定制设计，就会让 HANMAC 旗下的任何一款手机都是独特的、唯一的。

三、24 小时私人助理服务，成为精英圈层的新名片

两个男性追求者，其中一个追求者手中拿着苹果手机，另一个追求者手中拿着 HANMAC。女孩并未被二人是否帅气所吸引，而是直接问这款 HANMAC 手机是哪产的、哪买的，为什么看起来这么有质感。后面的故事，不言而喻了。

笔者了解到,HANMAC 将为 BON7 的所有 VIP 用户免费提供 24 小时的私人助理服务，在每天都忙又不知道在忙什么的年代，能够拥有专业的私人助理服务，让 BON7 不仅仅是一款手机，而是它代表的背后一个巨大的各行业顶级社会圈层，在圈子里，每个使用 BON7 手机的用户都是为社会做出贡献的各行业顶尖精英人士。这也就意味着，BON7 手机必然会成为社会精英的新名片。

未来的手机用户一定分为几个层次：初级层，以保护用户个人隐私安全、手机外观为最基本诉求；中级层，一定是在保护用户个人隐私安全的基础上，满足用户多样化的沟通需求；高级层，通过手机构建一个顶级的人脉关系圈，代表着一类人，是一个人身份地位的体现。某品牌最近将推出世界首款配有指纹切换加密系统的“BON7”手机，采用 18K 奢华镀金和蓝宝石镜面，为用户免费提供 24 小时私人助理服务。满足的是最高层次用户的需求。

相信，“BON7”手机的问世，将再一次改变世界，改变人们对手机行业的传统认识，打破中国手机行业的市场格局，引领中国手机行业发展的新趋势，手机行业再现“百家争鸣”的时代。

案例 4：

法国 HANMAC 品牌　打造中国轻奢手机的万元机行业标准

近期，享誉全球的世界顶级轻奢手机品牌 HANMAC 宣布，将推出定价一万元左右的“BON7”手机。不仅有豪华的 18K 金和蓝宝石镜面，更配有世界首家指纹加密系统和 24

小时私人秘书服务。这一产品，还未问世就已经引起了业内的轰动，被业内人士公认为中国轻奢手机的万元机行业标准。

一提到轻奢手机品牌，消费者通常会想到经常被新闻报道的：法国的 HANMAC、诺基亚推出的 VERTU、苹果的限量钻石版、三星的商务机 W 系列等高端手机。但是，整个轻奢手机行业却一直缺少真正的行业标准。一方面，轻奢手机市场一直都是几万元以上的高端机，谈不上轻奢，而是奢侈手机。另一方面，很多轻奢手机，除了机型值得一提外，并没有奢侈品的精神文化和个性服务。

一、轻奢手机价格并不是关键，文化才是王道

一直以来，各大高端手机品牌，都是以自身的品牌优势，突出产品的高价来获得市场。随着互联网的发展，信息的不对称现象越来越少，让消费者越来越回归理性。有时候，消费者依靠自己的消息计算出来的价格，甚至与品牌制造商的真实成本没有区别。单单依靠品牌优势，突出高价，手机的销售份额和市场会持续减少。

强调品牌文化和高性价比，让轻奢手机市场发挥其原有的市场调节作用，才符合消费者的消费需求。通过塑造手机的文化，让消费者感受到轻奢的高品质生活理念，来提高市场竞争力，促进轻奢手机行业的发展。

HANMAC 作为享誉全球的顶级轻奢手机品牌，全部采用匠师级精密腕表工艺标准、纯手工打造，原创设计的外观造型，极富张力和雕刻美感，于每个细节处体现对高品质生活的追求。更是将追求卓越的灵魂理念纳入到手机创造中，通过高品质的某品牌会员服务，极大地提高性价比，赢得越来越多社会精英人士的喜爱。

二、万元轻奢手机 BON7，超值服务体现高性价比

以运行速度快、内存大、像素高、屏幕大作为主要参考指标，让目前市面上的手机都快出现了千篇一律的现象，导致各大手机厂商只能在这些硬件条件基础上，降低制造成本，拼价格，以高配置、低价格来吸引消费者，这是国内大部分手机制造商的做法。

硬件技术的快速发展，形成一个畸形现象：各大手机制造商的恶性价格竞争，同时手机的软实力服务却几乎没有。HANMAC 通过给手机会员提供超值的会员服务，让 HANMAC 成为轻奢手机顶级品牌。

HANMAC 将于近期推出的万元机“BON7”，搭载的是某品牌设计师经过多年研究出的世界首款指纹切换加密系统。手机个人隐私泄露，彻底打垮一个人平静生活的现象越来越多，在此不再赘述。通过指纹切换加密系统，可以轻松实现保护个人信息安全。

通过会员授权，HANMAC 对个性化数据的分析解读，可以给会员提供一对一专属定制的日常助理服务，24 小时私人助理服务，更是在提升会员日常生活质量的同时，将服务内容涵盖到“衣食住行用”各个领域。

三、HANMAC 奠定中国轻奢手机四大行业标准

中国第一轻奢手机品牌——法国的 HANMAC 公司 CEO 钱总表示：作为一款轻奢侈手机，必须要符合四个方面要求。第一，手机在全球范围内选用最高品质的原材料作为制作材质；第二，手机由业内顶级设计师团队全部原创设计；第三，手机的品牌格调明确，绝对不会像时尚品牌一般成为“街头必备品”；第四，手机不仅要有格调，还有高端化的服务，以满足消费者，对高品质生活细节的追求。

HANMAC 作为享誉全球的世界第一轻奢手机品牌，其为用户提供顶级会员服务的会员组织——HANMAC HOME（瀚脉荟），吸引到的入会会员，全部是为人类社会做出突出贡献的少量社会精英人士，聚集了各个领域的顶级权威人士。通过顶级会员服务贡献客户，已经成为轻奢手机行业的一个重要标准。

HANMAC 的 CEO 钱总表示：此次之所以推出万元手机，就是要打造中国轻奢手机的标准：以顶级材质、原创设计工艺为基础，追求卓越生活品质，顶级私人助理服务为核心。某品牌致力于为中国的创业者、企业家、白领、时尚人群，提供有针对性、专业性的个性化轻奢手机。未来是一个充满高科技、碎片化、多场景的沟通时代，轻奢手机不仅在外观、服务上要满足人们的个性需求，甚至到文化灵魂都满足人们的个性需求。

最近，HANMAC 将聘请大腕当代言，选择范围有孙红雷、成龙、刘德华、吴京、古

天乐等硬汉形象的大腕，因为 BON7 的品牌文化就是，做有品位的真男人，敢于向未来挑战。

案例 5：

当苹果 7 碰撞轻奢手机万元机 BON7 世界会有多疯狂

北京时间 2016 年 9 月 8 日凌晨 1 点，全球瞩目的 2016 苹果新品发布会上，苹果公司推出了新一代 iPhone——苹果 7。以往苹果新品发布会的成功，都是提升硬件配置，对比各种参数，通过一系列测评结果获取用户。这次，发布会现场依旧火爆，但延续了 2014 年 9 月 9 日苹果 6 代的造型风格 2 年不换，加上取消 3.5mm 的耳机接口，小编却觉得稍感失望。

如今，不仅仅是智能化的时代，更关键的是要体现个性化、服务化和身份化。从深度需求来讲，市场已经不再是苹果手机一家独大了。小编却惊奇地发现世界第一轻奢手机品牌 HANMAC，完全与众不同。通过对用户的一对一私人服务，新品 BON7 打造了一个手机新格局——万元机轻奢手机市场。

HANMAC 的钱总表示：硬件的更新只能让手机品牌在某个时间段领先，当下科技日新月异，技术壁垒亦不是难事。通过对品牌的诠释，找到 HANMAC 为用户追求卓越生活的核心竞争力，体现用户身份的同时，又不失用户的个性，为用户追求卓越生活提供贵族般的顶级会员服务，让 HANMAC 成为享誉全球的轻奢手机品牌。

一、参数同质化，匠人工艺打破旧格局

大量的测评数据，手机参数的专业术语解释，成为发布会的必备要素。类似的发布会，也让今天用户手中的手机几乎“长得一模一样”：大屏幕、双摄像头、大内存、HOME 键、高配处理器……不看手机品牌 LOGO，人们几乎很难判断是哪个厂商的手机。

如苹果 7 的参数：5.5 寸大屏幕、1 200 万像素双摄像头、3G 内存加 256G 最大 ROM、A10 处理器，这样的配置参数必将再次引起大量手机品牌在硬件上的升级模仿。反观某品牌即将上市的轻奢手机 BON7 参数：5 寸屏幕、1 600 万像素摄像头、4G 内存加 128G 标准 ROM。双方参数上各有千秋，而 BON7 却通过匠人工艺打破现有格局。

BON7 手机不仅采用 18K 奢华镀金和蓝宝石镜面，而且以近乎失传的欧洲古老手工錾刻工艺，经过 97 项工艺流程，耗时 30 天，由高端手机专属手工装配工作室，完全手工打造而成，堪称一件手机艺术珍藏品。BON7 的选材与制作工艺，打破了再贵的手机都将沦

为“街机”的尴尬格局，体现用户的个性和轻奢生活态度。

二、安全受重视，BON7 五重加密引领新市场

智能手机时代的兴起，随之而来的是个人信息安全。从最初的诈骗短信，到现在的伪基站钓鱼短信，最近的大学生学费被骗、顺丰快递面单公开出售、推特上名人信息暴露等，信息安全越发受到人们的重视，人们不禁感叹：智能手机时代，怎么才能保障个人信息隐私安全。

苹果手机作为全球智能手机的代表之一，推出的苹果 7 依旧在保护用户个人信息隐私安全领域，无任何改进措施。而 HANMAC 作为全球顶级轻奢手机品牌，以往为用户提供服务，彰显的是用户的身份地位与个性。2010 年智能手机兴起时，HANMAC 的高层就预感到，未来大量碎片化时间将在手机使用上，为人们生活提供便捷的同时，产生大量与个人信息高度相关的数据安全，将是所有用户担忧的核心。为此，HANMAC 的技术团队经过多年技术研发努力，终于研发出世界首款指纹切换加密系统，该系统通过五重加密的加密方式，层层递进，构建五道不可逾越的安全防火墙，强力保护个人隐私安全。

通过搭载国际安全认证标准的加密芯片，让 BON7 的五重加密系统发挥出色，打造手机市场加密新标准，信息安全也必将成为未来所有手机新品角逐的新参数。

三、身份新体现，高端定制化服务完胜苹果 7

此次苹果 7 推出的所有型号中，价格依旧在 5000 元以上，最高配置版本接近 1 万元，面对如此昂贵的价格，却仍旧没有任何针对用户的高价值服务。反观 BON7，某品牌表示将为所有 BON7 用户提供 24 小时，一对一私人助理服务。

HANMAC 致力于为所有追求高端贵族生活的用户服务，为此专门成立会员组织某品牌 HOME（瀚脉会）。为用户提供高端定制化服务，每天通过手机使用产生大量的有效个人信息，通过某品牌独有的指纹切换加密技术的应用，首先保证个人信息隐私安全；其次，经过用户授权后，对用户每日产生的大量个人有效信息进行五重加密，并对加密信息进行数据分析还原，确认用户在工作和生活中的潜在需求；最后，用户只需要一个电话或者登录手机 App，提交自己的需求，即可获得最有效的全天候、不间断一对一私人助理服务。构建顶级用户服务体系，让 HANMAC 在轻奢手机万元机市场再次成为行业典范。

小编相信 BON7 的上市，将开辟一个新的手机市场——万元机轻奢手机市场，而 BON7 也将成为这个市场的标杆。同时又给现有手机厂商发展引发思考，打破现有手机厂商争相提升现有硬件配置，测评参数的不良竞争格局。

案例 6：

高端定制化服务 将成为轻奢手机品牌分水岭

自苹果 7 上市的一周之内，苹果公司的股价创下来近五年来最好的单周表现，苹果市值净增 630 亿美元。与此同时，韩国三星公司的新品 NOTE 7 爆炸，全球范围内召回，引起三星市值蒸发 190 亿美元。苹果连续 2 年仅仅在产品上进行了常规升级，创新能力缺乏的状态下，对比三星 NOTE 7 确实在产品上进行了"虹膜识别""Sensor Hub"等黑科技创新，却在电池上出现问题，丧失超越苹果占领市场的良机。

缺乏持续创新能力的苹果和创新失败的三星，让小编颇感震惊。反观其他的手机品牌：以研发专利著称的华为主打 2 000～5 000 元市场；以渠道著称的 OPPO、vivo 主打 1 000～3 000 元中低端市场；以跨界著称的乐视主打 1 000～3 000 元中低端市场。纵观国内外手机品牌，总是将手机的功能、硬件配置配以品牌影响力来定价，却单单忽略了如何在用户使用手机过程中的服务上做文章，HANMAC 的钱总表示：如何围绕手机用户提供高端定制化服务，将会成为未来手机品牌能否占领高端市场的分水岭。

一、需求不断变化增长，高端定制才能满足用户根本需求

1G 网络时代，动辄售价高达数万元的手机"大哥大"只有一项功能——移动通话，90 年代初仅有少数人有移动通信需求。

2G 网络时代，GSM 和 CDMA 获得了全球移动通信市场的青睐，手机成为人们生活不可或缺的一部分，手机使用需求从简单的通话到娱乐功能，如随机预装的游戏、高像素拍照、MP3 等功能成为人们购买手机的重要指标。

3G 网络时代，随着传输速度的大幅提升，网络在全球范围内可以更好地实现漫游，包括图像、视频、音乐等多媒体形式处理更畅通，让手机厂商迎来了智能手机时代的盛宴。非智能手机几乎退出手机市场，人们购买智能手机更加注重其科技参数：处理器运行速度、内存大小、像素高低、采用的手机系统等。苹果成为这个时代的王者。

4G 时代的到来，网络能达到 100Mbps 的速度下载，网络速度大幅度提高，让人们真正实现了实时、无缝覆盖的多媒体通信。人们的需求开始更加多样化，个性化的需求越来越明显，体现自己的个性成为主题，谁能满足用户个性化、高端化的定制需求，谁就能在 4G 时代占据高端市场。HANMAC 的一对一私人秘书服务，显然已经让 HANMAC 成为轻奢手机万元机行业的代表。

二、苹果不再一家独大，高端服务必将改变手机市场格局

虽然苹果 7 的上市，让苹果股价单周内大幅度上升，但是苹果不得不面对自己创新能力缺失带来的市场份额下降问题。

从苹果 4 的上市，一直到苹果 5 系列上市，苹果公司在产品上的持续创新，引领整个智能手机行业。而苹果 6 首次开始使用大屏，苹果 7 则仅仅进行了常规升级，虽然依旧火爆，吸引铁粉购买，但苹果不再一家独大却是事实。

三星的创新失利、苹果公司的创新能力下降。国产手机品牌老牌劲旅华为，以及 OPPO、vivo 的崛起，让人们看到手机硬件、软件两方面的创新将不再是改变手机市场格局的重要因素，如何给手机用户提供更加高端的服务将是新的角逐重点。

BON7 手机作为世界第一轻奢手机品牌——HANMAC（海迈恩）多年来打造的万元机轻奢手机旗舰产品，为所有用户提供的一键呼叫私人秘书服务，7×24 小时一对一私人服务，直接通过高端服务切入轻奢手机市场，打开一个新的万元机轻奢手机市场，并成为领军品牌。

三、手机不再比拼硬件功能，优秀品牌将持续挖掘消费需求

从 1G 网络时代到 4G 网络时代，有一个最明显的现象：所有的手机厂商一直在升级自己的手机硬件和功能。从非智能手机时代到智能手机时代，技术壁垒越来越低，大量的山寨复制充斥着整个手机行业，比拼手机硬件功能的时代将渐行渐远。

面对着几乎同样配置的手机硬件功能，如何让手机厂商品牌在手机市场中占有一席之地？优秀的手机品牌一定会在短时间内实时、同步获取用户的消费需求，围绕用户使用手机的场景，提供高端化、个性化的用户服务，让用户获得更好的体验才能让手机厂商持续成长。

HANMAC 为所有用户提供高端定制服务，原理即是如此，透过一个个性化的应用场景，用户只需一键呼叫秘书，即可享受一对一私人助理服务，让服务更高端、更符合用户要求，满足用户多样化的使用需求。

HANMAC 花重金为用户会员打造超高端定制服务体系，不仅将自己打造成享誉全球的轻奢手机品牌，即将上市的新品 BON7 手机，更是成为万元机轻奢手机的行业标准。纵观未来，唯有高端定制化服务，才能帮助手机品牌立足新的高端手机市场。

点评：

手机是近年来发展最迅猛的行业之一，从通信工具变成了生活工具，从生活工具又升级成了身份地位的象征。可以说，很多人可以不谈恋爱、不上班、不睡觉，但是不能离开

手机。有时，看一个人手上的手机型号，就可以看出其品位甚至是社会地位。

所以，普通手机已经满足不了成功人士和时尚人士的应用需求。而动辄十几万、几十万的奢侈品手机，又令人们望尘莫及。这款法国的 HANMAC 品牌，打造的是一万元左右轻奢手机理念。

从手机材质、设计、工艺、性能都足以令人咋舌，而且价格也是白领以上人群都能轻松接受的。以前推出的骑士、将军、星座等系列产品，都在市场上销售火爆。当该公司邀请我参与营销策划时，我坚信这是一款能快速火爆的品牌，立刻同意接了这个项目。作为一名策划人，能和一个品牌共同成长，是一件幸福的事情。我带着团队和某品牌公司的美女 CEO 钱慰萱钱总，共同商洽了系列的软文宣传方向。

以上几篇案例，只是我和弟子——互联网软文三剑客之一的"颜勇"，共同为品牌写的诸多文章的一小部分。从每个月的文章中选择一篇，供大家参考不同时期的不同的写作思路。

以往，HANMAC 作为轻奢手机的品牌，并不为大众所熟知。2017 年将主打 BON7 产品，性能和理念都进行了升级，将消费人群范围扩大为成功、时尚、精英和创业人群。

这 6 篇案例中，有几篇文章都被手机行业其他品牌抄袭模仿。有的文章甚至连标点符号都没改，直接就把 HANMAC 品牌名称，换成了其他品牌。这种情况，相信抄袭方的企业高管层本身并不知情，应该是营销团队或者外包公司所为，但是这已经构成了严重的侵权。我或是 HANMAC 公司，如果想追究法律责任，不论是抄袭文章的作者还是其品牌公司，都将面临法律的制裁，同时也将给品牌带来巨大的负面影响。

这里再次奉劝软文从业者，这确实是个很苦的行业，但是做事要量力而行。不要为了赚一顿饭的钱，砸了自己的饭碗，甚至不知不觉中触犯了法律，实在得不偿失。近年来，很多人都在抄袭我的文章，甚至是课程。再次郑重提示，我保留利用法律武器进行维权的可能。

8.2 互联网行业

案例 1：

从腾讯视频好声音世纪大 PA 看互联网营销升级

2014 年 7 月 13 日下午 17 时，腾讯视频中国好声音世纪大 PA 在上海静安嘉里中心举行。作为第三季中国好声音播出前的最大事件，腾讯视频中国好声音世纪大 PA 被视为整个第三季中国好声音的预告和缩影。

中国好声音作为一档曾经以压倒性优势席卷中国的综艺节目（收视率曾破 4 进 5），在第三季的时候如何保持高关注度、给公众带来新意，成为本季好声音需要攻克的一大课题。而现在，从这一场被誉为“上海滩最大规模”的快闪活动中，似乎可以看到，腾讯视频作为 2014 年中国好声音的独播网络平台，已经为这个课题给出了自己答案。

一、与众不同的“好声音”：“这一季转身由你”

从 6 月 22 日开始，腾讯视频针对 2014 中国好声音的广告就已经开始出现在北京、上海等主要城市的街头及公交地铁上。与大家想象的不同，这则广告里没有能制造噱头几位明星导师，也没有“好舌头”华少，而是一张空空的转椅，一句鲜明的 Slogan——“这一季，转身由你”。

显然，腾讯视频很聪明地认识到，在互联网时代，话语权早已发生了转移，决定节目走势的决策权绝不应该只掌握在坐在转椅上的四位明星导师手里，而应该交到每位普通网友手上。腾讯视频则在其中扮演了帮助中国好声音完成这种转变的角色，把平等、开放、共享等互联网基因注入这个已经走入第三年的大型综艺节目身上。

除了广告的投放，腾讯视频同样也在社交渠道上针对“转身由你”进行了造势和铺设，并通过这个话题针对普通网友的“转身”视频，让“转身”成为一个代表公众表态、发声的符号。而显然这张“互动”牌打出之后，也获得极好的反馈，上线仅 10 天，腾讯视频在微视、新浪视频、自己搭建的 minisite 上就共计征集到了 210 个转身视频，视频播放量 1 125 万，“为你转身”话题在上线当日攀升至新浪微博前列。

无论是大妈、男神、女神经、萌宠，都纷纷加入到这一场零门槛的“转身”大潮当中，“转身由你”从而发酵成一种时尚的、能让大家表态的潮流。而其中，甚至有一些表现突出的 UGC（用户自制）内容成为“病毒视频”被广泛流传。如风格疑似胥渡吧的“包拯转身大唱小苹果”以及“最逗逼的世界杯解说”两则视频，都是网友自发借用时下最流行的元素——小苹果、世界杯，结合“转身”制作的“病毒视频”，其中“转身”这一本来只属于评委的动作被网友在视频当中调侃、“玩坏”，目前两支视频播放量已经突破五百万，腾讯视频打造的“转身由你”概念在网友的主动参与中被转化和接受，并衍生出很多属于网友自己的解读方式。

二、消费者参与创造：用互动体现每个人的价值参与感

在“转身由你”被网友接纳并能自主进行内容二次创作之后，如何与用户进行深度沟

通，让用户自主进一步对好声音产生归属感？

腾讯视频是这么做的——在好声音世纪大 PA 活动前一周开始，腾讯视频即在 minisite 上线了可以生成倒计时海报的互动程序，登录 minisite，网友只要通过简单的操作，即可以生成属于自己本人的活动倒计时海报。这一活动，让每个参与的网友都成为了世纪大 PA 的“广告牌”，而由于形式新颖精美，这样的预告海报不仅没有受到网友排斥，更得到网友的主动参与。活动发起仅一天，就获得了超过 13 388 的互动参与量，并且“腾讯视频好声音世纪大 PA”力压巴西爆冷失利的话题迅速登上微博热门话题榜前 10 名，话题照片墙甚至成为活动倒计时海报墙。

三、平台的力量：联动线上线下，让营销升级

商场保洁人员、销售人员、来往顾客、出租车司机、老外……大家共同唱起《我相信》，“I want you!”的呼喊响彻整个上海静安嘉里中心。这样是发生在腾讯视频中国好声音世纪大 PA 现场的一幕。跟普通快闪行动不同的是，据悉这场由普通公众参与的快闪活动还同步通过腾讯视频进行现场直播，通过腾讯视频的直播窗口，全国各地的网友都将参与到这场创世纪的“快闪”当中，完成一场线上线下共同狂欢的娱乐盛宴。

同时，腾讯视频中国好声音世纪大 PA 除了实时直播，还在线上设置了点赞、评论等功能，与大家进行线上下线联动，直播页面上线仅 4 分钟，直播视频点赞数就超过 2 万，同时，在线上直播视频点赞数超过 2 万之后，现场预埋的一个超级“彩蛋”更是被网友所启动：中国好声音新晋四大明星导师转身视频全国首发亮相，“中国好舌头”华少本人惊喜现身。有人评论，华少的亮相是被全国网友“赞”出来的，腾讯视频中国好声音的互动性可见一斑。

能让一场以普通公众为主体的快闪活动，做到如此实时的线上线下联动，在 Minisite 同时观看活动直播的观众超过 5 万人，依靠的是腾讯视频的全平台运营实力。从前期的“转身视频”征集，到提前三天“腾讯视频转身由你”的巨大 LED 楼体广告惊艳引发上海市民的各种恶搞和关注，到线上一系列以经典电影海报为主题的倒计时预告海报吸引关注讨论，到现场的直播联动、网络点赞开启彩蛋、Tips 弹窗推荐，能从全方位、全平台、多种方式包装中国好声音的平台，只腾讯视频一家。

腾讯视频毫无疑问为第三季中国好声音带来了新鲜的“互联网基因”，做到了其 Slogan“转身由你”阐释的核心价值：将中国好声音“拉下神坛”，让每个人都能发出自己的声音，让每个人都能通过网络平台表达自己对中国好声音的态度，人人都能参与其中，人人都能

当“导师”，真正赋予了普通受众以“转椅”的权利。可以预见，腾讯视频独播的第三季中国好声音必然会是一场人人参与的娱乐狂欢盛宴。

案例 2：

腾讯汽车 6S 平台的 2.0 版　能否被市场接受

如今已经是数据爆发的时代，汽车市场的激烈竞争，也迫使着汽车企业必须实现营销精准。即：媒体精准、人群精准，才能快速占领市场。但基于数字信息技术而出现的载体都被标榜为新媒体，电子杂志、数字报纸、数字广播、微博、微信、手机短信、移动电视、桌面视窗等数不胜数。而城市新生代人群，也已经成为购车主力。掌握新生代人群的媒体阅读习惯，选择适合汽车企业的数字精准营销媒体和平台，是整个汽车行业寻找的答案！

腾讯汽车 6S 平台的 2.0 版的发布，引发汽车销售行业内部一场关于新型营销模式的论证。那就是腾讯汽车 6S 平台是否能被市场所接收？能否给汽车营销带来新的景象，实现移动互联网时代的汽车营销精准化、实效化？

一、汽车企业如何挖掘新媒体营销的热点

汽车企业在经历传统媒体向网络媒体过渡的过程中，已经形成对新事物的不断接纳和变革，网络汽车广告投放的粗放型也随着广告技术的革新有了新的变革。但是在新媒体不断变化发展过程中，从传统的门户或者垂直媒体一直衍生的新媒体平台，如何能够相互结合，交织整合跨平台的价值成为汽车企业精准营销的关注热点。而就人群精准而言，城市新生代人群，也已经成为购车主力。因此，对于汽车企业而言，掌握新生代人群的媒体阅读习惯，选择适合汽车企业的数字精准营销媒体和平台，是突破新的销售制高点的秘密武器。

作为传统门户中社交属性，用户属性以新生代人群为主的腾讯平台，在近期推出对汽车平台升级“6S”一站式汽车营销服务 2.0 版，综合整合腾讯旗下的优势平台资源，引起了更多的市场关注。在汽车用户不断年轻化的今天，汽车企业也簇拥新科技，企业拥抱微信、微博，汽车企业的投入从未减少，但是跨平台的用户属性如何评估，如何能够价值最大化？腾讯对企业提供一个新的平台树立了升级的典范。

2.0 版腾讯汽车“6S”一站式汽车营销服务平台刚刚推出，就在 6 月 8 日，第十七届深圳—香港—澳门国际汽车博览会上获得了极大的关注。很多嘉宾重点提及了腾讯汽车“6S”平台，验证了平台在行业内已经具备了一定的影响力。

二、汽车用户通过新媒体平台了解认识产品

城市新生代人群已经成为购车主力，而他们的媒体阅读习惯，都是走在时代潮流前端的。汽车企业希望通过一个平台将城市新生代人群一网打尽，腾讯汽车平台确实是最佳候选者。根据数据统计，原有的腾讯汽车平台，聚集了几乎绝大多数的城市新生代人群。不仅如此，新的腾讯汽车平台斥巨资和花费大量人力物力，综合整合平台原有信息量，统一规划处理，完美呈现了升级版的腾讯汽车“6S”一站式汽车营销服务平台，旨在更好地服务汽车用户和汽车企业。

2.0 版腾讯汽车“6S”平台可以说是腾讯把资源整合之后的一次突破，其实对于大数据的打通、跨平台的营销，腾讯需要做的还很多，而汽车领域作为网络广告投放的大区域，能够更精准地投放在需要的用户上，新媒体平台首当其冲。

三、汽车营销平台的精准营销策略

腾讯汽车 6S 平台突破往常平台间的各种瓶颈和统一性问题，很容易形成“一致性的营销元素”，使消费者更熟悉某款车型的品牌信息，并最终实现将腾讯用户向品牌主客户转化的营销过程，因为这里有着最丰富的内容，保持了大多数用户的吸引力。从目前的数据来看，腾讯的 7 亿用户正在为腾讯汽车带去单日最高 2.9 亿的流量。这些多元的内容都是对用户最原本的吸引力，而这种吸引力的背后更智能地反映着真实的用户需求。

据腾讯最新财报显示，腾讯微博注册用户已经突破 4 亿，其中腾讯汽车微博社区活跃的汽车专业用户达到了 9 000 万，已经形成目前国内最大规模的车友在线微博社区。这一切都让厂商在营销阵地上有了更加充分的想象发挥空间。

腾讯汽车也推出了多个官方微信平台，包含 LBS（地理位置）、信息推送、咨询服务等在内的多项产品优势，为汽车厂商和经销商店增加了用户触点，提供了在移动化平台上进行 CRM（客户关系管理）的重磅阵地。当然，更值得注意的是，2013 年 1 月腾讯微信公布的数据，其用户量已经超过 3 亿，这已经成为各大车企觊觎的下一座金矿。

另外，腾讯“6S”平台重要的特征是，不但承载了用户关系链营销的功能，而且将和资讯、电商等其他平台贯通，实现用户数据的深度运营，为广告主的一站式营销提供基础，同时也是“微卖场”等核心营销产品的基础平台。这让广告主从营销转为销售的通道畅通无阻。

中国汽车市场在近前几年井喷式增长之后，逐渐回归理性，原有的营销方式的作用已经消磨殆尽却伴随着移动互联的急速发展，而汽车企业更加急切地想要精确地向用户传递

产品的价值所在，以争取稳定的市场份额。

因此，2.0 版腾讯汽车“6S”的发布，对于任何一个汽车厂商来说，都是一次新的挑战和机会。每个时代都有英雄的诞生，我们看到了比尔盖茨在软件时代的成功；看到了乔布斯手机平板的成功；看到了马克 · 扎克伯格在社交网络的成功……在这未来的数字化营销当中，又有哪个品牌会脱颖而出呢？不妨拭目以待。

案例 3：

京东 IPO 进程为中国电商添加“兴奋剂”

世界末日虽然并未预言成真，但中国电商的“上市低温”却是持续存在的，特别是对整个互联网行业产生致命影响的投资机构，似乎格外冷静。从 2011 年的“疯投”突然就变成了 2012 年的“慎投”。

近日，有媒体消息称，京东商城在香港举行分析师会议，推进 IPO 进程。京东商城作为中国的电商巨头，一直影响着整个电商市场的动态和发展。京东老大刘强东的口碑和为人，在业内也一直较佳。笔者认为，京东的 IPO 上市之举，不论其结果如何，对中国互联网业都有启示作用。

一、打破行业僵局

如果京东上市成功，将对中国互联网业是一个大推动，对中国电商业的发展也是一个很大的促进。一方面，打破了 2012 年电商行业的僵局，使媒体和社会不再只关注今天又关闭了几家团购网站，而更多地将目光放到中国电商仍然有发展潜力上。另一方面，增加了 B2C 企业的上市数量，刺激着其他 B2C 网站、传统企业、投资机构将鼓起对电子商务的勇气和信心。

而京东商城的上市，对明年的天猫上市，也形成了一定的压力推动，无论从哪个角度来看，对电商行业都是一件好事。

二、盈利成倍增长

有数据显示，京东商城的毛利率为 5.5%、配送费占比达到 6.6%、广告占 2.3%，2011 年京东商城广告费用支出为 4.9 亿元，技术和管理费用率在 1.5%左右，净亏损 5%左右，应付账期是 38 天、存货周转 35 天。公司 2011 年营收 212 亿元人民币（流水含平台达 269 亿元）。

在未来收入预计上，京东商城称2012年预计收入为450亿元，2013年预计收入为700亿元，2015年收入预计为1 900亿~2 200亿元。

三、上市指日可待

仅从数据上分析，京东商城将在3年内达到近2 000亿元的收入规模，这对中国经济将有明显带动作用。依托中国电子商务市场的巨大潜力，以及京东商城的领导者地位，京东商城有着巨大的发展前景，创新营销拓展品类、高效快捷的自建物流配送体系，都将助京东商城成功上市并实现更大的飞跃。在扩大市场收益的同时，其市场地盘亦将轻松扩大。

换而言之，如果京东上市不成功。在这种经济环境下，确实又给整个互联网和电商行业带来消极影响。毕竟作为国内最有潜力的B2C商城，如果都上市无果，那么其他的电商是否还真有希望，也是未然可知。

所以，作为一名互联网从业者，还是由衷希望像京东商城这样的电商网站，能够不断实现IPO，带动中国电商的健康成长，从而让更多的中小电商有着良好的发展空间和榜样。

案例4：

××传统商业借助电商低调转型

中国电子商务步入了最热闹喧嚣的时期。一方面，淘宝、京东等知名电商平台的市场份额日益扩大，消费者的网购热情也不断高涨；另一方面，以苏宁电器为首的传统企业成功转型，让大量的传统企业都看到了电子商务的良好市场前景，纷纷杀入电商行列。

在现如今整个行业竞争都处在白热化的阶段，综合实力雄厚、有众多知名品牌鼎力支持、实现了传统B2C与O2O差异化运营的××，即将在12月上线的消息，引起了电商界和众多媒体的关注。

××在中国电商强者众多的环境下，为何仅仅发布了12月即将上线的消息，就引起了媒体、消费者、企业、品牌商的如此关注。记者通过调查，了解了相关信息。

一、强大商圈背景实力 ××成为区域电商标杆

国内知名的B2C商城，虽然都看似光鲜，但实则多数尚未盈利，仍处在艰苦奋斗阶段。B2C平台之所以盈利困难，最重要的原因就是战场初期铺的范围太大，导致了人员、宣传、货源、软硬件、服务等综合成本不可控。甚至出现了，卖一单赔一单，卖得越多赔得越多的恶性局面。

相比之下，××凭借其强大的商圈背景，依托集团公司旗下汇金百货、港汇恒隆广场、太平洋百货、上海第六百货、美罗城等多家实体百货强大的供应链资源，服务于××商圈，有效提升商圈的品牌综合形象，把上海的××变成中国的××。

由于得到了多家实体百货的强有力支持，从而大大增加了××由传统商场向电子商务企业转型的成功概率，也为众多的中国传统企业做出了表率。

二、众多一线品牌 销售应季最新产品成为时尚高端电商

中国网民的消费能力日渐提高，但能同时提供中高端品牌并包含超高性价比商品、满足时尚人群高端需求的电子商务平台，却始终没有出现。此时，××凭借其强大的品牌信誉，供应链优势以及业界良好的口碑，定位为中国一流的时尚综合类高端百货网络商城。

××为保证消费者能得到最流行时尚的商品、最优质和全面的服务，整合了国内外主流的千余家高端一线品牌，只销售应季的最新产品。据记者在××商圈内进行的随机调查表明，有85%左右的传统知名品牌从未涉足电子商务领域。这也使××具备了空前强大的综合品牌竞争力和市场吸引力，也令消费者对××的正式上线运营充满期待。

××结合商圈资源，建立了颇受年轻中高端消费群喜爱的特色频道。据记者了解，××集合了众多日本品牌饰品及美食，是年轻爱美女性购物的时尚街区；整合众多韩国一线百货品牌，方便了韩迷们的一站式购物需求；在保证了 100%正品的基础上，实现了大牌云集；餐饮汇则汇集了商圈的各种美食信息，供美食玩家们参考以及获取各类优惠券。

除此之外，××还通过团购、特卖周、限时抢购等多频道销售众多一线品牌的产品，给消费者带来更多价格上的惊喜。商城提供了服饰精品、鞋履潮品、运动户外、婴童精品、美容妆品、家居饰品、箱包、珠宝、时尚数码、商超礼品等十大品类，以满足中高端人群和时尚人群的各种需求。

同时，××与盛大公司合作，以××商圈作为支撑，通过结合移动客户端技术和发行××商圈购物卡，建立一个集资讯、服务、购物娱乐和分享游戏为一体的互联网社区，突破目前××商圈在物理空间上的限制，实现上海××到中国××的突破。把高端电子商务平台和社会化营销完美结合，使全国的消费者都能足不出户，享受优质商品和全面服务。

三、差异化经营 开拓中国电商平台的全新竞争优势

1. 背景优势

目前主流的电商平台大多都缺乏强大实体商城的支持，很难确保稳定的商品货源。而××全资投资控股的高端网络百货商城，却有着得天独厚的商圈背景，是中国唯一的实体

品牌商圈电商项目。

××已经充分整合了集团公司旗下的多家实体百货强大的供应链资源。在最短时间内，拥有了其他B2C商城都望尘莫及的强大商业支撑，保证了品牌和货源的绝对稳定。

2. 信用优势

每个电子商务平台都必须解决信任和信用问题，才能使花费巨大宣传费用吸引来的消费者能够真正放心购买并且最终实现反复购买，才能使平台具备行业的权威性和良好的口碑。而这一过程，往往极为艰难，并且耗时耗力，更要花费巨大的资金才能完成。

××集团旗下百货公司自1952年就已成立，已经有超过60年的悠久历史。凭借集团在上海××商圈的经济信用、百货行业的经营信用、众多国际和国内知名品牌的合作信用，自然就拥有了三位一体的品牌背书，可以轻松赢得广大消费者的信任并保证消费者可以放心购买。

3. 会员优势

保证电子商务平台生存并且最终盈利的标准就是要通过宣传、活动、促销，花大笔资金来开发大量的潜在消费者，再通过服务、维护、反复宣传，才能转化一小部分潜在消费者成为真正的购买用户。要保证消费者的持续活跃和忠诚度，更需要通过大量的时间和金钱，才有可能实现。

而××则轻松地将上海众多大型商城多年积累的上百万实力型消费会员、合作伙伴注册会员直接转化为商城会员。不仅节约了大量资金和时间，用几天时间就拥有了其他电商网站几年才能拥有的众多忠诚会员，保证了网站的自我造血和持续盈利。

4. 模式优势

××没有走传统的B2C路线，而是凭借着其供应链优势、品牌优势和信用优势在B2C平台下，实现了O2O、特卖周、限时抢购和代购等多种运营模式的结合。消费者既可以充分享受O2O模式带来的服务体验以及线上购物的便利性，还可以感受到B2C平台商品有保障、品牌种类多、物流速度快、服务质量好等综合优势。

这一差异化模式的推出，不仅使××获得了消费者的一致好评，也受到了业内专家的一致认可。因为这种综合模式，才能真正满足网民在线购买高品质产品的需求，也是符合电商消费趋势的必然结果。

作为拥有强大传统商圈背景，整合线下优势资源向线上电商平台转型的企业，××有着众多经营优势，具备了电子商务行业竞争的诸多有力武器。在这里，记者也由衷希望，××能早日上线运营，取得优异的市场成绩，带动更多的传统商场企业向电商企业成功转型。

点评：

从 2011 年开始，我一直在艾瑞、易观等当时行业内最火的平台上，受邀开设“专家专栏”。与现在自媒体不同的是，这些网站并不对外开放，大多作者都是被邀请过去的。这 3 篇文章，都是当时受到各大电商平台的邀请，为他们撰写的行业评论文章。

当时我为中国几乎知名的电商平台和互联网公司，都撰写过行业评论。每篇文章，都记录着那个时期互联网的火爆和激情。文章写作时间都较长，请读者们不要过度关注，文章中的日期或者相关数据，还是请大家参考文章的写作手法和内容表现形式。

8.3　净水器行业

国际水处理展上耀眼的民族品牌——××品牌净水器

近年来，水污染事件频频发生。据监察部统计，近几年水污染事故每年都在 1 700 起以上。全国城镇中，饮用水源地水质不安全涉及的人口达 1.4 亿人。化工污染、环境污染、农业污染、居民污染，各种有害物质日复一日对水源进行着侵蚀。令城市居民猝不及防，更让人为国人的健康担忧。

经专家检测，10 例癌症患者中，有 5 例患者与饮用水不健康有关。因为，未经深层过滤的自来水中致癌物质多达 25 种，另外还有 12 种结石物质，污染严重的自来水最多的有害物质高达 700 多种。尿结石、胆结石这些结石疾病有 90%是因为饮用了不健康的自来水造成的。

缘何近年来结石症状高发，甚至十几岁的孩子都开始出现结石病症，除了不规律的生活之外，饮用大量不健康的水，也是主要病源之一。专家还指出，老百姓通常认为烧开了水就无毒了。烧开的水确实能够杀死水中 80%以上细菌，但烧开后细菌残留物、尸体还会存留在水中，饮用的时候同样会进入人的身体，而这些细菌残留物将成为人体发烧的根源。

面对这个已经严重威胁到国人健康和下一代健康发育的杀手，我国相关部门和专业水处理企业，都对这一现象给予了高度重视。

一、民族品牌——国际水处理展上备受瞩目

2015 年 6 月 10 日，由荷兰阿姆斯特丹 RAI 国际会展中心、上海展览中心、上海荷瑞会展有限公司，共同举办的为期三天的“2015 第八届荷兰阿姆斯特丹国际水处理展中国展”，

在上海虹桥中国博览会会展综合体隆重召开。

这次展览云集了水处理行业各个领域和产品类别的展商，全面地展现了工业与民用水处理的所有环节，汇聚了全球各大一线品牌，水行业知名国家展团齐聚，展商数量和观众数量均创历史新高。现场气氛热烈，展厅里各种净水器、净水机令人眼花缭乱。

在很多国内国外先进的净水技术和净水方案中，创新型企业××品牌（福州）净化科技有限公司的产品让国际专家、世界各大媒体和来自全球的参展嘉宾都眼前一亮、印象深刻。××品牌（福州）净化科技有限公司先展示的是企业使命：造精品净水器！让天下的孩子更健康，让天下的父母更长寿。

××品牌公司展会负责人介绍，该企业一直专注于设计制造当今中国最好的净水系统。公司在严格推行ISO国际质量管理体系的基础上，注重与国际接轨，多次派驻学习人员到国外学习领先的制造技术，组织专门研发团队在中国多个城市开展水质调查，因地制宜研发制造出适合中国水质现状的顶尖净水器。

二、款式多样——满足各类场所的水源净化需求

一名外国经销商问道："净水设备并不仅仅限于家庭使用，例如酒店、办公室、学校、工地、机场等各种环境下，均需要净水设备。不同的环境，不同的用途，不同的量级，必然要求着净水设备有着不同的能效和功率。那么，××品牌能不能满足各类场所的净水需求呢？"

工作员回答："××品牌产品功能齐全，能够满足不同场所、水质、饮水方式等的需求。有前置过滤器、中央净水系列、快速滤桶系列、软水系列、超滤系列、适用于多种复杂水源，出水符合直饮标准的RO系列、商用纯水系列，开饮机系列、饮用水系列、配件系列。其中超滤系列中的山泉水机ZZ-A和小米四级超滤机更是这些产品中的亮点。"

山泉水机ZZ-A高精度过滤，对细菌、病毒有高去除率；独特外压式超滤膜，不易堵塞，且是唯一一款可以取出清洗的超滤膜，滤芯使用寿命长达3年；独特分级过滤，层层净化；快接式接口，可以带水更换，方便用户。

小米四级超滤机0.01微米精度的过滤精度，可以彻底去除多余氯和杂质，同时还能保留矿物质，锁住营养；四级过滤，每级都滤除水中的有害杂质；超滤膜+活性炭除氯除菌黄金搭配；超大净水量，150升/小时，高效又安全；有电停电都一样，水质水量不会变；可视造型，封闭式机身设计，可随时观察滤芯的情况，杜绝灰尘的袭击；磁吸前盖，无需工具即可完成换芯维护。

××品牌的客户已遍布各个行业，居民用水、企事业行政单位、学校、餐饮、酒店、地产精装配套、大型工业水处理，××品牌针对客户的个性化需求，进行一对一的服务，输出整体解决方案。

三、多重净水——全面过滤有害物质

××品牌的全屋净水系统可以有效去除铁锈、泥沙、悬浮物、胶体等杂质；去除有毒有害的重金属、去除余氯及衍生致癌物、去除细菌及微生物、保留对人体有益的矿物质及微量元素。轻松达到呵护皮肤、保护衣物、洁白牙齿、抗老养颜、延长涉水设备寿命，居民安全健康饮水等多方面的作用。通过工作人员的讲解，××品牌提供的专业而系统的净水方案，一次次引发了现场的感叹和掌声。

但也引起了一些记者的疑问？为什么这么好的品牌，在中国近年来普及度并不高？××品牌工作人员回答："首先，是市场上一些低质量和低功效的产品，在鱼目混珠。甚至有几十元的产品都自称是国际顶级的净水品牌，还有一些从来未做过净水产品的家电品牌，也借着品牌影响力大推出一些低端产品。使国人对净水产品有一些错误的认识，净水产品的价格应该不超过几百元。所以，当××品牌这样真正的高质量、高科技、高效率同时也高成本的产品推出时，一些消费者也错误地认为，这种品牌应该是高端人士才使用的。

其次，是民众对健康用水认识不够，对净水系统的必要性了解不够。总认为，水烧一下能喝就行，喝了这么多年也没出过问题。岂不知，几十年前的水质和现在已经是天差地别，家人的健康这些年出现的问题，也总被归罪于空气污染，而忽略了水质带来的影响。"

但是，谈到产品的销售情况时。××品牌工作人员却微笑道："虽然没有大规模的市场宣传，但是仅靠口碑营销和业内人士的互相推荐，产品完全不愁卖，基本上是订单和生产节奏持平。为了更好地改善所有国人的饮用水安全问题，让下一代都能喝上安全放心水，××品牌现在准备进一步扩大生产能力，并向全国开展新一轮招商，希望能让更多的城市用上××品牌的净水产品。"

招商电话：×××。

据记者现场两小时的观察，至少有几十个经销商与××品牌初步签订了代理协议，现场上百台展示机被疯抢一空。看见中国的民族品牌在世界展会上能如此受到关注，成为最耀眼的品牌，真是由衷地感到骄傲和自豪。

点评：

近年来受到空气、环境、水质污染的影响，消费者越来越重视饮用水的健康和质量问

题。净水器行业也是从开始的不受重视，变成了现在的八仙过海，各显神通。不仅品牌层出不穷，模式也不断更新。很多品牌不在销售产品上盈利，而是根据用户消耗水的数量获得利润。

由于这一行业相对较新，科技指数消费者基本上看不明白。品牌的好与坏，只能靠广告和价格去分辨。这篇文章，是该品牌参与了知名的国际水处理展后，我撰写的品牌借势类软文。借助这一展会的世界影响力，证明该品牌的权威性、专业性、高端性和科技性。

将品牌升华为民族品牌，唤起广大消费者的爱国热情，对品牌在展会上为国争光产生敬佩和信任感，提升产品的销售的概率和招商成功率。

8.4 二手车电商行业

案例：

××二手车交易平台 受到全国车商追捧

随着全民消费观念的更新以及生活水平的不断提高，家庭购车俨然已成为汽车市场的绝对主力。记者发现：全国各大城市，二手车的交易量均远远超过新车的购买量，二手车市场日渐火爆。

在二手车交易市场中，二手车商扮演了至关重要的角色。在掌握车况信息的同时，更要保障售价的合理性，以及手续变更的安全性。传统的二手车交易市场因为买卖双方交易信息不透明，车源只掌握在少数有资源的车商手里，为二手车商平添了不少烦恼。

一、二手车商的福音 网上拿车车况有保障

赵先生是一位从业多年的二手车经销商，去年年底通过朋友介绍了解到××二手车交易平台。他在接受记者采访时说："在××上进行二手车收购非常有保障，他们出具的检测报告比我伙计看车还放心。如果买家实际买到的车子与检测报告上描述的不符，可以向××提出争议，争议属实的情况下可以选择不要这辆车，或者对车子进行维修，××会把维修的价格补给我。"

××平台对所有签约经销商到承诺：在车辆交接时出现现实车况与检测报告不符的，××将承担赔偿责任。赵先生现在一共雇了2个人，以前他们3人一天最多能看2台车，一个人负责在店里卖车。遇到生意忙的时候，经常只能顾一头。现在赵先生每天通过××

能看 150 台二手车，他周围的朋友开始还总通过他拿车，现在也都加盟了××。

二、吃饭睡觉都不会耽误收车

在××的交易大厅里，记者总是能看见一边吃着盒饭，一边拿着 iPad 拍车的二手车商。与现有的二手车交易服务模式不同，××平台牢牢抓住了二手车交易的车辆信息透明化这个关键环节，以标准化二手车检测技术为支撑，建立了严格的二手车历史事故和现实综合车况分级评价体系。

通过标准规范和检测程序，严格的检测员及检测管理制度，保障车况检测的真实性和准确性。无须现场看车、互不见面的竞价方式，有效保障了交易价格的客观性和公平性。

竞价过程中，××平台工作人员对车辆买卖双方不进行任何价格引导，将定价权完全交与二手车商，有效避免了人为干预价格行为。××平台对车主提供即时检测、即时竞价服务，并采用交车中心集中交车的方式，让全国二手车商大批量采购北京车源成为可能。

三、车商称赞××高效快捷、收费透明

二手车商只需缴纳交易保证金就可以开通账号，通过××二手车交易平台购买二手车。李先生以前是给 4S 店送配件的供应商，自从偶然在 4S 店了解到××后，也开始做起了二手车生意。李先生介绍："做二手车生意不需要多少本钱，就需要车源。现在有了××，车况有保障，成交以后××收取平台使用费和交易服务费。我们一次把款打过去，就只需要等着提车了。"现在李先生一个月可以从××拿到 15～20 台车。收来的车李先生就放在配件市场的门店门口销售，每月不怎么出门就可以多赚 5 万元。

如今，二手车"触网"的电商模式愈来愈受到市场追捧，网上卖车因为透明、实惠逐渐被消费者接受。二手车电商的出现标志着二手车交易透明化时代的来临。××作为二手车电商的翘楚，是中国第一个真正实现远程不看车即可交易的二手车在线交易平台，由北京××科技有限公司历时 5 年打造而成。其最大的优势就在于让中国的二手车进行大流通，与传统二手车市场相比，××网上购车方便快捷、省时省力、透明公开、高效可控。

点评：

二手车市场早期是一个并不引发关注，但又无比巨大的市场。这是我有幸为中国较早的二手车电商平台，撰写的宣传文章。那时候中国二手车电子商务环境并不成熟，人们亦不习惯在网上购买二手车。这篇文章，主要是为了告知二手车商，以后可以来该平台买车、卖车，不仅效率高、利润高，还安全便捷。

8.5 建材行业

案例1：

建材行业现黑马 ××三大利器解决行业困扰

由于没有行业的服务标准，建材行业多年来一直鱼龙混杂，很难从表面上区分企业的实力和服务的质量。近期记者发现，很多媒体都在争先采访××，一时间曝光率和知名度大升，该公司大有成为业内黑马之势。

记者了解到，××自行研发了混凝土修补系列产品以及混凝土表面工程系列解决方案，解决了长期困扰水泥、混凝土行业的难题，填补了建材行业的市场空白。产品一经发布，便受到市场追捧，并且秉承并践行了三条发展利器：以质量取胜、诚信务实、以案例树品牌。

利器一：以质量来取胜

随着企业成本意识增强，不少建材企业为了节约成本，纷纷减少产品用料，为此打着"节能环保"幌子的企业更不在少数。似乎现在的生产工艺、科技进步了，用料就可以省掉了。其实不然，作为业内企业，企业的生产工艺都在进步，但××更坚持质量和技术进步不可本末倒置，只有在保证产品质量的基础上运用新技术，才能保持长期的市场占有率，并最终形成了××的品牌优势。如果单纯为了节约成本，用"技术进步"的论调牺牲产品质量，肯定得不偿失。

从产品生产、销售渠道开发到施工服务，××都保证产品保质保量地应用到每个项目当中。生产环节严格把关，销售渠道规范供货，施工服务专业高效，保证产品质量从出厂到实际使用中的每个环节都以质量为中心，为客户提供最优质的产品和施工解决方案。

利器二：以诚信创业绩

进入建材行业初期，××为了追求施工技术和产品性能精益求精，始终保持与同行业企业的交流合作，积累行业经验。从学习业内同行经验到赶超同行对手，××从一点一滴做起，诚信务实的作风赢得了同行企业尊敬。

××坚持为客户提供价格合理的产品，坚持为客户提供最适合的产品。"最贵的但不一定是最适合的，最适合的不一定是最贵的"是××人一贯坚持的诚信原则。××诚信务实的经营理念受到了众多客户单位好评。

××理念：优质的产品，可靠的信誉，良好的服务，合理的价格，诚信第一。

××目标：致力于打造成为“专业的混凝土表面工程解决方案和优秀表面处理产品供应商”。

××宗旨：我们制造的是产品，销售的是方法！

××方向：为用户提供使用方便、施工简单、使用安全、见效快捷的混凝土地面处理产品。

利器三：以案例树品牌

××的产品主要有：水泥表面起砂处理剂、水泥表面耐磨增强剂、水泥混凝土缺陷修补剂、家庭地板起灰处理剂、混凝土微细裂缝封闭剂、网状微细裂缝修补处理剂、裂缝环氧灌浆材料、速凝封缝胶及水泥混凝土修补表面处理等。

公司精干的销售队伍和经验丰富的技术人员，为工程施工提供了强有力的技术指导，加之完善的售后跟踪服务，这些案例在客户中赢得了良好的口碑和信誉。众多知名案例已成功塑造了××在业内的品牌知名度。

至此，三大利器助力××成功打造了行业标杆，为实现“专业的混凝土表面工程解决方案和优秀表面处理产品供应商”的企业愿景奠定了深厚基础，更是企业永续经营、基业长青的法宝。

案例 2：

家装市场狂热追捧 “××地板伴侣”引发热议

近日，一款名为“××地板伴侣”的家装产品在各大建材城持续热销，据记者了解，由于各大卖场相继断货，生产厂家不得不临时增加供应以满足市场需求。到底是什么原因让这款产品受到家装用户如此狂热的追捧？对此，记者进行了深入调查。

记者走访了大量××经销商，采访了一些使用××的用户，大家对××地板伴侣的普遍印象是：产品质量好，技术业内领先，施工简单、便捷，易用好用。据业内人士介绍，“××地板伴侣”是××有限公司针对家庭装饰所研发生产的一款地面处理材料。北京××建材有限公司到底是一家有什么背景的企业？又如何在产品上取得如此成功的？带着这些疑问，记者最终找到了××市场营销负责人，借此找到了“××地板伴侣”受热捧的秘密。

一、研发攻关 业内领先

据××负责人介绍，××有限公司是一家从事新型建筑材料和混凝土修补材料研发、生产、销售、服务为一体的新型技术企业，公司前身为北京××工程材料研究中心。“××地板伴侣”正是××公司对工程材料的多年深入研究，不断创新研发的一款业内领先产品。

××公司发现：在现代家装过程中，地面起灰处理是铺设地板之前必不可少的环节。提到家庭地面装饰，每位业主都为铺设地板之前地面起灰、起尘所困扰，不仅难以清扫，而且日后难免出现地板缝隙渗灰等一系列难题，该难题一直以来都没有永久性的解决办法。

为了解决这一难题，××公司依靠强大的建材创新研发实力，秉承“科学利用资源，提升用户价值”的使命，经过多年科研攻关，最终成功研制出“××地板伴侣”——家庭地面起灰处理剂。“××地板伴侣”的面市为广大业主有效解决了这一难题，填补了建材市场空白，真正开创了“享受无尘空间，创造舒适环境”的家装新理念。

二、纳米技术 新型材料

运用纳米技术制造新材料，是“××地板伴侣”产品的最大亮点。这种纳米结构超强渗透型新材料生产的地面起灰处理剂，具有无毒、无味、不燃、无挥发性气体、皮肤接触无伤害、防止虫蚁筑巢等特点。

能够阻止污染物、油以及湿气的渗透，让地面形成一个无尘、致密、耐磨、高强抗压、抗化学物质腐蚀、抗渗、防潮、环保的整体；有效解决地面起砂起尘、疏松、风化、不易清洁等问题，让装修地面形成新的无尘、致密、高强耐磨的新结构，为后道涂装及地板铺设提供良好条件。

三、施工效果：用事实说话

与市场同类产品相比，“××地板伴侣”是低成本、高效率、免保修、永久性的混凝土地面处理材料，是家庭地面处理的最佳选择。

公司精干的销售队伍和经验丰富的技术人员，为工程施工提供了强有力的技术指导，加之公司完善的售后跟踪服务，这些案例在客户中赢得了良好的口碑和信誉。众多知名案例已成功塑造××世纪在业内的品牌知名度。

××世纪理念：优质的产品，可靠的信誉，良好的服务，合理的价格，诚信第一。为了把××地板伴侣这款产品带给全国家装用户，××现已启动全国招商，诚邀区域代理、经销商，共同开拓万亿家装市场！

点评：

这家企业的基本情况，在本书第 1 章已经提及。几篇文章发布后，企业的当月电话销售量，就从 75 个增长到了 195 个。销售额从 43 万元增长到 89 万元，而且成交了几个长期代理商，每个月销售额都在稳定持续增长。

8.6　美容减肥行业

案例 1：

2 小时塑造完美女人　××震撼美容界

有一款健康美容产品，2 小时就可以淡化色斑，2 天就能让你脸部光洁！

这就是在美国、日本、韩国、法国、德国等十几个国家热销，被贵族女性和上流社会指定健康美容专用产品的——××！惊喜的效果、神奇的功能、尖端的技术，2 个小时就能创造美的奇迹，××震撼了世界美容界，为女性带来了美丽与健康。××究竟从何而来，竟然有这么神奇的效果？

一、36 年还原玛雅“圣水”　成为贵族美容珍品

美国科学家克拉克博士联手韩国科学家，带领百名研究人员历时 36 年，实验上万次，终于破解了玛雅人的智慧和健康之谜——那就是玛雅人的“圣水”。

科学家们通过试验，终于在古玛雅人的居住地的食物中萃取了健康的精华。由此合成的海派系列健康产品，更符合现代人的生理特征和生活习性，对排除毒素、消除女性的“斑、痘、肉、皱”效果显著。产品一经问世，就在世界范围内引发轰动，在美国、德国、日本、法国、韩国、英国等十几个国家，成为皇家贵族女性的美容健康必需品。

排毒产品有很多，为什么独有××的排毒效果这么好，它究竟是如何排毒的呢？

二、彻底排毒四大步骤　领先世界四大超越

人类目前正处在一种摄入过多排出过少的失衡状态，人体毒素和垃圾无法及时排出而沉积在体内，体内毒素过多，导致女性新陈代谢紊乱，会使脂肪堆积、皮肤发黄、干涩粗糙、长色斑、长痤疮等，还容易引起皮肤过敏。女性想要真正实现美容、护肤、美体，就必须从根本上清除体内毒素、增强机体活力。

××排毒四步：

第一步：经人体吸收后穿过细胞膜，进入细胞内。

第二步：对毒素进行分解，彻底清洗细胞内毒素。

第三步：将清除的毒素，经过消化道排出体外。

第四步：排除毒素后的细胞通透鲜活，生理功能恢复正常，使肌肤白皙靓丽、延缓衰老。

××已经获得了美国的FDA的认证、韩国的KFDA、FIA认证。××能获得这么多世界权威机构的认证，除了因为见效快速、机理科学、根除彻底，最关键的一点是它在安全、便捷、权威、效果四大方面，超越了世界上现有的美容产品。能够真正对细胞由内而外进行清洗，排除体内毒素，补充维生素、微量元素、生物酶、激素。同时增强机体免疫力及基本功能，治疗亚健康，达到抗衰老的作用。像汽车的4S店一样对人体进行保养，在生命旅途上为人们建起健康驿站。

三、2小时消灭“斑痘肉皱” 快速增加生命活力

××在于服用后1个小时就可以产生明显的效果：

（1）去斑：祛掉各种色斑，加速新陈代谢，迅速改善皮肤粗糙、毛孔粗大等问题。

（2）除痘：清除各种痘痘、痤疮，使脸部嫩滑、细腻白皙，恢复娇媚容颜。

（3）消肉：消灭腰、腹、腿、手臂等各处堆积的赘肉脂肪，雕出小蛮腰、S 曲线、魔鬼身材。

（4）抹皱：抹平皱纹、鱼尾纹、皮肤褶皱，增强人体胶原蛋白，使肌肤光滑水嫩、有弹性。

除了具有美容护肤、减肥塑体的神奇功效之外，××还有八大作用，可以由内而外改善人体机能，消除亚健康，提高免疫力，增强机体活力。

相信××一定会帮助女性实现美丽、健康、青春的梦想，为所有女性带来幸福快乐。

案例2：

××化妆品品牌 缔造抗衰奇迹

25岁以后，女性的青春细胞数量逐渐减少，细胞活力也逐渐减弱，皱纹、色斑、毛孔粗大等皮肤问题接踵而至，这就是25岁以后的女性面临的肌肤衰老问题。抗衰，是预防及解决由衰老引起的皮肤问题的关键所在。

人体细胞的正常分化过程为：干细胞—青春细胞—成熟细胞—衰老细胞。而在 25 岁以前，青春细胞的数量在皮肤细胞中占 80%，直接决定了皮肤的年轻化程度。因此，皮肤抗衰关键在于增加青春细胞的数量。

国际美肤专家介绍道：“作为青春细胞的加工工厂——××化妆品品牌，能真正激活细胞活性，修复衰老细胞，从而抗击细胞衰老，激发皮肤细胞活力，焕发皮肤光彩，缔造逆龄抗衰老奇迹。”

一、全球顶级抗衰老技艺 缔造美肤界逆龄奇迹

世界著名抗衰中心西班牙 PROVITAL 实验室经过数以万次的实验发现：植物嫩芽蹦出的瞬间，在 0.3 秒时能量达到最大值，迸发出超强生长能量，就是改变衰老的能量——植物的“干细胞”能量。而银杏树，被称为植物活化石，PROVITAL 实验室 10 年心血研发成果：××化妆品品牌——银杏干细胞××卓颜分子，就是这种改变衰老的能量中的极致。萃取自银杏培养细胞萃取物第 98 段的活性蛋白，能极大促进细胞间质生成，激发细胞活性，为处于肌肤最深处的真皮层干细胞供给营养，干瘪松弛的肌肤部位会有明显紧致的感觉，从而重现肌肤年轻状态，令肌肤充满活力。

二、彻底更换衰老细胞　一站式解决因衰老引起的肌肤问题

人体内细胞衰老，会让皮肤出现皱纹、色斑、干燥粗糙等肌肤问题。而××化妆品品牌，因其具有的独特成分，可以在体内复制青春细胞，修复衰老细胞，从内而外实现去皱、紧肤、淡斑、锁水、祛痘，一站式解决因衰老引起的肌肤问题，瞬时焕发肌肤美态。

除皱：精密提升松弛肌肤，维持软组织与骨骼紧密连接使其充满张力与弹性，有效抵御皱纹侵袭，逆转时光流逝，令娇颜柔滑、紧致与强韧，深层解读肌肤之美。

紧肤：重建具有超活力的微循环系统，从而给肌肤带来营养和新生活力，达到全颜面立体塑形紧肤、面部轮廓青春饱满的功效，并有效地刺激基底层源源不断地产生胶原蛋白，紧肤效果自然持久。

淡斑：深入肌肤底层修护，祛斑同时实现提亮肤色，改善肤质，让肌肤呈现自然好气色，美肌重现宛若新生般的柔嫩。

锁水：将其作用于肌肤特定层次，使其形成密集的内置“年轻态网络”，在深层除皱、提升肌肤架构同时，充盈肌肤，让肌肤从内到外，恍如有一张“隐形水膜”，随时随地让肌肤呈现水润剔透的状态。

祛痘：有效消灭痤疮杆菌、深层调节皮脂分泌，改善油性肤质，快速淡化疤痕，消除痘印、痤疮红斑、红印等，净痘同时达到紧肤功效。

三、齐聚六大产品优势 执掌世界抗衰老技艺

××化妆品品牌不仅萃取工艺独特，能有效激活细胞活性，还易于肌肤吸收，高活性，见效快且直接，且安全性相当高。正因为如此，获得千万女性青睐。

独特萃取工艺：采取尖端萃取技术，萃取源自银杏培养细胞萃取物第98段的活性蛋白。

有效激活细胞活性：活性蛋白进入肌肤能为衰老细胞提供所有能力，在极短时间内转变成青春细胞，延缓细胞老化，增强细胞寿命。

易于肌肤吸收：××化妆品品牌分子量在全球范围内最小，在1 000DA以下，非常利于皮肤吸收进入。

高活性：具有极高活性，因此产品的保质期仅一年，开封后必须在16小时内使用完，否则活性渐失。

见效快且直接：因衰老引起的皮肤问题——皱纹、毛孔粗大、痘痘、眼部问题等十天内能看到效果，皮肤松弛下垂、色斑等需要2～3个月才有明显效果，肤色明显提亮。

安全性相当高：效果堪比电波拉皮、注射肉毒素、玻尿酸等，但见效更快，安全性更高。

作为引领世界抗衰老界尖端保养品牌，××化妆品品牌因其明显的抗衰护肤效果，受到万千女性的青睐，特别是臻享高品质生活的高端人群也在使用。

使用××化妆品品牌的林女士说："随着年龄的增长，我脸上的皱纹越来越多，虽然定期到美容院做皮肤护理，但是依然不能阻止皱纹的增多。一次偶然的机会，在电视上看到一档美容护肤节目，里面介绍的××化妆品品牌产品惊人的除皱抗衰效果，让我看到了希望，所以我毫不犹豫地到节目中介绍的网站去购买，使用效果特别好，我毫不隐瞒地推荐给了朋友们。在我看来，好东西就是要同好朋友分享，才能快乐有意义。"

案例3：

减肥产品冬季火爆，××究竟凭什么？

冬天，京城各大商场突然出现了排队购买减肥产品的火爆场面，业内人士诧异地说，冬季是减肥品的淡季，是什么产品能在这个淡季让减肥市场如此轰动？带着好奇，笔者跑了几家大商场。原来，创造这个销售奇迹的是××减肥产品。

一、减肥重在效果　××快速瘦身

那么，××究竟凭借什么创造出让用户穿着羽绒服抢购减肥产品的奇迹呢？

胡女士说："我买××就是因为它效果实在太神奇了，一次就能瘦一大圈。"杨小姐也说："××减肥效果特好，做一次就能瘦许多，衣服也马上变得宽松了。"

一次就瘦一大圈，这的确神奇。然而，这几年减肥品广告吹得天花乱坠，越来越玄，各路产品承诺的口号也节节攀升。以前减肥是一个月见效，现在已经变成了"三天见瘦"，在这种情况下，消费者也已经变得日趋成熟理智，然而这次他们怎么会仅仅因为一个玄而又玄的广告就被打动了呢？付女士说："其实刚开始看到××'一次瘦一圈'的广告，我也不相信它真有这么神，后来我咨询时才知道，可以现场免费试用，要是没效果，还倒送礼，这样的好事谁不想干。"

这两年，为了吸引消费者，商家的促销方法花样繁多，但是换汤不换药，购买风险始终还在消费者一方。而××首家推出的"先试后买"模式，第一次把风险转移到了商家身上。

二、确保优良品质　用户毫无风险

由此看来，在减肥速度上，××的确有自己撒手锏，否则他们也不敢推出"先试后买"这样的营销方式。但是，用户减肥图的不是一时的效果，而是想拥有一个迷人性感的身材，对此，××又如何能保证呢？

××的总裁告诉笔者："为了能让消费者在亲身体验了××的快速瘦身效果之后，能相信××的持续减肥效果，同时也为了赢得消费者信赖，我们还推出了签约售机活动，和消费者签订合同，降低消费者的购物风险。"

已经是第二次购买××的欧阳小姐说："现在减肥品的种类这么多，但是还没听说哪种产品买的时候还敢和消费者签合同，保证退货的，就冲这一点，我就信赖××。所以我要再买一台给我姐姐，让她也能减掉多余的脂肪，变得苗条迷人。"

三、五星级服务保障　医疗权威机构认证

先试后买，签约售机，××的两大法宝的确摸透了消费者害怕上当受骗、耳听为虚、眼见为实的心理。可是，如今的人们工作忙，时间紧，哪有那么大的耐心在商场等着排队试机呢？

邹女士在接受笔者采访时说："我去购物中心的××专柜排了两次队，最后都因为等得不耐烦走了。后来我听说××还可以上门服务，就打了个电话，没想到，当天晚上××的美体师就上门来给我提供试机服务了，我确实很满意。"

看来，在减肥效果上，××确有奇效；在服务手段上，××也是方便顾客，别出心裁。但是，如今的消费者，在减肥的同时更关心是能否减的安全，瘦的放心，这一点××又有什么保证呢？

有人说，仅仅有神奇的效果，安全可靠还不够，胖人都很懒，减肥更是要求方便、轻松，否则很难坚持。

××冬季火爆，凭的究竟是什么？这个问题我们现在已经有了答案，那就是：功效、服务和科学，我们相信，任何一种产品想要赢得消费者，都必须具备这 3 点，而××，恰恰就是因为在这 3 个方面都走在了别人前面，因此，才创造了淡季不淡，冬季火爆减肥市场的奇迹。

点评：

这是 3 家不同的美容减肥产品，其产品效果和功能机理大同小异。文章风格、形式、写法却是极度差异化。相同的人群，不同的定位、不同的渠道、不同的思路，就要有着完全不同的营销策略和软文方向。同行业的产品永远说不清谁的效果更好。市场优势除了品牌影响力、代言人的影响力之外，只能靠文字来表述。

所以，在同一个行业为多家品牌撰写文章，有时也是一件极为艰难的工作。我带领弟子为产品撰写文章时，经常会提醒他们，越是对某个行业熟悉，反而越要注意。很容易会受到以前产品的写作思路影响，反而使文章变成“夹生饭”。

8.7 收藏品行业

案例 1：

××大红袍现世 引起社会各界争抢

大红袍，不以外表的精致取胜，而是胜在内质的丰厚。外表黑粗，朴实含蓄。而从采摘、做青、揉捻、焙火，直至被冲泡，身经万般锤炼，最终释放出独特的“岩骨花香”。传说大红袍因为治好状元的病而红袍加身、名扬天下。武夷山“大红袍”早在 16 世纪就走向世界，远销西欧、北美和南洋诸国，成为英国皇室饮品，当时欧洲人把武夷山“大红袍”作为中国茶的代名词。

一、一代大红袍已成历史绝响

千百年来，大红袍一直以“贡茶”的身份蒙着一层神秘“光环”，为历代帝王专享。不仅普通百姓无福享用，就连普通的达官贵胄也只能望而兴叹。“一日不可无茶”的清乾隆皇帝，在位时曾纳贡到半斤大红袍，倍加珍惜，品后诗兴大起，发出了“就中武夷品最佳，香气清和兼骨鲠”的赞扬之词。

我国仅有的六棵大红袍母树，已经被国家封存禁采。由此，武夷山母树大红袍成为无人企及的人间绝品，茗界遗憾！曾有人欲购此茶，无奈在市场上完全是千金难求、有价无市。而市场上销售的普通的大红袍茶大多品种不纯、口感不佳，成为爱茶者的遗憾。

二、大红袍尊为国礼茶、绝品茶、元首茶

六棵生长于峭壁上的大红袍母树已经有几百余年的历史，年产仅 400 克。被当成国礼茶、绝品茶、元首茶。使用每片茶叶都必须由领导层层审批，是世博会的外国元首唯一指定茶。

2003 年，中国人民保险公司为武夷山“大红袍”母树投保 1 亿元人民币。这是中国人保在全国十大名茶责任保险中投下的最大保额。2006 年 5 月，国家已严令禁采，成为我国茶叶中的国宝。

2007 年 10 月 10 日上午 10 时 10 分，“乌龙之祖，国茶巅峰——武夷山绝版母树大红袍送藏国家博物馆”仪式在紫禁城外的端门大殿内举行。20 克最后一次由福建武夷山 350 年母树大红袍上采制而成的茶叶，正式由武夷山市政府赠送给国家博物馆珍藏，成为该馆收藏的首份现代茶叶。

三、××大红袍少量现世

如今，作为专供特需用茶的——××大红袍，经“××特供办公室”特批后终于有少量流入市场，为广大群众所品尝。××大红袍，对品质要求极为严格，茶叶均由福建武夷山定点供应，精选上品茶叶，严格的采摘标准，辅以独特的制作流程，充分确保每套特供产品的纯正品质。

每套特供茶正品，内部均配有出具的《特供产品证书》，确保其官方权威性。还配以“××特供办公室”特制的特需专供紫砂罐予以盛放。所以消息一经传出，立即引发社会各界的广泛关注，特别是茶叶专家、茶叶收藏者、社会名流、成功人士、爱茶人士，更是争先抢购想一品为快。连许多白领人士，也想品尝一下珍品大红袍的绝佳境界。

相信对爱茶之人来讲，绝对不会错过如此千载难逢的机会。因为，收藏的不仅仅是茶，更是一份历史价值和人文情怀。

案例 2：

能收藏还能喝的玉石 改变玉石行业格局

从古至今，华夏五千年，玉石之灵魂早已深深地烙进中国人的心中。俗语道："国无玉不贵，家无玉不富"国中有玉，民族之魂也，而古代只有王者之尊的帝王才能拥有玉，故"王"字加一点便成了"玉"字。时至今日，佩戴玉石，收藏玉石依然是很多中国人一辈子的追求，甚至被视为灵魂的升华。

但大多数人都不知道，有一种极少稀缺的奇玉除了佩戴之外，还有另外的神奇作用，那就是可以"泡水"和"泡酒"，从而帮助人体吸引大量的有益微量元素。

一、古典记载"能量玉"可以服用治病

据《本草纲目》记载："玉屑是以玉石为屑。气味甘平无毒。主治除胃中热，喘息烦满，止渴，屑如麻豆服之，久服轻身长年。能润心肺，助声喉，滋毛发。滋养五脏，止烦躁，宜共金银、麦门冬等同煎服，有益。"由此可见，可以吃来治病的玉是存在的！

玉界有三大种类——翡翠、和田玉和昆仑翠（又称为能量玉），其中翡翠属于"硬玉"，和田玉属于"软玉"，被发现与区分的比较早，而昆仑翠，两者兼具，其玉石硬度为 6～7，密度 3.3～3.5 恰到好处的玉种，直至 1981 年才被发现于青藏高原海拔 3 500～6 500 米的青海昆仑山脉。是目前世界独有的稀世罕见之宝玉石玉种，同时被多方专家认定是国内目前发现的唯一含铬元素的可以通过喝、佩戴来治病的玉种。

二、玉能"养人"，更能"救人"

昆仑翠是矿石中比较珍贵的一种，富含人体所需的多种微量元素，如锌、铁、铜、锰、镁、钴、硒、铬、钛、锂、钙、钾、钠等二十多种对人体有益的微量元素，在泡水或泡茶过程中可不断释放出对人体有益的微量元素、负离子、远红外线等，在饮用过程中可与人体细胞产生共振吸收，从而达到改善循环、刺激细胞再生、酶活性提高、生理功能恢复等保健功能，更可以治病于危难之中，对降血糖、降三高尤为奏效。

能量玉浸泡过的水不含任何对人体有害的物质；含有丰富的微量元素、pH 值呈弱碱性、小分子团活性水。经过能量玉浸泡的生活饮用水和自然水会变成活性小分子水，帮助人体

提高免疫力，为健康生活打下牢固基础。

昆仑翠·能量玉还是自然界中天然的能放射特定波长远红外线的材料，加热之后可放射波长为 2～18μm 的远红外线，有益于人体的生长发育。

三、究竟什么玉才值得收藏

选择佩戴什么玉一般出于感性愿景，而选择收藏什么玉则是出于理性需求了，确切来说，被当作一种投资行为。那么问题来了，对于不怎么懂玉的人来说，究竟选择什么玉来投资才是聪明之举呢？

如今玉器圈内各种玉石充斥着市场，玉种多样难辨，俗话说："物以稀为贵"，寻找最为稀有纯粹的玉器才是投资收藏之关键。要寻找具有收藏价值的玉，其中尤以产于新疆昆仑山的和田玉为上品，优选其中的好料，重量个头刚开始的时候不用很大，5～10 克的籽料小挂件，但必须是优中选优，白度、细度一流。买一件六七千元的挂件，既能佩戴把玩又能升值保值，一举两得。

不要过度跟风，要关注产品的附加值。昆仑翠是玉石中最具备市场附加值的产品。突破了所有传统玉石只能佩带和收藏的作用，更能对身体健康产生有益作用，使得此种玉石瞬间火爆中国，改变了玉石收藏行业的市场格局。

案例 3：

中国紫砂大师×× 漫谈紫砂文化传承

很多艺术家和收藏家，都一面关注着紫砂艺术的发展历程，一面慨叹历史渊源的精美塑造。紫砂艺术以其自身的独特艺术风格和典型的工艺手法，被一代代传承下来。根据文献记载以及传世实物验证，紫砂应始于明代。

由此可见，紫砂已经有上千年的艺术历史，有着极高的参考价值和学习价值。如今，经过一代代紫砂大师的倾心研磨和不断创新，已经形成了影响世界的艺术风潮。其中，中国紫砂大师××作为中国紫砂艺术的传承人，独辟蹊径、自成一体砂独具一派，成为当代紫砂艺术的领头人。

一、历史研磨，紫砂艺术特色鲜明

艺术源于生活又高于生活，紫砂艺术也是如此。经历了多年的历史变革，紫砂艺术的发展已经呈现出自己独特的艺术价值。一件优质的紫砂艺术作品，除了需要讲究工艺的制作，更要有很好的审美艺术的融入，无论是纹样的选择还是装饰的取材都需要倾入创作者的细腻心思。再者，紫砂艺术作品是最能够直观表达创作者内心情感和抒发情怀的艺术形式，出炉的艺术作品不仅要实用，更要能陶冶情操，让观赏者心灵为之陶醉。

纵观紫砂艺术的特色，起始于其实用性和艺术性。这也为紫砂艺术作品的三大价值特征审美价值、艺术价值和收藏价值奠定了基础。在这点上，××大师将他对紫砂历史的深厚底蕴和研究倾注于他的紫砂作品中，把紫砂艺术品的特色体现得淋漓尽致，而且不断创造出新的紫砂艺术作品，风格迥异，令观赏者和收藏者敬畏。

二、主流紫砂，窑变独特不可复制

紫砂艺术作品的成型工艺特色不可忽视，在经历了多年的发展后，紫砂艺术的工艺也随之形成了独特的风格体系。其中，窑变就是其中最有价值的紫砂工艺，也是当代紫砂艺术品市场上的主流产品。

紫砂窑变是紫砂器具在裸烧下进行的工艺。在窑变的工艺流程中非常讲究温度和气氛，因为只有在这样的环境中才能让窑变艺术作品呈现出不同的颜色和肌理效果。“华氏”紫砂创始人××以他独有的紫砂艺术天资，在窑变艺术作品的研究中确定了他在紫砂艺术发展中的地位。他凭借自己对紫砂窑变研究的执着和修为，在窑炉、窑火、窑中气氛中开创了紫砂窑变的新高度。××大师的每件窑变作品都能够很好地展现自己的风格和紫砂艺术的魅力，真正做到了紫砂窑变作品的不可复制和浑然天成。

三、千年紫砂，××传承中的巨变

紫砂艺术的传承在每个时代都会有一个代表，如今，以紫砂大师××为首的紫砂艺术大师们用他们卓越的紫砂技艺很好地做到了传承与发扬。××大师的“华氏”紫砂，独到的紫砂技艺和创新审美被业内广为流传，盛赞不已。××大师首创的手捏供春百壶和紫砂艺术花盆、紫砂艺术茶海，研究开发成功的纯正紫砂窑变，发明的紫砂无刀陶刻等已经在中国紫砂艺术领域形成了强大的紫砂艺术体系。

在传承中需要进步，这是每个事物发展的规律，否则就会被历史遗忘。××大师在紫砂艺术的传承中不断精进自己，为中国紫砂艺术的发展增色添彩，让中国的紫砂艺术在传承中巨变，在传承中得到进步。

紫砂文化的传承历史悠久，能够在传承中不断提升才是对紫砂艺术的尊重。在紫砂艺术文化依然蓬勃发展的今天，紫砂艺术大师××没有停止对紫砂文化的研究和进一步提升。

他执着和深邃的紫砂创作技艺是紫砂文化传承使命的福音，也是紫砂艺术领域的楷模，更给紫砂艺术爱好者带来了幸福。

点评：

收藏品和艺术品一直是鱼龙混杂的行业，面对琳琅满目的产品，爱好者常常苦于有钱收不到好东西。根据个人多年的策划经验，很多收藏品或者工艺品，不一定要价格极为高昂。如果真的在历史、稀缺、工艺、传承等方面有优势，就具备收藏的价值。

我帮所有企业做策划或者写软文，都有一个基本的前提，就是必须保证产品的真实性和合法性。所以，在为这几家公司的产品撰写文章时，我也都检验了产品。这 3 篇文章，虽然都写的是收藏品和工艺品，但是其专注点分别从历史、功效、个人 3 个不同方向描写。相同的行业，不同的产品，也需要针对内涵去灵活应变。

8.8　酒类行业

案例 1：

××酒股份有限公司　传承千年古酒文化

中国酒文化源远流长几千年，上至皇家贵胄、中至文人豪客、下至平民百姓，都用酒来抒发情怀，传达喜怒哀乐。它不仅仅是一种饮品，更是一种文化，一种品位。同时，白酒味辛性温，可醒脾温中，通血脉，御寒气，中医常用白酒来治疗一些疾病。在现代社会，酒更成为人与人之间情感交流的桥梁，也是节日的礼品、社交的法宝。无论是同学聚会、商业谈判，还是亲人团圆，若无好酒相伴，就会感觉意犹未尽。

如今，酒的品牌和酿酒企业、作坊，更是如过江鲫，数不胜数。其中，真正传承古酒文化、运用古法酿酒工艺、苛刻选择酿酒原料、使用甘甜古泉水酿酒的企业，在被媒体和业界公认的就是——××酒股份有限公司。

2000 年，江苏××酒业为了发扬古法酿造工艺，成立××酒股份有限公司。重新对允大糟坊进行投资生产，重修古井，再造凉亭，引神泉之水将其发扬光大，打造了系列白酒品牌。

一、坐地黄海之滨纳神泉底蕴 传承酒仙圣品

××酒股份有限公司，坐落在黄海之滨——古老的白酒生产基地××镇。荣获“国家合格评定质量信得过好产品”的称号；2007—2012 年荣获“盐城市名牌产品”“江苏省优质产品”“中国质量、诚信、服务消费者满意单位”“文明诚信单位”“盐城市优秀民营企业”“盐城市十佳创业明星”等称号。能获得如此多的殊荣，受到社会各界的一致好评，就是因为××酒公司一直秉承着千年古法酿酒的工艺和文化，更坚持做良心产品、高品质好酒的理念。

当然，除了文化和技法，酿酒更要有好水。自古就有“古泉出佳水，佳水出美酿”的说法，正所谓佳酿必有名泉。因此白酒在酿造过程中对于水质的要求特别高，无论是酿造用水还是降度用水，正宗的好泉水酿出的酒会比一般水质酿出的酒更加香甜。

××酒股份有限公司酿酒用的“允大糟坊”和取水的“玉醍神泉”，相传在清康熙年间，一个住在北岸的王老大于睡梦中得到酒仙指点开凿甘泉，自酿白酒。得当地知县提字“允大糟坊”，并为泉井取名为“玉醍神泉”，即便在旱年泉水也不会干涸。

二、接轨国际质量认证体系 严格把控生产流程

为了优化管理，加强生产。××酒股份有限公司，基于八滩镇古老的白酒生产基地，占地 30 亩，建设了多套先进的生产流水线。2015 年××酒股份有限公司，将“允大糟坊”提交审核并通过了国际标准 ISO9001：2000 认证体系。自此，传统的允大糟坊古法酿造工艺通过与现代技术相结合成功产出的优质白酒获得了国际上的认可，其各项产品指标都达到甚至优于国家标准。

酒业有一句俗话，“三分靠技术，七分靠原料”。××镇地处长江平原地带，原料丰富，井水甘甜。××酒股份有限公司，通过发掘一百多年前的古泉遗址并配合现代软水处理技术，在酿造过程中遵循着允大糟坊的古法标准，同时以农家谷物为主要原料。

将谷类农作物红高粱、糯米、大麦、小麦、豌豆粉碎后与辅料按比例进行配制，然后进行蒸、焖、发酵、蒸馏等一系列的工序加工，才最终还原出，原汁原味的古代好酒。曾有诗人在现场品尝之后赞曰：允大糟坊品古酒，甘甜绵柔忆回首。

三、以产品话品质 寓情怀于白酒

××酒业的产品，都有着不同的风格和文化。但是很多消费者品尝后，认为统一的优点就是：满口余香气丰富，入口干净绵甜，秀雅清爽醇香，空杯留香持久，口味优雅细腻。正是因为坚持注重品质，传承历史文化渊源和酿造工艺，××酒股份有限公司，才能成为

中国白酒领军企业。

这与人生是如此的相似，正是经过了历史和社会的锤炼，人生才会显得更加富有情怀。正所谓，酌一杯小酒品出男人滋味，而允大糟坊体现的便是男人的情怀。

白酒根据制法的不同有蒸馏酒、酿造酒和配制酒。××酒股份有限公司，在允大糟坊通过古技法，生产的是典型的酿造酒。旗下的“允大糟坊”“苏政”“××”等系列白酒品牌，正面向全国招商。小编相信，品一品好酒，能让大家都抒写出好的人生。

案例 2：

××酒庄——贺兰山东麓葡萄酒的灵魂品牌

“葡萄美酒夜光杯，欲饮琵琶马上催”，这两句流传千百年的盛唐边塞诗，也许是中国人喝葡萄酒的一个浪漫历史开端。对于现代人而言，饮用葡萄酒不仅是一种快乐而美好的享受，更是显示出人们对健康生活的追求和向往。

贺兰山东麓葡萄酒，系中国国家地理标志产品，通过选用自产地优质葡萄、悠久的酿造传统、现代化的酿造技术，使得贺兰山东麓地区生产的葡萄酒备受好评。得天独厚的条件吸引着国内外著名葡萄酒生产企业投资建厂，也让贺兰山东麓地区成为中国著名的葡萄酒产区。××酒庄在充分利用贺兰山东麓天然优势的基础上，成为贺兰山东麓葡萄酒的领军品牌。有媒体将××酒庄，称为贺兰山葡萄酒的灵魂品牌，因为它的每瓶酒都是用心和感情酿造出来。

一、葡萄种植的黄金地带 生产历史悠久

葡萄酒实际上是一种营养丰富的饮料，它含有人体维持生命活动所需的 3 大营养素：维生素、糖及蛋白质。在酒类饮料中，它所含的矿物质亦较高，而它丰富的铁元素和维生素 B12 能治贫血。由于其酸碱度在 pH2～pH2.5 之间，跟胃液的酸碱度相同，可以促进消化、增加食欲、降低血脂、软化血管，对治疗和预防多种疾病都有作用。因此，酿造上好的葡萄酒，首先就要选择好葡萄，葡萄种植的产地和种类将直接决定最终葡萄酒的品质。

贺兰山东麓地区位于东经 105°45′39″～106°27′35″，北纬 37°43′00″～39°0，位于中带干旱气候区，属于典型的大陆性气候。土质多为沙壤土，土层深 40～100cm，pH<8.5。贺兰山东麓地区日照时间长，昼夜差大，全年日照时数在 2 851～3 106h，年平均≥10℃，有效积 1 534.9℃，7—9 月有效积 961.6℃，该地区葡萄转色期在 8 月初至 8 月下旬，而昼夜温差能达到 10~15℃，葡萄的糖分可以充分积累，酚类物质含量也比较高。年降水量为

193.4mm，在8—9月葡萄浆果成熟期间，降雨量更少，通过该地区悠久的种植历史和便利的灌溉条件，解决了降雨问题。使得贺兰山东麓地区建成30万亩的大型葡萄基地，成为名副其实的世界葡萄种植的“黄金地带”。

元代诗人马祖常在其《灵州》一诗中，写下了“葡萄怜美酒，苜蓿趁田居”的著名诗句，说明贺兰山东麓地区葡萄酿酒业也取得了新的进展。改革开放以来，贺兰山东麓适生地建立了标准化种植园，先后从国外引进了适宜酿制红、干白的赤霞珠、品丽珠、蛇龙珠、梅鹿辄及霞多丽等无病毒种苗。××酒庄更是从中脱颖而出，成为国内知名葡萄酒品牌。

二、地理标志产品保护 技术要求严格

2011年，经国家质检总局审核，决定对贺兰山东麓葡萄酒实施国家地理标志产品保护。贺兰山东麓葡萄酒地理标志产品，保护产地范围内的生产者，可向宁夏回族自治区质量技术监督局提出使用“地理标志产品专用标志”的申请，经宁夏回族自治区质量技术监督局审核，由国家质检总局公告批准。

贺兰山东麓地区，不论是从葡萄种植品种、立地条件、栽培管理，到产量及成熟度控制、采收和加工都严格执行标志使用标准，独特的条件吸引了张裕、王朝、长城等国内知名葡萄酒生产企业投资建厂、建基地。

××酒庄作为贺兰山东麓葡萄酒的代表品牌，拥有了“地理标志产品专用标志”，更通过内在质量控制，不仅形成了自己特有的品牌效应，更是走出了一条时尚化、科技化的品牌之路。

三、标准化工艺流程 产品质量独特

重构葡萄酒生产流程，将干红葡萄酒与干白葡萄酒的生产工艺流程区别开，采用两个标准化生产流程，同时对两类葡萄酒采用不同的酒精发酵方式，即红葡萄酒使用传统浸提发酵法，白葡萄酒使用低温发酵法。精选贺兰山东麓地区的葡萄作为原材料，解决了葡萄酒成品质量优劣的根本问题。而如何通过标准化的工艺流程，使得葡萄酒不论是从色泽到香气，还是口感滋味上，都能保持自己的独有风格，是重中之中。

经过标准化的生产流程生产出来的××酒庄葡萄酒，香气浓郁、纯正，具有品种的典型特点，白葡萄酒呈无色或黄色，口感更加圆润。红葡萄酒呈红色或紫色，滋味醇厚，有较强的结构感和层次感！

××酒庄在继承传统的葡萄酒酿造工艺的基础上，不断发展创新，形成具有自己独特风格的品牌。不仅给现有的葡萄酒企业带来发展的新思路，更是成为贺兰山东麓葡萄酒的

代表品牌。其中最具代表性的四款产品：蛇龙珠、黑比诺、梅鹿辄、私藏，都备受消费者的喜爱和代理商的欢迎。

点评：

这两篇文章分别是为白酒和红酒品牌撰写的，中国的酒文化可谓千年流传、源远流长。酒从种类、口感、酿造工艺上可细分为很多种，虽然区分明显，但是其专业性又过强。所以，要在文章中让消费者牢牢记住酒的特点，就必须抓住目标人群的喝酒特性。我在给这两个企业写文章时，重点还是以产地、原材料为主。这两个酒的特点其实很类似，都是当地的水好、酿造工序既规矩又专业。其实对于大众品牌来讲，这两点已经难能可贵了。只要能让消费者知道，这两个酒都是货真价实的好酒就足矣。没有必要再去挖一些莫虚有的卖点。

有人认为，酒类文章应该是充满煽情和文艺，要讲情怀。对此我并不苟同，喝酒确实有意境和情怀，但是买酒的和喝酒的，通常不是同一类人，而且不同的价格、不同的口感、不同的度数，就注定了有些是用来应酬、有些是用来解馋、有些是用来送礼的。

要想煽情，酒不仅定位要满足高端或者文艺范儿，口感、工艺、历史和最关键的品牌影响力，还得达到这一位置。茅台或者五粮液讲情怀，没有任何人会觉得别扭，因为它们就是中国白酒的标杆。一个刚刚上市不足一年，价格普通、口感一般的酒，上来就讲情怀，消费者会认可吗?

写好软文，除了掌握产品卖点之外，必须能理智分析市场定位。专业的营销策划工作者，不仅要能传递企业的信息，还必须能筛选剔除错误的信息，同时给企业专业的建议和指导。

8.9　服装鞋类行业

案例 1：

时尚女裤品牌潮味十足 都市女性争秀身材

秋冬交替时节，保暖而又不失时尚感的裤装，成为当下最受欢迎的潮流新品。近期在北京、上海、广州、杭州等大城市的街头，仍然到处可见身材秀丽、穿着火辣的时尚女性。虽然已经略感寒冷，却并没有让女性们纷纷“穿厚披棉”。相对于温度，女性更愿意为美而选择潮流。

尤其是欧美风格的裤装，备受爱美达人的推崇。欧美一直是世界时尚的代表。优雅、时尚、欧美范儿十足的××天猫商城女裤的销量极其火爆，主要消费人群集中在25~35岁的女性白领，适合于办公室职场、假期休闲生活、聚会酒宴等各种场合。

一、××女裤酷感十足 御寒不臃肿

入冬以来，大部分地区的温度骤然下降，寒气逼人，裤装俨然已经成为最受欢迎的挡风单品。不论是酷感十足的皮裤，还是修身百搭的小脚裤，抑或是修身显瘦的哈伦裤，都是这个季节个性时髦的搭配之选，保暖又不臃肿。

相比普通材质的长裤，皮革长裤显得更有质感，气场也更强大，而且还能轻松御寒，轻轻松松让你拥有明星般的气质。不论是街头还是T台，我们都能看到皮裤的风采。××一直追求高质量出口品质，为用户带来前所未有的舒适体验。××秋冬时尚拼接皮裤采用棉质斜纹弹力面料，穿起来很舒服、不紧绷、不易变形、不易刮丝、御寒性强，时尚的水洗法再加上两粒扣中腰设计，可以达到收腰拉长腿型的完美效果。

二、××短裤狂热特惠 品质和时尚外观完美结合

天气未凉却未进入寒冬之季，短裤搭配靴子，尽显修长美腿，成为街拍不可或缺的一道靓丽风景。热辣的毛呢短裤搭配蕾丝拼接T恤、简约修身上衣，再搭配一双驼色高筒靴，干练又不失时尚，或者短裤搭配及踝裸靴更显高挑，营造完美身材比例。

××秋冬上市的短裤多为呢料材质，不易变形，穿着舒适。大胆采用拼接设计，不同材质的撞色设计，时尚感强，款式简约百搭，修身又显瘦，是难得的顶级奢侈品风范，用大气、张扬的自信表达出低调的态度，这一点恰恰印正了××多年来坚持的经营理念“有情调，慢生活”。

三、××洗水百搭牛仔 时尚修身又提臀

不论春夏秋冬如何轮回，牛仔裤始终不受季节更替的影响，成为时尚圈永不褪色的性感尤物。牛仔小脚裤可以搭配高跟鞋、呢大衣或者羽绒服穿出冬季温暖味道；也可以搭配高筒靴、短款小外套穿出高挑之美。××的水洗百搭牛仔裤，时尚修身又提臀，是当之无愧的流行经典。

对美的追逐是女性永远的主题，秀出火辣身材、遮挡赘肉，就是重点中的重点。××品牌以“大气简美，精致，有情调”为设计理念，塑造现代女性优雅自信、情调生活的健康人生，体现精致、有品位的时尚气质。源于欧洲时尚设计理念，将流行元素融入每件产

品当中，处处彰显优雅时尚和知性一面。独创的“半 DIY”服务理念，带给每位××女性从容、快乐的时尚生活。

案例 2：

电子商务鞋业巨子　开拓鞋类电商时代的营销机遇

电子商务的市场发展日益白热化，电子商务网站从综合门户向行业垂直进行转变，鞋类垂直行业电子商务网站更是进入了发展的快车道。××创造的时尚真皮鞋品牌，在短短一年时间就取得了瞩目的成绩，受到了业界的广泛关注。

一、从传统企业走出的电子商务鞋业巨子

××已然成为传统企业进军中国鞋类电子商务的领军人物，也成为传统鞋类企业进入垂直电子商务行业的典范。笔者了解到，××在制鞋行业已经有 20 多年的经验，在传统业内已经具备了良好的口碑和知名度，因此业务也取得了巨大的发展，产品已经远销海内外，拥有精细的手工制作人员和高效的管理团队。凭借良好的口碑、精湛的工艺、上乘的材质和企业的诚信，吸引着许多国内外的企业慕名而来。相继与意大利品牌、中国知名服装公司、中国电子商务品牌等企业都有了深度的合作。

从一个普通的鞋类生产企业，迅速成为电子商务的知名人士。怀着好奇的心情，记者采访了××，畅谈了自己对鞋类垂直电商的看法，以及对自己旗下的电商品牌的发展规划。

二、传统企业进军电子商务已是大势所趋

××认为，电子商务这几年取得了令人瞩目的市场奇迹。巨大的利润，吸引了众多传统企业积极开拓自己的电商平台，一方面充分发挥线下渠道，解决了电商平台的物流配送的难题，另一方面依靠企业的经济实力，快速建立电商品牌，传统企业进军电子商务已经是大势所趋！

如果所有企业都经营门户型 B2C 商城，那么势必导致市场营销的直接混乱竞争，也必将使网民的购买方向更加模糊。在未来五年中，电子商务会继续保持强劲的增长速度，但实现这个的核心引擎就来自电子商务垂直行业。就像在包类取得快速发展的麦包包，在服装类取得快速发展的凡客诚品等巨头网站，已经充分表明了垂直电商的精准更能解决网民的实际需求！

鞋类垂直电子商务有着巨大的市场潜力，因为鞋是人们生活的必需品。不论年龄、档次、收入、爱好，所有人都需要经常选择购买自己喜爱的鞋。所以××策划了自有的鞋类

品牌，以满足不同阶层人士的需求。品牌的定位和包装就是完全以人群精准为前提，既具有传统企业的生产优势又具备品牌优势，所以才刚刚上线就取得了不错的销量。

三、电子商务机遇和挑战并存

××进军电子商务取得阶段性成功之后，并没有忽视电子商务所面临的挑战。使旗下的三大品牌，完全涵盖了高、中、低三档人群需求。同时将这三大品牌同时推向电子商务，自然能够满足不同消费人群的需求。同时，为了避免恶意的价格战，对每个品牌都建立完整的品牌包装体系和市场推广策略，完全用鞋子的品质和品牌的文化来吸引和感动消费者。从市场链条来看，将引发一轮电商企业争夺皮鞋供应链的连锁效应。

××表示，在接下来的几年里，依然会不断锐意进取，开拓经营思路，整合市场优势，将时尚真皮皮鞋打造成我国标志性的民族品牌！

点评：

电子商务为鞋和服装行业带来了巨大的商机，同时也造成了严重的冲击。面对巨大的市场变革，很多工厂型企业老板，敏锐地感受到了电子商务的商机。一边积极地学习电子商务课程，一边打造自己的电子商务店铺、平台，策划新的品牌战略。

这些年我讲课去的最多的地方，当属广州、深圳和义乌，那里也是工厂企业相对密集的城市。这两篇文章，就是为当时比较具有代表性，面对电子商务市场变革，反应速度快、执行力较强的企业撰写的。

区别就是，一家企业是以时尚为主，一家是以工艺和创始人的经历为主。共同点其实都是以电子商务为主线，开拓企业全新的营销渠道。

8.10 快消品行业

案例 1：

××饮料 营销策略开始逆市求变

随着全国各地气温的不断升高，我们也将迎来炎炎夏日。这个夏天除了狂轰滥炸的音乐选秀节目之外，饮料市场当属最为活跃的领域了。纵观近几年国内饮料品牌的旺季促销我们发现，饮料营销模式正在悄然发生改变，企业都在不断推陈出新。其中，一些品牌的营销策略确实值得推敲和揣摩，从某种程度上说有一定的借鉴意义。

一、解析饮料营销的突破口

说到这里，不得不提当年的王老吉，虽然眼下的王老吉与加多宝已经“相忘于江湖”，但“要捐就捐一个亿，买空封杀王老吉”的促销手段着实让它火了一把。只不过历史不会重演，这样的促销手段也只能定格于时代。但细细分析可以得知，王老吉当年的促销手段抓住了几个要点：时代性、差异化和需求性。“5.12”地震是划时代的大事件，在这次抗震救灾中，当别的企业还在表决心时，王老吉逆向思维，喊出“封杀”口号，一下子抓住了消费者的心理需求。无疑，王老吉成功了。很显然，把握这样的三个原则是饮料品牌营销的突破口。

回到现实生活中，饮料品牌营销虽然不至于还要用“再来一瓶、包装里放美金”等这样的俗套方法，但王老吉的手段显然也已经不“灵”了，再用就是违背市场规律的表现。饮料企业都明白，无差异化、摆花架子、走形式的促销活动无疑是失败的，有时候实际上做了还不如不做。面对眼下的消费需求和市场变迁，他们要做的就是逆市求变。

二、红牛营销再出新招

在最近的饮料品牌促销活动中，红牛开展了“争分夺秒 赢大奖”活动，主办方表示，凡在活动开展地区购买红牛维生素功能饮料促销装产品，发现拉环上印有奖项字样的，可获得相应奖品，奖品为平板电脑、时尚耳机、饮料产品等。这次活动主办方统计综合中奖率为 15%，奖品总金额约为 4.04 亿元人民币。整体来看，红牛的营销相对比较符合消费者的需求，像平板电脑和耳机都是年轻人比较感兴趣的东西，但活动形式相对单一，而且缺乏创新，中奖率不高也是导致促销“疲软”的因素之一。

三、××推出 56 亿大奖

而相比而言，××开展的“短信赢大奖，好礼天天送（即日起至 2013 年 7 月 31 日）”活动就比较有代表性了。消费之即日起购买××促销装产品就可以参与短信互动，获奖者有机会获得三星 Galaxy Note Ⅱ（N7100）16G、iPad Mini 16G 以及 38 元支付宝大礼包，奖品数量超过 1.4 亿份，综合中奖率 100%。奖品总价值约为 56 亿元人民币。

表面上看，似乎××的营销活动并没有太特别，但是和红牛活动一对比，明显看到××促销活动稳稳地抓住了营销核心三要点，总的来说具备一定的逆市创新精神。先说时代性，××的奖品设置全是年轻人喜欢的：数码化，网络化，网购化；而支付宝、1号店、第 1 彩、唯品会等运用也是电商共赢的创新合作模式，体现了其营销的差异化，特别是第 1 彩的设置，是礼包设计中的一大亮点，许多获奖者也因此得了更多的中奖机会与实惠。在这一点上，红牛似乎没有更多亮点出现。

另外，××活动进行了 minisite、官方微博上线、论坛、新闻、红人与意见领袖助推等全网资源同步整合，也是营销推广的形式创新，抓住了消费者当前的生活模式特点，创造了与年轻主流消费人群的彻底亲密全新接触点，但是红牛却在微博上活动不太明显。所以，××的促销非常时尚潮流又能迎合当下消费群体的购买心理以及社交互动心理。

其实，活动开展的互动力度仍然是饮料营销氛围的突出表现之一，像××就实行了线上线下全互动模式，商店贴海报，电视台有广告，网络信息处处可见，经销商有激情，消费者有热情。而红牛则忽略了最具时效性的网络营销，反而以较多的地面车站广告呈现。

除了红牛，××，还有如“可口可乐　揭盖赢好礼”借势小米手机、“康师傅经典奶茶香浓好惊喜”借势宏碁新上市超级本等相关饮料促销活动，虽然能够在相关的数码潮人中博得一定的眼球，但总体而言，依然还没有突破老套路，没能形成对饮料活动本身的聚焦。

对比这些饮料品牌促销形式的优劣，××“短信赢大奖 好礼天天送”以“瓶瓶都有奖、100%中奖率、最低 38 元支付宝大礼包、1.494 亿份大奖”等元素更胜一筹，在新时期的营销模式中具有一定的借鉴意义。以其目前的营销态势，在接下来的炎夏取得营销佳绩应是完全可期的。由此可见，营销手段的创新一定要抓住需求、符合时代、突出个性，这样才能“逆市”成功。

案例 2：

人参类产品将成为电商分销商的新机遇

健康医药类产品一直以来，都是中国电子商务的热门销售品类。特别是近年来，国人老龄化严重、白领职业病和亚健康状态非常普遍、空气污染加重等客观环境的变化，使得人们越来越重视身体素质的提升，这使得健康、养生类产品在电子商务平台十分热销。

作者所志国对大型医疗电商平台、大型人参种植销售企业、健康类产品天猫店的调查中发现，大众类的健康医药产品处于高度竞争和同质化严重的红海状态。但传统滋补品中的人参制品及深加工产品市场却呈现出另一番景象。

人工种植的园参被卫生部列为新资源食品，使原本局限于医药保健品领域百亿的市场容量短时间内增长了几倍。目前，很多人参企业正在紧锣密鼓地申请食品 QS 认证，现已接近尾声，亟待发力。随着线下市场的销售愈加火爆，线上的整体销售也开始走高，也给电商分销商提供了新的“爆款”产品。健康电商平台的营销人员预计，在空间市场需求不断旺盛的环境下，参类深加工产品有机会创造上百亿的电商蓝海市场，而电子商务的分销商将占据市场 70%以上的份额。

作者所志国认为，人参类滋补品未来市场前景广阔，主要有以下几大原因。

一、参类产品丰富，市场容量巨大

在大多数消费者的传统观念中，人参是功效神奇且极易上火的滋补品，除北方消费者泡酒、华东消费者泡水、泡茶，华南消费者煲汤外，其他地区消费者很少具备相应的消费习惯，更少有了解其他消费方式。

××表示："人参并不仅限于药用领域，早已进入了食品领域，是对传统医药与保健品原材料的狭小市场的全面升级与扩张，其市场空间将得到大幅度提升。作为食材之一，人参可以进入饮料、茶类、酒类、汤料、休闲食品等多个市场领域，保守估计市场容量在 5 000 亿元以上。××公司的产品线就涵盖保鲜人参、人参茶、人参切片、人参膏、人参原参、人参酒、人参饮料、人参汤料以及人参精油等多种产品形式，为消费者提供人参食品、饮品、日化用品、保健品等多品类的全解决方案，在沃尔玛、麦德龙等商场超市进行销售。

二、解决电子商务的信任度问题

诚信一直是中国电子商务比较薄弱的环节，也是最令消费者担心的问题，而人参也同样存在着品质和价格的巨大差异，消费者更是难以通过表象辨别。一旦在购买过程中产生犹豫，就容易让消费者产生厌烦或者排斥情绪，直接选择线下的渠道购买。

从目前的市场环境来看，消费者在选择人参、鹿茸、冬虫夏草等高级营养品和保健品时，多数选择在知名医药连锁品牌的实体旗舰店选购，他们相信医药保健品企业对于此类产品品质的把控更加专业。如有网购需求时，更多是选择该品牌的专营店。这也反映出消费者在选择刚需或非价格弹性商品时，对品牌力极为重视，直接关系着下单的决心和信心。此时的电商平台，起到的不是宣传或者引导销售作用，只作为借助品牌影响力成为销售渠道。

另一方面，对那些药监局认证的合法大型医药电商来说，商品真伪及品质保证已不成问题，平台商可以直接找到货源供应商。但需要解决品类齐全、服务增值、集中宣传这三个问题。健康电商要想很好地经营该类产品，就要完善产品结构，覆盖各类人群对商品的差异化需求，便于消费者从中选择。将此类商品及关联商品进行单独运营，针对不同品类产品及相应的受众人群，以价格为基础、消费者诉求点为依据，进行差异化营销。用药食同源产品组合销售，配以营养专家的进补建议，作为增值服务营造更好的口碑。

三、领头企业已箭在弦上

近年来，线下大量消费人群向线上转移。一部分战略意识强的传统企业，不断调整思路和经营模式，开始发力线上，将带领电商领域快速成长。目前，在大型电商平台销售的人参类领导品牌，大概分为三类。

第一类：以××品牌为代表的种植营销一体化的品牌，拥有全球领先的种植、深加工技术和原生态的种植基地。××土产有限公司的电商负责人表示：××拥有超过150公顷的平均海拔超过1 000米的天然参林作为有机人参产业园，是全球规模最大的有机人参种植基地。××品牌是目前世界上第一个、也是唯一一个同时通过欧盟EU、美国NOP、日本JAS、中国GB，4大权威机构有机认证的人参品牌！已经累计向全世界销售1亿支人参。如今，××品牌的参茶、干参、参膏等数十种已经正式入驻了淘宝商城、京东商城、顺丰优选等电商平台，成为电商界的参类标志品牌。

第二类：中粮、中国医药、广药集团，都进入了人参行业，使整个行业具备了大资本的推动。还有传统滋补品行业的海晏堂等企业进入，为这个行业聚足了人气。

第三类：以韩国和朝鲜为代表的国外品牌，以鲜参和干参为主。

可以说整个人参电商产业，已经具备了政策、资金、需求各项因素。而电子商务也切实需要一个又一个具有潜力和冲击力的产品或者行业，来带动整个行业的成长，创造一个又一个蓝海。相信，参类产品将带给整个市场和消费者更多的惊喜。

案例3：

“××”义乌红糖——千年传承的气血养生圣品

中医讲究“血为气之母，气为血之帅”，是说气血乃是人存在的根本，是健康的决定性因素。提到保养气血，很多人都会提到众多昂贵的保健品或者营养品。其实养气血有很多物美价廉的食品，例如：红糖。

早在《本草纲目》中就有记载，红糖性温，有化瘀生津、散热活血、暖胃健脾、缓解疼痛之功效，红糖在古代就是最佳养生食品。而味道最为纯甜的当属义乌红糖。义乌红糖已获得农业部农产品地理标志登记保护，义乌红糖制作技艺已正式被列入第四批国家非物质文化遗产代表性项目名录。其中，最具代表性的是有千年传承的“××”义乌红糖系列。××义乌红糖将天然庶糖原汁和古方养生必需原料相结合，以其独有的色泽和口感极受消费喜爱，被誉为保养气血的养生圣品。

一、"××"义乌红糖　千年历史文化底蕴

义乌红糖色泽嫩黄而略带青色，质地松软、散似细沙、纯洁无渣、甘甜味鲜、清香可口、营养丰富。早在元代就有关于古法手工红糖治病的记载，到了清朝古法制作的红糖被广泛应用。每到旺季四方商客聚集义乌小镇，磋谈生意。彼时红糖产量少则十几万斤，多则可达数十万斤。也就是从这个时候开始，义乌红糖的名声开始流传开来。

1941 年，整个义乌内有生产用的糖车 400 多部，到了 1947 年增加到 518 部，一年的糖产量达到了 21 385 市担，相当于 220 万斤。跟随着工业化进程的脚步，红糖工艺经过了手工、半机械化到机械化运作的过程，利用机械压榨不仅克服了人工的时效性限制，而且还解决了因为低温和冷冻问题遭受的损失，但其丢失了千百年的传承的技艺。

"××"义乌红糖，将古法红糖的制作工艺进行打捞，并根据人们日常生活和养生需求，根据历史医书和老中医多方认证和食验，根据不同人群的体质和需求，研制推出了红糖姜枣、红糖桑葚、红糖桃花、红糖桂花、红糖玫瑰、原味红糖等众多口味的产品。

二、古法技艺的传承　只为那一味纯甜

历史上由于生产规模小，生产工具和制作工艺比较原始落后，生产的大部分红糖都只做自食。义乌红糖主要经历了 3 种制糖方式，有木糖车传统型、半机械化制糖型和机械化制糖型。3 种制糖工艺手法的演变从纯手工推车、牛力伴架到机械化生产，从最初的耗费巨大的人力物力，生产方式落后到如今完全可以依靠机械设备生产。

"××"义乌红糖传承了古法红糖生产流程，用 11 连锅烧制（一般为 9 连锅）柴火烧制，比一般的红糖更干净、纯香。用自然的产物和古法的工艺来制作，经过压榨、过滤沉淀、烧制、捞糖沫，再到熬糖、舀糖、做糖等几个工艺流程，最后出锅成品义乌红糖。用柴火做出来的比工业化生产出来多的不仅是舌尖上的纯味，更有那份对传承的坚持和敬畏。

三、绵软如沙的养生圣品　入口即化的茶点零食

"××"红糖和普通红糖相比，口感更加细软，入口清香甘甜，丝丝蜜意中夹杂着蔗类作物的醇香，顺着喉管流下的不仅仅是红糖的甜意，让人随时感受着还有那份厚重的历史文化。同时，还区别于普通红糖只能作为辅助材料或者沏水食用，"××"红糖则既可冲服，又可以当成甜食直接食用，大快朵颐、香而不腻。

"××"红糖在经过千年的锤炼后，无论是口感、营养、文化，都经受住了市场的考验。目前，正在全国火爆销售和市场招商。

小编建议，女性同胞们尽量每天一杯“××”红糖水或者直接食用一小块，及时补充缺失的气血和水分，以及人体必需的微量元素和维生素，不仅可以帮助维持正常的代谢功能，还可以间接延缓衰老、补气养血。

案例4：

专访土鸡蛋大王 ××农场场主××

阿里巴巴集团创始人马云曾经说过：“饮用水和食品安全让我睡不着觉。不注重环境保护，导致环境恶化的今天，我们呼吸着有毒的空气、喝着有毒的水、吃着不明来源的食物。”

从最早的苏丹红鸭蛋、三鹿“三聚氰胺奶粉”、皮革奶，再到地沟油、瘦肉精、“毒生姜”，食品安全已经受到中央和各级政府高度重视。虽然社会上存在着很多黑心商贩，但也有着许多本着良心品质、良心经营的商家，为我国的食品安全悄悄贡献着自己的力量。以千家万户、亿万百姓都离不开的食品——鸡蛋来说，就有着让食品专家、营养专家都赞不绝口的优质品牌——“××土鸡蛋”。

为什么“××土鸡蛋”能如此受到社会的欢迎，就此，笔者专门采访了“中国土鸡蛋大王”——××农场场主××。

一、天然松柏林山上散养，以野生中草药植物与五谷杂粮为食

2001年，初中毕业后，××开始在山上开采过大理石，后来又到饭店做服务员，在车间干过纺织工、车床工。不甘落后的他又跟车配货拉煤炭，在农村集市上卖过一年蔬菜，最后跑到上海工地做了农民工，一直做到包工头，毅然决然地选择回到家乡创办了××农场——打造绿色生态散养第一农场品牌，成为一个地道的“农场主”，中国的土鸡蛋大王。谈及过往的种种打工经历，××说，每当回到家乡看到老人们身体健康状况差，食品安全没有保证，营养不良，促使他回乡创业。能让家乡的父老乡亲，普通老百姓都能吃上放心安全食品是他最大的心愿。

鸡蛋被认为是营养丰富的食品，含有人体所需要的多种矿物质如蛋白质、卵磷脂、维生素等。更为突出的特点是，鸡蛋含有自然界中优良的蛋白质。

××农场位于蒙恬故里——山东省临沂市蒙阴县联城镇的虎头崖山上，整个山上以天然松柏林为植被，农场内自然环境优美。每天清晨，散养的土鸡醒来后，就会开始自己的觅食之旅，柏树林下常年有当地野生的虫、草、柏树籽作为土鸡的食物，其中一些“草”，据当地的老中医鉴别是可以入药的野生种药材，对土鸡和鸡蛋的营养价值非常有帮助。农

场的工人们上班后，会以当地自产的农家五谷杂粮按照一定的比例为配方，精心加工制作出土鸡们的辅食。

土鸡在常年散养下，食用山上野生的中草药和五谷杂粮，产出的土鸡蛋个头比一般养鸡场的鸡蛋个头要小很多，煮熟后，蛋黄色泽更黄。经当地的检验检测中心检测，虎头崖山上的土鸡蛋不含任何汞、铅、无机砷、镉等对人体有害的元素，其营养价值更高。

二、麦饭石金银花故里，只饮麦饭石金银花过滤天然泉水

××农场地处联城镇，素来有麦饭石金银花故里的美誉，以麦饭石矿泉水为酿造用水和优质金银花为原料酿造的银麦啤酒，被指定为“人民大会堂宴会用酒”，更是被国家卫生部批准为“保健食品”。××农场里所有散养的土鸡每天喝的水就是经过特殊科学配方、精心过滤而成的天然泉水。

××农场主提到，为了让土鸡和土鸡蛋营养价值更高，他几乎找遍了当地的老中医，请教他们如何实现土鸡界的“药食同源”。经过每天的土鸡和鸡蛋产量及口感等多种数据指标分析，终于找到最适合的配方——依靠虎头崖山上的天然泉水为主，经过麦饭石过滤后的矿泉水，按照土鸡的体重加入一定比例的优质金银花，最终过滤出来的天然泉水才是××农场散养土鸡每天喝的“琼浆玉液”。

麦饭石矿泉水和金银花的使用，使得土鸡免疫力增强、体质更佳，营养价值再次提升。

三、每日活动定时定量，保证土鸡鸡蛋绿色天然高营养

虎头崖整个山被××农场承包下来以后，土鸡可以活动的范围非常大。每天土鸡吃的都是野生中草药、虫、精心配置过的五谷杂粮，喝着用麦饭石、金银花过滤的天然矿泉水，为了让土鸡的身体更健康，农场的工人们每天都要让土鸡一定达到的活动量。

遵循古代“日出而作、日落而息”的原则，××农场的土鸡也是按照这样的作息规律，每天太阳一出，按照已规划的活动路线，久而久之让土鸡养成定量的运动习惯，让一切回归原始、回归大自然后，土鸡的生命力非常旺盛。

在饮食和运动双重高标准的作用下，土鸡以及土鸡下的鸡蛋真正做到了绿色、天然、高营养价值。

××农场场主表示：××农场散养土鸡蛋绝对不掺杂任何人工色素，不使用任何添加剂，不使用任何抗生素，不喂任何人工饲料，始终只做绿色健康食品，做良心品牌，真正成为中国土鸡蛋大王。

案例 5：

××茶，创新现代健康时尚新饮品

茶，是中华民族的举国之饮。发于神农，闻于鲁周公，兴于唐朝，盛于宋代。中国茶文化融合了中国儒、道、佛诸派思想，独成一体，是中国文化中的瑰宝。铁观音、猴魁、普洱、毛尖、竹叶青省略号给我国的茶文化立下了汗马功劳，随着人们生活水平的提高，各类保健茶逐渐为人们所关注。

其中××类茶是近两年受人们推崇的明星饮品，它是以羊肚菌为主原料，用独特配方配制的首款富硒珍稀菌类养生茶，天然、健康、滋补，创新现代健康时尚新饮品。

一、尽享天时地利的青睐

蕲春县地处鄂东边陲，地跨东经 115° 12′ ～115° 56′ ，北纬 29° 59′ ～30° 40′ 之间，地形狭长，形如船帆，地势北高南低，位于大别山南麓，长江中下游北岸，风光秀丽，景色宜人，气候温和，四季分明，素有“吴头楚尾”之称。正是在这片神奇的土地上，孕育了富含硒元素的羊肚菌。

在我国部分地区土壤含硒量较低，而硒元素是人体的必需元素，1935 年在我国黑龙江省克山县发现的“克山病”就是发生在低硒地带的一种地方病，它表现为急性和慢性心功能不全，心脏扩大，心律失常以及脑、肺和肾等脏器的栓塞，医学研究认为这种病与人体缺少硒元素有关。《本草纲目》中记载：羊肚菌性平、味甘，具有益肠胃、消化助食、化痰理气、补肾、壮阳、补脑、提神之功能。

二、稀菌类养生茶创新上市

羊肚菌中含有丰富的硒元素，是人体红细胞谷胱甘肽过氧化酶的重要组成成分，可运输大量氧分子来抑制恶性肿瘤，使癌细胞失活；同时，硒对人体有着抗氧化、调节甲状腺激素代谢、维持正常免疫功能和抗肿瘤等作用。因此，民间一直有“年年吃羊肚，八十照样满山走”的说法。日本科学家发现羊肚菌提取液中含有酪氨酸酶抑制剂，可以有效地抑制脂褐质的形成。

湖北××科技有限公司在传承中国传统茶文化的基础上进行创新发展，结合“药食同源”的原理，以纯天然、无污染、零添加的羊肚菌为主要原料，用独特配方研制出首款富硒珍稀菌类养生茶。

三、羊肚菌打造现代健康新饮品

羊肚菌本身是富含属珍稀的食、药两用真菌，含有丰富的蛋白质、多种维生素及 20 多种氨基酸，味道鲜美，营养丰富。湖北 ×× 科技有限公司创新的富硒珍稀菌类养生茶，不仅完好保存了羊肚菌的营养价值，更是结合独特配方，创新了现代健康新饮品，具有调理肠胃、清肝排毒、温补双肾、提高自身免疫力、改善睡眠等功效，味道鲜美，适合不同年龄阶段人群饮用，尤其适合白领群体。

众所周知，现代白领大多处于亚健康状态，要面对来自工作以及家庭生活的压力。白领人群的健康状态早已引起全世界的关注。目前市面上的功能饮料，碳酸类饮料影响钙质吸收，果蔬类饮料以补充 VC 为主，功能饮料多数是健脑、提神、补充能量，茶类饮料以减肥、美容养颜为主，另外是以牛奶为主要原料的乳饮料，鲜少有调节人体机能平衡的饮品。

×× 茶创新现代饮品新品类，是真正的健康养生茶，从根本上滋补肾阴，调理肠胃，改善人体的亚健康状态，没有任何副作用，而且方便食用，成为白领群体以及中老年群体的首选饮品。

案例 6：

吃出童年味道的软地瓜干——××品牌

北方的冬天，寒风夹着大雪。在校园门口，老爷爷从炉子里掏出一大块烤红薯。冒着热气，香味飘散。迫不急待地咬一口，如此香软、糯甜，全身都是热乎乎的。那些时光，那样的年轻，是远方的田野和童年的滋味。

地瓜（红薯），可以说是 70 后、80 后那代人最喜欢、最有记忆的食品。不仅仅是因为它香甜味美，更关键的是可以在家中制作成各种零食。拔丝地瓜、烤地瓜、蒸地瓜、晒地瓜干，无不充满了乐趣和幸福。

特别是地瓜干，由于携带方便、口感适中，更是零食中的极品。如今，离开了家乡，钱也挣多了，可是儿时的那份幸福，似乎再也找不到了。一直想买些正宗的地瓜干，可是，市面上的一些地瓜干，不仅含有大量的添加剂、防腐剂，甚至还有化学色素，还有的非常粗硬，口感极差。

直到近期，小编终于找到了对原材料极致挑剔，对烤法工艺精益求精，被用户普遍称赞，被业界和媒体一致认可的地瓜干品牌——××。

一、来自甘薯之乡的顶级原材料 保证原汁原味

常言道：好甘薯（地瓜）卢龙产。××原材料地瓜正是取自“中国甘薯之乡”——卢龙县，该地于咸丰年间引入甘薯品种开始种植，至今已有百年历史，由于境内大多数的地形为低山、丘陵形态，配合其独特的大陆性季风气候，为甘薯的繁殖提供了天然的基础条件。

卢龙土质又呈酸性，为砂砾状，富含大量的钙、磷、钾、铁、锌等矿物质，因此出产的甘薯在同行业中是营养最丰富的，使得这里成为天然的甘薯圣地。加上高科技工艺和手艺化制作，保留了地瓜中原始的营养元素。所以××的产品，在业内被誉为“最有童年味道的软地瓜干”。

二、传统烤制工艺与专业加工设备　产品安全放心

××严格把控制作流程，采用传统烤制技术——自然糖化法烘焙烤制。全部无菌生产线操作，在220度的高温下，经过蒸、煮、烤等十几道工序，两周以上时间，才能制作完成。

包装袋采用的是世界顶级食品包装材质，全面阻隔紫外线，按照国际食品出口标准，已经达到了百分之百零霉菌率，而且包装袋质地坚韧，便于长距离运输，是亲朋好友之间送礼的必备佳品。

××不仅生产工艺专业严格，对产品信用安全也同样认真负责。保证每片地瓜干，都做到良心品质。不仅不用白糖增加分量，没有木薯掺假，还实现了无糖、无色素、无防腐、无化学添加剂。也正因如此，××的产品才可以保持原汁原味，牢牢锁住红薯的营养成分不流失。

三、绵软的口感 打造健康营养的地道红薯食品

××与一般的地瓜干最大的不同就是“软”，而且是“软中带糯”“糯中带Q”。入口时保留了红薯原始的软糯、咬起来会有一种弹牙的感觉，还会唇齿留香，给味蕾不一样的感受。所以，小编第一次品尝的时候就兴奋异常，幸福满满。因为，吃的不仅仅是地瓜干，还有那份田间的乐趣、童年的回忆，能感受到××那份真切的情怀。

更关键的是，在医典中有记载。地瓜干具有丰富的营养价值，长期食用地瓜干，可以宽肠通便、防癌抗癌、抗衰老、防止动脉硬化、提升免疫力。在全国都提倡健康饮食的时代，一款既解馋、又营养、又安全还有童年回忆的产品，真是不好找了。

××不仅给了小编惊喜，相信在市场和消费者的检验下，会给更多人带来营养健康和幸福快乐。如今，××正在向全国召集创业伙伴，只要你有一颗创业的心，欢迎加入××的创业大家庭。

点评：

近年来食品安全问题，已经成为影响国计民生的重要问题，也是老百姓最紧张的问题。所以，很多食品品牌都摒弃了量产、机械化生产的方法，开始走天然、古法制作的卖点。越是贴近大自然，人工参与越少的食品，现在反而越受青睐。这也是经济发展迅速，人们需求开始返璞归真的表现。

撰写食品类文章，除了推出产品优势外，都会与一些不健康的食品或者来源进行对比，引起消费者的高度注意，也就是书中提及的暗示类营销。虽然软文撰写者不是明星大腕，但是涉及食品类产品，我坚持必须亲自品尝之后，才为企业撰写文章。对消费者负责，对行业负责，对社会负责，是每个营销人的基本职业操守。

练习环节

■ 针对以上十大行业，每个行业模拟一种产品，各写作一篇软文。

第9章

软文营销与“见血封喉”的七种武器

当硬性广告投放成本日益提高，市场推广费用“捉襟见肘”时，企业注意到了品牌营销的重要性，明白只有提升自身品牌影响力、美誉度才是做大做活的根本，都想研究一夜成名的“绝世武功”。

美中不足的是，由于缺乏行业积累、市场经验和专业人才。很多发展型电商网站一涉及品牌网络营销，总是仅仅想到搜索竞价、SEO 优化、EDM 群发、广告互链这些硬方法。在高竞争的市场环境中，单纯使用这些硬性宣传手段来实现品牌的快速曝光，其结果是可想而知的。

找我的企业大多都想“小成本快速提升品牌影响力，带动提升网站注册量和流量”。我的答案自然是“鱼和熊掌不可兼得”，做品牌营销有“绝对技巧”，但没有“绝对捷径”。

谈到营销策划，近年来涌现很多新名词。新媒体营销、微营销、社会化营销、病毒营销等，足以令企业眼花缭乱、无所适从。连一些刚入行的营销人，也是云里雾里、一知半解。再加上网上一些含糊其词的定义，更是令人们觉得说不明白的就是神奇的。

给新的营销手段和模式提供新的定义，这一点本是无可厚非，但是旧瓶装新酒，就大可不必。本人从事策划工作 16 年，其中互联网 14 年。可以说是从互联网广告时代开始，到如今的移动互联网爆发，一直看着互联网潮起潮落。到今天为止，真正主流和常用的网络营销手段，不过十几种，真正常用的不超过十种。

很多所谓的新概念、新定义，不过是把原有的几种营销手段组合在一起，再加上一些时髦词和个人的理解，让人觉得似是而非，就变成了所谓的潮流主题。

在这一章，将互联网领域比较常用，能与软文营销组合在一起，效果比较明显的 7 种网络营销手段的形式和技巧进行介绍，并以古龙先生的传奇之作——《七种武器》中的武器名称进行类比，以加深大家对各种营销手段的印象。

读者可根据市场需求将各类营销形式，与软文营销匹配。通过多年的市场实践证明，这些营销手段在口碑传播方面，都能起到极好的效果，对企业和品牌的推广会起到锦上添花的作用。最关键的是，营销成本都不高，特别是和一掷千金的硬广告相比，几乎可以算之为“零成本”。虽然有的营销形式已经不再火爆，但还有大量用户在默默使用，也就仍然具备传播和应用的必要。

9.1　问答营销——多情环

特点：真实才有实效。

网络问答是一种引导型消费的手段，不是品牌自导自演的舞台。必须认清这一点，保持真实、公正的原则，才能真正实现网络问答的市场效果。不妨针对网民比较重视的“物流”“真伪”“价格”“政策”“服务”“效果”“质量”等问题，结合自身品牌来提出问题，让网民积极发言。切忌掩耳盗铃，自夸自大。一旦把问答当成广告来做，必然受到网民的嘲讽鄙视。问题和答案的策划，都要以实事求是为导向。

在各类问答平台上，策划一些贴近网民消费和心理的问题，引导网民回答和讨论。以此来增加网民对品牌的了解度，也可以更客观地宣传品牌要素。网络问答就像“多情环”一样，婉约的将对方留住。

9.1.1 形式

1. 一问一答

提出问题后，为了防止竞品公司回答，抢占了宣传位置实现截流宣传。可以立刻安排公司员工，回答正确答案。好处是干脆利落，不会被其他公司或者恶意评价钻空子，立刻起到引导宣传的效果。缺点是广告效应过于明显，容易被自动删除。在答案中，不要克意提及公司或产品的名称，就事论事。

这种形式的技巧，其实是在策划问题时，把想要宣传的信息渗透出去，这样答案本身反而显得公正客观。

2. 一问两答

一个问题两个答案，通常第一个问题都不主动回答。由网民或者想通过问答，积累分值的专业人士回答，增加问答环节的真实性。也减少被删除问题的概率，自己回答第二个问题后，再采纳为最佳答案。这种形式，由于维护时间短，删除概率低，也是比较普及的问答形式。

3．一问三答

一个问题三个答案或者三个以上答案，这种形式，由于维护周期长，应用不太广泛。但对于真心想通过问答营销，测试市场口碑和收集市场反馈的企业，反而最建议这种形式。问题发出后，不做任何人为的干涉。等到回答时间要截止时，再去主动回答，并选择成为最适合的答案。

这种形式，由于最佳答案公布周期较长，网民中间可参与的时间较长，会吸引更多人关注和参与。

4．不问只答

对企业来讲似乎有一定的风险，完全从网民的回答中选择最贴近真实的答案。也可能所有答案中，都没有企业满意的，但是这样的形式才是最真实有效的。因为再好的问答策划，以如今消费者的敏感度来讲，都可以被轻易识破。反而只提问，干脆由网民全程回答，会更让消费者信任。如果答案，实在是不尽如人意，则可以通过补充提问，将商业信息传递给网民，实现营销目的。

9.1.2　技巧

（1）在问题中，品牌名称不可出现的过度生硬，而是从消费者的角度，说明自己在某方面遇到了问题，需要大家帮忙。标题中要加入品牌名称，以及消费者最关心的“质量好吗、服务好吗、效果好吗、价格多少”相关长尾词。

例如：在某平台购买了某品牌的化妆品，求救如何区分真假？

（2）在问题中，完全不提自有品牌名称，借助知名品牌引发消费者关注。在答案中，再带出品牌名称！

例如：给女朋友买了兰蔻的化妆品，可是她不喜欢。女孩子还喜欢哪些品牌的化妆？

（3）百度等大型问答平台，会自动删除所有包括联系方式的回答。将阿拉伯数字变成了大写汉字，将 QQ 加入了隔离符号，也会被删。可以在回答中，加入品牌名称和网站中文名称。网民在阅读完答案并感兴趣后，自然会搜索品牌名称。

（4）不要执着于百度问答，应多平台发布！很多问答平台，确实没有百度这么大的流量，也无法对搜索引擎形成主动抓取，但毕竟还是有其自然流量和真实用户的存在。

（5）不进行提问，但安排专人，盯紧行业的相关关键词！只要涉及产品相关的问题，就立刻积极回答，推荐自有品牌，并做到有理有据。

（6）可通过与其他知名品牌的对比，降低广告的嫌疑，防止被删除！

（7）注册问答账号的时候，可以直接用品牌名称或者店铺名称作为账号名称。积极参加所有相关问答。

9.2 微博营销——碧玉刀

特点：扩张才有实效。

我对微博营销的评论是：昨天的微博今天的微信。意思是，火爆都是一夜之间，顺应了信息时代变革和人们情感宣泄特点。微博的火爆，体现了互联网信息过剩的尴尬局面，人们都喜欢短小精悍的原创信息。

微博在国外本来就是客服平台，如今的应用，应该成为企业发起活动、在线问答、传播话题的平台。不仅仅是有专人维护和更新就万事大吉，微博营销是日久见人心的长线渠道，不是“一招鲜吃遍天”的制胜法宝。必须保持每天的更新，使信息影响力不断扩张。

切忌生硬宣传和过多转载他人文章，如果要看新闻、趣事、笑话，网民何必到你的微博上看呢。毕竟企业的微博是用于维护品牌，不是为了吸引流量销售广告。可以尽量多地阐述与行业相关的产品真伪识别信息、使用窍门、名人趣事、市场动态，特别是偶尔的产品免费赠送、促销活动等，让网民感到这里的独特性和经济实惠，自然就会对品牌感兴趣了。

9.2.1 形式

1．每天持续发布 3～5 条微博

（1）看起来似乎很简单，实际上微博维护人员，总是很头疼无话可说。这也是微博营销能与软文营销紧密合作的原因之一。软文在媒体上发布完成后，其实可以以长篇故事的形式，每 100 字左右在微博上发布一条。

（2）发布企业和品牌的背景、优势、特性、功能、服务、团队等内在基础信息。

（3）针对品牌目标人群的特性，发布和品牌属性相关的话题。如化妆品就发布护肤技巧，服装就发布时尚动态，科技公司就发布技术安全等内容。

（4）消费者使用品牌的感受，媒体对品牌的报道。

2．策划有奖微话题

微博粉丝不活跃、掉粉严重，原因都是相同的。对企业的产品没有忠诚度，企业微博也没有任何吸引粉丝的信息。不管微博、微信，保持粉丝的活跃，我给出的企业解决方法都是要“扎心”。直白一些，就是告诉消费者，凭什么你要留在这里，保持活跃。要不然企业就给消费者钱，要不然就给产品，其实就这么简单。

我曾经为湖南卫视的一档类似于“舌尖上的中国”的饮食节目微博策划了一个“看谁是吃货”的微博问答抽奖活动。当然，栏目组本身资源也强大，邀请了一些电视栏目主持人，转发了活动。但就活动本身来讲，虽然奖品价格并不是很高，但对于一个轻松参与的活动，顺便能抽奖，网民的兴趣还是很浓厚的。从最终的 3 000 多人参与问答抽奖，一周之后参与人数已经达到了 20 000 余人，话题参与讨论人数超过了 16 万人以上。

这就是奖品的魅力，有时候策划和创意就是这么简单，前提是要找到消费者的“痛点”。

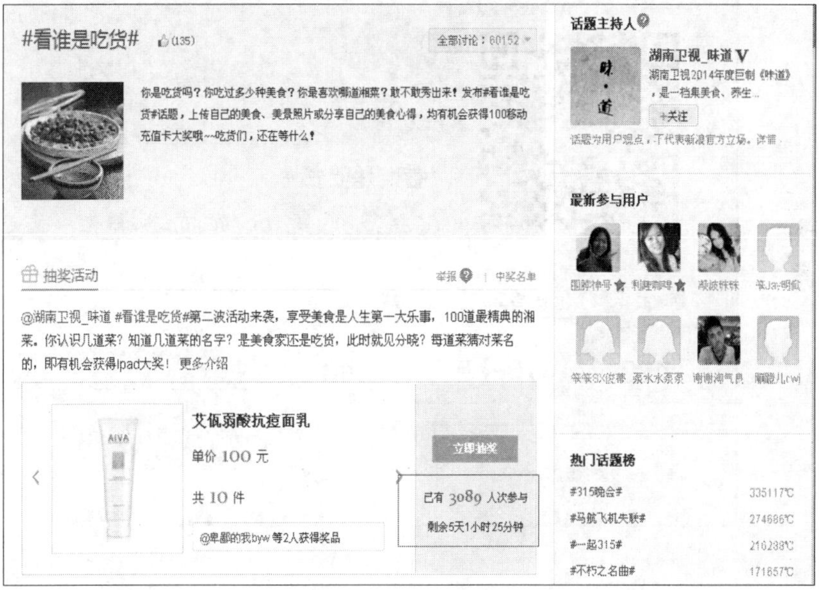

3．策划固定微话题

固定的微话题，可以帮助企业的微博在行业内逐渐形成权威性和专业性。类似于在微博中，开了一个知识分享栏目，打造一个“微品牌”。我前几年策划的“所志国谈实战电子商务”微话题，当时也获得了不错的关注。几乎每条微博发出去，点击量都过 8 000。已经达到了一个小网站一天的 PV 值。

9.2.2 技巧

1. 要引导评论

引导评论不仅能为微博带来活跃度，也能增加曝光度。这种其实是类似于搜索引擎，SEO 优化的参考指数。我曾经特意做过验证，我在微博上发布了一条培训信息，2 天的总点击在 5 000 左右。第三天，我特意找了五位圈中好友，帮我转发了此条微博。等我当天晚上，再次查看时，点击已经超过了 1.5 万，转发竟然破了 300。

其实并不是这五位好友，他们直接为我带来了这 1.2 万的点击。因为有很多新的粉丝，并不是我们共同的好友。所以，还是他们的转发，再加上他们粉丝的转发，使信息快速传播了出去。

2．发布的内容，可以带适当夸张的图片

永远比文字更醒目，特别是帅哥和美女照片，永远是吸引眼球的聚光点。微博中的图片，将比文字更快一秒传递到网民的眼中。当然，除去性感的帅哥或者美女图片，搞笑的生活图片、原创的动漫图片、抓拍的明星图片，都是不错的聚焦点。注意，不要去偷拍他人隐私，不要为了一点曝光度触犯法律底线。

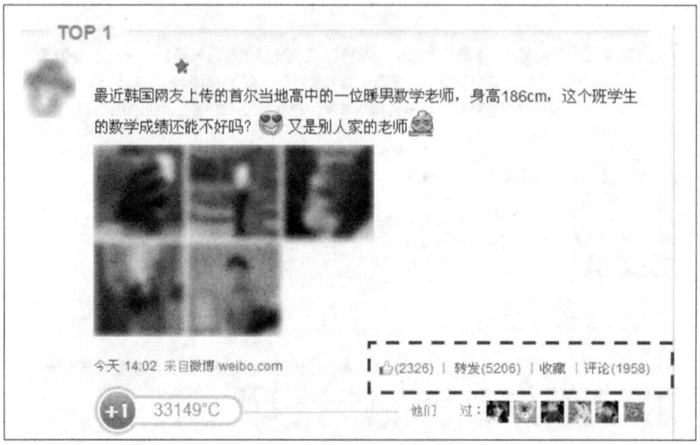

其实这条微博，没有任何所谓的技巧和时尚观点，只是因为这位韩国老师够帅，仅此而已，却能获得比明星大腕微博都高的转和赞，不得不说有点无奈。只是因为这条内容，符合现在90后的审美观和人生观。这类的内容，其实稍加修改就可以和企业微博有关系。例如：这么帅的男老师，如果用了我们公司的产品，效果一定是酷爆了。这种广告的植入，不仅不会引起反感，甚至可能会引发网民的调侃，增加互动性。

3．转评名人观点，品牌借势，融入自有文化

可以主动评转名人和明星的微博内容，发布自有见解，吸引粉丝关注！当然，绝不是去别人的微博上做广告，或者故意用谩骂和断章取义，去引发博主的争执。可以咨询博主所在行业的动态、博主的观点、博主最近项目的进展、对博主未来战略方向等，也可以针对某一现象，采访博主的看法。

不必硬去推广自己企业的产品或者服务，通常都是企业的官微，名字已经一目了然，只要正式地谈论行业话题就好。只要话题的高度足够，自然会引起“大V”及其粉丝的关注，实现品牌借势导流的效果。

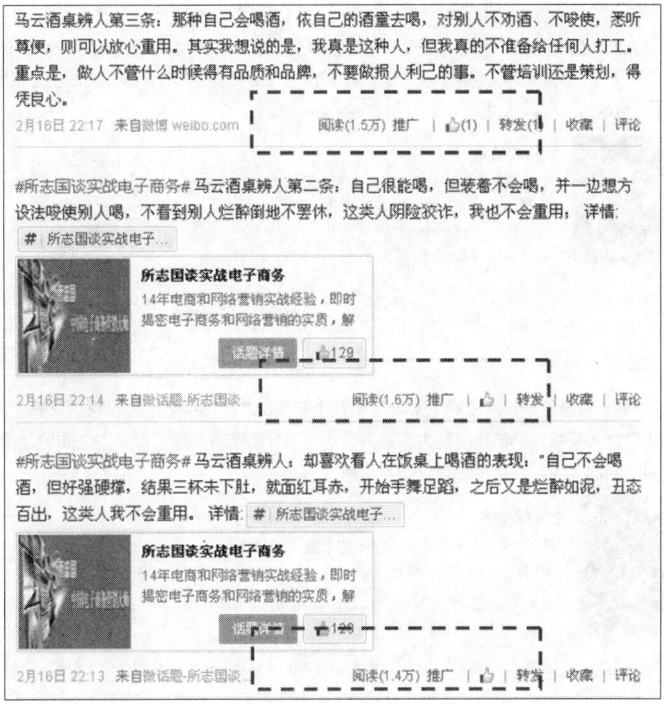

我不是马云的崇拜者，但却敬佩他的性格和风格。特别是，我在酒桌上滴酒不沾，所以看到马云关于酒桌辨人的观点，也是有感而发。并没有直接转发，其实只是复制了一点内容，也获得了意外的关注度。

4．主动评热点事件，发布自有观点

作为一名策划人，由于长年策划各类活动，所以一些热点社会话题，反而很难引起我的兴趣。但有一次，无意看到在校学生向他的老师求婚，老师接受的话题。我想测试一下，事件的舆论导向。于是，我在话题中的评论是：“值得鼓励，学生和老师只是职业上的分别。既然年龄不是界限，只要达到了法定的年龄，又有着成熟的思考能力和做好了担当责任的准备，那么师生之间的恋情，就不能是不可逾越的鸿沟。让世俗见鬼去吧。”

评论刚发布出去，50 分钟，阅读 3 227，点赞 110 个。36 个小时之后，阅读过 4 万，点赞 183 个，粉丝人数新增加数百人。

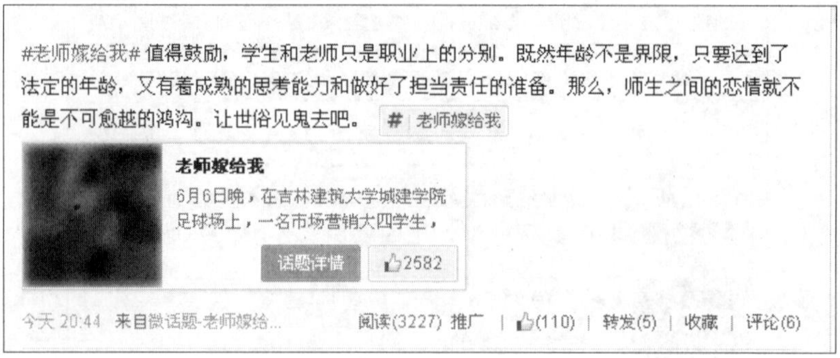

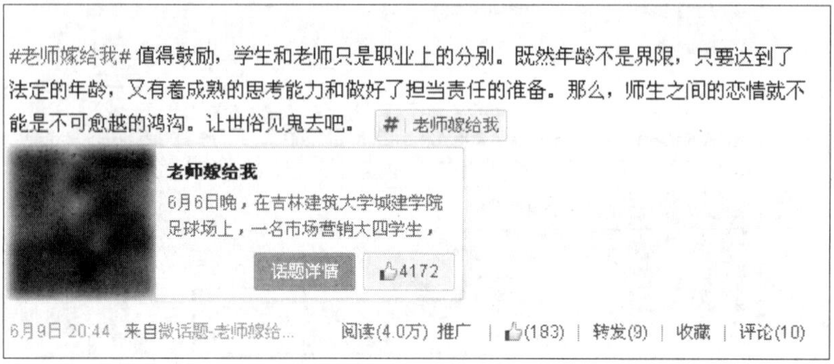

对于企业微博来讲，和主动评论名人观点相同，对热点事件的评论，一方面可以增加微博曝光度，传播企业信息；另一方面，可以增加自己的粉丝数，吸引观点相同的好友，从而增加品牌信息的辐射范围。

有人的地方，都可以做营销。我从来不想把某种营销手段，炒作得多么神奇。微博营销也是一样，特点就是轻松、简洁，所以使用过程也不必过于做作，否则发挥不出应有的市场效果。

9.3 微信营销——拳头

特点：品质才有实效。

6 个月时间，7 天连锁酒店公众号从 0 到 100 万粉丝，80%用户是 7 天的会员，日均微信订房超过 5 000 单，大大高于 OTA 平台订单。其中，2013 年最后一天订房数破万，日常二次订房人数比例超过七成。这个案例成为了微信营销的经典案例，出现在各类营销课程里。

很多企业家都发现，自己的企业微信粉丝增长速度慢，根本不像一些课程中讲得那么容易和轻松。因为很少有人关注到一个致命的细节，那就是酒店原本就有 7000 万的真实会员，其中过去 12 个月内有消费的活跃会员就有 1 000 多万。酒店微信公共账号只需要群发信息、在酒店终端、客房内宣传公共账号，再加上抢购优惠和送矿泉水，这一点点小优惠，就可以在最短时间内以最低的成本激活上千万的微信好友。

也就是说，想实现这种神奇的营销效果，首先自己要有比这个数字还要神奇的真实会员数量。

营销从来就不是一件容易的工作。7 天连锁酒店的上千万真实线下会员，也是通过多年的宣传服务、扩建连锁店和各类活动，从市场上和其他酒店“抢”过来的，不是靠微信吸引过来的。

微信营销的优势在于人群黏度高和人脉扩张快，但是互动性逐渐变差。作为一种营销传播手段，它的优势非常明显，但绝对不是 0 成本营销的必胜法宝，同样要付出大量的时间、精力和人员成本才有可能产生效果。当微信要收费的那一刻起，微信的市场营销效果就被无限放大，似乎不做微信营销就是跟不上时代，企业连微信营销是什么都不知道，就愿意投钱去做。

要尽量多地阐述与自身平台相关的产品真伪识别信息、使用窍门、名人趣事、市场动态，甚至是偶尔的产品免费赠送、促销活动，让网民感到这里的独特性和经济实惠，自然就会对品牌感兴趣了。

特别是企业的免费赠送、事件营销、线上活动等，各种奖品和产品必须具备一定的品质，才能引起消费者的持续关注和互动，否则拥有大量的“僵尸粉”，对企业毫无意义。

9.3.1　形式

1．个性时尚主题

微信也算是自媒体的一种，主要是人们用于工作的交流、知识的分享、情感的表达和个性的张扬的工具，所以软文的文章形式相对轻松活泼，软文的文体形式并不适合。但凡事都讲究尺度，一旦过了界线，只会让事情变得更麻烦。

最常见的问题就是粉丝增长速度太慢，所以，迫不及待的企业经常会打一些擦边球甚至用偏激的营销手段来“骗粉”，比如用一些相对暴露的图片作为文章封图，用明显标题党风格的文章标题。当点开之后，内容和图片、标题没有任何关系。这种方式，确实文章点击会非常高，微信公共账号的粉丝增长速度也相当快，但是，粉丝流失得也极快，同时这种粉丝对企业的营销没有任何意义，他们通常都不是企业潜在的目标受众。即使有几万、几十万人曾经出现过，对企业的产品销售也不会有太大的帮助。他们只是来凑热闹的，对企业和产品没有半点兴趣。

目标不精准只是“骗粉”的后果之一，最严重的就是文章被多次举报，企业微信号直接被封，以前维护的粉丝，也全部消失。正所谓“赔了夫人又折兵”，费力不讨好。

其实，找准网民的喜好点并不难。玩微信的人群，根本不用再去进行所谓的细分。虽然现在从“90后”到“60后”都在玩微信，但主要用户群体，绝对还是以“80后”“90后”为主，只要把微信内容与娱乐、明星、时尚、潮流、影视、笑话、健康、服饰、星座等相关联，某一两个类别做得精准，自然就会吸引大量忠诚用户。

选择内容范围的前提是确定了产品人群的定位。比如，产品是以宝宝妈妈为主要人群，就要更注意健康、时尚、生活、美食等内容，营销还是要以尽量精准为前提。文章的写作风格，当然像段子一样，可以纯粹去忽悠，也可以走时尚路线。

我的一位学员，曾经给过我一个小惊喜，他销售的产品是“苹果糖”。有一天他突然和我说，我当时在微信群的培训，对他有很大的启发。他写了一篇文章，标题是“92年美女CEO的日记”，其实就是以怀念初吻的方式，推出了产品。结果文章发出去4个小时，只有400名粉丝的公共号，阅读破了2 000，还招到了两个代理商。

这就是时尚主题和时尚风格搭配的结果。当然，软文写作的功底，也起到了关键作用。

2．开发互动小程序

曾经有一款叫“找你妹”的小游戏，火遍了整个手机游戏圈。原因是游戏生动有趣，小巧便捷，特别是还可以向朋友求助，增加了互动性和覆盖性。紧接着，微信轮盘抽奖、问答等小游戏，也层出不穷。近两年，由于手机游戏过多，这些小游戏已经逐渐消失。

企业的微信公共账号，也完全可以开发或者借助这些小程序、小游戏，帮助网民打发时光、消遣碎片时间。不是非要把企业号做成企业官网一样过于严肃。比如，有很多小程序，都是输入人的名字之后，就自动抓取用户的微信头像，生成一篇篇恶搞的笑话，称此人是国王甚至是某国家富豪的继承人等。这种笑话，不仅无伤大雅，还能极度激发人们对枯燥生活的反抗精神，再帮助用户，把内容生成图片，发到朋友圈传授。

这种游戏，不需要用任何奖励去刺激用户，大家都会争先恐后地转发，因为恶搞如今已经成为了一种时尚。更何况，恶搞的是自己，自黑精神已经得到了社会的认可。在这种游戏中，只要加入品牌的名称或者在必要位置加上二维码，鼓励更多用户扫码使用就可以了。

像流行的和明星比脸、给自己的颜值自动打分、算星座命运等程序，其实都是在抓取用户数据。但相对这种程度，纯粹是为建立数据库，企业的目的就单纯很多。只要吸引用户关注，再从中筛选出适合产品的即可。就像选择时尚主题一样，建立哪类风格的游戏，要根据产品的目标人群来确定。

3．软文中加入二维码

企业都习惯将二维码应用于微信文章中，生于斯用于斯，天经地义，其实就像开淘宝店的站外引流一样。平台本身，确实是流量强大，但是竞争也分外激烈。站外引流，有时候反而是出奇制胜的招数。

当企业撰写系列软文时，把微信二维码加入文章中，再配合相关扫码送礼品的活动，可以实现微信外的粉丝引流。扫码送礼品没有任何新鲜感，但是，由于扫码诈骗频频发生，很多人即使想要礼品，也不敢轻易扫码。而软文是发布在媒体上的，其可信度大大增加，配合赠送活动，更容易把媒体读者引流成为企业粉丝。

很多不起眼的营销细节，都容易被企业忽略，也往往成为市场成败的重点。在我看来，营销从来没有所谓的细节，因为每个步骤都是细节。营销的过程，就是去触碰甚至影响消费者的心理。人的内心是最复杂的世界，如此复杂的事情，不做得精细怎么可能顺利完成呢！

9.3.2　技巧

1．奖励扩大流量

激活和保持活跃，是比吸引粉丝更痛苦的环节。往往通过合作、活动、广告、软文吸引来的大量粉丝，在几个星期就掉的不剩 1/5，甚至只剩下 1/10。保持粉丝活跃和持续增加，其实就是满足消费者的两点需求。

要么是心理需求，有极强和“好喝的心灵鸡汤”或者专业知识；要么是物理需求，有奖品或者奖金，不断刺激网民留下。目前看来，“心灵鸡汤”的效果已经越来越差。因为喝多了“心灵鸡汤”的网民发现，不仅不管饱，而且还一点用也没有，甚至有时候，反而更加迷惘。

新产品免费试用、老客户限量高折扣促销、1 元钱包邮抢货、红包知识问答、抽奖等活动，要让消费者感觉关注这个微信账号，总是会有惊喜。和集赞兑换产品相比，尽量让用户在公共账号就能实现这些互动，门槛越低越好。

2．用户管理用户

粉信群的不活跃，比公众号粉丝没有互动带来的负面影响更强。管理严格的群，如几百人的微信群，有时候一天没有人说几句话，一星期之后终于屏幕满了，发现说话的还是那几个人。管理不严格的群，自然而然就是铺天盖地的广告，有时候混进来的甚至是同行，直接过来抢客户。

派专人担任群的管理员，似乎是理所应当，但难度也相当之大。一个人管理 499 人，即使只是在网上。想踢出去 499 人很容易，拉进来也很容易，唯独想让这 499 人都活跃，就难如登天。

根据我的经验，安排忠诚的粉丝值班。每 3～4 人为一组，一组人值班一天。负责发一些笑话、话题、维护秩序，把发广告的人员记录下来，及时通知管理员，一共安排七组就好。当然每组成员，虽然是自觉自愿，但是企业不能视而不见，要定期或不定期的，赠送一些产品或者抵用券、折扣卷，其实就是将心换心的过程。这些活跃的粉丝，在担任自愿管理员之初，并没有想要任何回报。但是，如果企业为了节约成本，装聋作哑，这种公益行为也自然很难持久。毕竟没有了奖励，也就没有了义务，更没有了约束。

经常在群里晒给管理员发的礼品，也可以激励其他会员报名成为管理员，久而久之，带动更多人活跃起来。

3．微信群组织互动

微信群里常见的活动就是培训，我已经记不清被多少个群，邀请去分享电子商务和软文营销，每次都有大量加我又不说话的好友，我只好再去删除。群里的活动，也是保持成员活跃的手段。当知识分享已经无法满足成员，又没有什么产品可以赠送的时候。我的另一个策略是组织群内拍卖。这个创意如今已经被很多群模仿。甚至有群主，专门让人把他拉到我的学习群里，看一下拍卖是如何进行的。

这种拍卖，可以由企业来组织拍自己企业的产品，也可以让群内成员组织，拍卖他们的产品。既对产品进行了宣传，又为大家提供了娱乐。市场上几百甚至上千元的东西，一元在群内起拍，大家的兴致都比较高涨。

拍卖什么其实并不关键，重点是让每个人都觉得自己有参与的可能。就像那款“找你妹”游戏一样，让大家都能参与，自然就会提供对游戏的关注度和喜爱程度。

9.4 博客营销——长生剑

特点：精准才有实效。

博客日志作为完全免费的渠道，是互联网自媒体最早的形态雏形，到今天为止，博客网站或者频道，在表现形式上和自媒体没有任何本质上的区别。特别是开通时间长、原创内容较多的博客，对于搜索引擎的抓取亦有着很好的效果。这也是新浪、搜狐等大平台的博客频道，迄今为止一直存在的原因。

只是从市场定位上区分，博客比较严肃和正式。对于企业来讲，体现的是自身权威、全面、正式的品牌形象。企业或者个人营销，在官网上未阐述的内容，在博客中可以详细完全地说明。例如品牌的创业历程、团队故事、合作品牌故事、市场销售状况等，都可以直言不讳地写出来。网民才会对博客产生信任，对品牌产生认知。

虽然博客营销也是以文字为主的渠道，但是不同的意识环境下，必然出现有区别的规则。

9.4.1 形式

1. 明星大腕博客

娱乐明星、影视明星早期都是在博客上，撰写工作和生活的总结，把一些不方便与媒体说的、想和粉丝交心的话，通过博客日志表达出来。虽然现在有了微博、微信，但是微博经常让人眼花缭乱，微信更是好友有限。真正安安静静与明星互动的忠诚粉丝，如今仍然会去博客进行评论。通过新浪博客明星日志，也可以看出，仍然有大批的一线当红娱乐明星，都坚守着博客阵地。这也说明，这里还存在着大量的活跃网民。

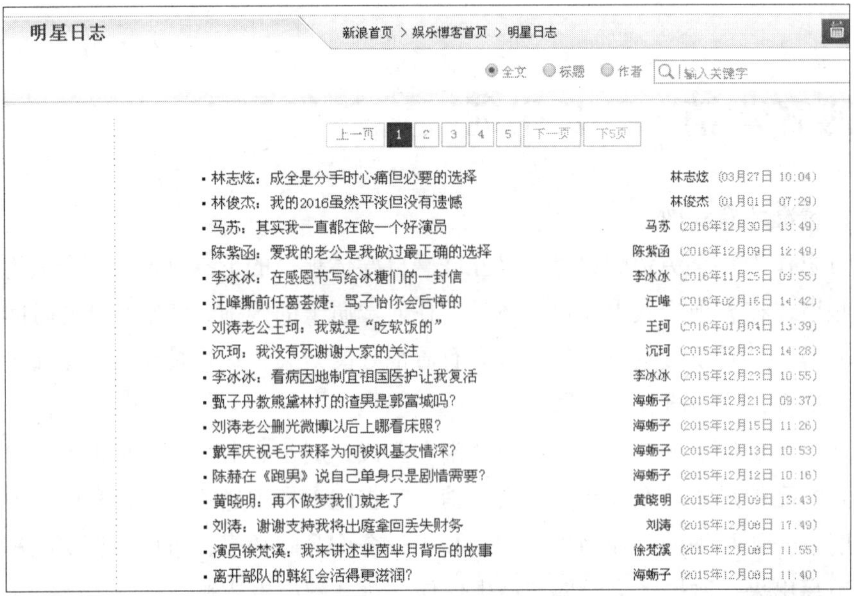

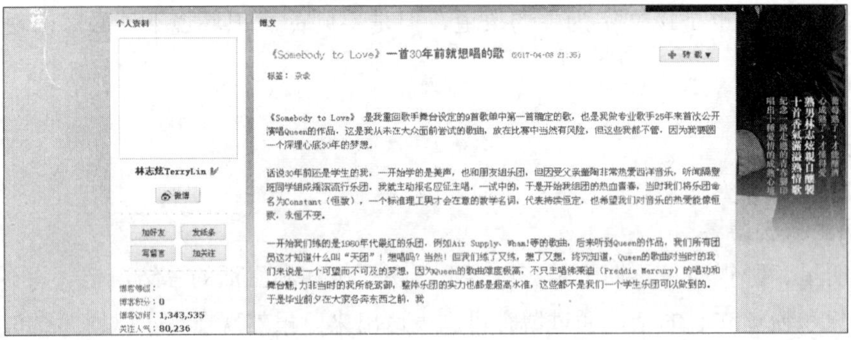

2．名人大腕博客

与当红影视娱乐明星不同，像王石、潘石屹、张朝阳等社会知名人士、行业大佬，虽然是企业家身份，却仍然有着大批的崇拜者和支持者，他们的一些博客日志，甚至被作为行业风向标传播。

3．原创内容博客

博客曾经是唯一可以让网民施展才华，吸引社会关注的窗口，上面也出现了大批人才和高手。针对星座、娱乐、美食、社会、潮流等话题进行深度耕耘的也大有人在，久而久之，也出现了很多点击量过千万的博客。也可以姑且称之为“博客大号”。

有了流量，自然就有了吸引力。有的人就与广告公司合作，通过发布广告和转发文章，获得收益。从这一点来讲，微博博主的盈利模式，完全是模仿博客。作为企业营销来讲，和原创大号博客合作非常简单，选择的内容和产品人群匹配的就好。

4．企业博客

在搜狐、新浪门户网站或专业博客网站上，为品牌或企业建立官方博客。将品牌的各种要素、信息、活动、动态放在上面，阐述品牌文化和品牌价值，以及品牌对社会的意义。企业博客相对经营要简单很多，只是把官网和微信公众号上的内容复制粘贴即可，并不可能短期为企业带来多少收益，但从免费搜索引擎抓取的角度来看，有百利而无一害。毕竟，这也是一个沉浸着数亿网民的交流平台。还有大量的明星、大腕、知名品牌，仍然活跃在这里。就足以证明，这还是一个值得维护、有商机的阵地。

5．高管博客

企业的创始人或者高管建立个人博客，但发布的内容大多数是代表企业的政策、活动、观点和动态。利用人们的崇拜心理，在网民对个人进行推崇的同时，对品牌和企业有着进一步的认识和了解。和名人博客进行细分，二者的区别就是，企业的高管是否具备一线行业大佬的人气。如果个人影响力还不足以盖过品牌的话，那就借助品牌的知名度，来宣传博客就好。

在我出版第一本书《网络营销一本通》时，曾经与阿里巴巴商学院合作，采访了几个通过电子商务获得巨大商机的企业家。其中有一位经营裤钩的李总，给我的印象最为深刻。裤钩是几乎没有差异化的产品，但是李总的品牌能被全球 20 多个国家、100 多个国际知名品牌常年指定使用。例如，国内的柒牌、七匹狼、红豆、富贵鸟等知名品牌；德国的 s.Oliver、Gardeur；英国的 M&S、Berwin&Berwin；美国的 Lanier、Motives；法国的 Carven、Ollygan；意大利的 PAUL&SHARK、Copen；荷兰的 C&A、Berete 等。而实现这一目标的，并不是听了神奇的课程、运用了超前的营销理念，只是李总一直在踏踏实实地写着博客。2007 年，李总在掌握了网上发布信息技巧后，开始接触博客。一字一句地敲打出来个人从商的切实经历和体会，吸引了众多消费者和合作伙伴的关注。通过 B2B 平台销售，销售额轻松实现几亿元甚至几十亿元。

可以说是李总一个人，靠着博客就创造了几亿的收入。从这一点来说，和软文营销完全大同小异。只不过李总包装的主要产品不是裤钩，而是他真诚的经营理念和真实的创业历程。他也许没有精彩的文笔，却有着精彩的思想，所以这个真实的案例，也可以告诉所有的企业高管、创始人，学习软文营销是绝对有用的。

9.4.2 技巧

1．产品融入问候

不论是明星大腕还是社会大佬的博客，直接邀请他们为企业的产品进行宣传，其费用都会高昂的惊人。其实，如果只是想吸引他们粉丝对产品的注意，完全可以走捷径，那就是在评论他们的文章时，把产品信息悄悄融入进去。

比如说，企业销售的是健康食品。某明星大腕在博客日志中，晒了她的剧照和现场故事。企业可以回复："女神你又瘦（黑）了，默默的喜欢你这么多年，今天我终于可以大声地告诉你，我一直喜欢你。看你这么辛苦，我很心疼。我想送你××产品，身边的亲友都吃，有国家的权威认证，营养丰富、安全绿色。相信你吃了之后，一定能青春焕发，永远漂亮，成为我们所有人心中永远的女神。”

回答的方式可以轻松幽默，也可以直截了当，更可以煽情魅惑。根据明星的性别，决定回复时采用的性别角色。这样，追起星来显得更直接自然。只要商业色彩不要太浓，煽情足够到位，是不会被发现有广告嫌疑的，这也是苦练软文写作技巧的好处之一。

2．日志写成小说

就像做裤钩的李总一样，把日志的内容写成统一的标题，连续的故事。内容的持续原创，将极大增加企业博客被搜索引擎免费抓取的机会。例如，搜索我的名字时，出现在百度首页的，是我在某个博客网站开设的专栏。

这种连续的内容，最容易“扎心”，钓起读者的胃口，吸引读者的持续关注，增加粉丝的活跃度和忠诚度。也曾经有业内同仁，通过在知名平台连续长篇撰写当年创业和找投资失败的经历，打动了一位天使投资人，为他投资继续了当年未完成的项目。这也是我前文中讲过的，软文营销的影响对象，包括投资人。

虽然博客营销的文字表达形式和软文营销不完全相同，但是在打动潜在消费者的市场目标上，却是完全一致的。二者也都完全依赖有杀伤力的文字，去刺激消费者的“痛点”。

9.5　专栏营销——霸王枪

特点：高度才有实效。

博客营销是自媒体的基础形态，专家专栏可以说是自媒体的相对形态。这里的相对，并不是指内容上的对立，而是指开通栏目的条件和自媒体恰恰相反。专家专栏是指在互联网权威的行业网站上，受到网站的定向邀请开设专栏。有针对性地撰写电子商务、网络营销、移动互联网、网络支付、互联网事件的深度分析和评论。而自媒体则偏向于大众，针对所有时尚、健康、家庭、社会热点和各个行业进行吐槽。二者的明显区别，一个是开设栏目可以自主申请，另一个是必须受到定向邀请；一个是内容完全集中于互联网或周边产业，另一个是不限于任何行业和知识内容。

专家专栏最火爆的时期，是在 2010—2015 年。当时权威平台以艾瑞、易观等平台为主。刘强东、马云、周鸿祎等业界大鳄也都被邀请开设专栏，当时在这些权威平台能开设专栏，在业内都是一件值得羡慕和称赞的事情。这些作者，被称为业内的意见领袖和行业专家。这些专家，都是代表第三方，中立地评价某个事件或者企业。于是，很多品牌也开始邀请专栏专家，为企业撰写行业评论，以引导媒体的关注和网民的信服。我当时有幸，成为开设专栏较早的互联网人，写了《中国电子商务距离物联网还有多远》《揭开 B2B2C 模式的神秘面纱》《B2C 网站七大致命市场误区》《看阿里巴巴 揭示 B2B 运营精髓》等很多自认为“离经叛道”的文章。没想到文章在当时都引发了巨大的反响，更被多家权威新闻媒体直接转载。同时，也吸引了一些企业的关注，邀请我撰写一些行业评论，进而带出品牌在行业中的影响力。其实，聪明的读者可以感觉得到，这与评论型软文的风格几乎是一模一样。只不过，发布的平台一个是大众化媒体或者自媒体，一个是专家的自有专栏。后者的原创性、导向性和行业更强，目标受众也更精准。

作为意见领袖，专家的传播营销从未真正火过，但也从未间断过。特别是近年来，传递信息的入口分散和各类信息真伪混杂，使网民对常规营销手段失去了绝对的信任。专家的各种专栏，则成了通过内部消息、引导舆论传播的渠道。越大的品牌，则越重视与行业专家、意见领袖的传播合作，因为专家可以站在行业高度来表扬企业。

案例 1：

中粮我买网捆绑 QQ 超市 实属电商营销之上策

经营电子商务平台成功的核心要素，是用户的基数和活跃。只有获得了用户的支持和信任，才能最大化扩张市场份额，将已经摊薄的产品利润通过量化销售实现暴涨。但电商平台最大的成本支出和经营风险也在于用户的开发和维护，会员开发成本过高已经是市场营销的瓶颈，这也是京东、凡客、好乐买等网站每年支付数千万甚至数亿宣传费用，仍然处在卖一单赔一单状态的根本原因。

但中粮我买网与 QQ 超市的捆绑营销，在支出最小化的基础上，保证了效果的最大化。作者所志国认为，这二者的成功合作，可以作为电子商务网站的市场营销典范，值得学习和模仿。

一、节约巨额宣传费用　获得数亿潜在用户

经营大型的综合电商，每年就必然有数亿元的巨额广告费用支撑，这似乎已经成为电商业内的标准。因为电子商务价格过于透明，利润较传统渠道相对较低，要保证网站能够走得更远，立于市场顶峰，前提条件就是要拥有足够庞大的消费用户群。很多电商最终经营不下去的原因，也是因为初期广告费“烧”的过多。

而中粮我买网却实现了没有支付巨额的广告费，就免费获得了腾讯的数亿活跃用户，

而且都是学生、年轻白领和职场人士，他们都是网购的重点人群。这步棋走的可谓相当高超，绕过了常规的广告开发会员形式，而是直接与拥有中国最多网络活跃用户的平台合作。这一策略为网站至少节约了上亿元的会员开发费用。

二、缩短市场传播过程　强化刺激网络用户

如今人们已然生活在一个信息爆炸的年代，特别是每天离不开电脑的白领、学生、时尚人士、职场精英，更是被各种铺天盖地的广告所包围。久而久之，不仅降低了对广告的点击冲动，更产生了广告厌倦心理，也直接导致了，CPC 和 CPM 的广告效果越来越差，网站成本变相增加。

要想让网络用户真正接受网站的信息，就必须在最短的时间内，使品牌信息刺激用户的最深层感官。QQ 超市的游戏过程轻松愉悦，网民在玩的过程中既满足了虚幻的娱乐感，又能潜移默化地接受我买网的品牌信息。避免了硬广告对网络用户造成的反感，刺激了网络用户的消费意识。用最短的时间，在头脑中形成了品牌烙印。

三、建立优质互动平台　信息瞬间传递用户

电商网站最难实现的就是与消费者的真实互动，而建立一个专业的互动营销平台，又是所有电商网站可望而不可即的。大部分电商网站的互动功能，仅限于用户购买产品后的评论，显然将没有机会接触或了解网站的网民，直接挡在了互动的墙外。

对于互动性和即时性而言，在中国暂时没有能超越 QQ 的平台。它本身就是中国最大用户最多的聊天平台，再加上众多应用和娱乐功能，使得 QQ 平台的互动性绝对是超极强悍。通过与 QQ 超市合作，我买网拥有了一个巨大的优质互动平台，可以在第一时间将所有品牌信息传递给用户，以达到市场反映最高效。

四、电商企业终极目标　最高效率转化用户

通过营销手段，将用户吸引到网站并不是电商的最终目标。更关键的是，如何将吸引来的用户真正转化为网站的用户，并且成为活跃用户。转化率也成了电商网站考核经营情况的一项重要指标，毕竟不管人来人往有多热闹，如果没能实现最终购买，一切只能是“浮云”。

而一般电商企业，都很难在品牌曝光结束后同步实现用户注册的转化，因为用户在通过各种广告信息来到网站后。都有可能由于失去了消费冲动，而瞬间离开网站。我买网则通过设置“迎接大亨任务并抽奖的环节”，将腾讯 QQ 超市的用户向我买网实现了导流，让 QQ 用户感到了超值感，实现用户注册兑换并形成消费。

电子商务行业似乎进入了一个怪圈，必须靠融资、砸广告再融资直到上市，才能使网站最终有出路。中粮我买网与QQ超市的合作，切切实实地打破了这个传统模式的束缚，用最少的钱换回了最大的回报，堪称营销经典。

案例2：

假如苏宁和京东真的开战 结果不会乐观

苏宁8月8日宣布，从8月中旬开始，北京苏宁门店将率先启动3C产品的线上线下同价促销活动，确保全城最低价。同时又提出要“线上线下”堵截京东，就是不赚钱也要堵截京东。这一策略对消费者来讲，以后可以买到更经济实惠的商品，无疑是一件好事。对中国电子商务市场来讲，巨头互相竞争刺激行业活跃，亦能推动市场的进一步成熟。

但实际上，很多商品的价格不仅没降下来，反而在默默“小涨”，而且很多所谓的低价商品，购买后都会被告知无货。这种巨头企业联合“作秀”的行为，不仅引起了消费者的愤怒，也引起了国家相关部门的介入。

我认为，虽然这次的开战只是一场秀。但这种电商巨头的“拼血”对抗，是早晚有一天要出现的，毕竟电子商务永远是只有第一才能赚钱的行业。如果苏宁真的对京东线上线下同时阻截，其结果不会乐观。

一、线上消费人群有待培养

苏宁全国有近1 800家门店，辐射着数亿线下消费者。并且还有12个中心仓、全国近百个物流仓储配送中心。这些看来都同样为“苏宁易购”提供了充分的消费人群，能够轻松扩大数码网购的市场占有率。

但这也是中国绝大多数传统商场、连锁企业的通病，就是从来不承认——线上和线下的消费者根本不是同一人群。这也解释了，为什么我国知名的商场、百货公司几乎都有着电商平台，但其年销售额经常不如线下店一星期的销量。就是因为，线下购买人群有60%以上，都是根本不习惯或者没想过要网上购物的人群。

而京东是从2004年开始，打败了新蛋等一个个强大的数码竞争对手，才走到今天的。虽然一直未能盈利，但已经将品牌印象深深植入到网民脑中，已经成为网民购买数码商品的首选，拥有着巨大的“80后”和“90后”的网络稳定消费者。

苏宁的这一举动，看似线上线下实现了双重收入。但其实，线上刚刚运营，其忠诚会员基数很难实现质的飞跃。靠广告和活动拉来的网民，和使其真正成为忠诚的消费会员，还需要一定的时间。电子商务的商品利润率原本就低于线下，如果再没有强大的会员基数去吞食市场，整个网站除了赔钱就不会有其他任何结果了。

二、巨额资金支持能否持续

经营大型电子商务网站，胜利的最大要素不是模式，不是商品价格，不是团队组建，而是企业有没有钱“烧”到最后。同时面对全国所有竞争平台的冲击，电商网站必须走在最前列才有生存和发展的机会。这也要求着，网站有足够的实力做宣传、活动、让利，一直到网民忠诚、对手退让。

苏宁绝对是我国的实力型大企业，拿出几百亿元开展营销相信也不会是件难事。但关键是，京东走到今天已经烧掉了上百亿元，却仍然没出现明朗的盈利状态。苏宁线上线下的同步阻截，意味着不仅线上要随时砸进数十亿元、线下的让利不知道要“让”出多少亿元。

而且，企业原本有多少资金其实并不是最关键的，关键的是企业是不是有这个决心和狠心把钱真的砸进市场中。这两年，有数十家做珠宝、黄金、奢侈品和房地产的企业曾经找我咨询电子商务，都声称企业不缺钱，每年最少交易额几亿元。但真正要投钱做电商的时候，没有任何一个企业的总投入超过 300 万元的。

因为这毕竟是自己的钱，不是大风刮来的，在没能保证盈利的状态下，都是小心加谨慎的状态。苏宁同样面临这种情况，企业再有钱是不是能真的认赔几十亿元甚至上百亿元，只有时间才能考评，任何表态都是没意义的。京东“烧”的毕竟不是自己的钱，虽然也要向投资方有所交代，但投资方的要求就是把钱尽快花出来，把饼尽快做大。

三、线上线下价格统一必成鸡肋

线上线下的价格统一，一直是困扰着品牌、商场、连锁企业开展电子商务市场的梦魇。因为价格一统一，势必影响线下的代理商、分公司的利益。当线上并不成熟的时候，就引起了线下渠道的不稳定，是任何企业都不敢冒的险。

苏宁虽然都是自己的门店，但同样要平衡各大区的收入。一旦线上线下价格透明统一，各地区的门店业绩如何考核？供货商的价格如何制定？特别是当线上迟迟看不到希望的时候，这种价格统一的策略能坚持多久？如果重新进行价格区分的时候，消费者是否会产生被愚弄的心理，从而出现负面影响？

这些都是作为有 1 800 家门店的巨型企业，所必须面对和考虑的。线上数码商品的市场价格巨大，但严格来讲和线下的份额和利润相比，网络交易还有相当长的路要走。此时，苏宁的线上线下如果真的全国统一，市场局面也许并不好控制。

中国电子商务环境成熟、技术成熟，但整体的市场发展格局却并不成熟。像苏宁这类大企业杀入电商，对整个市场来讲绝对是有利无害的，消费者最喜欢的也是电商之间的价格战。但要保持市场的稳定发展，还是需要电子商务平台都能具备真正的持续发展潜力！作秀是蒙蔽不了消费者的，弄巧成拙反而会受到公众的指责。

点评：

这两篇文章都是针对 2012 年，互联网行业发生的两件大事撰写的评论文章。而区别是，其中一篇是我自发而写，另外一篇是受邀请而写，至于哪一篇是自发写的，大家不妨猜测一下。

案例 3：

VR 虚拟现实技术在教育领域的前景展望

戴上 VR 眼镜，就可以进入虚拟现实的空间里，想去哪儿分秒间抵达，虚拟与现实只在一镜之间，这仿若科幻电影中才有的高科技，随着 VR 虚拟现实技术的崛起悄然间改变着我们的生活方式。

什么是 VR 虚拟现实技术？这是一种可以创建和体验虚拟世界的计算机仿真系统。它利用计算机生成一种模拟环境，利用多源信息融合的交互式三维动态视景和实体行为的系统仿真使用户沉浸到该环境中。简单地说，是以 VR 虚拟计算机技术为主，利用计算机等一些特殊设备进行输入输出，来营造一个人体各感官都可感知，如亲临其境的三维虚幻世界。

VR 虚拟现实技术能迅速火起来，是基于它突破了人们对三维空间在时间与地域上的感知限制，以及市场需求愿景的升级。此技术可广泛应用到城市规划、室内设计、工业仿真、古迹复原、桥梁道路设计、房地产销售、旅游教学、水利电力、地质灾害、教育培训等众多领域，可提供切实可行的解决方案，从而降低成本与风险。笔者则看好 VR 虚拟现实技术在教育培训领域里的应用。众所周知，教育行业从最早单一枯燥的说教与图文教学，随后融入了视听媒体，再到后来计算机在教育中的普及应用后复合媒体的发展，但都未能突破二维图像的界限。每次教育的变革都是由科技推动的，试想如果“VR+教育”会产生怎样的反应呢？下面笔者就从 3 类教育现状进行分析。

一、学校教育

大家有没有发现，游戏对学生有着特别的吸引力，而印在书本上的图文与课堂上多媒体的展示相比而言，后者明显更能吸引学生的眼球与注意力，甚至长时间专注其中，而前者学习一会儿就渐显疲态，继而分心。因为后者生动形象不断变换的场景容易吸引学生尽情投入，比起单一的印在书本上枯燥的图文和空洞的说教，或是多媒体的展示中被要求被动观看强制性的学习，远不如进入游戏角色与场景中游弋在虚拟的世界里的效果。明显学生的专注力在虚拟情境中更持久。

试想学校教育遇上 VR 虚拟现实技术，是否会产生奇妙的反应呢？学生们戴上 VR 眼镜，仿若进入某个课程的虚拟场景的三维环境里，进行人、物、景的多重交互，即可重现历史场景或现实中肉眼无法观察到的物体的多维展示。美国一个公司开发了教育类的 VR 虚拟产品，3D 眼镜，一支电子笔与一台特制电脑就可以实现相当逼真的场景虚拟。如学生们坐在教室里，就可通过这些虚拟设备来访问历史古迹，电脑里虚拟的场景带学生亲临现场感知每个方位的场景，甚至与历史名人面对面站立领略其风采。在学习化学时，分子原子的跃动，一些元素氧化的整个过程全部立体展示，学生只需摇摇头，晃动下身子，都可以达到近似现实地体验它们变换的效果，既形象直观，又避免了化学实验可能带来的危险，想起来就很新奇有趣。在做生物实验时，老师可以在虚拟场景中解剖动物，拆解动物身体内部构造，甚至可来回解析几次，学生也可以用虚拟方式来完成解剖过程，这种沉浸式的学习方式很真实过瘾，并可节约教育成本，甚至在教育条件欠发达地区，还可弥补教学设备匮乏的短板。

二、职业培训

为适应经济社会发展和个人就业需求，职业教育则更注重学员能力的培养和训练。临就业前培训的需求，对个人的实践能力与操作性要求则更高。如果职业培训过程中，用 VR 虚拟设备来进行教学，就可以解决不少的实践操作的经费问题。如学习汽车装配，学员们不出教室就可以完成学习与实操能力训练，教师可利用 VR 技术来模拟如何拆卸汽车零部件，发动机的拆装调试，甚至可以呈现现实汽车内部构造中人们难以看到的部位，哪个步骤学员稍有不解还可返回重新模拟拆装讲解，学员在模拟操作演练时，就好似真实地触碰每个零件，逼真效果好到让学员沉浸其中，觉得奇妙无比。

对于一些有风险的操作，如生化与医学实验，因为这些实验的要求相对苛刻，不少要求必须在无菌室中进行，有的还受到某些限制无法完整地呈现，而用 VR 技术来深入实验探索即可解决一些技术壁垒。绝大多数的化学实验都存在着危险，如中毒、辐射、腐蚀、爆炸、视听嗅觉伤害、各种神经伤害，用上 VR 不仅可以规避现实中实操的难度与危险，还使得实验的成本大大降低。同时，虚拟的教学与实验，VR 全景教学模式更能帮助学员在“沉浸式”的教学中提高学习兴趣与效率。

三、在线教育

在线教育市场的可塑空间很大，尤其是移动互联网兴起后，人们随时随地可以进行学习。因为这满足了人们不用去实体教室，就可跟平台上的老师进行互动学习的需求。但目前国内在线教育的模式仍旧只是单纯地将线下学习中的课表、教材搬上互联网，对学生来说，枯燥的讲解与 PPT 展示的教学模式与线下无异，学生的学习热情依然没有被激发。如果学生学习动机不强或接受知识能力弱，那线上教师监管难度则比线下更大。

如果将 VR 技术嫁接入教育内容，教师可以利用 VR 设备创设多维度结合的视听可动手交互的学习方式，模拟出更立体逼真的场景。学生只需戴上 VR 设备，就可以身临其境体验到与现实一样的情境，在网络平台上就好似老师、同学就在身边，挥手即可触碰到，可以与老师同学一起进入课程内容的虚拟情境，享受真实感学习与立体感皆强的体验，这种学习体验更易激发学生大脑促成主动学习。VR 技术若切入在线教育的端口，那么在线教育+VR 就可以带学生进入场景式学习体验新时代，弥补在线教育空间距离难交互与生动不足的短板。

正在不断升级的 VR 技术，越来越广泛地渗透到各个领域，资本火热进入催发了 VR 虚拟现实技术的快速发展。VR 虚拟现实技术真正接入教育，尚需要 VR 技术进一步的研发升级与未来教育市场的布局。对教育领域来说，VR 虚拟现实技术将在多媒体与计算机教学之后重新改造人们的学习方式，对整个教育领域的变革将具有划时代的推动作用。同时，利用 VR 虚拟现实技术也可实现教育资源突破地域与国界限制的共享，这将成为教育领域到目前为止最耀眼且颇具有应用前景与意义的技术。

案例 4：

共享经济下半场：市场、用户决定价值，盈利是最大的诉求

共享经济模式的最初并不是单纯的以做共享服务为目的，大家都希望通过共享经济来打造一个新的商业模式，从目前火爆的共享汽车、单车、洗衣机、充电宝等，我们意识到一个严峻的问题，共享经济模式真的成熟吗？

从目前几家共享经济企业平台的现状来看，处于相对稳定状态的滴滴、易到、神州等

共享汽车进入市场相对平衡的阶段，摩拜、ofo 等共享单车现在还在积极地扩展市场和用户。不过，更受争议的是共享充电宝、洗衣机等服务，仍然在享受着互联网浪潮的红利。

那么，所谓的共享经济模式只能单一的凭借融资而活下来吗？为什么不能有更加切合实际的与实体相匹配的商业模式呢？

一、共享经济在阵痛中实现蜕变

从民生的角度来看，共享经济实现了资源的再次利用，提高了产品的利用率，是一件好事情。诸如私家车、自行车、房子、充电宝，甚至是手机、洗衣机等。而用户拥有的是短时间内的使用权，而并非所有权。这就意味着，产品的流通价值被放大了。

但是市场是有限的，资本实力也是有尽头的，所以，共享的产品就有了分配。当然，鉴于实体的价值，就有了位置、坐标的属性，滴滴、神州等在一个区域中投入的车辆是有限的，所服务的对象也是有区别的。比如，我们在夜间找单车十分费劲，而比较成熟的共享汽车平台在这个时段是要涨价提供服务的。

二、共享单车的价值和服务难以取舍

共享经济模式的企业，要么是创业企业，要么是有实体支撑做转型而开辟的新业务。究其根本，共享的产品是需要投入大量的资金，而这些共享经济模式的企业融资的数额都特别大，ofo 在 B 轮时融资金额就已经上亿了。更可怕的是，即便产品火起来了，公司还需要源源不断地投入资金到供应链中，生产小黄车。截至 2017 年年初，ofo 已经布局国内近 50 个城市，并且在新加坡、澳洲等地开始试运营。这些投入要直到行业寡头的出现，直到市场趋于饱和。

因此，平台产生了巨大的经济价值，据消息显示，小黄车在前段时间，平台日均订单量超过了 1 000 万单，用户达到了 450 万名，按照一个人 99 元的押金，单单押金就接近 4.5 亿元；日均 1 000 万单，那么日均单车收益即便是按照 60%来算也有 600 万元，一个月就有 1.8 亿元。另外，该公司还处于高速发展期，用户数和订单都还在急速增长。

从这点来看，共享单车模式真的很诱人，这是建立在良性发展的基础之上的。我们再继续往前看，共享单车的下一步会不会像共享汽车一般，当补贴摘除，市场饱和之后，盈利点在哪里？我们要的是出行服务，还是出行价值？

三、共享汽车的盈利诉求点在车辆所有权上

共享汽车则完全不同，因为一辆汽车的成本太高了，企业要投入大量资金建立车队难度太大，所以从神州、出租车来看，资金雄厚，又有间接的车辆支持业务的进展。所以，

做起来速度快、效果好，以至于去年神州就已经成为第一个上市的共享汽车公司。只是后来因为政策问题，滴滴损失了大量的私家车主，业务模式被用户诟病，不是没车接单就是费用太高，再加上现在城市拥堵现象严重，即便是乘坐快车遇到拥堵路段也没办法。此外，提供服务的是司机，平台无法控制司机的服务态度，无法保证车辆安全性，从这一点来看共享单车，一个是成本低，一个是自营服务效果相对更好。

同样是共享经济，呈现出来的却完全不同了。共享充电宝、洗衣机，甚至是手机、衣服、包等，同样需要大量的成本投入，这样共享的价值就被缩放了，共享的产品到底该不该扩展到个人所有产品？监管如何开展？这都是问题。

四、盈利的基础是市场占有率和使用频次

共享产品的价值就在于最大化地发挥产品本身的使用价值，有人使用才会创造经济价值。而这个潜在的基础就是有市场、有用户、有强烈的使用需求，出行服务、租住服务、洗衣服务都是如此。而收费模式基本上就是基于使用频次来计算的，使用的次数越多收益越高。这正是企业的内在需求，也是能够实现盈利的根本。

我们看到共享经济一开始都是抱着美好的愿景出现的，一是方便人们的日常生活，二是改变社会大众的价值观。随后在资本的左右下，一些互联网企业为了上市而上市，另一些则早已淹没在时间之中。商业本身就不是无私的，改变社会的梦想很好，但是在资本力量的挟持下，最初的愿景没有了，只能为了生存下去不断地打融资的牌。

笔者认为，在共享经济的下半场，市场和用户已经开始被巨头分割，但是巨头混战中用户就被裹挟了。以共享单车为例，用户要想获得使用权，不得不交押金，到时候使用产品又局限于地理位置的差异，所以，有的用户就会在多家平台进行押金充值，就很无奈了。

哪个平台能够以最快的速度拿下市场，那家企业才能胜出，而这并不是结局。在大数据的推动下，用户不断消费服务才能为平台盈利带来可能。因此，能否盈利才是共享经济模式在下半场评价的唯一标准。

案例5：

揭秘搜索引擎推广的核心方法

在商言商，回归商业本质，搜索引擎推广作为企业网络营销的重要宣传方式之一，就要起到有效连接企业与其潜在客户的作用，尽可能把企业优质的产品服务，展示在最有需

求的潜在客户面前，实现企业主、客户、搜索引擎三方共赢的局面。在信息获取愈发简单快速的今天，如何让优质的产品服务在搜索引擎中脱颖而出？如何更加快速地将企业信息展示给潜在客户？如何让网民形成判断产品服务好坏与否的思维习惯？搜索引擎营销专家颜勇提到这些问题的背后，是关于如何有效应用搜索引擎推广的核心方法论，让我们一探究竟。

一、客户需求导向，设置产品关键词矩阵

在传统企业开展网络营销的过程中，面临的第一个误区就是始终以企业自己为导向，从来不考虑客户怎么想。这一点在搜索引擎营销上表现得更为突出。

一直以来，企业习惯了采用传统的硬性广告传播方式，通过传统的四大媒体——报纸、杂志、广播、电视，直接将企业的产品服务“硬生生”地推到媒体覆盖受众面前，仅仅起到广而告之的作用，给企业的宣传费用造成极大的浪费。“广告时间不准插播电视剧”“我知道我企业的广告费有一半是没用的，但问题是我不知道没用的这一半费用在哪”成了硬性广告投放诟病的代言。

企业要想做好搜索引擎推广，首先必要去掉以企业为中心的思想，站在客户的角度思考——作为客户我如果要买自己企业的产品，会搜索哪些词汇获取信息呢？不同的潜在客户搜索时面临的应用场景不同，这就会产生多个搜索分析维度，如潜在客户搜索时间、地区差异、文化差异、需求程度差异、同行比对差异，产品服务特殊性差异、性别学历年龄差异等。以文化差异举例：我们公司的产品标准名称为“破碎机”，但是不同地区的方言不同，中国文化博大精深，在潜在客户当地如河北地区经常被称为“碎石机”，这就要求企业能够做到应用分析，通过根据以上几个维度的分析，确定潜在客户在不同应用场景下的关键词组合排列，形成矩阵效应，最大限度地将产品服务信息有效展示给潜在目标用户。

二、网络营销漏斗，提升客户转化率

很多企业经常有这样的难题和疑问：企业自己的搜索引擎推广投入成本越来越高，但是效果却越来越差，对网络营销已经失去信心，但又不知道该怎么去有效的宣传企业，很是纠结。搜索引擎营销专家颜勇老师表示，根据营销漏斗模型，建立潜在客户服务跟进档案，才是提升营销效果，尤其是实现最终成交目的的唯一途径。

根据企业产品服务建立营销漏斗模型，完善客户服务跟进档案，大致思路如下，供各位企业家参考：

（1）知晓阶段，根据用户角度分析确定关键词组合矩阵后，通过多提关键词、提优质

关键词的方法，让企业信息尽可能多的展现。

（2）熟悉阶段，通过关键词的点击访问企业的官方展示平台，如官网、公众平台、官方微博或微信等，通过对官方平台的展示和搭建，让潜在客户深入详细了解企业的实际情况，有效建立与客户的信任关系。

（3）考虑阶段，通过与客服的一对一沟通，如电话、在线沟通交流工具、邮件等，深挖客户的潜在需求与痛点是这一阶段的重中之重。

（4）购买阶段，在上一阶段确定客户的需求与痛点后，根据客户当前必须要解决的难题，给潜在客户提供有效的解决方案，将是促成成交的法宝。

不同的企业实际情况有所不同，营销漏斗模型的建立和客户跟进服务细节都要考虑到，以后会再有专门的文章重点分享这一部分内容。

三、潜在客户信息，选择有效推广渠道

在所有的网络营销活动中，有一项必须要做的基础工作——收集潜在客户信息，建立客户数据库。

通过对潜在目标客户的画像——性别、年龄、职业学历、收入等，借助各大搜索引擎的分析工具如“百度指数”“淘宝指数”等，确定潜在客户在哪些平台上聚集，以此来选择有效的推广渠道，通过活动策划如赠品、优惠、免费的方式收集客户的信息（以能联系到客户为准），建立客户数据库。

确定潜在目标客户画像后，最简单快速的推广渠道是找到客户重合度高的合作伙伴直接合作，如同行、竞争对手、上下游合作商等，可以有效降低推广成本，这是另外一种建立自己客户数据库的有效方法。

搜索引擎行业作为一个先驱性的行业，有着巨大的成长空间，随着人工智能的研究推进和移动互联网的发展，将会更加有用，作为企业务必要掌握搜索引擎推广的核心方法。

点评：

案例3、案例4、案例5，分别是我的3个正式弟子——“软文营销三剑客”蒋燕玲、颜勇、耿彪分别撰写的深度文章。想学习软文营销的人很多，但是真能沉下心来，去研究、练习并且能忍受这份枯燥的人真的很少。付出终有回报。当看见他们的写作水平，高出其他人一大截的时候，我也回想起当年的前辈是如何培养我的。这种指导和关爱，是来自对软文营销行业的热忱，对软文从业者的关爱。

9.6 论坛营销——离别钩

特点：灵活才有实效。

论坛中聚集着大量的年轻活跃网民，从形态上讲，近似于网络问答。都是网民与网民之间的互动，从而碰撞出火花。论坛重点在于夸张、个性、贴近生活的自由风格，论坛中的信息内容当真是五彩缤纷、百花齐放。不像自媒体需要身份验证才能发布信息；不像博客平台整体气氛过于严肃。

论坛虽然为企业的营销提供了免费传播的机遇，但其运营规则是排斥商业信息的。这就要求企业在进行论坛营销时，具备专业的写作技巧，通过充满诱惑力的主题，吸引网民的关注和互动。

9.6.1 形式

1．针对性标题

论坛贴的撰写和相应板块的发布，要求营销人员能够灵活多变，真正调动网民的互动性。论坛的标题和内容几乎没有任何写作规则，但内容涉及色情、暴力、政治等敏感内容，会被第一时间删除。这时，就需要策划人严格自律。

对于普通商业贴来讲，开一些无伤大雅的玩笑，在这种平台上都是极受欢迎的。重点要看，这种玩笑和产品信息是否能真正融合在一起。而这种融合程度，也通常决定着，贴子是否会被删除，然后才是有多少人会看，有多少人会记得，有多少人感兴趣！

论坛上的文章，俗称“灌水”或者“刷贴”，统称为论坛贴。论坛贴的标题和“标题党”近似，但也并不完全是断章取义、故作玄虚。特别是企业从事论坛营销，是为了寻找精准客户，更不建议用“标题党”的风格去撰写标题。

当然，也不能像软文一样，过度正式。这样的标题，在论坛上是不受欢迎的。要充分融合轻松、大众、幽默的元素，能和产品信息有机结合在一起，既自然又不做作。

商业型论坛标题，可分为 5 类：

（1）求助型：针对品牌的行业特点，用寻求帮助的语气，吸引网民的回答！

（2）告知型：用知识型的内容，告知网民生活中的一些注意事项，或者某些事件的真相，引起网民好奇！

（3）分析型：分析事件发展的原因、答案、趋势，引起网民关注！

（4）恶搞型：针对热点的事件和人物，进行夸张的描述，引导网民遐想！

（5）故事型：情感、幽默又贴近生活的故事，引起网民共鸣！

案例 1：收纳产品论坛贴标题

（1）求助型：拿什么安置你，我的包包。

（2）告知型：孩子乱扔玩具，主妇教你巧用收纳盒。

（3）分析型：追踪小而不乱的厨房秘密。

（4）恶搞型：拯救邋遢女 化妆品收纳大作战。

（5）故事型：一身冷汗 幸亏有××收纳盒 才过了未来婆婆这一关。

案例 2：女装论坛贴子标题

（1）求助型：今天相亲穿什么衣服好?

（2）告知型：女士不走光的 5 大窍门。

（3）分析型：张柏芝离婚后 为何频买奢侈品女装。

（4）恶搞型：女汉子地铁脱衣赶色狼。

（5）故事型：天呐，买衣服竟然买回个老公。

2．地毯式发布

大平台的热门论坛贴，点击量也会轻松过万，但越大平台的贴子，越容易有被删除的风险，一个论坛覆盖的范围也是有限的，更何况，把商业贴写成热门贴，也并不是一件简单的工作。把贴子升级为精华和置顶，就更需要文章有极强的诱惑力和吸引力。

编辑和网民，都不好忽悠，文章有多少商业信息，是不是广告贴，经常被一眼望穿。想把商业论坛贴，靠内容原创升级为精华或者置顶贴，就得品牌足够大、事件足够响。例如，加多宝和王老吉大战，肯德基食品安全问题等内容，都会很快成为热贴。但这种贴子，其实往往是企业最想压下来，不想让它火的，而且发布贴子的也绝对不是企业的营销团队，而是网民甚至竞争对手。

普通的论坛贴，要想形成宣传效果和杀伤力。除了个性化和技巧性标题外，必须有像地毯式轰炸一样的发布数量。每个论坛贴至少要发布到 200 个论坛以上，才能起到真正的传播效果。根据行业规则，通常删稿率会在 40%～60%，也就是说，发布到 200 个论坛可能一天之后，真正存在的只剩下 80～100 个论坛。如果在数量上减少，覆盖人群基数过小，就失去了宣传的意义。

9.6.2 技巧

1．文字带图片，图片带 logo

除了文章标题吸引人，论坛贴通常是以图片取胜。只发布文字，过于枯燥，易引起视觉疲劳。一方面，通过图片的发布，能起到画龙点睛的作用，有视觉缓冲。我为很多企业策划的论坛贴，通稿经常不超过 400 字，却有 4 张以上的图片，文章的点击量则能轻松过 3 000。因为论坛本身就是追求轻松和娱乐的平台，网民没有大量时间去仔细阅读文字，而图片看起来则更直接和舒服。另一方面，可以在图片上加上品牌 logo，达到传递品牌信息的目的。论坛贴和问答相同，只要发了明显的企业信息，特别是网站、电话、邮箱、微信等联系方式，都会被自动删除。把企业的 logo、店铺名称甚至是联系方式，以水印的方式加到图片上，则可以通过论坛自动检查机器人这一关。

当然，几张图片，偶尔加上两个 logo，还无伤大雅。但是，如果真的各种联系方式，甚至广告语都加上，即使不被删除，网民也不会有兴趣看。这个尺度，需要企业在营销过程中自行把握。

2．不发明显广告贴

论坛贴不管是什么风格的标题，内容通常都以故事和实事为主，绝对不能直接宣传产品内容，否则会被一律“封杀”，要婉转地将品牌名称糅入故事中，看似随意地提一两句即可。曾经有一个健康平台，老板为了节约宣传费用，要求公司从副总到前台，共 100 多人，必须每人每天发布 100 个论坛贴，才能开展其他本职工作。

他的想法还是很完美。一个人发布 100 个论坛贴，100 人就是 10 000 个。连续 10 天，就是 10 万论坛贴。如果都不被删除，每个贴子有 1 000 人看，那就有 1 亿网民看见了贴子。一分钱没花，让中国 1/4 的网民，都知道了公司的商城，堪称 “极限完美”。

这家公司的员工，也做了普通员工该做的事情，那就是没有任何反驳，都兴高采烈的开始发贴。为什么“兴高采烈”？因为，相比忙碌的本职工作，复制粘贴论坛贴，虽然枯燥一点，但是并不劳累。稍微速度快一点，正好下班前能完成，都是拿工资，谁愿意轻松日子不过，累着过一天呢？

结果，10 天过去了，完美的结局并未出现。真正存在的贴子，别说 10 万，连 1 000 个都不到。当企业老板向我咨询原因时，我当真是哭笑不得。答案也很简单，首先，员工的论坛贴，都是自己想写什么写什么，不规范也不专业。基本上都是按照企业简介扒的信息，比硬广告还硬广告，不被删除倒奇怪了。其次，发布的健康类商城的贴子，员工为了够 100 个的数字，省去注册多个论坛的麻烦。经常有一个论坛的军事、娱乐、科技、影视等其他，多个版块同时发布，几乎刚发完就一秒钟被自动删除。但是员工，追求的只是链接数量，其他的，并不在乎。

老板的自我安慰是：虽然发贴子似乎是完全免费，大部分贴子都被删除了，但是公司也没损失什么。事实真的是这样吗？按照人均月工资 4 000 元算，10 天就是 1 300 元左右，乘以 100 个人，13 万元的工资成本就这样蒸发了，公司业务还整整停顿一周。

我对管理学课程虽然不排斥，但是也经常会说，管理学解决不了所有的企业经营问题。营销的问题，必须交给专业营销人士来解决。这个真实的案例也再次证明，不管什么营销，文笔基础都是关键。能把商业文章，写的非商业化，还能让读者接受其中的商业信息，才是“完美”。

3. 引导型回贴

专人发布回贴绝不是面子工程，不是为了让领导看见，这个贴子不是没有人回答。而是要通过系列的回贴，使网民看到这是一个“热贴”，愿意凑热闹参加讨论；在回贴中发布品牌的信息和联系方式。

媒体都说，中国的消费者，都有极强的从众心理。在我看来，全世界的消费者，都有从众心理，因为人类原本就是群居动物，当然是哪人多往哪儿去。在同样一条街上，两家面馆都卖牛肉面，价格都是 18 元一碗，碗的大小也完全一样，路过的消费者，决定去哪家吃饭的第一选择，通常都是看哪家屋里坐着的人多。

这种现象，在一线城市最为明显。同样一条街，或者同在一个商场，距离不足 100 米，一家餐厅长队已经排出去十几米，另一家的餐厅门可罗雀，服务员比顾客人还多。当然，不排除排队这家的饭菜确实可口，但大多数时候，还是因为人们的从众心理作祟。

路过的时候，不自觉地就过去排队了。心里的想法都是一样的，虽然没来吃过，但是大家都排队，这家肯定错不了。即使来吃过，心里也会想，还有这么多人排队，对面连吃饭的人都没有，不用过去试了，对面的饭菜肯定不好吃，也许价格还贵得要命。

论坛营销的回贴也是这个道理，通过一些针对性的回贴，让其他网民注意到这个贴子没有沉，就会有越来越多的人，有兴趣过来“灌水”，甚至互相“开撕”。这种人与人“互吵”的快乐，有时候已经远远超过了看贴子内容的乐趣。企业正是抓住网民的这一心理波动特点，对贴子进行积极引导，甚至有时候故意说点反话，引发网民进行不同的讨论，也是不错的选择。只是要把握好火候，不要真的升级为“骂战”就好。

点评：

论坛是免费的网络阵地，撰写一些品牌故事、网站领导的人物传记、以网民视角撰写的购物经历、以市场角度撰写的行业分析，都会引起网民的兴趣，同时论坛也会给予支持和宣传。但是它的效果来自发布数量、贴子存活数量和最终位置。企业尽量不要想依靠员工，来实现海量论坛贴的发布，人工成本其实远远超过了市场执行成本。

9.7　视频营销——孔雀翎

特点：创新才有实效。

在营销形式中，视频营销的表现内容丰富、观赏性最强。特别是在大城市，等车、等人、吃饭、排队、逛街等大量碎片化时间，小视频是人们最喜欢的消遣方式之一。加之各种自拍、恶搞平台的出现，使得小视频传播速度更快，辐射人群范围也更广。

视频营销以往只是于互联网广告中的一种硬性广告形式，随着智能手机和移动互联网的出现，它已经成为一种植入式的软性营销手段，成本也较硬广告低很多。

当然，也有企业仍然认为，视频营销的成本过高。特别是邀请专业团队、二三线明星拍成微电影，成本更是高昂的吓人，和传统的电视广告费用相差无几。其实，这个就像选择餐厅吃饭一样，你可以选择海鲜大酒楼，也可以选择街边海鲜大排档。海鲜还是海鲜，重点还是在于环境、档次和服务。

视频营销的有多种表达方式，不是非要花大价钱请专业演员或设备拍摄，也不是一定要把内容都拍成广告。重点在于抓住时尚的因素，像软文一样，能把产品信息加入创新的原创作品，通过视频的形式传递出去。如果想节约成本，可以将知名影视片段配音更改成娱乐版、将外国幽默故事和企业信息剪切在一起，是几乎零成本的传播形式。

9.7.1　形式

1．企业宣传片——提升品牌权威性

主要内容是介绍企业的背景、优势、目标、文化、产品、战略、成果等内容，是企业实力的全面展示。时间在 3～10 分钟为宜。这类宣传片，通常用于官网、店铺、展会、论坛，代表文字版的企业简介。虽然形式偏硬，但就像展示类软文一样，也是不可或缺的。可以让观众，直截了当地明确企业的经营范围和背景优势。

2．人物宣传片——提升品牌信任度

主要内容是介绍企业高管的履历、成绩、事迹等内容，树立个人的英雄形象，提升在行业内和社会上的号召力，从而提升企业和品牌的权威性。时间在 3～5 分钟为宜。和专访类软文一样，企业高管通常都想选择低调，大可不必有太多的顾虑。

人物宣传片虽然主要宣传的是个人，但是主体是个人的公司职务、社会身份，最主要的还是在销售公司的品牌影响力。和陈欧经常参加各种电视栏目担任嘉宾一样，是为了通过提升个人的曝光度，从而增加聚美优品整个企业的信任度。

3．品牌招商视频——提高招商成功率

主要内容是品牌的优势、前景、保障等综合优势，特别是通过产品销售火爆现场的展示，刺激潜在分销商和代理商，主动代理品牌的销售合作。时间在 10～15 分钟为宜。

近年来，电视上的招商节目层出不穷，从高科技产品到低成本养殖，各类产品应有尽有。招商视频其内容和电视栏目中的内容，没有任何区别，只是发布渠道是在互联网平台，成本可以节约很多。和电视招商广告不同的是，网络招商视频，其主动宣传性较差，是被动为意向代理商、加盟商服务的产品。

4．产品使用说明——提升品牌互动性

主要内容是产品的使用流程、注意事项、操作技巧、和其他产品比较的优势等内容，展示品牌的人性化和服务的细致化。同时降低人工解答成本。时间在 5～10 分钟为宜。特别是组装类产品，安装、使用、维护都很麻烦，只靠说明书无法让消费者完全看懂。将大大降低客户使用感受，伤害品牌忠诚度。使用说明的拍摄，要尽量详细。同时也不要太过随便，甚至在凌乱的屋里拍摄。毕竟代表着品牌形象和企业实力，过于随便的主持人和环境会为品牌减分。

5．品牌微电影——提升品牌亲和力

主要内容是针对社会环境和现实生活，融入品牌元素拍摄的微电影。亦可剪辑知名大片的部分镜头，以生活、情感、爱情、亲情等为主要元素，引起潜在消费者的共鸣和对品牌形象的认可。时间在 15～20 分钟为宜。

微电影也要像软文一样，做成系列更容易吸引眼球。建议尽量不要过多由公司员工出演，虽然节约成本，但演技毕竟有限、表情生硬。既然是电影，总要有电影的气氛和情境，否则也失去了宣传的意义。如果想省钱，还想拍出相对好的内容，还是请一些表演专业或者脸熟又不红的演员即可。虽然他们没有很强的明星效应，但至少也不会看起来很别扭。

6．品牌幽默短片——提升品牌传播率

主要是以恶搞或者改变电影、明星、社会趣闻、生活故事为主题，让网民得到放松。将品牌信息“粘贴”到视频中，并且在大笑之余，愿意分享传播给朋友，提升品牌的传播覆盖率。类似于“快手”软件上的自拍，由于生活的压力和价格观的变化，自黑和吐槽已经成为人们生活中的一种习惯。

这类短片，几乎是毫无章法，完全以搞笑为主。以段子的形式，莫名其妙地就推出了产品的名称。在软文写作中，我完全不建议这么做，但是在视频幽默短片中，大家都习以为常。但并不是所有企业或者品牌都适合这么做，毕竟其中的火候很难拿捏。

9.7.2　技巧

（1）细致入微的表达：将潜在消费者可能有的疑惑，甚至没有想到的问题和答案，都展示出来。一个镜头，有时候可以代替几百上千字，让用户瞬间感知企业的文化。

（2）全面详细的优势：要把企业或高管的奖项、业绩、目标、客户、场所、公益等优势全面介绍。配合专业的配音，画面尽可能大气、震撼，给用户带来热血沸腾的感觉。

（3）入骨三分的幽默：针对生活中的小故事，通过雷人的语言、夸张的情节，让网民觉得幽默的真实和突如其来。

（4）真情流露的感动：把近年来的社会现象以故事的方式体现，如都市生活的艰辛，爱人间的猜忌，远离父母的愧疚，无法照顾子女的心酸等。

（5）借势大片的影响：及时将最流行的影视大片、娱乐节目，捕捉并截取片段。通过修改配音，变成适合品牌的免费小视频，以娱乐精神引发快速传播。

（6）全民参与的剧情：企业视频毕竟不是电影也不是广告创意，本身就是传播的手段。可以鼓励网民参与剧本的策划和角色的出演，通过相关奖项吸引网民参与，使视频在拍摄过程中悄悄实现传播功能。

点评：

企业宣传片和个人宣传片，是形象广告，不会形成大范围主动传播。但企业官网和搜索企业相关信息出现，将大大增加消费者对品牌的信任。官网和线上店铺一定要有产品使用视频。软视频的风险就是品牌信息出现次数较少！

练习环节

■ 模拟一种产品，针对 7 种营销武器的营销形式，各练习写作一篇相关内容。

第10章

首度曝光 成交率60%以上的七心营销话术

在销售过程中，由于市场推广效果较好，很多客户会现场咨询或打电话咨询。很多企业会设立电话销售团队和终端销售团队。客服人员或销售人员的沟通能力，决定着产品在市场上的成败。

由于对产品理解的不同，尽管经过了产品培训，但在应对客户五花八门的提问时，销售人员和客服人员的回答仍然会有些许的漏洞，往往是一句话解答的不够精准，没能突破消费者的心理防线，销售商机稍纵即逝了。

通常，销售团队的业绩反差极大。只有几个人会业绩突出，大多数人都业绩平平，甚至销量都十分差。这对企业来讲，是一个非常危险的信号。销量情况直接决定着企业的“现金流”，极不稳定的销量加上大量支出的市场费用，会将企业推到危险的边缘。

这时，需要的不仅是加强对产品的培训，这只能治标不治本。关键之处在于建立“销售话术”。近年来，很多企业都由销售主管或经理根据工作经验，对销售话术进行了包装和培训。但严格说来，其专业性和精准性并不强。因为销售人员凭工作经验累积的话术，往往更适合于个人的表达方式，并不适用于团队使用。

这时，需要通过软文营销再次包装话术。策划专业营销话术，以主动问答、强调产品优势、突出效果保障和结合市场活动的策略，整合成一个系统化、层次化的“销售话术”。

在解答消费者问题时，总是能化被动为主动，击溃消费者心理防线，增加销售成功率。同时要求客服人员和销售人员，必须严格使用，不得任意更改。

我将 16 年的营销经验，总结出了一套七心营销话术——耐心、掏心、爱心、用心、诚心、暖心、专心。也就是根据消费者的七次心里波动，策划的应答策略，帮助很多企业提升了销售成功率，在这里首度公开供大家学习参考。

10.1 话术要点

10.1.1 熟记产品核心卖点和市场优势

一切销售成功的前提，都是让消费者对产品感兴趣。销售或者客服人员，必须牢牢记住产品的综合优势，这没有任何技巧可言。要以考核的形式，要求所有员工不仅能够笔答，还能够熟练口述。只有先真正牢牢掌握了产品优势，才能在销售过程中，见招拆招。

10.1.2 反客为主不问也答，主动强调产品优势

在销售过程中，消费者只想听自己最感兴趣的答案，不会留大量时间给销售人员介绍产品。这时候，销售人员永远处于被动状态，在产品优势没有说出来的前提下，可能已经失去了销售的机会。必须在消费者咨询了相关问题后，不论答案是否令对方满意，都主动介绍产品优势，增加成交概率。

10.1.3 列举其他客户使用效果和良好反馈

消费者最相信的永远不会是销售人员，买的没有卖的精，是所有人心知肚明的事情。在销售过程中，主动介绍其他消费者购买过程中的感人小故事，为消费者带来的良好效果，帮助消费者解决了痛苦的问题。慢慢唤起消费者的认同，逐渐排除排斥心理。

10.1.4 强调使用注意事项，让消费者感动

对于消费者来讲，过度推销，会让其产生非常严重的逆反心理。我为什么要买你推荐的东西？你说好，我就得买吗？掌握了消费者的心理波动后，在产品介绍完毕，消费者犹

豫的时候，最后一把火更关键。但这一把火，并不是再“玩命”宣传产品，恰恰要换个角度，去关爱消费者。

例如，“所有的服装在生产过程中，都有一些甲醛。这件衣服虽然是新的，但是您穿之前，一定要用温水浸泡一小时以上再穿，对皮肤就不会有任何伤害了。”

人都是有感情的，当消费者觉得你是替他考虑问题，而不是替商家考虑销售，放松了警惕性，下次自然会再来，而且这次也有可能会多买。

10.2 话术步骤

10.2.1　第一步　所答非所问，主动出击，争取销售机会（耐心）

买、卖双方刚接触，消费者对商家，一定是充满了怀疑和抵触。虽然有产品需求，但不是特别强烈，东西可买可不买。要耐心地让客户把所有疑惑甚至不满都说出来，然后再逐一解答。

10.2.2　第二步　针对消费痛点，主动介绍产品功效，加强品牌印象（掏心）

回答完消费者的第一个问题后，不管问的是什么，都要立刻主动介绍产品的功效和综合优势。力争在 3 分钟之内，表述清楚。这时，考验销售人员的不仅是对产品优势的熟练掌握，还有察言观色、分析心理的能力。

要根据消费者提出的第一个问题，决定主动介绍产品功效的内容和侧重点。没有任何消费者，会给销售人员留出 10 分钟，让他滔滔不绝地按照产品手册上的内容去介绍。只知道死记硬背、照本宣科的销售人员，即使产品知识再牢固，销售业绩也一定不会好。

这时就是用要掏心置腹的态度，告诉消费者，这款产品对你真的是太有帮助了，完全是为了你好，才让你购买的。

10.2.3　第三步　使用心理暗示，强化产品效果，淡化价格问题（爱心）

当功效或者服务有一点打动消费者时，出于本能，消费者一定会纠结价格的问题。买方想省钱，卖方想多赚钱，也是天经地义的。这时，销售人员不要过于生硬地拒绝，否则一定会引起消费者的抵触情绪。

要通过产品的功效告诉消费者，好东西就是一分价格一分货，产品利润本来就低。可能比其他品牌的东西贵一点，但是能保证质量。花了不多的钱，就能解决这么多的问题，绝对是物超所值。言下之意，有便宜的产品，你要是买了可未必能保证质量。

在这一环节，绝对不能去攻击任何品牌，也不要说其他品牌的具体名称。只拿自己产品功效和案例去打动消费者，从而弱化价格对消费者产生的心理障碍。

10.2.4 第四步 阐述销售火爆，品牌背景和服务保障，消除购买担忧（用心）

消费者开始在是否购买之间动摇，想买又怕上当，不买又怕是产品真的不错，这时再把产品效果重复一遍已经没有任何意义，把最开始没有机会说完的，品牌研发过程、机构权威背景、后继服务期限、明星亲情代言、媒体宣传等内容进行介绍。

要告诉消费者，这款产品不仅质量靠谱，而且社会认可、权威机构认可、媒体也认可。完全可以放心购买，没有后顾之忧。

10.2.5 第五步 分析科学依据，加强肯定语气，加强客户购买决心（诚心）

消费者对产品的质量、功能、作用还是半信半疑，这时要详细解释产品的机理、材质。做到有理有据，最好能够出具检验报告、权威证书等内容，通过品牌借势，强化消费者的购买决心。例如，机智的销售人员都会在这一环节说，连我家人也在用这款产品，要是不好用，我们公司怎么可能让员工也购买呢，对不对？

这里就是要以一片赤诚之心，让消费者觉得销售人员，是一个真诚的人，不会为了赚钱而忽悠自己。

10.2.6 第六步 进行情感营销，介绍使用细节，深入打动客户（暖心）

销售过程，就是不断解答消费者质疑的过程。每个小细节，都有可能突破消费者最后的心理防线。详细介绍产品的使用细节，既说明了销售人员的专业性，也证明了对消费者的服务态度。特别是当消费者没有去询问，冒着也许令对方放弃购买风险，也主动告知消费者一些注意事项时，会让对方感到非常温暖。

其实，这也是在帮助企业规避销售风险。特别是一些功能性产品，很多人群都有使用禁忌。如果在销售之初不说明，只会引起退货、投诉等诸多麻烦。

在淘宝店经常会碰到，咨询客服某个产品使用方法或者注意事项时，客服的回答就是：我也不太清楚，有说明书，你自己看一下吧。面对这样的客服，再好的产品，也等于逼着消费者立刻放弃购买。

10.2.7　第七步　突然进攻，避免销售承诺，赠品和折扣吸引，刺激客户多买（专心）

到了这一步，成交已经是十拿九稳、板上钉钉了。作为一个熟练的老销售人员，这时候绝对不是美滋滋地收单，而是更加专心地推销产品。用赠品、折扣等条件，突然进攻消费者的心理防线，让客户在原有基础上多买一些。除去自己使用，也可以作为礼品赠送。

例如，“您看这样行不，本来买 4 盒，才给赠品。您刚才买了两盒，再买一盒的话，我和经理商量一下。送您一个 199 元的赠品，再给您一份 200 元的代金券，等于省了 400 块钱。”

赠送的价格、折扣的力度、赠券的额度，是因人而异、因产品而异、因企业而异的，但这个策略完全可以复制。市场证明在这一环节，只要赠品或者折扣的数额够大，消费者都会愿意增加购买数量。

10.3　话术案例

以排毒减肥精华产品为例，展示七心营销话术的应用过程。这款产品原本的销售成交率不到 3%，使用了七心营销话术之后，成交率提升到了 60%以上。

七轮心理交锋　打造高成交营销话术

第一轮　所答非所问，主动出击，争取销售机会。

顾客：请问××是干什么用的？有什么作用？卖多少钱？

销售人员：××是一款能彻底清洗和排出人体毒素，恢复正常生理功能，消除亚健康状态的产品。（如果问到价格先不要回答）

分为男性产品和女性产品。它能进入细胞内，对毒素进行氧化还原分解，彻底清洗细胞内毒素，通过排出宿便的形式将毒素和体内垃圾排出体外。只需要 14 小时就能治疗亚健康，立刻觉得身体轻松、充满活力，并且增加抵抗力。这么好的一款产品才卖 8 800 元，真的是超值了，您觉得呢？

第二轮　针对消费痛点，主动介绍产品功效，加强品牌印象。

顾客：我根本就没有亚健康，这产品对我没用？

到底什么是亚健康，对人有影响吗？

亚健康不用治，又不是病，你们这产品用处不大？

我身体里没什么毒素，用不着吃这个？

毒素和亚健康有什么关系？

销售人员：毒素分为外源性和内源性。外源性毒素包括：各种污染、食品中的激素、化妆品、电脑辐射等。而内源性毒素包括：精神压力大、生活节奏快、饮食无规律、宿便等。人们目前都正处在一种摄入过多排出过少的失衡状态，体内毒素过多，导致新陈代谢紊乱，机体出现亚健康状态。世界卫生组织统计，中国处于亚健康状态的人群占总人数的75%。国外的专家说：一般成年人体内有 3～25 公斤毒素垃圾。

现在的亚健康来源于生活中的各个细节，能够积极预防，让自己和家人都永远健康快乐，这不是更好吗？您说对吗？

而且亚健康长期得不到缓解改善，导致人体慢性中毒，从而引发肥胖、心血管疾病、关节炎、癌症多种顽固疾病。特别是使女性脸上长出斑、痘、皱、肉、身体臃肿肥胖，真的是非常可怕的，所以由衷建议您使用 ×× 产品，帮助自己和亲友彻底告别亚健康。

您要订几套？

（成功销售结束，若还犹豫见下一轮）

第三轮　使用心理暗示，强化产品效果，淡化价格问题。

顾客：太贵了，能不能便宜点？或者喝了有什么效果啊？

销售人员：（问清顾客是自己使用还是送人，明确了解使用者的性别和年龄段，以便有针对性的回答使用效果）×× 是一款能对细胞进行由内而外的彻底清洗的好产品，世界医学专家将它称为“生命旅途的 4S 店”。只需要服用一个疗程（要注意语气的加重）。

答 1：能非常明显地改善便秘、暗黄肤质、祛除色斑和痤疮、减肥瘦身、美容养颜、保持女性健康、防止衰老的良好效果（此句针对女性消费者回答）。

答 2：能延缓更年期、恢复年轻态、延缓衰老、消炎止痛、提高免疫力，清理肠道，并能消除服用其他药物残留在体内的毒素（针对年老的消费者回答）。

答 3：能增强机体免疫力、清除体内垃圾、调节神经系统、提高消化功能、降低血压血脂。缓解身心压力、颈部和肩部疼痛减轻，消除脱发、口臭、皮肤粗糙等症状（针对青年和中年男性的消费者回答）。

您说，这么好的一款产品，才卖 8 800 元，就能换来一个健康的好身体，还能美容养颜，预防疾病，这还算贵吗？这已经是国内的厂家销售最低价了，不能再打折了，不过现在是推广期，厂家对于今天就购买的客户，赠送价值 1 888 元的活性小分子水两瓶。相当于为您节约了 4 000 元呢，真的是相当划算了，您还犹豫什么呢？错过这个机会就太可惜了。

您给家人也订几套吧？

（成功销售结束，若还犹豫见下一轮）

第四轮　阐述销售火爆，品牌背景和服务保障，消除购买担忧。

顾客：真的有这么好的效果吗？

别吹牛了，市场上这种产品多了，都是忽悠人的？

这么贵的东西，如果没有效果怎么办？

市场上这么多产品都说是治疗亚健康的，你们有什么不一样？

销售人员：市场上常见的肠道排毒、淋巴排毒、运动排毒、绝食排毒等方法，都只能治标不治本，甚至伤害身体。而××是从细胞开始，由内而外彻底清除毒素，可以保证 14 个小时就缓解亚健康，全身倍感轻松、充满活力。

××不是国产的普通保健品，是美国和韩国百名专家历经 36 年，通过上万次实验才从古玛雅人的食品中萃取出来的健康产品。在韩国、美国、加拿大、德国等十几个国家销售都非常火爆，通过了国际上最先进的量子分析仪器对产品的安全和效果分析。是经过美国食品药品监督管理局（FDA）和韩国食品药品监督管理局（KFDA）、韩国绿色食品（FIA）的多重认证，没有化学成分，不含防腐剂，没有副作用，您可以放心使用。

您说如果没效果，××能通过这么多的认证吗？如果没有效果，敢让量子分析仪器对产品进行分析吗？如果没有效果，能在这么多国家都卖得这么火吗？您就放心用吧，健康才是人生最宝贵的财富，没有了健康其他的一切都没意义，您说对吗？

您准备订几套呢？我们免费送货上门的，货到付款就可以。

（成功销售结束，若还犹豫见下一轮）

第五轮　分析科学依据，加强肯定语气，加强客户购买决心。

顾客：这个产品是怎么实现这些功能的？

就光清洗细胞就能治这么多病，有没有科学依据啊？

销售人员：人体是有磁场的，细胞代谢越旺盛磁场也就越大，××产品能够彻底清洗并排除细胞毒素，改变细胞代谢，增加细胞活力，调整磁场，将基本生理功能调节到最佳状态，并且补充维生素、微量元素、生物酶等元素，增强人体的免疫功能。系列产品是目前唯一能够全面改善人体亚健康状态的产品。

世界众多医学专家和养生学专家说过：毒素是一切疾病的主要原因和根源。德国科学家通过仪器测试显示：毒素在人类患病因素中所占的比重是 70%！而××的功用，就是彻底地清除并且排除毒素，您说它的科学依据还不够充分吗？这回您肯定放心了吧？

您准备订几套给自己和家人用啊，另外送礼也是相当不错的选择啊。

（成功销售结束，若还犹豫见下一轮）

第六轮　进行情感营销，介绍使用细节，深入打动客户。

顾客：这个产品有没有什么副作用啊？

我有某某病能不能用这个产品啊？老人能不能用？

这个产品要几个疗程才能彻底改善亚健康呢？

销售人员：××不是国产的普通保健品，是美国和韩国百名专家历经 36 年，通过上万次实验才从古玛雅人的食品中萃取出来的健康产品。没有化学成分，不含防腐剂，没有副作用，您可以放心使用。（国内和国外都有超过 80 岁的老人服用，效果都非常好，您的长辈可以放心使用。）

不过我要先和您说一下注意事项。

（1）禁用人群：有急性病症时、急性消化道溃疡、出血、14 岁以下儿童、孕妇。

（2）当天不易使用人群：当天感冒、非常劳累等引起身体不适时，当天已经服用了非治疗性药物时。请您第二天，停止服用药物、身体稍恢复正常时再使用。

一套产品是一个疗程，正常情况下第一个疗程就会见到非常明显的效果，身体机能较好的，一年服用一到两套就可以了。有亚健康情况的人，一般一个月两个疗程，就会达到非常明显的效果。如果长期使用，则效果更加明显，让您永远充满活力、青春常在。建议您先订两个疗程的，给自己和家人都试一下效果，效果好再订几个疗程的，好吗？

（成功销售结束，若还犹豫见下一轮）

第七轮　突然进攻，避免销售承诺，介绍典型案例，刺激客户决心。礼品吸引，鼓励客户多买。

顾客：这个产品一个疗程是几瓶啊？

产品在哪儿能买到啊？

如果吃完一点效果没有，怎么办？

销售人员：一个疗程是 6 瓶，14 个小时即可见到非常明显的效果，身体感觉非常的轻松和舒适，充满活力，具体使用方法说明书中都有。我们可以送货上门，您留下详细的地址和电话就可以了，货到您再付款。

这款产品在全球已经卖出了几十万套了，目前还没发生过完全没效果的情况。在您使用过程中，我们的健康专家将全程辅导您使用，目前为止，没有出现完全没有效果的情况，您放心吧。

给您先订两套？

（成功销售结束，若还犹豫见下一轮）

顾客：这个产品在哪儿卖？

要快递费吗？

收不收其他费用？

销售人员：您留下详细的地址、姓名和联系方式就可以了，我们在 24 小时之内，免费送货上门，并免费指导使用，货到您再付款就可以，我们可以接受刷卡，绝对不收其他费用。现在这个价格非常超值，还赠送多种实惠的礼品，建议您可以多买几盒。

10.4 注意事项

1．循序递进

话术注重问答的逻辑层级和心理暗示，销售人员需严格按照递进顺序进行回答，不要为图省事，有所遗漏，降低了话术的销售效果。

2．转移话题

如果客户有问及话术中没有提到的问题，不要胡乱解答，应巧妙而模糊地转移话题，引用话术中相近的内容进行解答。

3. 及时反问

在进行递进解答的时候，不管客户问的是哪个阶段的问题，在解答完之后，都要及时将本阶段话术中对客户的反问内容及时向客户陈述，刺激客户购买。

4. 灵活应对

客户在回答问题时，一定会出现步骤上的跳跃，如，问完第一步，就直接问了第三步。只要掌握客户问的方面，根据答案灵活运用即可。

练习环节

■ 熟记 7 个步骤，和他人进行问答练习。